Peter Uebersax
Roswitha Petry
Constantin Hruschka
Nula Frei
Christoph Errass

Migrationsrecht

D1721844

Peter Uebersax
Roswitha Petry
Constantin Hruschka
Nula Frei
Christoph Errass

Migrationsrecht

IN A NUTSHELL

2. Auflage

Bibliografische Information der Deutschen Nationalbibliothek

Die Deutsche Nationalbibliothek verzeichnet diese Publikation in der Deutschen Nationalbibliografie; detaillierte bibliografische Daten sind im Internet über http://dnb.dnb.de abrufbar.

© 2025 Dike Verlag AG, Zürich/St. Gallen
ISBN 978-3-03891-667-3

Dike Verlag AG · Weinbergstrasse 41 · 8006 Zürich
www.dike.ch · info@dike.ch

Vorwort zur 1. Auflage

Das vorliegende Buch fällt für einen Band der *Nutshell*-Reihe durch seinen relativ grossen Umfang auf. Die Autorinnen und Autoren setzten sich jedoch das Ziel, das gesamte schweizerische Migrationsrecht in dichter, aber vollständiger Weise in einem Band verständlich darzustellen. Bewusst wurde darauf verzichtet, das Thema in mehrere Bände aufzuteilen. Als Zielpublikum sehen wir Personen und Organisationen aus der Praxis, insbesondere der Anwaltschaft, der Behörden, der Gerichte und der Zivilgesellschaft, die sich mit Migrationsfragen befassen, aber auch Studierende und Unterrichtende sowie sonstige interessierte Kreise mit oder ohne juristische Vorbildung. Das insoweit breit angelegte Buchprojekt erwies sich zwar als grosse Herausforderung und brachte einen nicht zu unterschätzenden Koordinationsaufwand mit sich. Hinzu kamen die besonderen Randbedingungen, die bei der Realisierung des Buches durch die Covid-19-Pandemie entstanden sind. Der Leserschaft steht aber nunmehr die Möglichkeit eines gestrafften Überblicks über das ganze Migrationsrecht der Schweiz offen. Wir hoffen, es sei uns gelungen, die genannten damit zusammenhängenden Herausforderungen zu bewältigen. Ob dies zutrifft, müssen letztlich die Leserinnen und Leser entscheiden. Wir danken jedenfalls für das Interesse am Buch. Gedankt sei auch dem Dike Verlag, der mit dem Projekt an uns herangetreten ist, sowie namentlich der Programmleiterin Dorothea Schöll, die uns bei der Realisierung des Werks viel Spielraum beliess und bei Bedarf hilfreich unterstützte.

September 2020

Peter Uebersax, Roswitha Petry,
Constantin Hruschka, Nula Frei,
Christoph Errass

Vorwort zur 2. Auflage

Die Erstauflage des Migrationsrechts *in a nutshell* wurde von der Fachwelt und vom Publikum gut aufgenommen. Nebst einzelnen Anregungen zum Inhalt der Erstauflage haben wir insbesondere freundschaftliche Kommentare erhalten; mitunter, beim Buch handle es sich eher um eine «coconut» oder «Knacknuss» als um eine Nussschale. Seit der Erstauflage haben sich wieder einige neue Entwicklungen ergeben. Im Vordergrund steht dabei die erstmalige Aktivierung des vorübergehenden Schutzes im Falle der Ukraine. Die Zweitauflage bezweckt, die Darstellung der Rechtslage auf den aktuellen Stand zu heben, im Bewusstsein, dass sich das Migrationsrecht in seiner Dynamik stetig weiterbewegt. Dennoch hoffen wir, dass der geschaffene Überblick die Leserschaft auch weiterhin überzeugt.

Wir danken Elisabeth Tribaldos und David Colombo vom Dike Verlag für ihre verlagsseitige Mitwirkung am Buch und BLaw Robert Naedele für seine Mitarbeit an den Textteilen von Nula Frei.

September 2024   Peter Uebersax, Roswitha Petry,
                                        Constantin Hruschka, Nula Frei,
                                                        Christoph Errass

Autorinnen und Autoren

Peter Uebersax
Prof. Dr. iur., Advokat, Titularprofessor für öffentliches Recht und öffentliches Prozessrecht an der Universität Basel, ehemaliger Gerichtsschreiber und wissenschaftlicher Berater am Bundesgericht

Roswitha Petry
Dr. iur., Rechtsanwältin, Richterin am Bundesverwaltungsgericht

Constantin Hruschka
Prof. Dr. phil., Ass. jur., Professur für Sozialrecht an der Evangelischen Hochschule Freiburg i. Br. und Lehrbeauftragter an den Universitäten Bielefeld und München sowie an der Ostschweizer Fachhochschule St. Gallen

Nula Frei
Prof. Dr. iur., Assistenzprofessorin für Staats- und Verwaltungsrecht an der FernUni Schweiz und Lehrbeauftragte an der Universität Freiburg i.Ue.

Christoph Errass
Prof. Dr. iur., Advokat, Titularprofessor für Öffentliches Recht an der Universität St. Gallen, Richter am Bundesverwaltungsgericht

Inhaltsübersicht

Inhaltsverzeichnis

Inhaltsverzeichnis

Abkürzungsverzeichnis

aArt.	alter Artikel
Abb.	Abbildung
Abk. über die erworbenen Rechte	Abkommen vom 25. Februar 2019 zwischen der Schweizerischen Eidgenossenschaft und dem Vereinigten Königreich von Grossbritannien und Nordirland über die Rechte der Bürgerinnen und Bürger infolge des Austritts des Vereinigten Königreichs aus der Europäischen Union und des Wegfalls des Freizügigkeitsabkommens (SR 0.142.113.672)
ABl.	Amtsblatt der Europäischen Union
Abs.	Absatz/Absätze
a.E.	am Ende
AEMR	Allgemeine Erklärung der Menschenrechte vom 10.12.1948
AIG	Bundesgesetz vom 16.12.2005 über die Ausländerinnen und Ausländer und über die Integration (Ausländer- und Integrationsgesetz, SR 142.20)
AMMVO	Verordnung (EU) 2024/1351 des Europäischen Parlaments und des Rates vom 14. Mai 2024 über Asyl- und Migrationsmanagement, zur Änderung der Verordnungen (EU) 2021/1147 und (EU) 2021/1060 und zur Aufhebung der Verordnung (EU) Nr. 604/2013 (ABl. Nr. L 2024/1351 vom 22.5.2024)
AMS	Abteilung Menschliche Sicherheit
ANAG	Bundesgesetz vom 26.3.1931 über Aufenthalt und Niederlassung der Ausländer (SR 142.20)
Art.	Artikel
AsylG	Asylgesetz vom 26.6.1998 (SR 142.31)
AsylV 1	Asylverordnung 1 vom 11.8.1999 über Verfahrensfragen (SR 142.311)

AsylV 2	Asylverordnung 2 vom 11.8.1999 über Finanzierungs-fragen (SR 142.312)
AsylV 3	Asylverordnung 3 vom 11.8.1999 über die Bearbeitung von Personendaten (SR 142.314)
Aufl.	Auflage
BAZ	Bundesasylzentrum/Bundesasylzentren
BAZG	Bundesamt für Zoll und Grenzsicherheit
BAZmV	Bundesasylzentrum mit Verfahrensfunktion
BAZoV	Bundesasylzentrum ohne Verfahrensfunktion
Beschluss (EU) 2015/1523	Beschluss (EU) 2015/1523 des Rates vom 14.9.2015 zur Einführung von vorläufigen Massnahmen im Bereich des internationalen Schutzes zugunsten von Italien und Griechenland (ABl. Nr. L 239 vom 15.9.2015 S. 146)
Beschluss (EU) 2015/1601	Beschluss (EU) 2015/1601 des Rates vom 22.9.2015 zur Einführung von vorläufigen Massnahmen im Bereich des internationalen Schutzes zugunsten von Italien und Griechenland (ABl. Nr. L 248 vom 24.9.2015 S. 80)
BFS	Bundesamt für Statistik
BGE	Bundesgerichtsentscheid (Amtliche Sammlung des Bundesgerichts)
BGer	Bundesgericht
BGG	Bundesgesetz vom 17.6.2005 über das Bundesgericht (Bundesgerichtsgesetz, SR 173.110)
BGIAA	Bundesgesetz vom 20.6.2003 über das Informations-system für den Ausländer- und den Asylbereich (SR 142.51)
BGSA	Bundesgesetz vom 17.6.2005 über Massnahmen zur Bekämpfung der Schwarzarbeit (SR 822.41)
BRB-Ukraine	Bundesratsbeschluss: Allgemeinverfügung vom 11. März 2022 zur Gewährung des vorübergehenden Schutzes im Zusammenhang mit der Situation in der Ukraine (BBl 2022 586)

BRK	Übereinkommen vom 13.12.2006 über die Rechte von Menschen mit Behinderungen (SR 0.109)
bspw.	beispielsweise
Bst.	Buchstabe(n)
BüG	Bundesgesetz vom 20.6.2014 über das Schweizer Bürgerrecht (Bürgerrechtsgesetz, SR 141.0)
BüV	Verordnung vom 17.6.2016 über das Schweizer Bürgerrecht (Bürgerrechtsverordnung, SR 141.01)
BV	Bundesverfassung der Schweizerischen Eidgenossenschaft vom 18.4.1999 (SR 101)
BVGE	Bundesverwaltungsgerichtsentscheid (Amtliche Sammlung des Bundesverwaltungsgerichts)
BVGer	Bundesverwaltungsgericht
bzw.	beziehungsweise
c.	contra (gegen)
CAT	UN-Ausschuss gegen Folter (Committee against Torture)
CEDAW	Übereinkommen vom 18.12.1979 zur Beseitigung jeder Form von Diskriminierung der Frau (Convention on the Elimination of All Forms of Discrimination against Women, SR 0.108)
CHF	Schweizer Franken
Chicagoer Übereinkommen	Übereinkommen vom 7.12.1944 über die internationale Zivilluftfahrt (SR 0.748.0)
COI	Country of Origin Information – Herkunftsländerinformationen
C-VIS	Zentrales Visa-Informationssystem (EU)
DAA	Abkommen vom 26.10.2004 zwischen der Schweizerischen Eidgenossenschaft und der Europäischen Gemeinschaft über die Kriterien und Verfahren zur Bestimmung des zuständigen Staates für die Prüfung eines in einem Mitgliedstaat oder in der Schweiz gestellten Asylantrags (Dublin-Assoziierungsabkommen, SR 0.142.392.68)

DEZA	Direktion für Entwicklung und Zusammenarbeit
d.h.	das heisst
DSG	Bundesgesetz vom 19.6.1992 über den Datenschutz (SR 235.1)
DVO	Verordnung (EU) Nr. 604/2013 des Europäischen Parlaments und des Rates vom 26.6.2013 zur Festlegung der Kriterien und Verfahren zur Bestimmung des Mitgliedstaats, der für die Prüfung eines von einem Drittstaatsangehörigen oder Staatenlosen in einem Mitgliedstaat gestellten Antrags auf internationalen Schutz zuständig ist (Dublin-Verordnung, ABl. Nr. L 180 vom 29.6.2013 S. 31)
E.	Erwägung(en)
EASO	Europäisches Unterstützungsbüro für Asylfragen (European Asylum Support Office)
EATRR	Europäische Vereinbarung vom 16.10.1980 über den Übergang der Verantwortung für Flüchtlinge (European Agreement on the Transfer of Responsibility for Refugees, SR 0.142.305)
EDA	Eidgenössisches Departement für auswärtige Angelegenheiten
EES	Einreise-/Ausreisesystem EU (Entry-Exit-System)
EFTA	Europäische Freihandelsassoziation (European Free Trade Association)
EFTA-Übereinkommen	Übereinkommen vom 4.1.1960 zur Errichtung der Europäischen Freihandelsassoziation (EFTA, SR 0.632.31)
EG	Europäische Gemeinschaft(en)
EGMR	Europäischer Gerichtshof für Menschenrechte (Strassburg)

EG-Visum-Verordnung	Verordnung (EG) Nr. 539/2001 des Rates vom 15.3.2001 zur Aufstellung der Liste der Drittländer, deren Staatsangehörige beim Überschreiten der Aussengrenzen im Besitz eines Visums sein müssen, sowie der Liste der Drittländer, deren Staatsangehörige von dieser Visumpflicht befreit sind (ABl. Nr. L 81 vom 21.03.2001 S. 1)
EJPD	Eidgenössisches Justiz- und Polizeidepartement
EKM	Eidgenössische Migrationskommission
ELG	Bundesgesetz vom 6.10.2006 über Ergänzungs-leistungen zur Alters-, Hinterlassenen- und Invalidenversicherung (SR 831.30)
EMARK	Entscheidungen und Mitteilungen der Asylrekurs-kommission
EMK	Übereinkommen vom 16.5.2005 zur Bekämpfung des Menschenhandels (SR 0.311.543)
EMRK	Konvention vom 4.11.1950 zum Schutze der Menschenrechte und Grundfreiheiten (SR 0.101)
EntsG	Bundesgesetz über die flankierenden Massnahmen bei entsandten Arbeitnehmerinnen und Arbeitneh-mern und über die Kontrolle der in Normalarbeits-verträgen vorgesehenen Mindestlöhne vom 8.10.1999 (Entsendegesetz, SR 823.20)
EpG	Bundesgesetz vom 28.9.2012 über die Bekämpfung übertragbarer Krankheiten des Menschen (Epidemiengesetz, SR 818.101)
eRetour	Informationssystem des SEM zur Erfüllung der Aufgaben im Zusammenhang mit dem Vollzug der Wegweisung, der Ausweisung, der Landesverweisung sowie der freiwilligen Rückkehr, einschliesslich der Rückkehrhilfe und -beratung
ESTA	elektronisches Reisegenehmigungssystem für die USA (Electronic System for Travel Authorization)
et al.	et alteri, et alii (und andere)

ETIAS	Europäisches Reiseinformations- und -genehmigungssystem (EU Travel Information and Authorization System)
ETS	European Treaty Series
EU	Europäische Union
EU/EFTA+-Staaten	EU- und EFTA-Staaten sowie vereinigtes Königreich, Kanada, Neuseeland, Australien und USA
EuGH	Gerichtshof der Europäischen Union (Luxemburg)
EURES	EU-Portal zur beruflichen Mobilität (European Employment Services)
Eurodac	zentrale Fingerabdruckdatenbank der Europäischen Union in Asylangelegenheiten
Europol	Europäisches Polizeiamt (Den Haag)
Eurostat	Statistisches Amt der Europäischen Union
evtl.	eventuell
EWR	Europäischer Wirtschaftsraum
f./ff.	folgende(r)
fedpol	Bundesamt für Polizei
FK	Abkommen vom 28.7.1951 über die Rechtsstellung der Flüchtlinge (Flüchtlingskonvention, SR 0.142.30)
FKProt.	Protokoll vom 31.1.1967 über die Rechtsstellung der Flüchtlinge (SR 0.142.301)
FlüB	Bundesbeschluss vom 4.10.1962 über die Rechtsstellung der Flüchtlinge und Staatenlosen in der Alters-, Hinterlassenen- und Invalidenversicherung (SR 831.131.11)
FoK	Übereinkommen vom 10.12.1984 gegen Folter und andere grausame, unmenschliche oder erniedrigende Behandlung oder Strafe (SR 0.105)
FRA	Agentur der Europäischen Union für Grundrechte
Frontex	Agentur der Europäischen Union für die Grenz- und Küstenwache

Frontex-Verordnung	Verordnung (EU) 2019/1896 des Europäischen Parlaments und des Rates vom 13. November 2019 über die Europäische Grenz- und Küstenwache (ABl. Nr. L 295 vom 14.11.2019 S. 1)
FZA	Abkommen vom 21.6.1999 zwischen der Schweizerischen Eidgenossenschaft einerseits und der Europäischen Gemeinschaft und ihren Mitgliedstaaten andererseits über die Freizügigkeit (SR 0.142.112.681)
GATS	Allgemeines Abkommen vom 27.2.1998 über den Handel mit Dienstleistungen (General Agreement on Trade in Services, SR 0.632.205)
GATT	Allgemeines Zoll- und Handelsabkommen vom 30.10.1947 (General Agreement on Tariffs and Trade, SR 0.632.21)
GCM	Globaler Pakt vom 13.7.2018 für eine sichere, geordnete und reguläre Migration, verabschiedet am 19.12.2018 (Global Compact for Safe, Orderly and Regular Migration, UN-Resolution A/RES/73/195)
GCR	Globaler Pakt vom 2.8.2018 für Flüchtlinge, verabschiedet am 17.12.2018 (Global Compact on Refugees, UN-Resolution A/73/12 [Part II])
GEAS	Gemeinsames Europäisches Asylsystem
GER	Gemeinsamer europäischer Referenzrahmen für Sprachen
GRC	Charta der Grundrechte der Europäischen Union (ABl. Nr. C 326 vom 26.10.2012 S. 391)
GSG	Bundesgesetz vom 22.6.2007 über die von der Schweiz als Gaststaat gewährten Vorrechte, Immunitäten und Erleichterungen sowie finanziellen Beiträge (Gaststaatgesetz, SR 192.12)
i.c.	in casu
IDPs	internally displaced persons (intern Vertriebene, Binnenvertriebene)
IGH	Internationaler Gerichtshof (International Court of Justice), Den Haag

IKRK	Internationales Komitee vom Roten Kreuz
INAD	Geschäfts- und Personenregistratur über zurück-gewiesene Personen (Inadmissible)
inkl.	inklusive
insb.	insbesondere
IOK	Internationales Olympisches Komitee
IOM	Internationale Organisation für Migration
i.S.v.	im Sinne von
i.V.m.	in Verbindung mit
JStG	Bundesgesetz vom 20.6.2003 über das Jugend-strafrecht (Jugendstrafgesetz, SR 311.1)
KESB	Kindes- und Erwachsenenschutzbehörde
KRK	Übereinkommen vom 20.11.1989 über die Rechte des Kindes (Kinderrechtskonvention, SR 0.107)
MIDES	Informationssystem der Zentren des Bundes und der Unterkünfte an den Flughäfen für Asylsuchende
MRA	Menschenrechtsausschuss UNO-Pakt II
MStG	Militärstrafgesetz vom 13.6.1927 (SR 321.0)
NDB	Nachrichtendienst des Bundes
NGO	Nichtregierungsorganisation (Non-governmental Organization)
Nr.	Nummer
N-SIS-Verordnung	Verordnung vom 8.3.2013 über den nationalen Teil des Schengener Informationssystems (N-SIS) und das SIRENE-Büro (SR 362.0)
N-VIS	nationale Schnittstelle, über welche Daten an das C-VIS (EU-Datenbank) übermittelt werden
OAU	Organisation für afrikanische Einheit (Organization of African Unity)
OCHA	Amt der Vereinten Nationen für die Koordinierung humanitärer Angelegenheiten (United Nations Office for the Coordination of Humanitarian Affairs)

OHG	Bundesgesetz vom 23. März 2007 über die Hilfe an Opfer von Straftaten (Opferhilfegesetz, SR 312.5)
ORBIS	nationales Visa-Informationssystem
OV-EJPD	Organisationsverordnung vom 17.11.1999 für das Eidgenössische Justiz- und Polizeidepartement (SR 172.213.1)
Palermo-Protokoll	Zusatzprotokoll vom 15.11.2000 zur Verhütung, Bekämpfung und Bestrafung des Menschenhandels, insbesondere des Frauen- und Kinderhandels zum Übereinkommen der Vereinten Nationen gegen die grenzüberschreitende organisierte Kriminalität (SR 0.311.542)
PKK	Kurdische Arbeiterpartei
PMT	Bundesgesetz vom 25. September 2020 über polizeiliche Massnahmen zur Bekämpfung von Terrorismus (BBl 2020 7741)
PPU	Procédure Préjudicielle d'Urgence (Eilvorlageverfahren vor dem EuGH)
QRL	Richtlinie 2011/95/EU des europäischen Parlaments und des Rates vom 13.12.2011 über Normen für die Anerkennung von Drittstaatsangehörigen oder Staatenlosen als Personen mit Anspruch auf internationalen Schutz, für einen einheitlichen Status für Flüchtlinge oder für Personen mit Anrecht auf subsidiären Schutz und für den Inhalt des zu gewährenden Schutzes (Qualifikationsrichtlinie, ABl. Nr. L 337 vom 20.12.2011 S. 9)
RAV	Regionale Arbeitsvermittlungszentren
RDV	Verordnung vom 14.11.2012 über die Ausstellung von Reisedokumenten für ausländische Personen (SR 143.5)
Res. 46/182	UN-Resolution vom 19.12.1991 zur Stärkung der Koordination von humanitären Hilfseinsätzen der Vereinten Nationen, mit welcher das Inter-Agency Standing Committee (IASC) gegründet wurde (A/RES/46/182)

Res. 50/152	UN-Resolution vom 9.2.1996, mit welcher dem UNHCR die Verantwortung für den Schutz von Staatenlosen übertragen wird (A/RES/50/152)
Res. 61/137	UN-Resolution vom 25.1.2007, mit welcher dem UNHCR die Verantwortung für den Schutz von Staatenlosen übertragen wird (A/RES/61/137)
RFRL	Richtlinie 2008/115/EG des europäischen Parlaments und des Rates vom 16.12.2008 über gemeinsame Normen und Verfahren in den Mitgliedstaaten zur Rückführung illegal aufhältiger Drittstaatsangehöriger (Rückführungsrichtlinie, ABl. Nr. L 348 vom 24.12.2008 S. 98)
RIPOL	automatisiertes Polizeifahndungssystem (Recherches informatisées de la police)
RL	Richtlinie
RL 2001/55/EG	Richtlinie des Rates vom 20.7.2001 über Mindestnormen für die Gewährung vorübergehenden Schutzes im Falle eines Massenzustroms von Vertriebenen und Massnahmen zur Förderung einer ausgewogenen Verteilung der Belastungen, die mit der Aufnahme dieser Personen und den Folgen dieser Aufnahme verbunden sind, auf die Mitgliedstaaten (ABl. Nr. L 212 vom 7.8.2001 S. 12)
RL 2004/38/EG	Richtlinie des Europäischen Parlaments und des Rates vom 29.4.2004 über das Recht der Unionsbürger und ihrer Familienangehörigen, sich im Hoheitsgebiet der Mitgliedstaaten frei zu bewegen und aufzuhalten, zur Änderung der Verordnung (EWG) Nr. 1612/68 und zur Aufhebung der Richtlinien 64/221/EWG, 68/360/EWG, 72/194/EWG, 73/148/EWG, 75/34/EWG, 75/35/EWG, 90/364/EWG, 90/365/EWG und 93/96/EWG (Unionsbürgerrichtlinie; ABl. Nr. L 158 vom 30.4.2004 S. 77)

RL 64/221/EWG	Richtlinie des Rates vom 25.2.1964 zur Koordinierung der Sondervorschriften für die Einreise und den Aufenthalt von Ausländern, soweit sie aus Gründen der öffentlichen Ordnung, Sicherheit oder Gesundheit gerechtfertigt sind (ABl. Nr. 56 vom 4.4.1964 S. 850)
s.	siehe
S.	Seite
s.a.	siehe auch
SAA	Abkommen vom 26.10.2004 zwischen der Schweizerischen Eidgenossenschaft, der Europäischen Union und der Europäischen Gemeinschaft über die Assoziierung dieses Staates bei der Umsetzung, Anwendung und Entwicklung des Schengen-Besitzstands (Schengen-Assoziierungsabkommen, SR 0.362.31)
SDÜ	Schengener Durchführungsübereinkommen (ABl. Nr. L 239 vom 22.9.2000 S. 19)
SECO	Staatssekretariat für Wirtschaft
SEM	Staatssekretariat für Migration
SGK	Verordnung (EU) 2016/399 des Europäischen Parlaments und des Rates vom 9.3.2016 über einen Gemeinschaftskodex für das Überschreiten der Grenzen durch Personen (Schengener Grenzkodex, ABl. Nr. L 77 vom 23.3.2016 S. 1)
SIRENE	Nationale Kontaktstelle für den Austausch zusätzlicher Informationen (Supplementary Information Request at the National Entry)
SIS	Schengener Informationssystem
SKMR	Schweizerisches Kompetenzzentrum für Menschenrechte
SKOS	Schweizerische Konferenz für Sozialhilfe
Slg.	Sammlung
SODK	Konferenz der kantonalen Sozialdirektorinnen und Sozialdirektoren

sog.	sogenannt(e)
SR	Systematische Rechtssammlung des Bundes
StAÜb	Europäisches Staatsangehörigkeitsübereinkommen (European Convention on Nationality – ETS Nr. 166)
StGB	Schweizerisches Strafgesetzbuch vom 21.12.1937 (SR 311.0)
StPO	Schweizerische Strafprozessordnung vom 5.10.2007 (SR 312.0)
StÜ	Übereinkommen vom 28.9.1954 über die Rechtsstellung der Staatenlosen (SR 0.142.40)
STV	Schweizer Tourismus-Verband
StVermÜ	Übereinkommen vom 30.8.1961 zur Verminderung der Staatenlosigkeit (989 UNTS 175)
swissREPAT	Flughafendienst des SEM für das Ein- und Ausreisemanagement an den Flughäfen Zürich und Genf-Cointrin
u.a.	unter anderem/und andere
UAbs.	Unterabsatz
u.a.m.	und anderes mehr
UK	Vereinigtes Königreich (United Kingdom)
UMA	unbegleitete/r minderjährige/r Asylsuchende/r
UN	Vereinte Nationen (United Nations)
UN-Dok.	Dokumente der Organe der UNO
UNHCR	UN-Hochkommissariat für Flüchtlinge (United Nations High Commissioner for Refugees)
UNO	Organisation der Vereinten Nationen (United Nations Organization)
UNO-Pakt I	Internationaler Pakt vom 16.12.1966 über wirtschaftliche, soziale und kulturelle Rechte (SR 0.103.1)
UNO-Pakt II	Internationaler Pakt vom 16.12.1966 über bürgerliche und politische Rechte (SR 0.103.2)

UNRWA	Hilfswerk der Vereinten Nationen für Palästina-Flüchtlinge im Nahen Osten (United Nations Relief and Works Agency for Palestine Refugees in the Near East)
UNTS	United Nations Treaty Series
UNWTO	Weltorganisation für Tourismus (World Tourism Organization)
USA	Vereinigte Staaten von Amerika (United States of America)
USD	US-Dollar (Währung der USA)
usw.	und so weiter
u.U.	unter Umständen
v.	versus (gegen)
v.a.	vor allem
verb.	verbunden, verbundene
VEV	Verordnung vom 15.8.2018 über die Einreise und die Visumerteilung (SR 142.204)
VFP	Verordnung vom 22.5.2002 über den freien Personenverkehr zwischen der Schweiz und der Europäischen Union und deren Mitgliedstaaten, zwischen der Schweiz und dem Vereinigten Königreich sowie unter den Mitgliedstaaten der Europäischen Freihandelsassoziation (Verordnung über den freien Personenverkehr, SR 142.203)
VGG	Bundesgesetz vom 17.6.2005 über das Bundesverwaltungsgericht (Verwaltungsgerichtsgesetz, SR 173.32)
vgl.	vergleiche
V-GSG	Verordnung vom 7.12.2007 zum Bundesgesetz über die von der Schweiz als Gaststaat gewährten Vorrechte, Immunitäten und Erleichterungen sowie finanziellen Beiträge (Gaststaatverordnung, SR 192.121)
VIntA	Verordnung vom 15.8.2018 über die Integration von Ausländerinnen und Ausländern (SR 142.205)

Visakodex	Verordnung (EG) Nr. 810/2009 des Europäischen Parlaments und des Rates vom 13.7.2009 über einen Visakodex der Gemeinschaft (ABl. Nr. L 243 vom 15.9.2009 S. 1)
VISV	Verordnung vom 18.12.2013 über das zentrale Visa-Informationssystem und das nationale Visumsystem (Visa-Informationssystem-Verordnung, SR 142.512)
ViZG	Verordnung vom 29.6.2022 über die internationale Zusammenarbeit zur Grenzsicherheit (SR 631.062)
VO EGMR	Verfahrensordnung des Europäischen Gerichtshofs für Menschenrechte vom 4.11.1998 (SR 0.101.2)
VO EJPD	Verordnung des EJPD vom 4.12.2018 über den Betrieb von Zentren des Bundes und Unterkünften an den Flughäfen (SR 142.311.23)
V-SIS-Grenze	Verordnung (EU) 2018/1861 des Europäischen Parlaments und des Rates vom 28.11.2018 über die Einrichtung, den Betrieb und die Nutzung des Schengener Informationssystems (SIS) im Bereich der Grenzkontrollen, zur Änderung des Übereinkommens zur Durchführung des Übereinkommens von Schengen und zur Änderung und Aufhebung der Verordnung (EG) Nr. 1987/2006 (Fassung gemäss ABl. L 312 vom 7.12.2018, S. 14).
V-SIS-Polizei	Verordnung (EU) 2018/1862 des Europäischen Parlaments und des Rates vom 28.11.2018 über die Einrichtung, den Betrieb und die Nutzung des Schengener Informationssystems (SIS) im Bereich der polizeilichen Zusammenarbeit und der justiziellen Zusammenarbeit in Strafsachen, zur Änderung und Aufhebung des Beschlusses 2007/533/JI des Rates und zur Aufhebung der Verordnung (EG) Nr. 1986/2006 des Europäischen Parlaments und des Rates und des Beschlusses 2010/261/EU der Kommission (Fassung gemäss ABl. L 312 vom 7.12.2018, S. 56).

V-SIS-Rückkehr	Verordnung (EU) 2018/1860 des Europäischen Parlaments und des Rates vom 28.11.2018 über die Nutzung des Schengener Informationssystems für die Rückkehr illegal aufhältiger Drittstaatsangehöriger (Fassung gemäss ABl. L 312 vom 7.12.2018, S. 1).
VVWAL	Verordnung vom 11.8.1999 über den Vollzug der Weg- und Ausweisung sowie der Landesverweisung von ausländischen Personen (SR 142.281)
VwVG	Bundesgesetz vom 20.12.1968 über das Verwaltungsverfahren (SR 172.021)
VZAE	Verordnung vom 24.10.2007 über Zulassung, Aufenthalt und Erwerbstätigkeit (SR 142.201)
WHO	Weltgesundheitsorganisation (World Health Organization)
WTO	Welthandelsorganisation (World Trade Organization); Abkommen vom 15.4.1994 zur Errichtung der Welthandelsorganisation (SR 0.632.20)
ZAG	Bundesgesetz vom 20.3.2008 über die Anwendung polizeilichen Zwangs und polizeilicher Massnahmen im Zuständigkeitsbereich des Bundes (Zwangsanwendungsgesetz, SR 364)
ZAV	Verordnung vom 12.11.2008 über die Anwendung polizeilichen Zwangs und polizeilicher Massnahmen im Zuständigkeitsbereich des Bundes (Zwangsanwendungsverordnung, SR 364.3)
ZEMIS	Zentrales Migrationsinformationssystem
ZEMIS-Verordnung	Verordnung vom 12.4.2006 über das Zentrale Migrationsinformationssystem (SR 142.513)
ZGB	Schweizerisches Zivilgesetzbuch vom 10.12.1907 (SR 210)
Ziff.	Ziffer
zPb.	zur Publikation in der amtlichen Sammlung bestimmt

ZP 7 EMRK	Protokoll Nr. 7 vom 22.11.1984 zur Konvention zum Schutz der Menschenrechte und Grundfreiheiten (SR 0.101.07)
Zustimmungs-verordnung	Verordnung des EJPD vom 13.8.2015 über die dem Zustimmungsverfahren unterliegenden ausländer-rechtlichen Bewilligungen und Vorentscheide (SR 142.201.1)

Literaturverzeichnis

Monographien und Kommentare

Amarelle Cesla/Nguyen Minh Son (Hrsg.), Code annoté de droit des migrations, 5 Bände, Bern 2014–2017

Bolzli Peter/Rudin Lisa/Gretler Sven, Migrationsrecht, Zürich 2022

Caroni Martina/Thurnherr Daniela (Hrsg.), Ausländer- und Integrationsgesetz (AIG), Handkommentar, Bern 2024

Caroni Martina/Scheiber Nicole/Preisig Christa/Plozza Monika, Migrationsrecht, 5. Aufl., Bern 2021

Chetail Vincent, International Migration Law, Oxford 2019

Chetail Vincent/Bauloz Céline (Hrsg.), Research Handbook on International Law and Migration, Cheltenham/Northampton 2014

Egli Philipp/Mosimann Hans-Jakob/Steiger-Sackmann Sabine (Hrsg.), Kommentierte Mustereingaben im Verwaltungsrecht, Spescha, Marc (Mithrsg.), Band I, Informationszugang, Migration, Zürich/Basel/Genf 2020

Filzwieser Christian/Sprung Andrea, Dublin III-Verordnung, Wien/Graz 2014

FRA/EGMR/SKMR, Handbuch Migrationsrecht Schweiz, Bern 2015

Goodwin-Gill Guy S./McAdam Jane, The Refugee in International Law, 4. Aufl., Oxford 2021

Grasdorf-Meyer Tobias/Ott Lisa/Vetterli Luzia, Geflüchtete Menschen im Schweizer Recht, Bern 2021

Hailbronner Kay/Thym Daniel (Hrsg.), EU Immigration and Asylum Law, 3. Aufl., München 2022

Hathaway James C., The Rights of Refugees under International Law, 2. Aufl., Cambridge 2021

Hathaway James C./Foster Michelle, The Law of Refugee Status, 2. Aufl., Cambridge 2014

Holenstein André/Kury Patrick/Schulz Kristina, Schweizer Migrationsgeschichte, Baden 2018

Hruschka Constantin (Hrsg.), Genfer Flüchtlingskonvention, Handkommentar, Bern 2022

Opeskin Brian/Perruchoud Richard/Redpath-Cross Jillyanne (Hrsg.), Le droit international de la migration, Zürich 2014

Schweizerische Flüchtlingshilfe SFH (Hrsg.), Handbuch zum Asyl- und Wegweisungsverfahren, 3. Aufl., Bern 2021

Spescha Marc/Bolzli Peter/de Weck Fanny/Priuli Valerio, Handbuch zum Migrationsrecht, 4. Aufl., Zürich 2020

Spescha Marc/Zünd Andreas/Bolzli Peter/Hruschka Constantin/de Weck Fanny, Migrationsrecht, Kommentar, 5. Aufl., Zürich 2019

Uebersax Peter/Rudin Beat/Hugi Yar Thomas/Geiser Thomas/Vetterli Luzia, Ausländerrecht, Eine umfassende Darstellung der Rechtsstellung von Ausländerinnen und Ausländern in der Schweiz, Von A(syl) bis Z(ivilrecht), 3. Aufl., Basel 2022

Zimmermann Andreas/Einarsen Terje (Hrsg.), The 1951 Convention Relating to the Status of Refugees and its 1967 Protocol: a commentary, 2. Aufl., Oxford 2024

Periodika

Achermann Alberto et al. (Hrsg.), Jahrbuch für Migrationsrecht, Bern seit 2005 (jährlich)

Breitenmoser Stephan et al. (Hrsg.), Schengen und Dublin in der Praxis, Zürich/St. Gallen seit 2010 (unregelmässig)

Schweizerische Flüchtlingshilfe SFH, Asyl, Schweizerische Zeitschrift für Asylrecht und -praxis, Bern, seit 1986 (vierteljährlich)

iusNet Migrationsrecht, ‹https://migrationsrecht.iusnet.ch›

*«Migration ist kein Problem, das zu lösen ist,
sondern eine humanitäre Realität, die man organisieren muss.»*

(William L. Swing, ehemaliger Generaldirektor IOM)

1. Teil   Grundlagen

§ 1   Migration und Recht

1.   Migration

a)   Phänomen «Migration»

Migration ist ein natürlicher Vorgang und gehört zum Leben. Seit sich dieses auf der Erde entwickelt hat, gibt es Migration. Pflanzen verbreiten sich, Tiere wandern und auch Menschen haben seit jeher neue Lebensräume besiedelt oder ziehen als Nomaden umher.

Migration warf jedoch auch schon immer Probleme auf, wenn Unbekannte aufeinanderstiessen, und je fremder sich die Menschen waren, desto grössere Schwierigkeiten ergaben sich tendenziell aus neuen Begegnungen. Auseinandersetzungen lassen sich schon für die prähistorische Zeit nachweisen. Seit Beginn der Geschichtsschreibung sind migratorische Phänomene dokumentiert. Flucht, Aufnahme vor Verfolgung oder Katastrophen oder einfach Wanderung aus wirtschaftlichen Gründen finden sich in historischen Aufzeichnungen wie auch in Sakralschriften. Die religiösen Einflüsse auf die Migration scheinen bis heute durch (bspw. bei Pilgerreisen, beim Missionswesen oder beim säkularrechtlich nicht mehr bedeutsamen Kirchenasyl). In weltlicher Hinsicht hingen die Migrationsmöglichkeiten in Europa bis in die Neuzeit von der Standeszugehörigkeit ab und konnten die Städte relativ frei über die Aufnahme Fremder entscheiden. Mit dem Aufkommen der Nationalstaaten gewannen der Grenzübertritt und die Staatsangehörigkeit (Nationalität) an Bedeutung, und die Kolonialisierung führte zu grossen Migrationsbewegungen. Verbreitet galt «Freizügigkeit», d.h. der Grundsatz der freien Wahl des Aufenthaltsorts über die Grenzen hinweg. Auch der junge schweizerische Bundesstaat kannte im 19. Jahrhundert noch die Freizügigkeit auf Gegenrecht. In der Folge nahmen mit der technischen Entwicklung interkontinentale oder

sogar globale Wanderungsbewegungen stetig zu. Der erste Weltkrieg brachte in Europa die ausländerrechtliche, damals «fremden-
polizeilich» genannte, Abschliessung der Nationalstaaten und löste
erstmals eine verbreitete Flüchtlingsdiskussion aus. Mit dem zweiten Weltkrieg erhielt die Flüchtlingsfrage eine weltweite Dimension.
Seit dem 19. und wesentlich im 20. Jahrhundert fand eine zunehmende Verrechtlichung der Migration statt. Heute finden sich viel-
fältige Regelungen auf allen Stufen des Rechts.

Migration hat vorweg eine menschliche Dimension. Es geht um
Schicksale. Das Recht muss dem, insbesondere unter humanitärem
Blickwinkel, Rechnung tragen. Häufig steht in der Migrationspolitik
jedoch die ökonomische Komponente im Vordergrund, was auf das
Recht durchschlägt. Migration dient dabei regelmässig der individuellen ökonomischen Entfaltung. Sie hat überdies, insbesondere
angesichts der zunehmenden Vernetzung der globalen Wirtschaft,
eine grosse gesamtwirtschaftliche Bedeutung. Ohne ihre ausländischen Mitarbeitenden vermöchte namentlich die schweizerische
Wirtschaft bei Weitem nicht dieselbe Leistung zu erbringen. Umgekehrt profitieren auch die Herkunftsstaaten von Geldüberwei-
sungen ihrer im Ausland tätigen Angehörigen, von sog. Remissen
(«remittances»).

b) **Migrationsbegriff**

In der schweizerischen Rechtsordnung erscheint der Begriff «Migration» vor allem zur Bezeichnung von Behörden wie insbesondere
des Staatssekretariats für Migration (SEM) sowie im Zusammenhang mit der staatsvertraglichen Bewältigung des Phänomens, namentlich bei den sog. Migrationspartnerschaften. Über eine klare
rechtliche Definition verfügt der Begriff allerdings nicht.

Von der Wissenschaft werden unter «Migration im weiteren Sinn»
sämtliche Formen der Ortsveränderung, bei der zumindest eine
innerstaatliche oder internationale Grenze überschritten wird,
verstanden. Darunter fällt auch blosse Reisetätigkeit (sog. *Reise-*

migration). «Migration im engeren Sinn» setzt demgegenüber die Verlegung des Lebensmittelpunktes voraus. Erfolgt dies über eine Staatsgrenze, wird das als «internationale Migration», andernfalls als «Binnen- oder Inlandmigration» bezeichnet; soweit es um Wanderungen innerhalb grösserer Gebiete geht, die durch Freizügigkeitsregeln miteinander verbunden sind, wird auch von «Sekundärmigration» gesprochen. Nach der Dauer des Aufenthalts kann zwischen «temporärer» und «permanenter» Migration unterschieden werden, wobei oft, aber nicht zwingend, die Grenze bei einem Jahr gezogen wird.

c)   Freiwillige und erzwungene Migration

Aus historischer Sicht erfolgte Migration häufig über die Besiedelung eroberter Gebiete oder durch Zwangsumsiedlung. Gerade Europa förderte oder erzwang in der Kolonialzeit die Auswanderung in die Kolonien. Diese geschichtlichen Zusammenhänge zeitigen noch immer Auswirkungen auf Migrationsbewegungen und teilweise, namentlich in den Kolonialstaaten, auf das Migrationsrecht. Überdies gibt es weiterhin regional kriegerische, kolonialistische oder staatlich erzwungene Migration. Die friedliche freiwillige Migration steht für die Schweiz grundsätzlich im Vordergrund. Insbesondere kriegerische Verdrängungsmechanismen führen aber noch immer zu Fluchtbewegungen (Gewaltvertreibung) wie diejenigen aus Syrien im Jahre 2015 und aus der Ukraine im Jahre 2022, die sich auch auf die Schweiz und ihr Migrationsrecht auswirken.

d)   Migrationsformen

Aus nationaler Sicht eines Staates gehören zur internationalen Migration die «Ein- oder Zuwanderung (Immigration)» sowie die «Auswanderung (Emigration)». Eine besondere Form stellt die «Durchreise (Transit)» dar. Vereinzelt wird vorgeschlagen, die Begriffe «Zuwanderung» als staatlich kontrollierte und «Einwanderung» als unkontrollierte Migration zu unterscheiden; häufig werden diese beiden Begriffe aber sinngleich verwendet.

e)   Migrationsmotive

Migration beruht normalerweise auf einem eigenen Entschluss und selbständigem Handeln, muss aber nicht zwingend freiwillig erfolgen, sondern kann von unerwünschten äusseren Vorgängen ausgelöst oder sogar, etwa bei Ausschaffungen oder Umsiedlungen, auch behördlich erzwungen werden.

Verschiedene Gründe führen zu Migration. Die Sozialwissenschaften unterscheiden sog. *Push- und Pullfaktoren.* Wie die Bezeichnungen indizieren, handelt es sich bei den ersten um die Verhältnisse im Heimat- oder Herkunftsstaat, währenddem die zweiten auf den Umständen im Ziel- bzw. Aufnahmestaat beruhen. Schlechte Lebensbedingungen (Arbeitslosigkeit, Armut, ungenügende medizinische Versorgung oder Bildung, Verfolgung, Totalitarismus usw.) lösen Emigration aus, gute Lebensbedingungen (Arbeitsplätze, Sicherheit, Wohlstand, gute Bildung und Gesundheitseinrichtungen, Freiheitsordnung usw.) ziehen Immigranten an. In aller Regel dominieren die Pushfaktoren bei der Migrationsentscheidung, trotzdem fallen Push- und Pullfaktoren häufig zusammen. Sie können auch auf familiären Verhältnissen oder multinationalen Aktivitäten beruhen.

f)   Migrationsregulierung

Es gehört zur Souveränität (sog. «*domaine réservé*») jedes Staates, die Vergabe seiner Staatsangehörigkeit sowie die Einreise von Menschen in sein Gebiet und deren Aufenthalt darin zu regeln. Das Völkerrecht sieht nur punktuelle Anforderungen bzw. Einschränkungen dazu vor, so insbesondere teilweise den migratorischen Umgang mit den eigenen Staatsangehörigen und menschenrechtliche staatliche Pflichten. Das Völkerrecht gewinnt jedoch zusammen mit der Zunahme der weltweiten und regionalen Migration tendenziell an Bedeutung. Im Vordergrund stehen dabei Freizügigkeits- und Freihandelsverträge sowie Menschenrechtskodifikationen. Versuchen, die Migration global zu regeln, war bisher, mit einer gewissen

Ausnahme bei der Flüchtlingskonvention (FK), eher bescheidener Erfolg beschieden. Das Völkerrecht enthält auch innere Widersprüche wie namentlich das im UNO-Pakt II vorgesehene Recht auf Ausreise aus einem Staat, dem lediglich ein beschränktes Recht auf Einreise in den eigenen Staat gegenübersteht. Das Recht auf Ausreise, insbesondere aus dem eigenen Staat, bleibt damit offensichtlich unvollkommen. Dennoch setzt das Völkerrecht dem nationalen Recht durchaus bedeutsame und effektive Schranken. Insbesondere bieten die Menschenrechte allen Trägerinnen und Trägern das gleiche Schutzniveau. Dieses ist daher ausländischen Personen gleichermassen zu gewährleisten wie den eigenen Staatsangehörigen, d.h., es gibt grundsätzlich keine Differenzierungen beim Menschenrechtsschutz aufgrund der Nationalität.

Alle Staaten regeln die Migration, mit mehr oder weniger Erfolg. Es ist davon auszugehen, dass sich in freiheitlichen Rechtsstaaten und offenen Gesellschaften Migration nicht integral, sondern nur bedingt rechtlich steuern lässt. Totalitäre Regimes sind insofern erfolgreicher. Im Vordergrund steht häufig die Regelung der Zuwanderung. Für die Schweiz gilt dafür ein Verfassungsauftrag (Art. 121a BV). Umgekehrt versuchen die Staaten auch, die erwünschte oder unerwünschte Auswanderung zu regulieren, etwa um Armut zu exportieren, um eine Abwanderung von Humankapital («brain-drain» und «care-drain») zu verhindern oder um Dissidenten oder unerwünschte Minderheiten zu vertreiben. In jüngster Zeit erlangten ferner Massnahmen zur Bekämpfung des Terrorismus sowie zur Abschreckung unerwünschter Migration zunehmend Bedeutung, was vor allem zu verstärkten Grenzabschliessungen und -kontrollen geführt hat.

Eine Zunahme der Einwanderung bringt regelmässig einen besonderen politischen Regulierungsdruck mit sich. Das ist auch in der Schweiz zu spüren. Das Migrationsrecht wird dadurch ausgeprägt dynamisch, d.h., es kommt zu häufigen Rechtsänderungen, nicht zuletzt durch Gesetzesnovellen und Entwicklungen in der Rechtsprechung. Es empfiehlt sich daher, immer zu prüfen, ob Informationen zum Migrationsrecht noch in allen Punkten aktuell sind.

g) Reguläre und irreguläre Migration

Bei der «regulären Migration» wird der rechtliche Rahmen respektiert und eingehalten. «Irreguläre Migration» erfolgt ausserhalb der Rechtsordnung und kann nebst der Frage der negativen Rechtsfolgen diejenige aufwerfen, unter welchen Voraussetzungen allenfalls eine Regularisierung möglich ist. Das Gesetz verwendet auch die Bezeichnung «illegale Migration», ein Begriff, der von der Wissenschaft eher vermieden wird, weil er oft zur Illegalisierung und damit Kriminalisierung der betroffenen Menschen führt. Seine Verwendung sollte rein technisch auf die gesetzlich ausdrücklich als illegal (rechtswidrig) bezeichneten Verhaltensweisen beschränkt bleiben.

h) Die Schweiz und die Migration

Die Schweiz war lange Zeit ein Auswanderungsland. Sie stellte insbesondere Söldner und Fachleute und förderte, obwohl selbst kein Kolonialstaat, bis Ende des 19. Jahrhunderts mit staatlichen Massnahmen die Emigration vor allem des armen Bevölkerungsteils. In der zweiten Hälfte des 19. Jahrhunderts und dann ausgeprägt seit dem zweiten Weltkrieg entwickelte sich die Schweiz zum Einwanderungsland. Das Mass der Zuwanderung folgt dabei regelmässig der konjunkturellen Entwicklung: Je besser es wirtschaftlich läuft, desto grösser ist die Immigration und umgekehrt. Aus rechtspolitischer Sicht hat die Schweiz die ausländische Erwerbsbevölkerung bei Rezessionserscheinungen wiederholt als Konjunkturpuffer behandelt und, soweit nötig, zur Rückwanderung angehalten. Seit dem ersten Weltkrieg hat der Bund die Kompetenz für das Migrationsrecht und dessen Regelung zu einem grossen Teil an sich gezogen (heute in Art. 121 BV; für das Bürgerrecht schon 1874, heute Art. 38 BV).

Zurzeit stehen politisch in der Schweiz wie in weiten Teilen des übrigen Europas Fragen der Zuwanderung im Vordergrund. Einwanderung in die Schweiz erfolgt, über längere Zeiträume betrachtet, zu rund 50 % zu Erwerbszwecken, zu etwa 30 % zur Ermöglichung des gemeinsamen Familienlebens, zu ungefähr 10 % zur Aus- und Weiterbildung, zu 1–2 % zwecks Schutzes vor Verfolgung oder wegen Katastrophen und zu den restlichen knapp 10 % aus sonstigen Gründen wie zur Verbringung des Lebensabends in der Schweiz, zum erwerbslosen Aufenthalt oder aus gesundheitlichen Motiven. Weniger Beachtung erhält heute die Frage der Auswanderung, insbesondere die rechtliche Regelung des Auslandsaufenthalts für Schweizer Staatsangehörige, obwohl ein solcher individuell und gesamtwirtschaftlich namentlich für ökonomische Aktivitäten sowie zu Ausbildungszwecken von grosser Bedeutung sein kann. Ein wichtiges politisches Thema bildet hingegen die Ausreise von dazu verpflichteten Personen und insbesondere, wie sich diese allenfalls gegen deren Willen (sog. *Rück-, Heim- oder Ausschaffung*) durchsetzen lässt. Auch dafür hat sich die Schweiz eigene, grundsätzlich sehr restriktive Verfassungsbestimmungen gegeben (Art. 121 Abs. 2–6 BV).

i)   Ausländischer Bevölkerungsanteil

Global betrachtet leben lediglich rund 3 % der Weltbevölkerung auf Dauer, d.h. länger als ein Jahr, nicht im Land ihrer Staatsangehörigkeit. Auch in Europa erreicht der Migrationsanteil trotz Freizügigkeitsregelungen insgesamt nur rund 6 %, wovon 3,3 % Freizügigkeitsberechtigte sind. In Kleinstaaten ist die Quote regelmässig höher. In der Schweiz übersteigt der Anteil ausländischer Personen an der Wohnbevölkerung inzwischen 25 %. Ohne Berücksichtigung der aus der Ukraine geflüchteten Kriegsvertriebenen sind nur etwas mehr als 1 % der Bevölkerung anerkannte Schutzsuchende oder solche in einem Schutzverfahren, mit deren Berücksichtigung knapp 2 %. Ob es aus wirtschaftlicher und demographischer Sicht mehr oder weniger Migration braucht, ist wissenschaftlich umstritten.

Politisch zeigt sich hingegen regelmässig unter dem Titel «Überfremdungsbekämpfung» ein Bedürfnis nach Beschränkung. So verhält es sich auch in der Schweiz.

j) Migration und Inklusion

Zuwanderung ist regelmässig mit der Frage verbunden, wie sich die Neuankömmlinge in die vorhandenen staatlichen und gesellschaftlichen Strukturen eingliedern lassen. Diese Frage stellt sich vorrangig bei auf Dauer angelegter Immigration. Teilweise wird im Sinne eines «Rotationsprinzips» (auch «zirkuläre Migration» genannt) versucht, das Problem durch lediglich kurzfristige Aufenthaltserlaubnisse zu vermeiden. Auch die Schweiz verfolgte in der zweiten Hälfte des 20. Jahrhunderts mit dem sog. «Saisonnierstatut» eine solche Politik. Die Erfahrung zeigt aber, dass es nach einer gewissen Anwesenheitsdauer zu einer Verwurzelung kommt und die Zugewanderten oft nicht mehr in ihre Heimatstaaten zurückkehren wollen. Die Sozialisierung von Migrantinnen und Migranten in die Aufnahmegesellschaft bildet in diesem Sinn eine auch staatliche Aufgabe. Dazu dient eine möglichst frühzeitige Integration der Zugewanderten, wenn mit einem längerfristigen Aufenthalt zu rechnen ist. Das schweizerische Recht folgt nunmehr vermehrt einem solchen integrativen Ansatz.

Allerdings stellen die Definition der Integration und deren Umsetzung eine grosse Herausforderung dar. Ziel ist das Zusammenleben der einheimischen mit der ausländischen Bevölkerung unter gegenseitiger Toleranz und Achtung, namentlich auch der kulturellen Eigenheiten. Diese abstrakte Zielsetzung erhält ihre Konturen erst durch die dazu ergriffenen staatlichen Unterstützungsmassnahmen einerseits und die rechtlichen Anforderungen gegenüber den Zugewanderten andererseits (sog. *Fördern und Fordern*). Es bleibt die Schwierigkeit, dass die Integration nicht nur eine staatliche, sondern vor allem eine gesellschaftliche Aufgabe ist, wobei sich die Inklusion der ausländischen Bevölkerung in die Aufnahmegesellschaft nur bedingt rechtlich regeln und durchsetzen lässt.

k)   Migration und Ausgrenzung

Aus einer historischen Sicht war Migration demgegenüber auch immer mit einer Ausgrenzung der missliebigen oder nur teilweise, namentlich zu Arbeitszwecken, erwünschten Migranten verbunden (*Max Frisch:* «Man hat Arbeitskräfte gerufen, und es kommen Menschen.»). Das brachte regelmässig entsprechende Abwehrmechanismen und Diskriminierungen mit sich. Auch in jüngerer Zeit lassen sich entsprechende Vorgänge feststellen. Insbesondere werden migratorische Ereignisse zunehmend kriminalisiert, was mit dem neu geschaffenen Begriff «*Crimmigration*» umschrieben wird. In der Schweiz sind Beispiele dafür die Wiedereinführung der strafrechtlichen Landesverweisung, die Verminderung der legalen Einreisemöglichkeiten unter gleichzeitiger Ausweitung entsprechender strafbarer Handlungen, die strafrechtliche Verfolgung wohltätiger Unterstützungsaktivitäten gegenüber Migrantinnen, etwa durch kostenlose Unterkunftsgewährung, oder die langzeitige Verfolgung des illegalen Aufenthalts als Dauerdelikt. Auch ausserhalb des Strafrechts werden zunehmend Pönalisierungselemente eingeführt, etwa durch Erweiterung der Gründe für den Widerruf von Statusrechten, durch die Verweigerung von solchen trotz dauernden Verbleibens in der Schweiz, namentlich bei des Landes verwiesenen Flüchtlingen und staatenlosen Personen, oder durch den von den Behörden wiederentdeckten Entzug des Bürgerrechts. Rechtfertigung, Sinn und Wirkung solcher Rechtsakte sind allerdings umstritten.

2.   Migrationsakteure

a)   Migrantinnen und Migranten

Unter Migranten im weiteren Sinn werden Menschen verstanden, die irgendeinen migratorischen Vorgang vornehmen. In einem engeren Sinn beschränkt sich der Begriff erneut auf solche, die ihren Lebensmittelpunkt verlegen. Migranten sind nicht zwingend ausländische Personen. Auch Schweizer Staatsangehörige migrieren, entweder innerhalb der Schweiz oder insbesondere als Auslandschweizer oder als Reisemigranten von hier aus ins Ausland oder von dort zurück in die Schweiz. Umgekehrt sind hier geborene ausländische Personen, die immer in der Schweiz gelebt haben, gleich wie im Ausland geborene Auslandschweizerinnen, die sich immer an demselben Ort aufgehalten haben, keine Migranten. Migrant zu sein, hängt demnach nur bedingt von der Staatsangehörigkeit ab. Der Begriff der Migranten darf streng genommen nicht mit demjenigen von Ausländerinnen und Ausländern gleichgesetzt werden. Schweizer oder ausländische Staatsangehörige sowie staatenlose Personen können alle, müssen aber nicht Migranten sein. Der alltägliche Sprachgebrauch trifft diese Unterscheidung in der Regel nicht, sondern meint mit Migranten häufig alle ausländischen Personen.

b)   Menschen «mit Migrationshintergrund»

Die im Alltag verbreitete Bezeichnung «mit Migrationshintergrund» ist kein Rechtsbegriff. Sie sagt nicht mehr aus, als dass eine Person oder ihre Vorfahren migriert haben, wobei offen und dem eigenen Gutdünken anheimgestellt ist, wie viele Generationen zurück die Migration stattgefunden haben muss. Jedenfalls ist ausländische Staatsangehörigkeit nicht zwingend erforderlich. Das Bundesamt für Statistik (BFS) zählt folgende Menschen zur Bevölkerung mit Migrationshintergrund: Personen mit ausländischer Staatsangehörigkeit und eingebürgerte Schweizerinnen und Schweizer, mit Ausnahme der in der Schweiz Geborenen, deren beide Eltern bereits in der Schweiz geboren wurden, sowie gebürtige Schweizer Staatsangehörige mit Eltern, die beide im Ausland geboren wurden. Diese Definition ist nicht rechtlich vorgegeben, dient rein statistischen Zwecken und ist an sich beliebig anpassbar. Sie belegt die Komplexität und Relativität des Attributs «mit Migrationshintergrund». Gemäss der statistischen Definition verfügen rund 30 % der schweizerischen Bevölkerung über einen Migrationshintergrund; bei den Jungen im Alter von unter 30 Jahren geht der Anteil sogar gegen 50 %.

Rechtlich von Bedeutung, vor allem im Zusammenhang mit Entfernungsmassnahmen sowie teilweise bei der Wiedereinwanderung, kann hingegen sein, ob es sich bei jemandem um eine «ausländische Person der zweiten Generation handelt» (untechnisch «*Secondo*»). Es sind dies Menschen, die in der Schweiz geboren oder im Kindesalter zugewandert und hier aufgewachsen sind. Im Einbürgerungsrecht gibt es sogar eine Bestimmung für «ausländische Personen der dritten Generation» (untechnisch «*Terzos*»), d.h. für Personen, deren Grosseltern in die Schweiz eingewandert sind und deren Eltern somit bereits «Secondos» waren.

Neuerdings findet in den Sozialwissenschaften der Begriff der «Postmigranten» Anwendung für vollständig integrierte ausländische Personen, die sich gegenüber der Aufnahmegesellschaft gar nicht mehr als fremd verstehen. Juristisch hat diese Bezeichnung als solche keine besondere Bedeutung. An die damit verbundene vollständige Integration können freilich rechtliche Folgen geknüpft sein.

3. Migrationsrecht

a) Migrationsrecht als Oberbegriff

Das Migrationsrecht umfasst alle rechtlichen Bestimmungen, mit denen migratorische Vorgänge und Zustände geregelt werden. Es zählt zum öffentlichen Recht. Nach schweizerischem Verständnis gehören dazu das Ausländerrecht, das Flüchtlingsrecht und das Staatsangehörigkeitsrecht. Im Ausland wird das Migrationsrecht teilweise enger verstanden und im Wesentlichen auf das Ausländerrecht beschränkt und damit vom Flüchtlingsrecht abgegrenzt. Wie bei der Migration sind die Übergänge aber fliessend, weshalb sich die einzelnen Rechtsgebiete nicht strikt trennen lassen. Das Migrationsrecht ist mehrstufig, d.h., es gelten Rechtsregeln auf internationaler Ebene (Völker- bzw. Staatsvertragsrecht) sowie auf nationaler Stufe (Verfassungs- und Verwaltungsrecht). Beim nationalen Recht lassen sich im schweizerischen Bundesstaat föderalistisch bedingt

Bestimmungen des Bundes, der Kantone und der Gemeinden unterscheiden. Diese komplexe Rechtsordnung wird auch als «Mehrebenensystem» bezeichnet. Inhaltlich definiert das Migrationsrecht insbesondere die Rechte und Pflichten der davon erfassten Personen sowie die entsprechenden Verfahren und Durchsetzungsmechanismen bis hin zu Zwangsmassnahmen.

b) Statusrechte Schweizer Staatsangehöriger

Genau genommen gehören Normen, welche die migratorische *Rechtsstellung von Schweizerinnen und Schweizern* regeln, zum Migrationsrecht. Entsprechende völkerrechtliche Bestimmungen betreffen nicht nur das Aussenverhältnis, sondern haben, wie etwa Regeln zum Familiennachzug, zunehmend auch Auswirkung auf die landesinterne Rechtsstellung. National ergeben sich die Statusrechte schweizerischer Staatsangehöriger mehrheitlich bereits aus der Bundesverfassung. Üblicherweise werden diese dem Staatsrecht zugewiesen und von Darstellungen zum Migrationsrecht weitgehend ausgeklammert. Auch im vorliegenden Buch stehen sie nicht im Vordergrund.

International zählen zu den verbreiteten Staatsangehörigkeitsrechten insbesondere das Aufenthaltsrecht im Staatsgebiet, der Schutz vor Exilierung, die politischen Rechte, soziale Sicherungsrechte, der diplomatische Schutz sowie der breit gewährte Zugang zur Erwerbstätigkeit unter grundsätzlichem Einschluss aller öffentlichen Ämter. Umgekehrt gibt es auch Bürgerpflichten wie beispielsweise die Militär- oder Ersatzdienstpflicht (vgl. für Schweizer Männer Art. 59 Abs. 1 BV). Aus Sicht des schweizerischen Rechts haben Schweizer Staatsangehörige den besten migrationsrechtlichen Status. Sie profitieren von verschiedenen, für sie günstigen, namentlich verfassungsrechtlichen, Mobilitätsregelungen wie der Niederlassungsfreiheit (Art. 24 BV), der Wirtschaftsfreiheit (Art. 27 BV) und dem Ausweisungsverbot (Art. 25 Abs. 1 BV; dazu auch hinten § 26.1, S. 371). Insbesondere die Niederlassungsfreiheit vermittelt das Recht auf freie Ortswahl in der Schweiz sowie das Recht auf

Ein- und Ausreise, wozu auch das Recht auf entsprechende Reisepapiere wie Pass oder Identitätsausweis gehört. Zu beachten sind sodann die Bestimmungen für *Auslandschweizer,* die in Art. 40 BV ihre Grundlage finden, sowie völkerrechtliche Regelungen wie das Personenfreizügigkeitsabkommen (FZA) oder sonstige staatsvertragliche Normen, etwa der Menschenrechtskonvention (EMRK), mit Auswirkungen auf den Migrationsstatus.

Aufgrund des auf Vertragsbasis gegenseitig eingeräumten Freizügigkeitsrechts mit der Europäischen Union (EU) und der Europäischen Freihandelsassoziation (EFTA) werden Schweizer Staatsangehörige in diesen Vertragsstaaten ausländerrechtlich vorrangig behandelt. Aber auch das nationale Ausländerrecht enthält vereinzelt Bestimmungen, die auf Schweizerinnen und Schweizer anwendbar sind, insbesondere bei der Regelung des Familiennachzugs. Das Bürgerrechtsgesetz kann einschlägig sein, wenn es etwa um die Weitergabe oder den Verlust des Bürgerrechts geht. Für schweizerisch-ausländische Doppel- oder Mehrfachbürger können verschiedene Regelungen gelten, was ihnen unter Umständen ermöglicht, sich auf die für sie gerade günstigere Rechtsordnung zu berufen und damit Benachteiligungen zu vermeiden, die spezifisch Schweizer Staatsangehörige treffen können. Diese als «Inländerdiskriminierung» oder «umgekehrte Diskriminierung» bezeichneten Benachteiligungen sind aber aus verfassungs- und menschenrechtlicher Sicht ohnehin fragwürdig. Es gab denn auch verschiedentlich Versuche, sie durch Gesetzesrevision zu beseitigen. Ein solcher ist zurzeit (Sommer 2024) wieder hängig.

c)   Ausländerrecht

Das Ausländerrecht befasst sich mit der ordentlichen oder gewollten Migration ausländischer Personen. Es geht dabei um die Regelung der von diesen grundsätzlich ohne staatliche oder durch faktische Vorgänge ausgelöste Vertreibung freiwillig angestrebten und von den betroffenen Staaten akzeptierten Wanderung. Es handelt sich um die zahlenmässig bedeutendste Form der Migration in der

Schweiz. Erfasst werden sowohl im weiteren Sinn die Reisetätigkeit als auch im engeren Sinn die Verschiebung des Lebensmittelpunktes und der damit verbundene Status unter Einschluss der Integration. Das Ausländerrecht regelt sodann die Entfernung von Personen, die keine Aufenthaltsberechtigung in der Schweiz haben und diese verlassen müssen, sowie die Fernhaltung von Personen, die dadurch von einer Einreise in die Schweiz abgehalten werden. Das Ausländerrecht befasst sich ebenfalls mit den irregulär anwesenden Personen und den staatenlosen Personen.

Das geltende schweizerische Ausländerrecht kennzeichnet sich durch das sog. «duale System», wonach gestützt auf gegenseitig eingeräumtes Freizügigkeitsrecht mit der EU und der EFTA privilegierte Personen (sog. «Freizügigkeitsberechtigte» oder «erster Kreis») von den übrigen Ausländerinnen und Ausländern (sog. «zweiter Kreis») unterschieden werden. Die Menschen aus dem zweiten Kreis werden auch «Drittstaatsangehörige» (vgl. etwa Art. 2 Bst. g VEV) oder mitunter, sprachlich nicht ganz korrekt, «Drittausländer» genannt.

d) Flüchtlingsrecht (Asylrecht)

Flüchtlingsrecht ist der weitere und an sich korrektere Begriff als die gängigere Bezeichnung Asylrecht. Noch umfassender, aber bisher nicht üblich, wäre die Bezeichnung «Vertriebenenrecht» oder «Vertreibungsrecht». Das Flüchtlingsrecht befasst sich mit der unfreiwilligen bzw. ausserordentlichen Migration. Dabei handelt es sich um Wanderungen, zu denen sich die Betroffenen gegen ihren Willen gezwungen sehen, selbst wenn sie diese aus eigenem Antrieb vornehmen. Das Flüchtlingsrecht ordnet die Voraussetzungen und das Verfahren für die Zuerkennung eines Schutzstatus, insbesondere im Sinne der Flüchtlingskonvention, sowie die Ausgestaltung des Status und das Vorgehen, wenn ein solcher verweigert wird. Zentrales Element des Flüchtlingsrechts ist der Schutz vor Rückschiebung in den Verfolgerstaat (sog. *Non-Refoulement-Gebot* oder -*Prinzip* oder *Refoulementverbot*). National umgesetzt wird es durch das schweizerische Asylrecht. Dieses regelt, teilweise ergänzt durch das Ausländerrecht, auch die sog. «subsidiären» und, namentlich bei Massenvertreibungen, «temporären» Schutzformen, die insbesondere bei Gewaltsituationen wie Kriegen Anwendung finden können. Für sonstige Fluchtformen wie beispielsweise der Katastrophen- oder Klimavertreibung muss hingegen auf andere Rechtsquellen wie besondere völkerrechtliche Bestimmungen oder das Ausländerrecht zurückgegriffen werden.

e)   Staatsangehörigkeitsrecht

Zum Migrationsrecht gehört sodann das Recht über den Erwerb und den Verlust der Staatsangehörigkeit, insbesondere über die Ein- und Ausbürgerung. Dies trifft deshalb zu, weil damit eine Statusveränderung verbunden ist, die sich massgeblich auf die migratorische Rechtsstellung auswirkt. Staatsangehörigkeit beruht auf der Zufälligkeit, wo jemand geboren wird und wer die Eltern sind. Ob jemand bei der Geburt eine Staatsangehörigkeit erhält und allenfalls welche, ist von der betreffenden Person nicht beeinflussbar. Staatsangehörigkeit hat jedoch nicht nur einen hohen symbolischen und sozialen Wert, sondern ist auch mit wesentlichen Rechtswirkungen verbunden. Jeder Staat versieht seine eigenen Angehörigen, soweit er Menschen als solche anerkennt, mit völker- und landesrechtlichen Vorrechten, die ausländischen Personen nicht oder nur eingeschränkt zustehen. Dazu zählen insbesondere das Einreise- und Anwesenheitsrecht, das Exilierungsverbot sowie der diplomatische Schutz.

f)   Staatsvertretungs- und Gaststaatsrecht

Besondere anwesenheitsrechtliche Regeln unter Gewährung von Vorrechten und Immunitäten finden Anwendung für das diplomatische und konsularische Personal sowie für bestimmte ausländische Mitarbeitende internationaler Organisationen, etwa von Behörden der Vereinten Nationen (UNO, namentlich in Genf), des Internationalen Komitees vom Roten Kreuz (IKRK, ebenfalls in Genf), des Internationalen Olympischen Komitees (IOK, in Lausanne) oder anderer internationaler Sport- oder sonstiger anerkannter Verbände mit Sitz in der Schweiz. Zum Teil beruhen solche Bestimmungen auf völkerrechtlichen und staatsvertraglichen Regelungen. Teilweise gilt nationales Recht, namentlich das Gaststaatgesetz (GSG). Zuständig ist nicht das SEM, sondern das Eidgenössische Departement für auswärtige Angelegenheiten EDA, das den Begünstigten zur Regelung ihrer Anwesenheit eine sog. Legitimationskarte ausstellt. Darauf wird in diesem Buch nicht weiter eingegangen. Es können sich aber im Einzelfall Abgrenzungsprobleme zu ausländerrechtlichen Statusrechten ergeben.

4. Migrationsgruppen

a) Einordnung

Die dem Migrationsrecht unterstellten Personen entsprechen nicht zwingend dem Begriff der Migranten. Ob die Menschen selbst migriert haben, ist meist nicht wesentlich. Anknüpfungspunkte sind hier vor allem die Staatsangehörigkeit und der Aufenthaltsort. Das internationale Migrationsrecht regelt, wenn auch nur teilweise, die entsprechende Rechtsstellung aller Menschen. Das nationale Migrationsrecht, das die Migration für einen bestimmten Staat in der Regel integral ordnet, gelangt hingegen nur auf Personen zur Anwendung, die in einer besonderen Beziehung zu diesem Staat stehen. So lassen sich verschiedene migrationsrechtlich relevante Menschengruppen unterscheiden.

b) Schweizer Staatsangehörige

«Schweizerinnen und Schweizer» sind Menschen mit schweizerischem Bürgerrecht, das wiederum mit einem kantonalen und kommunalen Bürgerrecht verknüpft ist und diese voraussetzt (vgl. Art. 37 Abs. 1 BV). «Auslandschweizer» sind schweizerische Staatsangehörige, die im Ausland leben bzw. dort den Lebensmittelpunkt haben. Personen mit Schweizer Staatsangehörigkeit verfügen von Geburt oder vom Zeitpunkt des nachträglichen Erwerbs der Staatsangehörigkeit an über die Bürgerrechte und namentlich die Statusrechte von Schweizerinnen und Schweizern, die sie vom Ausländerrecht weitgehend abkoppeln. Wer die schweizerische Staatsangehörigkeit verliert, untersteht umgekehrt dem Ausländerrecht und geht damit der entsprechenden Privilegien, insbesondere des gesicherten Anwesenheitsstatus, verlustig. Die Schweiz kennt im Vergleich mit den übrigen europäischen Staaten sehr restriktive, wenn nicht sogar die strengsten, Voraussetzungen für die Einbürgerung, weshalb sie mit ihrer eigenen Rechtsordnung selbst zum hohen Ausländeranteil an der Gesamtbevölkerung beiträgt.

c)   Ausländische Personen

Ausländerinnen und Ausländer sind Personen, die nicht über die Staatsangehörigkeit eines bestimmten Staates verfügen, aus Sicht der Schweiz Personen ohne schweizerische Nationalität. Sie können auch mehrere ausländische Staatsangehörigkeiten besitzen. Schweizerisch-ausländische Doppel- oder Mehrfachbürger sind keine Ausländer, staatenlose Personen hingegen schon. Ausländer können also auch keine Staatsangehörigkeit und Schweizer zusätzlich eine oder mehrere ausländische Nationalitäten haben. Rund ein Viertel der Schweizerinnen und Schweizer besitzen mindestens eine zweite Staatsangehörigkeit. Die Zuweisung eines Menschen zu den Schweizern oder zu den ausländischen Personen hat unabhängig davon, ob er oder sie selbst Migrant bzw. Migrantin ist oder nicht, migrationsrechtliche Auswirkungen. So unterstehen auch in der Schweiz geborene ausländische Personen oder im Ausland geborene Schweizerinnen dem Migrationsrecht. Selbst wer etwa in vierter Generation in der Schweiz lebt, bleibt ausländisch, wenn das Schweizer Bürgerrecht von ihm oder seinen Vorfahren mit der Möglichkeit der Weitergabe nie erworben wurde.

d)   Reisende (Reisemigranten)

Reisemigranten begeben sich vorübergehend, kurzzeitig und ohne Verlegung des Lebensmittelpunktes in ein anderes Land. Der Aufenthalt dient dem Tourismus, dem Besuch anderer Menschen, der Teilnahme an Feiern wie Hochzeiten oder Beerdigungen, geschäftlichen oder religiösen Zwecken, medizinischen oder therapeutischen Behandlungen oder der aktiven oder passiven Beteiligung an wissenschaftlichen, kulturellen oder sportlichen oder sonstigen gesellschaftlichen Anlässen. Je nach Herkunft setzen Einreise und Aufenthalt kein behördliches Einverständnis voraus oder erfordern ein Visum.

e)   Erwerbsmigranten (Arbeitsmigranten)

«Erwerbsmigration» bezeichnet als Sammelbegriff die Wanderung zwecks Erwerbstätigkeit. Der im Völkerrecht verwendete Begriff «Wanderarbeiter» (auch «Gast- oder Fremdarbeiter») umschreibt im Ausland Erwerbstätige, regelmässig entsprechende Arbeitnehmende. Im allgemeinen Sprachgebrauch werden verschiedene Kategorien von Erwerbsmigrantinnen unterschieden, die rechtlich aber keine eigenständige Bedeutung haben. Mit «Expats» sind ausserhalb der Heimat Berufstätige internationaler Unternehmungen von zumeist höherem Bildungsgrad gemeint, wobei es sich nur bedingt um einen eigentlichen Rechtsbegriff handelt. In der Schweiz findet der Begriff beispielsweise nur im Steuer-, nicht aber im Migrationsrecht Anwendung. «Grenzgänger» sind Menschen, die in einem anderen Staat arbeiten als sie leben und für die Arbeit regelmässig die Grenze überschreiten. Als «Pendelmigrantinnen» werden gemeinhin Erwerbstätige bezeichnet, die regelmässig wieder an ihren Wohnsitzort zurückkehren, beispielsweise Frauen aus Osteuropa, die in der Regel in Privathaushalten Betagte betreuen, oder Erntehelfer, wobei sich dabei vor allem auch arbeits(schutz)-rechtliche Fragen stellen. «Schwarzarbeiter» ist ebenfalls nur bedingt ein migrationsrechtlicher Begriff, soweit es sich um Erwerbstätigkeit einer ausländischen Person ohne migrationsrechtliche Arbeitsbewilligung handelt; im

Übrigen werden damit verschiedene Formen von Erwerbstätigkeiten bezeichnet, bei denen bestimmte Rechtsregeln (insb. des Sozialversicherungs- und Abgaberechts) nicht eingehalten werden. Besondere Regeln gelten für Familienangehörige mit Erwerbstätigkeit.

f) Erwerbslose Migranten

Wer im Ausland nicht einer bezahlten Arbeit nachgeht, untersteht regelmässig einer anderen Rechtslage als Erwerbstätige. Dazu zählen namentlich Rentner, Menschen in Aus- oder Weiterbildung, Au-pair-Beschäftigte und Stagiaires sowie Menschen, die sich in medizinische Behandlung oder eine Kur begeben. Besondere Regeln gelten für erwerbslose Wohlhabende mit Pauschalbesteuerung sowie für Familienangehörige ohne Erwerbstätigkeit.

g) Flüchtlinge bzw. geflüchtete Personen

aa) Vorbemerkungen

Der Begriff «Flüchtling» ist mehrdeutig. Im Allgemeinen Sprachgebrauch wird er in einem weiten Sinn verwendet, wonach davon alle Menschen erfasst werden, die aus irgendwelchen Gründen unfreiwillig ihren Wohnort verlassen haben. Das ist rechtlich aber unpräzis. Um die Gesamtheit der unfreiwilligen Migranten zu bezeichnen, finden denn auch zunehmend Bezeichnungen wie «Vertriebene» oder «Geflüchtete» oder «geflüchtete Personen» Anwendung. Rechtlich muss jedenfalls zwischen den nachfolgend beschriebenen Gruppen unterschieden werden.

Die grosse Mehrzahl der Fluchtbewegungen beruht nachweislich auf geopolitischen Krisen oder Katastrophen. Wer um Schutz vor Verfolgung ersucht, gilt als «Schutzsuchender» oder, wenn eine Chance auf Asyl besteht, in einem engeren Rechtssinn als «Asylsuchender». Der Begriff der «Asylsuchenden» oder «Asylbewerber» wird allerdings auch in einem weiteren Sinn für alle Schutzsuchenden verwendet. Schutzsuchende können sich dank der Flüchtlingskonvention zumindest vorübergehend während des Verfahrens bis zur Klärung ihres Status auf dem Gebiet des Staates aufhalten, den sie um Schutz ersuchen. Das im Sprachgebrauch verbreitete Wort «Asylant» ist hingegen kein Rechtsbegriff, wird oft abwertend gebraucht und sollte daher vermieden werden. Gleiches gilt für die manchmal anzutreffenden Bezeichnungen «echte» und «falsche Flüchtlinge», die rechtlich unpräzis und missverständlich sind.

Eine besondere Untergruppe bilden die «unbegleiteten minderjährigen Asylsuchenden» (abgekürzt «UMA»), für die teilweise, namentlich beim Verfahren und der Aufnahmebedingungen, besondere Regeln gelten. Es handelt sich dabei um Menschen unter 18 Jahren, die ohne eine für sie im rechtlichen Sinn verantwortliche erwachsene Person wie Eltern oder Vormünder um Schutz ersuchen.

Geflüchtete Personen stammen fast ausschliesslich von ausserhalb der EU und der EFTA. Global gesehen flüchtet die grosse Mehrheit nicht in die reichen Länder, sondern in meist ärmere Nachbarstaaten, da Konflikte und Katastrophen zurzeit vorwiegend in den weniger entwickelten Weltregionen entstehen bzw. auftreten. Der Ukrainekonflikt bildet dazu die Ausnahme. Die Erteilung eines Schutzstatus an Angehörige der unmittelbar umliegenden europäischen Staaten durch die Schweiz kommt, abgesehen von besonderen Situationen der Gewalt oder von Katastrophen, praktisch kaum in Frage, da die rechtliche Vermutung besteht, dass die Menschenrechte dort ausreichend gewährleistet sind, es sich also um sichere Herkunftsstaaten handelt. Eine Ausnahme in einem Einzelfall aufgrund besonderer Umstände fällt aber nicht völlig ausser Betracht. Hingegen kommt es durchaus zur Anerkennung eines Schutzstatus bei Geflüchteten aus entfernteren europäischen Staaten wie der Ukraine, Belarus oder der Türkei. Seit dem zweiten Weltkrieg sind schätzungsweise annähernd eine halbe Million Menschen als Geflüchtete dauerhaft in die Schweiz gelangt. Viele von ihnen und vor allem ihre Nachfahren haben heute die schweizerische Staatsangehörigkeit. Umgekehrt ist es, wenn auch sehr selten, vereinzelt schon vorgekommen, dass Schweizer wegen angeblicher Verfolgung in der Schweiz im Ausland einen Schutzstatus erhalten haben.

bb) Konventionsflüchtlinge

Rechtlich ist der Begriff der Flüchtlinge denjenigen Personen vorbehalten, welche die völkerrechtlich in der Flüchtlingskonvention definierte Flüchtlingseigenschaft erfüllen. Diese setzt im Wesentlichen eine begründete Flucht vor Verfolgung über die Staatsgrenze hinweg voraus. Konventionsflüchtlinge erhalten in der Regel «Asyl», ausnahmsweise einen «subsidiären Schutzstatus» mit grundsätzlich einer weniger vorteilhaften Rechtsstellung. Das trifft auch für die Schweiz zu, wo diesfalls die sog. «vorläufige Aufnahme» zur Anwendung gelangt.

cc) Gewaltvertriebene

Nicht von der Flüchtlingsdefinition erfasst sind in der Schweiz Personen, die ohne individuelle Verfolgung aus Gewaltsituationen fliehen, also insbesondere wegen Krieg oder Bürgerkrieg. Obwohl es sich dabei nicht um Flüchtlinge im Rechtssinn handelt, können sie unter eingeschränkten Voraussetzungen «subsidiären» oder «temporären Schutz» erhalten. In der Schweiz wird der temporäre Schutz, der im Schweizer Recht als «vorübergehender Schutz» bezeichnet wird, zurzeit, und das historisch erstmalig, nur Ukrainerinnen und Ukrainern gewährt; für die übrigen Gewaltvertriebenen gelangt hingegen erneut die vorläufige Aufnahme zur Anwendung. Es empfiehlt sich, hier nicht den Begriff der Flüchtlinge, sondern denjenigen der Gewaltvertriebenen zu gebrauchen.

dd) Katastrophen- und Klimamigranten

Für Menschen, die vor natürlichen oder vom Menschen geschaffenen Katastrophen oder Klimaveränderungen fliehen, gibt es bisher keine verbindlichen internationalen und auch keine spezifischen schweizerischen Schutzkonzepte. Allenfalls kann auch hier die vorläufige Aufnahme zum Zug kommen. Es dient der rechtlichen

Abgrenzung und damit der Verständlichkeit, dafür den Begriff der
«Klima- oder Katastrophenmigranten» oder der «Klima- oder Ka-
tastrophenvertriebenen» zu verwenden.

h) Binnenvertriebene

Flüchtlinge sind weiter zu unterscheiden von den sog. «intern Vertriebenen» oder «Binnenvertriebenen» («internally displaced per-
sons», IDPs). Während die Ersten auf der Suche nach Schutz eine
Staatsgrenze überschreiten, verbleiben die Zweiten innerhalb der
Staatsgrenze, müssen aber ungewollt, etwa wegen einer Zwangsumsiedlung, eines bewaffneten Konflikts oder einer Naturkatastrophe,
ihren Lebensmittelpunkt in ihrem Land verschieben. Überschreiten
sie später doch noch die Staatsgrenze, können sie zu Flüchtlingen
im Rechtssinn werden. Weltweit gibt es noch mehr Binnenvertriebene als Flüchtlinge. Aus Gründen der Souveränität der Staaten ist
der rechtliche Umgang mit der Binnenvertreibung schwierig und
es gibt dafür auch keine verbindlichen internationalen Schutzkonzepte.

i) Staatenlose Personen

Staatenlose Personen sind Menschen, die von keinem Staat als
eigene Angehörige anerkannt werden. Dafür gibt es verschiedene
Gründe wie die Verstossung von Minderheiten, Lücken in der Staatennachfolge, Unvereinbarkeiten in den Bürgerrechtsgesetzgebun-
gen verschiedener Staaten oder einfach die Geburt von Kindern
staatenloser Eltern. Staatenlosigkeit kommt nicht nur in weit ent-
fernten Ländern vor. Als Folge der Weltkriege oder der Auflösung
von Staatengemeinschaften wie der früheren Sowjetunion oder von
Jugoslawien gibt es auch staatenlose Personen europäischer Herkunft. Für staatenlose Personen gelten besondere völkerrechtliche
und nationale Bestimmungen.

j)   Papierlose (Sans-Papiers)

Die Bezeichnung «Papierlose» oder «Sans-Papiers» findet erneut eine mehrdeutige Anwendung. Manchmal werden sie mit den staatenlosen Personen verwechselt. Gemeint sind in der Regel aber nicht Menschen ohne Staatsangehörigkeit oder schlicht ohne Identitätsausweis (Pass, Identitätspapier), sondern solche ohne geregelte Anwesenheit, die also keine Aufenthaltsberechtigung in einem Staat bzw. aus Sicht der Schweiz in der Schweiz haben und diese eigentlich verlassen müssten. Zutreffender wäre wohl der Begriff der «Sans-Permis», üblich ist aber derjenige der Sans-Papiers. Papierlose im eigentlichen Sinn sind den Behörden nicht bekannt und bleiben meist nach einem beendeten legalen Aufenthalt, beispielsweise mit abgelaufenem Touristenvisum oder erloschener Aufenthaltsbewilligung, unrechtmässig in der Schweiz (sog. *«overstayers»*); mitunter reisen sie bereits ohne Erlaubnis ein oder sie kommen als Kinder von Papierlosen zur Welt (sog. «primäre Sans-Papiers»). Eine weitere Untergruppe von Papierlosen sind solche, bei denen, obwohl sie und ihr Aufenthaltsort den Behörden bekannt sind, eine Entfernungsmassnahme wie eine Wegweisung nicht vollzogen werden kann, die aber keinen Anwesenheitsstatus erhalten (sog. «sekundäre Sans-Papiers»). Dazu zählen namentlich Personen, bei denen ein Schutz- oder Asylgesuch abgelehnt oder darauf nicht eingetreten wurde, solange die als Folge davon angeordnete Ausreise nicht erfolgt.

k)   Armutsmigranten

Migration, um der Armut zu entkommen, kennt verschiedene Formen. *Armutsmigration* wird auch künftig kaum zu verhindern sein, solange es auf der Welt erhebliche Reichtumsunterschiede gibt. Mit Armutsmigranten und -migrantinnen ist keine eigene rechtlich definierte Gruppe gemeint; vielmehr bezeichnet der Begriff unterschiedliche Konstellationen von Migrantinnen und Migranten, die aus wirtschaftlichen Gründen wandern, um ihre ökonomische Situation zu verbessern. Personen, die ohne Verfolgungssituation versuchen, über den Flüchtlingsweg bzw. das Asylrecht zu einem Aufenthaltsstatus in einem anderen Staat zu gelangen, der auf ordentlichem Weg kaum erreichbar wäre, werden mitunter als «Wirtschaftsflüchtlinge» bezeichnet. Das ist jedoch unpräzis und kann zu Missverständnissen führen, weil es sich gerade nicht um Flüchtlinge im Rechtssinn handelt, weshalb dieser Begriff vermieden werden sollte. Andere mögliche Beispiele sind papierlose Schwarzarbeiter in Billiglohnbereichen oder auch Freizügigkeitsberechtigte aus wirtschaftlich schwächeren EU-Staaten, die in unqualifizierten oder unregulierten Bereichen arbeiten, inklusive Betteln, Prostitution, Schwarzarbeit in Privathaushalten usw. Dabei stellen sich häufig auch Fragen des Arbeitsschutzes bzw. des Schutzes vor Ausbeutung. Bei Drittstaatsangehörigen handelt es sich allerdings oft nicht um die Ärmsten, die sich eine Reise in ein reicheres Land schlicht nicht leisten können, sondern um Personen aus der unteren Mittelschicht oder gut Gebildete ohne berufliche Perspektive im Herkunftsland.

Mitunter wird auch eine «Einwanderung ins Sozialsystem» moniert von Menschen, die in der Schweiz gar nicht wirklich arbeiten, sondern nur von den hiesigen Sozialrechten profitieren wollen. Solche Fälle gibt es; sie betreffen jedoch nachweislich lediglich eine kleine Minderheit der ausländischen Erwerbstätigen in der Schweiz.

l) Familienangehörige

Obwohl sie keine in sich geschlossene eigene Gruppe bilden, sind Familienangehörige im Migrationsrecht für praktisch alle Personengruppen von grosser Bedeutung. Regelmässig geht es darum, das gemeinsame Familienleben über die Grenze hinweg zu ermöglichen, wobei es sich um bi- oder multinationale Familienverhältnisse oder auch nur um eine im Ausland lebende Familie mit einer einzigen Staatsangehörigkeit handeln kann. Darauf gibt es teilweise menschen- und grundrechtliche oder allenfalls gesetzliche Ansprüche. Verbreitet wird dafür die Bezeichnung «Familiennachzug» verwendet, womit bildlich die Zulassung der Familienmitglieder vom Ausland her umschrieben wird. Betroffen sind aber auch im Inland geborene ausländische Familienangehörige. Im Vordergrund stehen dabei die jeweiligen Ehegatten oder gleichgeschlechtlichen Partner und die minderjährigen Kinder, die sog. *Kernfamilie.* Mitunter gibt es weitergehende Regelungen, namentlich aufgrund von Freizügigkeitsrecht. Verschaffen atypischerweise Nachkommen ihren Vorfahren einen anwesenheitsrechtlichen Status, wird von «umgekehrtem Familiennachzug» gesprochen. Mit dem Aufkommen von sog. *Patchworkfamilien* und neuen Fortpflanzungstechniken, etwa bei Leihmutterschaft, stellen sich zunehmend besondere, oft nicht klar geregelte Rechtsfragen auch im Migrationszusammenhang.

5. Migrationsrechtliche Zuordnung

a) Kategorien

Kennzeichnend für das Migrationsrecht ist, dass es Menschen für die Zuordnung eines bestimmten Rechtsstatus kategorisiert. Für verschiedene Gruppen von Menschen gelten unterschiedliche Rechtsregeln. Es ist eine nicht zu unterschätzende Herausforderung, einer bestimmten Person die für sie geltenden Normen zuzuweisen. Dafür gibt es unzählige rechtliche Kriterien, worauf hier nicht im Detail eingegangen wird. Sie ergeben sich aus der nachfolgenden Darstellung der Rechtslage in diesem Buch.

Die Zuordnung folgt zunächst im Wesentlichen den vier grossen Hauptgruppen der Migration: erstens die aus eigenem Willen regulär wandernden Personen, zweitens die unfreiwillig migrierenden Flüchtlinge und Vertriebenen, drittens die besondere Gruppe von Personen mit Vorrechten und Immunität und viertens die irregulär migrierenden Menschen, die verschiedenen Rechtsgebieten unterstehen können. Innerhalb der Gruppen gibt es teilweise mehrere Untergruppen. Die Zuordnung einer Person zu einer solchen Gruppe ist zur Erkennung ihrer migrationsrechtlichen Stellung wesentlich, bevor die individuelle Situation beurteilt werden kann. Sie richtet sich nach den entsprechenden rechtlich geregelten Tatbeständen und Voraussetzungen.

Die Kategorien lassen sich allerdings in der Praxis nicht immer trennscharf voneinander abgrenzen, wie etwa typischerweise beim Zusammenfallen von Verfolgungsgründen und ökonomischen Umsiedlungsmotiven. Solche auf mehreren Gründen beruhende Wanderungsformen werden als «gemischte Migration» («mixed migration») bezeichnet. Rechtlich erfolgt in der Regel dennoch eine Zuweisung zu einer bestimmten Kategorie, die sich nach den dafür geltenden Rechtskriterien richtet und zur Anwendung der entsprechenden Rechtsregeln führt. Mitunter können zwei Kategorien gleichzeitig vorliegen, was zu kombinierten Rechtsverhältnissen führen kann, so etwa bei individuell verfolgten staatenlosen Personen, für die sowohl Flüchtlings- als auch Ausländerrecht anwendbar sein kann. Anerkannte Flüchtlinge mit Asyl erhalten eine ausländerrechtliche Bewilligung, verfügen also auch über eine kombinierte Rechtsstellung. Das Recht kann eine solche doppelte Rechtsanwendung aber auch untersagen. Das ist etwa die Folge des gesetzlichen Prinzips der Ausschliesslichkeit des Asylverfahrens, wonach während des Asylverfahrens die Erteilung einer ausländerrechtlichen Bewilligung bis zum Asylentscheid grundsätzlich unzulässig ist. Die Kategorien sind jedoch nicht völlig undurchlässig, auch nicht im Asylbereich. So kann etwa durch Heirat ein Wechsel vom Asylsuchenden zum ordentlich anwesenden Ausländer oder vom irregulären zum regulären Migranten oder durch Einbürgerung vom Ausländer zum Schweizer erfolgen. Auch ist je nach Sachlage jeweils die umgekehrte Entwicklung möglich.

b) Gleichheitsfragen

Wo immer Menschen kategorisiert werden, stellen sich Gleichheitsfragen. Diskriminierung, namentlich nach Rasse, Geschlecht, Religion oder Weltanschauung, sozialer Stellung, Alter, Herkunft bzw. Ethnie, Lebensform, politischer Überzeugung oder Behinderung ist verboten. Ungleichbehandlungen aufgrund dieser Merkmale unterliegen besonders strengen Regeln (vgl. für die Schweiz Art. 8 Abs. 2 BV). Aber auch Unterscheidungen, die nicht im engen Sinn diskriminierend sind, müssen sich nach herrschender Auffassung sachlich rechtfertigen lassen (vgl. für die Schweiz Art. 8 Abs. 1 BV). Die Unterscheidung der ordentlichen Migration von der Flüchtlingsmigration beruht auf einer solchen sachlichen Grundlage. Anerkannt ist auch, dass die Zulassung aufgrund von auf Gegenseitigkeit beruhenden Freizügigkeitsverträgen rechtmässig ist. Bei den damit verbundenen Statusrechten wie der Erwerbstätigkeit oder dem Familienleben erscheint die Zulässigkeit von Differenzierungen hingegen weniger klar, was umso mehr gilt, wenn Menschenrechte berührt sind. Lassen sich namentlich Privilegierungen einzelner Migrantengruppen im Vergleich zu anderen beim Familienleben sachlich rechtfertigen? Haben nicht alle Menschen dasselbe Bedürfnis, mit ihren nahen Angehörigen zusammenleben zu können? Im Migrationsrecht finden sich teilweise unterschiedliche Ansätze. Es spricht jedoch einiges dafür, zumindest diejenigen Statusrechte der einmal zugelassenen ausländischen Personen, die von den Menschenrechten wie der persönlichen Freiheit, der Eigentumsgarantie, der Meinungsfreiheit oder eben der Gewährleistung des Privat- und Familienlebens geschützte Grundbedürfnisse abdecken, im Sinne des Meistbegünstigungsprinzips zu harmonisieren, auch wenn dies bisher nicht in allen Belangen der herrschenden Auffassung und Gesetzeslage entspricht.

6. Migrationsordnung

a) National

aa) Kompetenzordnung

Im schweizerischen Bundesstaat übernimmt der Bund die zentrale Aufgabe der Migrationsregulierung. Die frühere Zuständigkeit der Kantone wirkt aber sowohl in der Verfassungsordnung als auch in der Gesetzesregelung noch nach. Die Kompetenzverteilung erfolgt daher in Art. 121 BV differenziert. Obwohl dies vom Verfassungsrecht her nicht zwingend vorgeschrieben wird, hat der Bund in der Gesetzgebung unterschiedliche Wege beschritten. Im Flüchtlingsbereich hat er die Entscheidkompetenzen praktisch vollständig an sich gezogen und überlässt er den Kantonen im Wesentlichen nur noch Vollzugsaufgaben. Beim Ausländerrecht liegen hingegen viele Entscheide noch immer in der formellen Zuständigkeit der Kantone; der Bund macht ihnen jedoch erhebliche Vorgaben und versucht dadurch, auch in diesem Bereich die Kontrolle zu behalten. Unterschiedliche Praxen zwischen den Kantonen gehören bis zu einem gewissen zumutbaren Mass zu einem föderalistischen System. Eine Grenze ist freilich dort zu ziehen, wo die Auswirkungen der Ungleichheit auf die Lebensbedingungen derart gross sind, dass die Differenzierung nicht mehr sachlich erscheint. Diese Frage stellt sich etwa bei der behördlichen Zuweisung von Asylsuchenden auf die Kantone, die mit einer ganzen Reihe von Ermessensentscheiden mit Wirkung auf die Lebenssituation verbunden sein kann, bei denen die Kantone uneinheitliche Standards verfolgen; betroffen sind insbesondere die Unterbringung der Asylsuchenden, die eventuelle Erteilung einer Härtefall- und in der Folge der Niederlassungsbewilligung sowie letztlich allenfalls die Einbürgerung. Eine komplexe Aufgabenteilung findet sich ohnehin im Bereich des Bürgerrechts (vgl. Art. 38 BV), wo die traditionellen Zuständigkeiten der Kantone und Gemeinden bis heute noch am stärksten durchschlagen.

bb) Zuwanderungssteuerung

Die Verfassung beauftragt den Bund insbesondere mit der eigenständigen Steuerung der Zuwanderung (Art. 121a BV). Analog zu den allgemeinen Migrationsformen gibt es vier hauptsächliche Arten von Zuwanderung: ordentliche Einwanderung, Fluchtmigration, auf Staatsvertretungs- und Gaststaatsrecht beruhende Zuwanderung sowie irreguläre Migration.

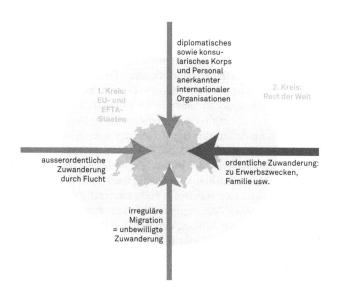

Abb. 1: Wichtigste Formen der Zuwanderung in die Schweiz

Die Zuwanderung mit Vorrechten und Immunitäten gestützt auf Staatsvertretungs- und Gaststaatsrecht erfolgt weitgehend losgelöst von den anderen Zuwanderungsarten. Hingegen zeigt die Erfahrung, dass die drei Formen der ordentlichen Einwanderung, der Fluchtmigration und der irregulären Migration untereinander in einer Wechselwirkung stehen. Der staatlichen Regulierung am besten zugänglich ist die ordentliche Zuwanderung. Völkerrechtliche Verpflichtungen sowie internationale Vernetzungen wie die Zusammenarbeit der Schweiz mit der EU im Migrationsbereich setzen allerdings auch insofern Schranken. Eine völlige Eigenständigkeit der Zuwanderungssteuerung, wie das die Verfassung eigentlich verlangt, lässt sich bei grenzüberschreitender Migration kaum erreichen, da immer mindestens zwei Staaten, der Aus- und der Einreisestaat, oft jedoch noch weitere wie Transitstaaten betroffen sind. Migration ruft daher nach staatsvertraglicher Regelung. Je mehr freilich die reguläre Migration beschränkt wird, desto mehr weichen wanderungswillige Menschen tendenziell auf die «Asylschiene» oder sogar auf die irreguläre Migration aus. Das stärkt überdies das unerwünschte Schlepperwesen, bei dem es sich inzwischen ohnehin um ein Milliardengeschäft handelt. Wird zusätzlich die Zulassung über den Fluchtweg limitiert, nimmt die irreguläre Migration weiter zu. Als Reaktion darauf sind die Staaten regelmässig versucht, den Grenzschutz zu verstärken, also ihre Territorien nach aussen zunehmend abzuschliessen mit der Wirkung, dass neue irreguläre Wege der Zuwanderung entstehen. Gleichzeitig muss die Bekämpfung der Schlepperei intensiviert werden. Je mehr ein Staat jedoch eingreift, desto mehr entstehen Reibungsflächen zu seiner liberalen Ausrichtung, insbesondere zur Achtung der Menschenrechte. Das gilt auch für die Schweiz. Die rechtsstaatliche Umsetzung des verfassungsmässigen Auftrags zur Steuerung der Zuwanderung stellt daher eine erhebliche Herausforderung dar.

cc)   Behördenorganisation

Zentrale Behörde beim Bund für das Migrationsrecht ist das dem Eidgenössischen Justiz- und Polizeidepartement (EJPD) zugeordnete Staatssekretariat für Migration (SEM). Vorwiegend beratend ist die Eidgenössische Migrationskommission (EKM) tätig. Auch die Kantone verfügen in der Regel über eine zentrale Behörde im Gebiet der Migration, die unterschiedlich bezeichnet wird, etwa als Ausländer- oder Migrationsamt oder als Bevölkerungsdienst. Als Besonderheit betraut der Kanton Bern die Städte Bern, Biel und Thun mit einem Teil seiner migrationsrechtlichen Kompetenzen. Das SEM führt auf seiner Website (sem.admin.ch) eine Liste der kantonalen Migrationsämter. Bei der Zulassung zur Erwerbstätigkeit gelangen überdies die kantonalen Arbeitsmarktbehörden zum Zug. Eine spezielle Behördenorganisation gilt für den Bereich des Staatsangehörigkeitsrechts, wo auch den Gemeinden erhebliche Zuständigkeiten zukommen. Auch dazu finden sich auf der Website des SEM weitere Hinweise.

b) International

aa) Vorbemerkungen

In der heutigen Welt sind, vor allem für Staaten mit einer freiheitlichen Ordnung, die Möglichkeiten zur staatlichen Regulierung der Migration beschränkt. Der einzelne Staat vermag bis zu einem gewissen Grad noch die ordentliche Migration zu bewältigen. Aber auch insofern zeichnet sich zunehmend ein Bedarf an internationaler Kooperation ab, was sich unter anderem bei der zwangsweisen Rückführung ausreisepflichtiger Personen zeigt, die ohne Mitwirkung des Zielstaates nicht funktioniert. Die Bewältigung grösserer Fluchtbewegungen bedingt meist eine internationale Zusammenarbeit. Auch beim Umgang mit der irregulären Migration gelangt der einzelne Staat an seine Grenzen.

bb) Global

Die Migrationspolitik und das Migrationsrecht bilden konsequenterweise ein regelmässiges Thema nicht nur im nationalen, sondern auch im globalen oder georegionalen Rahmen. Die rechtlichen Möglichkeiten der Vereinten Nationen (UNO) sind, vor allem bei der ordentlichen Migration, bisher eher beschränkt, wenn auch etwas grösser im Flüchtlingsbereich. Kernstück bildet dabei die *Flüchtlingskonvention*. Immerhin führt die UNO zwei nicht unbedeutende Institutionen im Migrationswesen, nämlich das UNHCR (UN-Hochkommissariat für Flüchtlinge) und die IOM (Internationale Organisation für Migration), beide mit Sitz in Genf. Mit dem *Migrations- und dem Flüchtlingspakt* von 2018 (GCM und GCR) wird versucht, die Grundlage für eine erweiterte internationale Ordnung in Form von Soft Law zu legen. Ob dies langfristig erfolgreich sein wird, bleibt abzuwarten. Bisher erweist sich die Wirkung als überschaubar.

cc)   Europa

Demgegenüber gehen die migrationsrechtlichen Befugnisse und
Regelungen der EU deutlich weiter. Zunächst hat sie für eine weitgehende freizügigkeitsrechtliche Mobilität ihrer eigenen Angehörigen
(sog. «Unionsbürger») gesorgt. Im Verhältnis zu bestimmten asso-
ziierten Staaten wie zu denjenigen des «Europäischen Wirtschafts-
raums (EWR)», dem nebst den EU-Mitgliedstaaten alle EFTA-
Staaten mit Ausnahme der Schweiz angehören, sowie auf separater
Grundlage zur Schweiz unterhält sie ein analoges, wenn auch nicht
in allen Punkten deckungsgleiches Freizügigkeitsregime. Für die
Schweiz bedeutet dies, dass die Zuwanderung heute grossmehrheit-
lich aus dem europäischen Raum erfolgt. Umgekehrt steht Schweizerinnen und Schweizern aber auch das ganze Territorium der EU
und der EFTA (mit Einschränkungen für das Fürstentum Liechtenstein) zur Auswanderung nach den entsprechenden Kriterien des
Freizügigkeitsrechts offen. Von den heute mehr als 800'000 Auslandschweizerinnen und -schweizern leben denn auch rund 64 %,
also über 500'000, in Europa.

Sodann strebt die EU über das «Schengen- und Dublin-Recht» sowie das «Gemeinsame Europäische Asylsystem (GEAS)» eine gewisse Koordination und Harmonisierung des Migrationsrechts an.
Die Schweiz beteiligt sich über die «bilateralen Abkommen» («sek-
torielle oder gemischte Abkommen») mit besonderen Regeln am
Freizügigkeitsrecht, integral am Schengen- und Dublin-Recht, jedoch lediglich teilweise am GEAS, nämlich beim Dublin-Recht und
bei Eurodac. Zentral ist dabei die auf Gegenseitigkeit beruhende
Personenfreizügigkeit. Das Schengen-Recht bildet Grundlage eines
gemeinsamen europäischen Visumssystems sowie eines einheitlichen Grenzregimes mit grundsätzlich offenen Binnengrenzen. Mit
dem Dublin-Recht wird die Zuständigkeit eines Signatarstaates für
ein Asylgesuch festgelegt, das innerhalb des Dublin-Raums gestellt
wird. Zum Dublin-Recht zählt auch die Eurodac-Regelung, welche
die rechtliche Grundlage für die Abnahme und Weitergabe von

Fingerabdrücken von Schutzsuchenden schafft. Das häufig zur Anwendung gelangende Prinzip der Kompetenz des Ersteinreisestaates benachteiligt freilich tendenziell die Länder an den Aussengrenzen. Die EU hat das GEAS daher 2024 nach jahrelangen Vorarbeiten und Diskussionen reformiert. Knackpunkte bildeten dabei insbesondere die gerechte bzw. gleichmässige und solidarische Verteilung der Verantwortlichkeiten sowie die von einzelnen EU-Staaten propagierte Verschiebung der Asylverfahren an die Aussengrenzen der EU oder sogar deren Externalisierung an, teils weit entfernte, Drittstaaten, was unter anderem menschenrechtliche Fragen aufwirft. Inwieweit die Reformen in der praktischen Umsetzung erfolgreich sein werden, lässt sich zurzeit (Stand Sommer 2024) nicht abschliessend beurteilen. Bei der Interpretation des Migrationsrechts der EU kommt im Übrigen dem Gerichtshof der EU in Luxemburg (EuGH) eine wichtige Funktion zu.

Die Schweiz beteiligt sich mit bisher eher geringer Intensität am «Europäischen Unterstützungsbüro für Asylfragen (EASO)» mit Sitz in La Valletta und an der «Europäischen Grenzwachtagentur (Frontex)» mit Sitz in Warschau. Diese Aktivitäten werden zunehmend ausgebaut, was auch die Schweiz betrifft. Soweit diese bei den europäischen Regelungen mitmacht, kann sie sich einer entsprechenden Verantwortlichkeit nicht entziehen. Die Schweiz untersteht allerdings nicht der Gerichtsbarkeit des EuGH.

Zur *EU* gehören (Stand Sommer 2024): Belgien, Bulgarien, Dänemark, Deutschland, Estland, Frankreich, Finnland, Griechenland, Irland, Italien, Kroatien, Lettland, Litauen, Luxemburg, Malta, die Niederlande, Österreich, Polen, Portugal, Rumänien, Schweden, Spanien, die Slowakei, Slowenien, Tschechien, Ungarn und Zypern.

Mitglieder der *EFTA* sind (Stand Sommer 2024): Island, Liechtenstein (mit Sonderbestimmungen bei der Personenfreizügigkeit), Norwegen und die Schweiz.

Schengen-Vertragsstaaten sind (Stand Sommer 2024): alle Mitglieder der EU und der EFTA ausser Bulgarien, Irland, Rumänien sowie Zypern.

Dublin-Vertragsstaaten sind alle Mitglieder der EU und der EFTA (Stand Sommer 2024).

Das Vereinigte Königreich (UK) verfügt über eine besondere Stellung. Am Schengen-Recht hat es schon früher, als es noch Mitglied der EU war, nicht umfassend, v.a. nicht hinsichtlich der offenen Binnengrenzen, teilgenommen, wohl aber am Dublin-Recht. Infolge der Annahme des Brexit-Referendums trat es am 31.1.2020 aus der EU aus, womit insbesondere die Personenfreizügigkeit sowie seine Beteiligung am Dublin-Recht dahinfielen. Zwischen der Schweiz und dem Vereinigten Königreich gibt es spezielle vertragliche Vereinbarungen über die Rechtslage nach dem Austritt des UK aus der EU, namentlich über die nachmaligen Rechte der jeweiligen Angehörigen des Partnerstaates, die vorher von der Freizügigkeit profitiert hatten.

Eine wichtige Bedeutung kommt schliesslich der vom Europarat erlassenen Europäischen Menschenrechtskonvention (EMRK) zu, die auch rechtliche Auswirkungen auf migratorische Verhältnisse zeitigt. Die Möglichkeit der Anrufung des Europäischen Gerichtshofs für Menschenrechte in Strassburg (EGMR) eröffnet einen internationalen Rechtsmittelweg, der menschenrechtswidrige nationale Alleingänge verhindert.

7.   Kennzahlen

Die folgenden Grössenordnungen beziehen sich auf die Jahre 2020–2023 (je nach Quelle), sind teilweise geschätzt bzw. Durchschnittswerte, stammen aber aus offiziellen Quellen (UNO, UNHCR, IOM, UNWTO, Eurostat, BFS, EDA, SEM, STV) und unterliegen naturgemäss und besonders wegen der Covid-19-Pandemie gewissen Schwankungen.

Bezugswert	Grössenordnung
Weltbevölkerung	8 Milliarden
	davon Europa (EU/EFTA): 470 Millionen
Ordentliche Migration	250–300 Millionen (3 % der Weltbevölkerung)
	davon Europa (EU/EFTA): 40 Millionen (7 % der Gesamtbevölkerung; 3,3 % aus EU/EFTA)
Geflüchtete	50–60 Millionen, davon 5 Millionen Schutzsuchende (0,6 % der Weltbevölkerung)
	davon in Europa (EU/EFTA): 8 Millionen (1,5 % der Gesamtbevölkerung; 16 % der Geflüchteten global)
	davon aus der Ukraine: 6 Millionen
Intern Vertriebene	60–70 Millionen (0,75 % der Weltbevölkerung)
Registrierte staatenlose Personen	4,5 Millionen (0,05 % der Weltbevölkerung)
Irreguläre Migration	50 Millionen (grob geschätzt; 0,6 % der Weltbevölkerung)
	EU/EFTA: 300'000 festgestellte irreguläre Aussengrenzenübertritte pro Jahr
Einbürgerungen EU	1 Million pro Jahr
Remissen	USD 650 Milliarden pro Jahr (= mehr als 2× globale Entwicklungshilfe)
Grenzüberschreitende Reisemigration	1 Milliarde pro Jahr global 6 Millionen Schengen-Visa pro Jahr

Tabelle 1: Globale und europäische Kennzahlen

Bezugswert	Grössenordnung
Schweizer Staatsangehörige in der Schweiz	6,6 Millionen (75 % der Gesamtbevölkerung von 9 Millionen) *davon* 20 % mit Mehrfachstaatsangehörigkeit
Auslandschweizer	800'000 (11 % aller Schweizer Staatsangehörigen) *davon* 500'000 (63 %) in Europa etwa ⅔ mit Mehrfachstaatsangehörigkeit
Ordentliche Migration (ausländische Bevölkerung in der Schweiz)	2,4 Millionen (26 % der Gesamtbevölkerung) *davon:* 1,6 Millionen EU/EFTA (68 %) 0,8 Millionen Rest der Welt (32 %) 1,3 Millionen Niedergelassene 0,8 Millionen Aufenthaltende 0,3 Millionen Übrige Zuwanderungsplus pro Jahr: 50'000–100'000 (schwankend)
Grenzgänger	350'000 (EU/EFTA) 3'000 (sonstige)
Geflüchtete	190'000 (2 % der Gesamtbevölkerung) *davon:* 80'000 anerkannte Flüchtlinge 45'000 mit vorläufiger Aufnahme 65'000 mit temporärem Schutz (Ukraine) 15'000–30'000 Asylgesuche bzw. Asylverfahren pro Jahr (schwankend)
Staatenlose Personen	600
Legitimationskarten EDA	44'000 (für ausländische Personen)
Irreguläre Migration	76'000 (gemäss SEM) bis 200'000 (gemäss NGOs)
Visa Schweiz	rund 400'000 Schengen-Visa pro Jahr etwa 70'000 nationale Visa pro Jahr
Einbürgerungen	30'000–40'000 pro Jahr
Remissen	CHF 25 Milliarden pro Jahr
Grenzüberschreitende Reisemigration	mehr als 10 Millionen mit Übernachtung pro Jahr (inkl. EU/EFTA)

Tabelle 2: Schweizerische Kennzahlen

8. Perspektiven

Nach einer von liberaler Freizügigkeit geprägten Migrationsordnung im 19. Jahrhundert wurde das Migrationsrecht in der ersten Hälfte des 20. Jahrhunderts in der Schweiz in erster Linie als Polizeirecht verstanden, was im damals gebräuchlichen Ausdruck «Fremdenpolizeiwesen» zum Ausdruck kam. Ausländische Personen wurden vorwiegend als Gefahr gesehen, die es abzuwehren galt. Später kam die wirtschaftspolitische Komponente der Wanderarbeit hinzu, was zu einer Vermischung der ökonomischen Ausrichtung des Ausländerrechts mit der Politik der Bekämpfung der sog. «Überfremdung» führte. Beide Komponenten beeinflussten die Rechtsetzung und -anwendung erheblich. Heute herrscht in der Wissenschaft im Unterschied zu einigen Teilen der Politik die Einschätzung vor, dass es um einen Interessenausgleich geht. Die polizeiliche Komponente ist nur noch einer von vielen Faktoren, namentlich bei migrationsrechtlichen Massnahmen gegen Terrorismus und Delinquenz. Andere, genauso wichtige Interessen sind dazugekommen. Die Schweiz mag inzwischen faktisch ein Einwanderungsland sein. Rechtlich handelt es sich – mit starken Unterschieden zwischen zuwanderungswilligen EU/EFTA-Staatsangehörigen und Drittstaatsangehörigen – eher um ein «selektives Zulassungsland», das versucht, über die Regulierung nach Herkunft und Fachkenntnissen die Zuwanderung gezielt zu kontrollieren und dabei die verschiedenen Interessen zu berücksichtigen. Empirisch lässt sich zeigen, dass dies nur bedingt gelingt. Die Erwerbsmigration wird vornehmlich durch die jeweilige konjunkturelle Lage bzw. nach dem Bedarf der schweizerischen Wirtschaft an Arbeitsmigration bestimmt. Im Fluchtbereich sind die Steuerungsmöglichkeiten für ein einzelnes kleines Land ohnehin nur gering. Überdies widerspiegelt sich die gerne angerufene «humanitäre Tradition» im geltenden Recht und der gegenwärtigen Praxis nur bedingt, auch wenn sich gewisse Spuren finden.

Wie die anderen europäischen Staaten handelt die Schweiz bei der Migrationspolitik im Spannungsfeld der involvierten vielfältigen Interessen, namentlich wirtschaftlicher, sicherheitspolitischer, demographischer, humanitärer und menschenrechtlicher Natur. Nicht nur die Geschäftswelt, auch die familiären sowie persönlichen und selbst die kriminellen Beziehungen werden zunehmend internationaler. Nicht zuletzt als Reaktion der Staaten auf verschiedene Terroranschläge zu Beginn des laufenden 21. Jahrhunderts zeigt sich international ein Trend zu gesteigerter Verschärfung der Einreisevoraussetzungen und der Sicherheits- und Grenzkontrollen. Hinzu kommen neuerdings politische Tendenzen im Aus- wie im Inland, Schutzverfahren an die Schengen-Aussengrenzen oder sogar in weit entfernte Drittstaaten zu verlegen, was nicht zuletzt mit Blick auf den völkerrechtlichen Flüchtlingsschutz heikel erscheint. Vor diesem Hintergrund gilt es, Abschottung gegen Öffnung abzuwägen und dabei auch die Akzeptanzbereitschaft der hiesigen Bevölkerung für Neues und Fremdes zu berücksichtigen sowie auszuloten, welche Anforderungen an Zuwandernde gestellt werden dürfen und sollen. Gleichzeitig ist sicherzustellen, dass erforderliche Rückschaffungen menschenwürdig und mit geringstmöglichem Zwang ablaufen. Fragen wirft insofern auch die Idee von Rückschaffungen unerwünschter Geflüchteter über Transitstaaten auf, sofern sich überhaupt Drittstaaten finden, die bereit sind, entsprechende Transferabkommen abzuschliessen. Gänzlich abzulehnen, weil verfassungs- und menschenrechtlich nicht legitimierbar, ist die unter dem euphemistischen Begriff «Remigration» erfasste voraussetzungslose Vertreibung von Menschen mit Zuwanderungsgeschichte mit oder ohne Einschluss von Eingebürgerten. Insgesamt betrifft die anspruchsvolle Aufgabe der juristischen Umsetzung der Migrationspolitik sowohl die Gestaltung des nationalen als auch des internationalen Rechts. So ist die Schweiz nicht nur zuständig für den inländischen Umgang mit Migranten, sondern auch mitverantwortlich für die entsprechenden Vorgänge an den Aussengrenzen von Europa.

Die staatlichen Reaktionen auf die Flüchtlingssituation von 2015 und auf die Covid-19-Pandemie von 2020 belegen, dass Freizügigkeitsregelungen und offene Grenzen wenig stressresistent sind. Grenzschliessungen zählen zu den ersten Massnahmen, die Staaten in empfundenen Krisenlagen erwägen und auch ergreifen. 2022 zeigte mit der raschen Aufnahme der ukrainischen Kriegsvertriebenen mit weitgehend einheitlichem Handeln der Schengen-Staaten, dass humanitäre Anliegen noch immer Gehör finden können. Die entsprechende Solidarität ist allerdings – wenn auch deutlich langsamer als diejenige mit syrischen Flüchtlingen nach 2015 – am Abklingen. Nachdem verschiedene Schengen-Staaten insbesondere im Jahr 2015 die Einreise von Personen mit fraglichen Statusrechten zum Teil ungehindert zugelassen hatten, führten einige Vertragsstaaten wieder vorübergehende Kontrollen an den Binnengrenzen ein. Nach dem Ende der fast flächendeckenden Binnengrenzkontrollen im Schengen-Raum während der Covid-19-Pandemie hielten einige Staaten diese Kontrollen aufrecht, angeblich um die Sekundärmigration im Griff zu behalten. Diese Entwicklung hat sich 2023 nochmals verstärkt und namentlich zu erneuten Binnengrenzkontrollen zwischen Deutschland und der Schweiz geführt. Damit wird ein Kernanliegen der Schengen-Regelung in Frage gestellt. Die solchermassen immer wieder auf allen Seiten aufscheinende Privilegierung nationaler Interessen kann leicht in Widerspruch zu internationalen Solidaritätsanliegen geraten. Auch insofern stellen sich besondere Herausforderungen.

Insgesamt kann der erforderliche Interessenausgleich nur gelingen, wenn die Menschenwürde der Betroffenen die nötige Beachtung erhält. Denn letztlich geht es immer um menschliche Schicksale. Und solange die Schweiz und die umliegenden Staaten freiheitliche Rechtsstaaten sein wollen, müssen sie die Rechte der Migrantinnen und Migranten bei der Umsetzung des geltenden Rechts mit der notwendigen Ernsthaftigkeit respektieren und sich daran messen lassen (*Daniel Thürer*: «Die Art und Weise, wie ein Staat seine Ausländer behandelt, ist ein Gradmesser seiner rechtsstaatlichen Kultur.»). Die grosse Herausforderung beim Migrationsrecht liegt denn auch darin, diese verschiedenen Perspektiven nicht aus den Augen zu verlieren und miteinander in Einklang zu bringen.

§ 2 Rechtsquellen

1. Völkerrecht

a) Vorbemerkungen

Das Recht, über die Einreise und den Aufenthalt ausländischer Staatsangehöriger zu entscheiden, gehört grundsätzlich zum sog. *«domaine réservé»* der Staaten, d.h. zu dem Teil, über den sie aufgrund ihrer Souveränität frei bestimmen können. Aus diesem Grund gibt es auch bis heute kein eigentliches internationales Migrationsregime. Allerdings wird der nationalstaatliche Entscheidungsspielraum durch völkerrechtliche Vorschriften eingeschränkt. Immer mehr völkerrechtliche Regelungen enthalten *staatliche Pflichten, Einreisen oder Aufenthalte zu erlauben oder zu tolerieren.* Das Völkerrecht bildet in den meisten Fällen den Mindeststandard ab, an dem sich nationale Vorschriften zu messen haben und unter den, aufgrund der Verpflichtung «pacta sunt servanda», das innerstaatliche Migrationsrecht nicht absinken darf. Teilweise ergeben sich Rechtsansprüche direkt aus dem Völkerrecht, sofern keine nationale Grundlage besteht; zudem ist die Praxis internationaler Gerichte und der Vertragsüberwachungsorgane auch direkt massgeblich für die Anwendung des nationalen Migrationsrechts im Rahmen der völkerrechtskonformen Auslegung. Schliesslich sind völkerrechtliche Vereinbarungen auch für die Zusammenarbeit der Staaten wichtig, so etwa bei Rückübernahmeabkommen.

b) Multilaterales Völkerrecht

Von grosser Bedeutung für die Rechtsstellung Einzelner sind die multilateralen Menschenrechtsverträge, namentlich der Pakt der

UNO über bürgerliche und politische Rechte (UNO-Pakt II), die UNO-Antifolterkonvention (FoK) sowie auf europäischer Ebene die Europäische Menschenrechtskonvention (EMRK) und deren Zusatzprotokolle. Praxisrelevant sind insbesondere die in diesen Verträgen verankerten *Verbote der Folter sowie der unmenschlichen oder erniedrigenden Behandlung* und die daraus abgeleiteten Refoulementverbote (Art. 7 UNO-Pakt II, Art. 3 FoK, Art. 3 EMRK). Aus dem *Recht auf Privat- und Familienleben* (Art. 17 UNO-Pakt II, Art. 8 EMRK) können sich Verbleibe- oder Familiennachzugsrechte für ausländische Personen ergeben. Das *Recht auf Freiheit und Sicherheit* (Art. 9 UNO-Pakt II, Art. 5 EMRK) schränkt den staatlichen Ermessensspielraum bei Freiheitsentziehungen und -beschränkungen ein, etwa im Rahmen der Ausschaffungshaft oder der Unterbringung von Asylsuchenden. Schliesslich enthält insbesondere Art. 13 EMRK *Verfahrensgarantien,* die in migrationsrechtlichen Verfahren als Mindeststandards zu beachten sind.

Mehrere multilaterale Verträge enthalten Bestimmungen für besondere Personengruppen:

–   Die Konvention über die Rechtsstellung der Flüchtlinge (*Flüchtlingskonvention,* FK) von 1951 sowie das Übereinkommen über die Rechtsstellung der staatenlosen Personen (*Staatenlosenübereinkommen,* StÜ) von 1954 bezwecken den Schutz von Personen, die ihren Aufenthaltsort unfreiwillig verlassen mussten, und verpflichten die Staaten, diese Personen beispielsweise bei der Erwerbstätigkeit, der sozialen Sicherheit, den Steuern oder der Bewegungsfreiheit wie eigene Staatsangehörige zu behandeln sowie ihnen Reiseausweise auszustellen. Die Flüchtlingskonvention enthält zudem die für das Asylrecht zentrale Flüchtlingsdefinition (Art. 1 FK) und das flüchtlingsrechtliche Refoulementverbot (Art. 33 Abs. 1 FK).

–   Die UNO-Konvention zur *Beseitigung jeder Form der Diskriminierung der Frau* von 1979 (CEDAW) normiert das Verbot, Frauen bei Erwerb, Wechsel oder Beibehaltung der Staatsangehörigkeit zu diskriminieren (Art. 8 CEDAW); aus Art. 2 Bst. d

CEDAW wird zudem ein Verbot abgeleitet, Frauen an einen Ort zurückzuschicken, wo ihnen schwere geschlechtsspezifische Diskriminierung, inklusive geschlechtsspezifischer Gewalt, droht. Die sog. *Istanbul-Konvention* des Europarates zur Verhütung und Bekämpfung von Gewalt gegen Frauen und häuslicher Gewalt verpflichtet die Vertragsstaaten zur geschlechtersensiblen Behandlung von Frauen im Asylverfahren sowie bei der ausländerrechtlichen Erteilung und Verlängerung einer Bewilligung (Art. 59, 60 und 61 Istanbul-Konvention).

– Das Übereinkommen über die *Rechte des Kindes* von 1989 (Kinderrechtskonvention, KRK) verpflichtet zur Beachtung der übergeordneten Kindesinteressen (Art. 3 KRK). Darüber hinaus enthält es eine spezifische Pflicht, Einreiseanträge zum Zweck der Familienzusammenführung wohlwollend, human und beschleunigt zu bearbeiten (Art. 10 Abs. 1 KRK) und einen Anspruch minderjähriger Flüchtlinge auf angemessenen Schutz und Hilfe (Art. 22 KRK).

– Die UNO-Konvention über die *Rechte von Menschen mit Behinderungen* (BRK) verbietet die Diskriminierung von Menschen mit Behinderungen in Bezug auf ihre Freizügigkeit, ihre freie Wahl des Aufenthaltsorts und ihre Staatsangehörigkeit (Art. 18 BRK).

– Mit dem Palermo-Protokoll der Vereinten Nationen sowie dem Übereinkommen des Europarates zur *Bekämpfung des Menschenhandels* (EMK) haben sich die Staaten auf (auch) migrationsrechtliche Massnahmen zur Verhütung des Menschenhandels sowie zum Schutz seiner meist ausländischen Opfer verständigt. Der EGMR legt Art. 4 EMRK *(Verbot der Sklaverei, Leibeigenschaft und Zwangsarbeit)* so aus, dass viele dieser Verpflichtungen sich auch aus der genannten Bestimmung ergeben.

Auch das universelle Welthandelsrecht hat einen Einfluss auf das Migrationsrecht: Das Allgemeine Abkommen über den Handel mit Dienstleistungen *(GATS-Abkommen)* der Welthandelsorganisation sieht Verpflichtungen der Signatarstaaten vor, ausländischen Personen, namentlich Führungskräften und hoch qualifizierten Spezialistinnen und Spezialisten, ausländerrechtliche Bewilligungen zu erteilen, wenn es für die Erbringung einer Dienstleistung notwendig ist.

Zwar keine rechtsverbindlichen Verträge, aber dennoch von internationaler Bedeutung sind die beiden *Migrationspakte*, der «Globale Pakt für eine sichere, geordnete und reguläre Migration» (GCM) sowie der «Globale Pakt für Flüchtlinge» (GCR). Die Schweiz hat bisher nur den GCR, nicht aber den GCM unterzeichnet (Stand Herbst 2024). Die beiden Pakte stellen sog. Soft Law dar und enthalten Empfehlungen für einen Umgang mit Migration, der die Interessen sowohl der Migrierenden bzw. Flüchtenden wie auch der Herkunfts-, Transit- und Aufnahmestaaten berücksichtigt. Wie die anderen Industriestaaten der nördlichen Hemisphäre nicht ratifiziert hat die Schweiz die *Internationale Konvention zum Schutz der Rechte aller Wanderarbeiter und ihrer Familienangehörigen* von 1990 (UNO-Wanderarbeiterübereinkommen).

c)   Bilaterales Völkerrecht

In der Zeit vor dem ersten Weltkrieg hat die Schweiz mit vielen europäischen Staaten bilaterale *Niederlassungsvereinbarungen und -verträge* abgeschlossen, die den Staatsangehörigen der beiden Partnerstaaten in der Regel Gleichbehandlung mit den eigenen Staatsangehörigen in Bezug auf Einreise, Aufenthalt und Erwerbstätigkeit garantieren. Niederlassungsvereinbarungen sehen Ansprüche vor, Niederlassungsverträge hingegen nicht. Auf der Website des SEM (www.sem.admin.ch) finden sich entsprechende Listen. Viele dieser Verträge sind heute zwar noch in Kraft, jedoch aufgrund der später abgeschlossenen Personenfreizügigkeitsabkommen mit den EU- und EFTA-Staaten nur noch von untergeordneter Bedeutung. Sie spielen namentlich noch für die Erteilung von Niederlassungsbewilligungen und den Kantonswechsel bereits zugelassener Personen eine Rolle.

Typischer für die jüngere Zeit sind *Rückübernahmeabkommen,* welche die Schweiz mit zahlreichen Herkunfts- und Transitländern abgeschlossen hat. Darin werden die Bedingungen und Modalitäten für die Rücknahme eigener Staatsangehöriger und teilweise auch von Drittstaatsangehörigen geregelt. Derzeit sind rund 50 Rückübernahmeabkommen der Schweiz in Kraft.

Im Unterschied zu Rückübernahmeabkommen sind bilaterale *Migrationspartnerschaften* umfassender und suchen einen Interessenausgleich zwischen den beteiligten Staaten. Darin sind beispielsweise Rückkehrhilfeprogramme, Strukturhilfe, Massnahmen zur Prävention irregulärer Migration, aber auch die Schaffung legaler Migrationsmöglichkeiten enthalten.

d) Sektorielle Verträge mit der EU und der EFTA

aa) Vorbemerkungen

Nach dem Scheitern des EWR-Beitritts der Schweiz im Jahr 1992 verhandelte diese mit der EU mehrere Abkommen, welche die Schweiz in bestimmten Sektoren am europäischen Integrationsprozess beteiligen. Im Rahmen der ersten Serie sektorieller Verträge von 1999, die trotz der Bezeichnung als «Bilaterale Abkommen I» eigentlich multilateraler Natur sind, wurde auch das Abkommen über die Personenfreizügigkeit abgeschlossen. 2004, im Rahmen der «Bilateralen II», erfolgte sodann die Assoziierung der Schweiz an Schengen und an Dublin. Da die Schweiz damit Unionsrecht übernimmt, sind weite Bereiche der Migration sowohl von Unionsbürgerinnen und -bürgern (FZA) wie auch von Drittstaatsangehörigen (Schengen, Dublin) in der Schweiz unionsrechtlich normiert. Im Mai 2021 hat der Bundesrat entschieden, den Vertragsabschlussprozess für ein «Institutionelles Rahmenabkommen» mit der EU abzubrechen, welches ein institutionelles Dach über die Marktzugangsübereinkommen zwischen der Schweiz und der EU, darunter auch das Freizügigkeitsabkommen, etabliert und u.a. die Einheitlichkeit der Auslegung, die Streitbeilegung oder die Parallelität der

Übernahme von Rechtsentwicklungen geregelt hätte. Derzeit (Stand Herbst 2024) ist offen, welchem Regelungsansatz die institutionellen Fragen zwischen der Schweiz und der EU in der Zukunft folgen (d.h. ob es ein Abkommen für alle Marktzugangsabkommen geben wird oder ob die institutionellen Fragen in jedem Abkommen einzeln geregelt werden) und auf welche konkreten Regeln sich die Vertragsparteien einigen werden.

bb)   Freizügigkeitsrecht

Die *Freizügigkeitsabkommen,* welche die Schweiz mit der EU und ihren Mitgliedstaaten mit dem FZA sowie im Anhang K Anlage 1 des EFTA-Abkommens mit den EFTA-Staaten abgeschlossen hat, knüpfen an die innerhalb der Europäischen Union bestehende Freizügigkeit des Personenverkehrs an und gewähren den Bürgerinnen und Bürgern der beteiligten Staaten das Recht, ihren Arbeitsplatz bzw. Aufenthaltsort innerhalb der Staatsgebiete der Vertragsparteien frei zu wählen. Zudem können sie Familienangehörige nachziehen, Dienstleistungen erbringen sowie sich, unter bestimmten Voraussetzungen, auch ohne Erwerbstätigkeit dort aufhalten.

cc)   Schengen-Recht

Mit dem Schengen-Assoziierungsabkommen beteiligt sich die Schweiz am *Europäischen Raum ohne Binnengrenzkontrollen.* Mit dem Schengen-Besitzstand haben die daran beteiligten Staaten auf der einen Seite die systematischen Personenkontrollen an den gegenseitigen Binnengrenzen abgebaut, auf der anderen Seite wurden verschiedene Ausgleichsmassnahmen ergriffen, um einen hohen Sicherheitsstandard zu gewährleisten. Dazu gehören die Verstärkung der Grenzkontrollen an den Aussengrenzen des Schengen-Raums, unter anderem unter Einsatz der Grenzschutzagentur Frontex (vgl. die Frontex-Verordnung der EU sowie die VIZG), eine Verbesserung der grenzüberschreitenden Polizeizusammenarbeit, eine gemeinsame Visumpolitik für Aufenthalte bis 90 Tage (sog. Schengen-Visa), die Erleichterung der Rechtshilfe sowie die Zusammenarbeit im Kampf gegen den Drogenhandel. Zum Schengen-Recht zählt auch die sog. Rückführungsrichtlinie (RFRL) mit ihren einheitlichen Vorgaben für Entfernungsmassnahmen gegenüber allen ausreisepflichtigen Personen, unter Einschluss der erfolglos Schutzsuchenden. Das Schengen- wie auch das Dublin-Assoziierungsabkommen sehen eine sog. dynamische Rechtsübernahme vor. Die Schweiz ist verpflichtet, Weiterentwicklungen des Besitzstandes innerhalb von maximal zwei Jahren zu übernehmen. Im Gegenzug hat sie ein Mitgestaltungsrecht bei der Erarbeitung von neuem Schengen- und Dublin-Recht. Seit der Unterzeichnung der Abkommen 2004 hat die EU der Schweiz mehr als 380 Weiterentwicklungen des Schengen/Dublin-Besitzstandes notifiziert.

dd)   Dublin-Recht

Die Dublin-Verordnung der EU stellt Kriterien auf, um die Zuständigkeit zwischen den europäischen Staaten für die Prüfung eines Asylgesuchs festzulegen. Damit soll gewährleistet werden, dass jedes Asylgesuch auch effektiv geprüft wird, dass aber auch nur ein Staat für dessen Behandlung zuständig ist. Zur Identifizierung der Asylsuchenden dient die Eurodac-Datenbank, in welcher die Fingerabdrücke aller Asylsuchenden und Personen, die beim illegalen Überschreiten der Aussengrenze aufgegriffen werden, erfasst werden.

ee)   Verträge mit dem Vereinigten Königreich

Im Anschluss an den Austritt des Vereinigten Königreichs aus der EU (sog. Brexit) schloss die Schweiz mit diesem Staat ein Abkommen über den Weiterbestand der Freizügigkeitsrechte für solche Personen, die vorher unter der Geltung des Freizügigkeitsrechts davon Gebrauch gemacht hatten (SR 0.142.113.672). Vorübergehend (vorerst bis zum 31.12.2025) gibt es auch ein befristetes Abkommen über Freizügigkeitsrechte bei der Mobilität von Dienstleistungen (SR 0.946.293.671.2).

e)   Rechtsschutz

Die Frage der Einhaltung von Konventionsverpflichtungen kann
mitunter mit einem eigentlichen *Rechtsmittel* einzelfallverbind-
lich einer dafür anerkannten Gerichtsinstanz (bspw. dem EGMR)
oder im Rahmen der Prüfung von *Staatenberichten* in allgemeine-
rer Weise einem Konventionsorgan (etwa dem UNO-Antifolter-
ausschuss CAT oder dem Ausschuss zum UNO-Pakt-II) vorgelegt
werden, was die Rechtswirkung der entsprechenden Abkommen
verstärkt. Keine internationale Instanz mit verbindlicher Rege-
lungskompetenz ohne Zustimmung der Schweiz gibt es bisher im
Bereich der Personenfreizügigkeit. Über allfällige Widersprüche
ist im Rahmen des sog. Gemischten Ausschusses (vgl. insb. Art. 14
FZA) mit Einstimmigkeitserfordernis zu entscheiden. Auch die
Einhaltung des Schengen- und Dublin-Rechts unterliegt keiner
Kontrolle durch ein internationales Gericht. Insofern ist die Schweiz
jedoch durch den sog. dynamischen Charakter der Abkommen zur
Übernahme der Rechtsprechung des Europäischen Gerichtshofes
(EuGH) verpflichtet und riskiert bei Nichtbeachtung bestimmte
Sanktionen. Ob es im Zuge der Regelung der institutionellen Fragen
zwischen der Schweiz und der EU zu einer stärkeren Kontrollrege-
lung kommen wird, ist offen (Stand Herbst 2024).

2.   Nationales Recht

a)   **Nationales Bundesrecht**

aa)   Bundesverfassung

Art. 121 und 121a BV definieren die *Rechtsetzungskompetenzen im
Ausländer- und Flüchtlingsrecht* und enthalten *migrationspolitische
Leitlinien*. Art. 121 BV räumt dem Bund eine umfassende Gesetz-
gebungskompetenz im Bereich des Migrationsrechts ein. Diese erstreckt sich auf Ein- und Ausreise, Aufenthalt und Niederlassung
von Ausländerinnen und Ausländern sowie die Gewährung von
Asyl (Abs. 1). Der Bund ist sodann zuständig für die Ausweisung

ausländischer Staatsangehöriger, welche die Sicherheit der Schweiz gefährden (Abs. 2, sog. politische oder politisch-polizeiliche Ausweisung). Mit der am 28.11.2010 angenommenen Volksinitiative «Für die Ausschaffung krimineller Ausländer» (sog. *«Ausschaffungsinitiative»*) wurde Art. 121 BV um die Absätze 3 bis 6 erweitert. Diese halten fest, dass Ausländerinnen und Ausländer unabhängig von ihrem ausländerrechtlichen Status ihr Aufenthaltsrecht in der Schweiz verlieren, aus der Schweiz ausgewiesen und mit einem Einreiseverbot belegt werden, wenn sie wegen gewisser Straftaten rechtskräftig verurteilt worden sind oder missbräuchlich Sozialversicherungsleistungen oder Sozialhilfe bezogen haben. Diese Bestimmungen, auch wenn sie nicht unmittelbar anwendbar sind, lassen dem Gesetzgeber nur wenig Spielraum. Von Kritikern wurde bemängelt, dass die Regelung rechtsstaatliche Garantien der Bundesverfassung, namentlich das Verhältnismässigkeitsprinzip, ausheble und mit völkerrechtlichen Verpflichtungen der Schweiz, insbesondere der EMRK und dem Freizügigkeitsabkommen, nicht vereinbar sei.

Ähnliche Besorgnis erregte die Annahme der Volksinitiative «Gegen Masseneinwanderung» (sog. *«Masseneinwanderungsinitiative»*) am 9.2.2014, mit welcher Art. 121a in die Bundesverfassung eingefügt wurde. Die entsprechenden Bestimmungen halten fest, dass die Schweiz die Zuwanderung von Ausländerinnen und Ausländern eigenständig steuern soll, und erteilt dem Gesetzgeber den Auftrag, die Anzahl Zuwanderer quantitativ zu begrenzen. Die jährlichen Höchstzahlen und Kontingente für erwerbstätige ausländische Personen sind auf die gesamtwirtschaftlichen Interessen der Schweiz unter Berücksichtigung eines Vorranges für Schweizerinnen und Schweizer bzw. eines Inländervorrangs auszurichten. Zudem wird der Schweiz der Abschluss völkerrechtlicher Verträge untersagt, die der Bestimmung zuwiderlaufen würden. Auch hier besteht ein offenkundiges Spannungsverhältnis zwischen den zuwanderungsbeschränkenden Verfassungsvorgaben und den völkerrechtlichen Verpflichtungen der Schweiz, wie sie sich insbesondere aus dem

Freizügigkeitsabkommen, dem Non-Refoulement-Gebot oder dem Schutz des Privat- und Familienlebens ergeben.

Ausländische Personen können sich gleich wie Schweizerinnen und Schweizer auf die in der Bundesverfassung verankerten *Grundrechte* berufen. Davon ausgenommen sind indessen die Grundrechte, die allein Schweizer Bürgerinnen und Bürgern vorbehalten sind, wie die Niederlassungsfreiheit (Art. 24 BV), der Schutz vor Ausweisung (Art. 25 Abs. 1 BV) und die politischen Rechte auf Bundesebene (Art. 34 i.V.m. Art. 136 BV). Ausschliesslich ausländische Staatsangehörige werden von Art. 25 Abs. 2 und 3 BV erfasst. Absatz 2 übernimmt das in der Genfer Flüchtlingskonvention verankerte Verbot der Ausschaffung von Flüchtlingen in einen Staat, in dem sie verfolgt werden (sog. flüchtlingsrechtliches Refoulementverbot, das nur Flüchtlinge betrifft). Absatz 3 verankert das Verbot der Ausschaffung einer Person in einen Staat, in dem ihr Folter oder eine andere Art grausamer und unmenschlicher Behandlung oder Bestrafung droht (sog. menschenrechtliches Refoulementverbot, auf das sich *alle* Ausländerinnen und Ausländer unabhängig von ihrem Aufenthaltsstatus berufen können). Migrationsrechtlich von Interesse ist ferner das in Art. 13 Abs. 1 BV verankerte und Art. 8 EMRK nachgebildete und mit diesem nach der Rechtsprechung deckungsgleiche Recht auf Privat- und Familienleben, aus dem sich unter gewissen Voraussetzungen Aufenthaltsrechte für ausländische Staatsangehörige ableiten lassen.

Migrationsrechtliche Bedeutung hat sodann Art. 38 BV, welcher die *Gesetzgebungskompetenzen* im Bereich des *Bürgerrechts* betrifft. In die Zuständigkeit des Bundes fallen der Erwerb des Schweizer Bürgerrechts durch Abstammung, Heirat und Adoption, die Wiedereinbürgerung, die Einbürgerung Angehöriger der dritten Generation und staatenloser Kinder sowie der Verlust des Bürgerrechts. Die ordentliche Einbürgerung ist indessen Sache der Kantone. Der Bund kann hierzu lediglich Mindestvorschriften erlassen und erteilt die Einbürgerungsbewilligung.

bb)   Gesetzesrecht

Gestützt auf seine verfassungsrechtlichen Kompetenzen hat der Bund im Bereich des Migrations- und Bürgerrechts *drei zentrale Gesetze* erlassen: das Ausländer- und Integrationsgesetz (AIG), das Asylgesetz (AsylG) und das Bürgerrechtsgesetz (BüG). Das Ausländer- und Integrationsgesetz regelt die Ein- und Ausreise sowie den Aufenthalt und den Familiennachzug von Ausländerinnen und Ausländern in der Schweiz und enthält Bestimmungen zur Integrationsförderung sowie zu den Integrationsanforderungen (vgl. insb. Art. 1 AIG). Dabei ist zu beachten, dass für Staatsangehörige aus EU- und EFTA-Ländern und bestimmte freizügigkeitsberechtigte Drittstaatsangehörige primär das Freizügigkeitsabkommen (FZA) bzw. das EFTA-Übereinkommen gilt und das Ausländer- und Integrationsgesetz nur subsidiär zur Anwendung gelangt. Das Asylgesetz widmet sich spezifisch der Rechtsstellung von Flüchtlingen in der Schweiz und der Gewährung von Asyl. Das Bürgerrechtsgesetz enthält allgemeine Vorschriften betreffend die ordentliche Einbürgerung durch die Kantone und regelt im Detail die in die Zuständigkeit des Bundes fallende erleichterte Einbürgerung, die Wiedereinbürgerung und den Verlust des Schweizer Bürgerrechts.

Die Umsetzung der vorgenannten Ausschaffungsinitiative führte zur (Wieder-)Einführung der *Landesverweisung* im Strafrecht (Art. 66a ff. StGB). Seit dem 1.10.2016 müssen die Strafgerichte ausländische Personen, die wegen bestimmter Straftaten verurteilt werden, obligatorisch des Landes verweisen. Nur wenn die Landesverweisung einen schwerwiegenden persönlichen Härtefall bewirkt, kann von dieser Rechtsfolge abgesehen werden. Bei anderen Vergehen oder Verbrechen können die Strafgerichte eine fakultative Landesverweisung aussprechen.

Art. 121a BV wird bei den nicht dem Freizügigkeitsrecht unterstehenden Personen durch die *Zulassungsvoraussetzungen* von Art. 18 ff. AIG umgesetzt, wobei der Gesetzgeber insbesondere in Art. 21a AIG Massnahmen zur Ausschöpfung des inländischen

Arbeitsmarktpotenzials, namentlich eine entsprechende Stellenmeldepflicht, eingeführt hat (sog. Inländervorrang *light*). Die Freizügigkeitsrechte sowie die Rechtsstellung der Flüchtlinge wurden nicht angepasst.

cc)   Verordnungsrecht

Konkretisiert werden diese Gesetze durch verschiedene *Verordnungen des Bundesrates bzw. seiner Departemente*. Wichtigste Verordnung im Bereich des Ausländer- und Integrationsgesetzes ist die Verordnung über Zulassung, Aufenthalt und Erwerbstätigkeit (VZAE), die insbesondere das Anmelde- und Bewilligungsverfahren von Ausländerinnen und Ausländern in der Schweiz regelt und zahlreiche Bestimmungen des Gesetzes näher erläutert. Zu verweisen ist ferner auf die Verordnung über den freien Personenverkehr zwischen der Schweiz und der Europäischen Union und deren Mitgliedstaaten, zwischen der Schweiz und dem Vereinigten Königreich sowie unter den Mitgliedstaaten der Europäischen Freihandelsassoziation (VFP), die spezifisch die Situation von Freizügigkeitsberechtigten in der Schweiz betrifft. Weitere Verordnungen betreffen die Einreise und die Visumserteilung (VEV), den Vollzug der Weg- und Ausweisung sowie der Landesverweisung ausländischer Personen (VVWAL) oder die Integration von Ausländerinnen und Ausländern (VIntA), die Ausstellung von Reisedokumenten für ausländische Personen (RDV) oder die Registrierung im Schengener Informationssystem (N-SIS-Verordnung). Zu erwähnen ist ferner die Verordnung des EJPD über die dem Zustimmungsverfahren unterliegenden ausländerrechtlichen Bewilligungen und Vorentscheide (Zustimmungsverordnung). Auf dem Gebiet des Asylrechts wurden drei zentrale Verordnungen erlassen, welche Verfahrensfragen (AsylV 1), Finanzierungsfragen (AsylV 2) und die Bearbeitung von Personendaten regeln (AsylV 3). Das Bürgerrechtsgesetz wird auf Bundesebene durch die Bürgerrechtsverordnung (BüV) konkretisiert.

dd)   Weisungen und Kreisschreiben

Im Bereich des Migrationsrechts existieren zudem umfangreiche *Weisungen und Kreisschreiben des SEM*. Diese finden sich auf dessen Website (sem.admin.ch) und haben in erster Linie zum Ziel, die kantonalen Behörden bei der Umsetzung der Ausländergesetzgebung zu unterstützen und eine einheitliche Praxis in den Kantonen zu gewährleisten. Sie dienen insofern als *Leitlinien für die Rechtsanwendung*. Die Weisungen des SEM haben jedoch weder Gesetzes- noch Verordnungscharakter. Grundsätzlich dürfen sie keine Regelungen enthalten, die mit den rechtlichen Grundlagen nicht vereinbar sind. Sie binden auch nicht die Gerichte oder die kantonalen Gesetzgeber.

b)   **Kantonales Recht**

aa)   Vorbemerkungen

Wie dargelegt, ist das Schweizer Migrationsrecht in erster Linie Sache des Bundesgesetzgebers. Jedoch liegt der *Vollzug* der ausländerrechtlichen Gesetze mehrheitlich in der *Zuständigkeit der Kantone*. In der Regel erteilen und entziehen die Kantone die ausländerrechtlichen Bewilligungen und vollziehen die Wegweisung. Sie müssen somit die entsprechenden Behörden und Einrichtungen schaffen, um die *Umsetzung der ausländerrechtlichen Gesetzgebung* zu ermöglichen (vgl. Art. 124 Abs. 2 AIG). Der Handlungsspielraum der kantonalen Behörden wird durch die bundesrechtlichen Vorgaben inhaltlich weitgehend beschränkt. Die Kantone dürfen beispielsweise die Erteilung ausländerrechtlicher Bewilligungen nicht an zusätzliche Bedingungen knüpfen, die im Bundesrecht nicht vorgesehen sind. Ebenso wenig steht es ihnen zu, neue Rechtsansprüche auf Bewilligungen zu schaffen. Indessen ist es ihnen durchaus gestattet, ausländischen Personen zusätzliche Rechte einzuräumen, soweit dies mit übergeordnetem Recht vereinbar ist.

bb)   Kantonales Verfassungsrecht

Während die Bundesverfassung Ausländerinnen und Ausländer
von der politischen Partizipation ausschliesst, können die Kantonsverfassungen vorsehen, ausländischen Personen *politische Rechte
auf Kantons- oder Gemeindeebene* oder gar auf beiden Ebenen zu
verleihen. Dies ist in verschiedenen Kantonen bereits erfolgt. So
räumen die Kantone Neuenburg und Jura ausländischen Personen
bestimmte politische Rechte auf Kantons- und Gemeindeebene sowie die Kantone Waadt, Genf und Freiburg ein Stimm- und Wahlrecht auf kommunaler Stufe ein. Die Kantone Appenzell Ausserrho-
den, Graubünden und Basel-Stadt ermächtigen ihre Gemeinden,
das Ausländerstimm- und -wahlrecht auf kommunaler Ebene ein-
zuführen. Die Tragweite (kantonales oder kommunales Stimm-
recht, aktives oder passives Wahlrecht) und die Voraussetzungen,
insbesondere die erforderliche Aufenthaltsdauer oder der nötige
Status, sind je nach Kanton unterschiedlich geregelt. Verschiedene
Kantone haben zudem die Aufnahme und die Integration ausländischer Personen als staatliche Aufgabe in ihren Verfassungen verankert. Auf diese kantonalen Besonderheiten wird in diesem Buch
nicht weiter eingegangen.

cc)   Gesetzes- und Verordnungsrecht

In sämtlichen Kantonen finden sich *einschlägige Erlasse zur Umsetzung der ausländerrechtlichen Bundesgesetzgebung.* Sie enthalten
unter anderem Bestimmungen zur Regelung der Zulassung und des
Aufenthalts, zur Umsetzung der im Ausländer- und Integrationsgesetz vorgesehenen ausländerrechtlichen Zwangsmassnahmen oder
zur Integration. Dabei gibt es grosse Unterschiede zwischen den
Kantonen in Bezug auf die Anzahl und Ausgestaltung der Erlasse.
In manchen Kantonen werden sämtliche Vollzugs- und Verfahrensbestimmungen lediglich in einem Einführungserlass zum Aus-
länder- und Integrationsgesetz sowie zum Asylgesetz mit entsprechender Vollzugsverordnung untergebracht (bspw. Kanton Bern).
Andere hingegen haben neben allgemeinen Einführungsgesetzen

spezialgesetzliche Grundlagen geschaffen, welche die Integration ausländischer Personen oder die Umsetzung der Zwangsmassnahmen betreffen (z.B. Kanton Genf). Auch die Form der Erlasse (Gesetz, Verordnung oder Reglement) gestaltet sich je nach Kanton und Regelungsbereich unterschiedlich. Alle Kantone verfügen zudem über kantonale Bürgerrechtsgesetze, welche Verfahren und Voraussetzungen der in der Zuständigkeit der Kantone liegenden ordentlichen Einbürgerung regeln.

Da schliesslich die Ausrichtung von Fürsorgeleistungen in die Zuständigkeit der Kantone fällt, verfügen alle Kantone über eine entsprechende *Sozialgesetzgebung*. Dazu zählen auch die Bemessung und die Ausrichtung von Nothilfe, welche in der Regel im Unterschied zur ordentlichen Sozialhilfe nur an ausländische Personen ohne Recht auf Verbleib in der Schweiz ausgerichtet wird.

Leitentscheide: BGE 145 IV 55 (Landesverweisung und FZA); 142 II 35 (Vorrang des FZA vor innerstaatlichen Rechtsänderungen zur Umsetzung von Art. 121a BV); 139 I 16 (Vorrang der Grundrechte und Garantien der EMRK vor Art. 121 Abs. 3–6 BV); 146 I 83 (Bindungswirkung von Verwaltungsrichtlinien); 148 IV 281 (Vorrang des AsylG vor dem AIG); BGer 2C_107/2021 (Übergangsrecht Schweiz-UK).

2. Teil   Ausländerrecht

§ 3   Rechtskreise

1.   Duales System (Zwei-Kreise-Modell)

Während früher in der Schweiz grundsätzlich für alle ausländischen Personen ausländerrechtlich, zumindest auf Gesetzesebene, unabhängig von ihrer Herkunft das gleiche Recht galt, gelangen seit dem Jahr 2002 *zwei verschiedene Rechtssysteme* zur Anwendung. Mit den damals in Kraft getretenen Freizügigkeitsregelungen, dem Freizügigkeitsabkommen mit der EU und den gleich lautenden Regeln im Anhang K des EFTA-Übereinkommens, sind Angehörige der EU und EFTA sowie ihre Familienangehörigen gegenüber anderen ausländischen Personen privilegiert. Für das Fürstentum Liechtenstein und das Vereinigte Königreich gelten besondere Regeln, ebenso für Kleinstaaten wie Andorra, Monaco, San Marino und die Vatikanstadt. Dieses seit 2002 völkerrechtlich verbindliche *duale System,* das auch Zwei-Kreise-Modell genannt wird, wurde 2005 (in Kraft seit 2008) im Ausländer- und Integrationsgesetz zusätzlich gesetzlich verankert (Art. 2 AIG) und ist kennzeichnend für das geltende schweizerische Ausländerrecht und die damit verfolgte Migrationspolitik. Diese strebt eine *Förderung des Migrationsaustausches* mit den der Schweiz nahestehenden europäischen Staaten beruhend auf *Reziprozität* an und stellt die übrigen Staaten insofern zurück. Die zweite Gruppe bilden dementsprechend diejenigen Menschen, für die das spezifische Freizügigkeitsrecht mit der EU und der EFTA nicht gilt (s. dazu auch Abb. 1 S. 31). Das Freizügigkeitsabkommen ist Bestandteil der Reformbestrebungen des bilateralen Verhältnisses zwischen der Schweiz und der EU (sog. «Paket-Ansatz» bzw. «Bilaterale III»), wobei nach gegenwärtigem Stand (Sommer 2024) insbesondere zu einem grossen Teil, mit ausdrücklich definierten Ausnahmen, die Regelung der Unionsbürgerrichtlinie der EU über-

nommen werden soll. Der Ausgang dieser Verhandlungen ist freilich noch offen.

2. Freizügigkeitsberechtigte (erster Kreis)

Die Freizügigkeit mit der EU und der EFTA beruht auf den grundsätzlichen Zielen des *Abbaus von Mobilitätshindernissen* zwecks
Erleichterung der Grenzüberschreitung und der *Förderung der* unter anderem beruflichen *Mobilität* zwischen den Vertragsstaaten.
Durch die Verlegung des Lebensmittelpunktes in einen Vertragsstaat soll für den Betroffenen und seine nahen Familienangehörigen kein Nachteil entstehen. Zu den solchermassen eingeräumten
Mobilitätsrechten zählen insbesondere das Recht auf Einreise, auf
Zulassung ohne Erwerbstätigkeit oder zu Erwerbszwecken als selbständig Erwerbstätiger oder als Arbeitnehmer mit Landeswechsel
oder als Grenzgänger und das Recht auf Familiennachzug, auch für
engere Angehörige mit Drittstaatsangehörigkeit.

Erfasst vom Freizügigkeitsrecht und damit zum *ersten Kreis* gezählt
werden in erster Linie die *Staatsangehörigen der EU- und EFTA-Mit-*
gliedstaaten sowie der Schweiz. Drittstaatsangehörige können sich
als Familienangehörige von EU-Staatsangehörigen oder als entsandte Arbeitnehmende von in Vertragsstaaten niedergelassenen
Unternehmen auf das Freizügigkeitsrecht berufen. Die entsprechenden Regelungen sind grundsätzlich nur auf *grenzüberschreitende*
Sachverhalte anwendbar, d.h. auf Situationen, in denen eine Person
von ihrem Recht auf Freizügigkeit Gebrauch gemacht hat. Aus diesem Grund gilt das Freizügigkeitsrecht zum Beispiel nicht für den
Nachzug von Familienangehörigen Schweizer Staatsangehöriger,
die nie von ihrem Freizügigkeitsrecht Gebrauch gemacht haben.
Dasselbe trifft nach bundesgerichtlicher Rechtsprechung sogar zu
auf Doppelbürger mit einerseits schweizerischer Staatsangehörigkeit und andererseits einer solchen eines Freizügigkeitsstaates. Die
Tragweite dieser Rechtsprechung ist aber nicht ganz klar, denn bei
einzig ausländischer Staatsangehörigkeit trifft das Bundesgericht

diese Unterscheidung nicht, d.h. insbesondere, dass hier geborene Angehörige der EU und der EFTA grundsätzlich dem Freizügigkeitsrecht unterstehen.

Kennzeichnend ist, dass die Freizügigkeitsrechte *Ansprüche* vermitteln und unabhängig von behördlichen Bewilligungen bestehen; national vorgesehene Aufenthaltserlaubnisse oder Bescheinigungen, die im Schweizer Recht gemeinhin als Bewilligungen bezeichnet werden, sind lediglich *deklaratorisch,* also nicht rechtsbegründend. Die verbrieften Mobilitätsrechte lassen sich *nur unter restriktiven Voraussetzungen einschränken.* Sie entstehen allerdings ausschliesslich, wenn auch ein Tatbestand des Freizügigkeitsrechts vorliegt bzw. die entsprechenden Voraussetzungen erfüllt sind. Trifft das nicht zu, also wenn etwa eine Person aus dem ersten Kreis keine Arbeitsstelle und keine genügenden Finanzen für einen erwerbslosen Aufenthalt vorweisen kann, gelten die Bestimmungen für Drittstaatsangehörige.

Sofern das FZA in einem Bereich keine einschlägigen Regelungen enthält oder das *Ausländer- und Integrationsgesetz* günstigere Bestimmungen enthält, ist dieses auf Angehörige der EU und EFTA *subsidiär* anwendbar (Art. 2 Abs. 2 AIG). Das trifft etwa auf Verfahrensfragen, die Niederlassungsbewilligung oder Integrationsförderungsmassnahmen zu, von denen auch Freizügigkeitsberechtigte profitieren dürfen, obwohl sie keine Integrationspflicht trifft. Umgekehrt dürfen sie im Anwendungsbereich des Freizügigkeitsrechts im Vergleich zu Schweizerinnen und Schweizern nicht schlechter gestellt werden (sog. *freizügigkeitsrechtliches Diskriminierungsverbot*; Art. 2 FZA).

Wegen deren Bedeutung für die Freizügigkeit regelt das Freizügigkeitsrecht auch die gegenseitige *Anerkennung von Diplomen und sonstigen Ausbildungsausweisen* und *koordiniert die Sozialversicherungen.* Eine Lücke besteht insofern allerdings bei der Berufsvorsorge, weil die schweizerische Regelung der zweiten und dritten Säule weitgehend einzigartig ist. Rund zwei Drittel der ausländischen Bevölkerung in der Schweiz sind Angehörige des ersten Kreises mit den entsprechenden Rechten.

Bei schwerwiegenden wirtschaftlichen oder sozialen Problemen kann der *Gemischte Ausschuss,* der aus Vertretern aller Vertragsparteien besteht, als gemeinsames Organ einstimmig geeignete *Abhilfemassnahmen* beschliessen, die theoretisch bis zur vorübergehenden Aussetzung des Abkommens reichen können (vgl. Art. 14 FZA).

3. Drittstaatsangehörige (zweiter Kreis)

Zum *zweiten Kreis* gehört der *Rest der Welt,* also alle Menschen aus Staaten, die nicht zur EU oder EFTA zählen, mit Ausnahme der nahen Familienangehörigen sowie von entsandten Arbeitnehmenden, soweit diese vom Freizügigkeitsrecht erfasst werden. Die ordentliche *Zulassung* aus dem zweiten Kreis wird *nur beschränkt* gewährt und unterliegt einer *strengen staatlichen Kontrolle.* Die Anwesenheit erfordert grundsätzlich eine behördliche *Bewilligung,* die für die Rechtmässigkeit des Aufenthalts *konstitutiv,* also rechtsbegründend, ist. Deren Erteilung steht im Wesentlichen im *Ermessen der Behörden,* wobei dieses *pflichtgemäss* ausgeübt werden muss. Die Rechtsstaatlichkeit verbietet willkürliche oder missbräuchliche Behördenentscheide. Dennoch ist die Rechtsstellung deutlich schwächer als für Angehörige des ersten Kreises.

Besondere und speziell einschränkende Regeln gelten in Beachtung von Art. 121a BV für Drittstaatsangehörige bei der *Zulassung zwecks Erwerbstätigkeit.* Diese folgt hauptsächlich gesamtwirtschaftlichen Interessen und setzt die Bereitschaft und Fähigkeit zur nachhaltigen Integration voraus (vgl. Art. 3 und 4 AIG). Die Zuwanderung ist überdies zahlenmässig begrenzt und davon abhängig, dass es in der Schweiz und im ersten Kreis keine gleichwertigen Alternativen gibt. Sie wird grundsätzlich nur *Spezialisten, Führungskräften und Investoren* gewährt, was auch schon als «Elitemigration» bezeichnet wurde. Der Schweizer Wirtschaft wird damit die Möglichkeit eingeräumt, hochqualifiziertes Fach- und Führungspersonal, allerdings quantitativ beschränkt, nicht nur im ersten, sondern auch im zweiten Kreis zu rekrutieren. Weniger qualifizierte Arbeitskräfte müssen demgegenüber im ersten Kreis gefunden werden, mit Ausnahme von Menschen, die auf der Flüchtlingsschiene in die Schweiz gelangen und hier einen Schutzstatus erhalten. In Sonderfällen gibt es vereinzelte Ausnahmen, etwa aus humanitären Gründen. Etwas *grosszügiger* ist die Regelung beim *Familiennachzug,* wo es teilweise auch für Drittstaatsangehörige eigentliche Rechte mit Anspruchscharakter gibt.

Die Rechtsstellung von Menschen aus dem zweiten Kreis lässt sich sodann *einfacher einschränken* als von solchen des ersten Kreises.

Obwohl Drittstaatsangehörige global gesehen den weitaus grösseren Teil der Weltbevölkerung ausmachen, gehört nur etwa ein Drittel der ausländischen Bevölkerung der Schweiz zum zweiten Kreis. Dabei handelt es sich um eine logische Folge der mit dem dualen System verfolgten Migrationspolitik.

Auch innerhalb des zweiten Kreises finden sich einzelne *staatsvertragliche* Verpflichtungen der Staaten, die zu *privilegierten Zulassungen* führen können, ohne aber individuell durchsetzbare Rechte zu vermitteln. Das trifft etwa zu auf Erleichterungen des Kadertransfers im Rahmen von Freihandelsabkommen wie dem multilateralen GATS (WTO-Dienstleistungsabkommen) oder den entsprechenden bilateralen Verträgen mit China und Japan, auf Abkommen über den Austausch von Stagiaires oder Au-pair-Personen sowie auf weitere zwischenstaatliche Vereinbarungen wie etwa ein Memorandum of Understanding mit Kanada über den Austausch französischsprachigen Pflegepersonals.

Leitentscheid: BGE 143 II 57 (Doppelbürger EU – Schweiz).

§ 4 Einreise

1. Völker- und Verfassungsrecht

Regelungen über die Einreise gehören völkerrechtlich grundsätzlich zum *«domaine réservé»*, d.h. zu jenen Bereichen, welche die Staaten eigenständig regeln können. Völkerrechtlich existiert zwar ein Recht auf Ausreise, aber kein korrespondierendes Recht auf Einreise in einen bestimmten Staat, ausser in den eigenen. Letzteres ist in Art. 12 Abs. 4 UNO-Pakt II insofern garantiert, als nach der Praxis des UNO-Menschenrechtsausschusses nicht nur Staatsangehörige, sondern auch solche Personen, die lange in einem Land leben und dort heimisch geworden sind, ein Recht auf *Einreise ins «eigene» Land* haben. Abgesehen davon kann sich aus dem Völkerrecht eine staatliche Pflicht zur *Tolerierung oder Ermöglichung einer Einreise* ergeben, etwa im Zusammenhang mit dem Recht auf Familienleben oder auf Heirat (insb. Art. 8 und 12 EMRK). Insbesondere setzt ein Anspruch auf Aufenthalt auch einen solchen auf Einreise voraus. Analoges kann sich aus dem Verbot, eine Person abzuweisen, ergeben, wenn sie dadurch der Gefahr einer Verfolgung, der Folter oder unmenschlicher oder erniedrigender Behandlung ausgesetzt wäre (Refoulementverbot; insb. Art. 3 EMRK). Diese Verpflichtung gilt unmittelbar und umfasst die Kontrollen an den Staatsgrenzen (Rückschiebungsverbot), kann aber im Einzelfall auch andere Sachverhalte betreffen (bspw. in Visumsverfahren).

Innerhalb der EU sind im Rahmen der *Schengen-Zusammenarbeit,* an die auch die Schweiz durch die Schengen-Assoziierungsabkommen (SAA) assoziiert ist, die Einreisebestimmungen harmonisiert. Die Vorgaben aus der Schengen-Assoziierung, d.h. insbesondere der Schengener Grenzkodex (SGK), der Visakodex sowie die EG-Visum-Verordnung, gelten in der Schweiz vorrangig gegenüber den Bestimmungen des Ausländer- und Integrationsgesetzes (s. Art. 2 Abs. 4 AIG). Nur wenn das Schengen-Recht keine abweichenden Bestimmungen enthält, kommt nationales Recht zur Anwendung.

Die *Bundesverfassung* weist die Kompetenz zur Gesetzgebung über die Einreise dem Bund zu (Art. 121 Abs. 1 BV). Geregelt sind die Einreise und der Grenzübertritt im 3. Kapitel des Ausländer- und Integrationsgesetzes sowie in der Verordnung über die Einreise und die Visumserteilung (VEV). Die einschlägigen Grundrechte der Bundesverfassung (insb. Art. 13, 14 und 25 Abs. 2 und 3 BV) gelten gleichermassen wie die Menschenrechte des Völkerrechts.

2. Einreisevoraussetzungen

a) Regelung

Freizügigkeitsberechtigte Personen sind visumsbefreit und haben grundsätzlich mit einem gültigen Personalausweis oder Pass ein Einreiserecht gemäss Art. 1 Abs. 1 Anhang I FZA. Sie dürfen einreisen für eine bewilligungsfreie Anwesenheit bis drei Monate nach Art. 10 Abs. 1 AIG oder für einen Aufenthalt gestützt auf einen Freizügigkeitstatbestand, sofern sie nicht mit einem rechtmässigen, d.h. freizügigkeitsrechtskonformen (dazu insb. Art. 5 Anhang I FZA), Einreiseverbot belegt sind. Drittstaatsangehörige Freizügigkeitsberechtigte als Familienangehörige oder als Dienstleistungserbringer können zusätzlich der Visumspflicht unterstellt sein; immerhin besteht nach den Vorgaben des Freizügigkeitsrechts ein Anspruch auf das Visum (vgl. Art. 7 i.V.m. Art. 8 und 9 VEV).

In Art. 5 AIG sowie Art. 3 ff. VEV sind die Einreisevoraussetzungen für die *nicht vom Freizügigkeitsrecht erfassten ausländischen Personen* geregelt. Der Einfluss des Schengen-Rechts ist dabei gross. Dieses regelt die Einreise zu Kurzaufenthalten von bis zu 90 Tagen innerhalb von 180 Tagen im Schengen-Raum (insb. Art. 6 SGK). Deswegen wird bei den Einreisevoraussetzungen zwischen einer Einreise für einen solchen kurzfristigen Aufenthalt im Schengen-Raum (Art. 2 Bst. a und Art. 3 VEV), für einen längerfristigen Aufenthalt (Art. 2 Bst. b und Art. 4 VEV) sowie für den Flughafentransit (Art. 2 Bst. c und Art. 5 VEV) unterschieden. Um in die Schweiz einzureisen, muss eine drittstaatsangehörige Person im Wesentlichen folgende Voraussetzungen erfüllen:

- Sie muss über ein gültiges *Reisedokument* oder ein anerkanntes Ausweispapier verfügen; ein solches muss noch mindestens drei Monate nach der geplanten Ausreise aus dem Schengen-Raum gültig und innerhalb der vorangegangenen zehn Jahre ausgestellt worden sein (Art. 6 VEV); dazu kann es, insbesondere staatsvertraglich vereinbarte, Erleichterungen geben, was etwa zur Zulassung von Identitätskarten oder abgelaufenen Pässen oder sog. Laissez-passer für den einmaligen Grenzübertritt führt; entsprechende Listen finden sich auf der Website des SEM (www.sem.admin.ch);

- sofern sie der Visumspflicht untersteht, muss sie auch ein gültiges *Visum* haben, entweder für einen kurzfristigen oder für einen längerfristigen Aufenthalt (mehr als 90 Tage innert 180 Tagen im Schengen-Raum); im letzteren Fall muss sie überdies die einschlägigen Zulassungsvoraussetzungen erfüllen;

- sie muss ausreichende *finanzielle Mittel*, insbesondere in Form von Bargeld, Bankkonten oder einer Verpflichtungserklärung, nachweisen können; eine Verpflichtungserklärung können zahlungsfähige natürliche Personen mit Wohnsitz in der Schweiz (Schweizer, Niedergelassene und Aufenthalter) oder im Handelsregister eingetragene juristische Personen mit Sitz in der Schweiz abgeben; bei Verheirateten oder eingetragenen Partnern ist die schriftliche Zustimmung des Gatten oder der Partnerin erforderlich; garantiert werden die Kosten für Lebensunterhalt, Krankheit oder Unfall sowie Rückreise bis zu CHF 30'000 bei Einzelpersonen oder Gruppen und Familien bis zehn Personen (Art. 14 f. VEV); bei der Einreise für einen längerfristigen Aufenthalt gelten die einschlägigen ausländerrechtlichen Bestimmungen über die Erteilung von Bewilligungen für die Berechnung der erforderlichen Mittel zum Lebensunterhalt;

- bei einer Einreise zum Flughafentransit muss sie anstelle der finanziellen Mittel die für die Einreise in den Zielstaat erforderlichen Reisedokumente und Visa sowie ein Flugticket für die Reise bis zum Bestimmungsort vorlegen können und die nötigen Buchungen vorgenommen haben;

– sie darf nicht zur Einreiseverweigerung ausgeschrieben sein und es darf *keine ausländer- oder strafrechtliche Fernhaltemassnahme* gegen sie ausgesprochen worden sein;

– und sie darf auch sonst *keine Gefahr* für die öffentliche Sicherheit, Ordnung, Gesundheit oder die internationalen Beziehungen der Schweiz darstellen.

Wenn der Aufenthalt nur vorübergehender Natur ist, muss zusätzlich zu den vorgenannten Voraussetzungen die *Wiederausreise* der Person gesichert sein. Dies wird anhand der politischen, sozialen und wirtschaftlichen Umstände im Herkunftsland sowie aufgrund der persönlichen, familiären und beruflichen Situation der Gesuchstellenden im Einzelfall beurteilt.

Aus *humanitären Gründen* oder zur *Wahrung nationaler Interessen oder internationaler Verpflichtunge*n kann *ausnahmsweise* die Einreise in die Schweiz unter Abweichung von den üblichen Voraussetzungen oder trotz Einwänden eines anderen Schengen-Staates bewilligt werden (Art. 5 Abs. 3 AIG, Art. 3 Abs. 4 und 5 sowie Art. 4 Abs. 2 VEV, Art. 6 Abs. 5 Bst. c Schengener Grenzkodex).

Ein gesetzliches Einreiserecht steht nach Art. 51 Abs. 4 AsylG Personen zu, die als *Angehörige eines anerkannten Flüchtlings* mit Asyl einen Anspruch auf Familienasyl haben, durch die Flucht getrennt wurden und sich im Ausland befinden.

Wieweit nach der Einreise eine *Ausweistragpflicht* besteht, richtet sich nach dem jeweiligen Landesrecht. Unklar ist, wie sich die Ausweistragpflicht bei der Einreise für die nach dem Schengen-Recht möglichen rückwärtigen Patrouillen auswirkt, die nicht dieselbe Wirkung wie Grenzkontrollen haben dürfen. Im Zweifel empfiehlt es sich, den Ausweis bei sich zu tragen.

b)   Einreiseverbote

Fernhaltemassnahmen ergehen grundsätzlich individuell und müssen die entsprechenden rechtlichen Voraussetzungen erfüllen (dazu hinten § 10.4.b–d, S. 209 ff.). *Schengen-relevante Einreiseverbote* werden ins Schengener Informationssystem (SIS) aufgenommen und sind dort für die Behörden ersichtlich. Die Zusammenarbeit zwischen den Schengen-Staaten zur Datenbeschaffung und -bearbeitung läuft über das sog. SIRENE-Netz, wobei das SIRENE-Büro der Schweiz der Einsatzzentrale des fedpol angegliedert ist (vgl. die N-SIS-Verordnung). Rein nationale Einreiseverbote können die Grenzkontrollbehörden andernorts elektronisch abfragen.

Das *Epidemiengesetz* (EpG) regelt die Voraussetzungen für Einreiseverbote und weitere Massnahmen an der Grenze wie die Quarantäne gegenüber einzelnen Personen oder Personengruppen zur Verhinderung der Verbreitung übertragbarer Krankheiten. Je nach Situation können gestützt auf dieses Gesetz oder auf Notverordnungsrecht (vgl. Art. 173 Abs. 1 Bst. c und Art. 184 Abs. 3 sowie Art. 185 Abs. 3 BV) auch teilweise oder ganze Grenzschliessungen angeordnet werden. Solche Massnahmen, wie sie als Reaktion auf die Covid-19-Pandemie 2020 beschlossen wurden (mittlerweile aber nicht mehr in Kraft sind), müssen die rechtsstaatlichen Vorgaben einhalten und namentlich verhältnismässig sein. Insbesondere die Geeignetheit für den Gesundheitsschutz ist hier zu beachten. Im Freizügigkeitsbereich ist Art. 5 Anhang I FZA einschlägig, worin insbesondere auf die RL 64/221/EWG verwiesen wird. Deren Art. 4 in Verbindung mit dem Anhang zur Richtlinie behält namentlich erstens von der WHO genannte quarantänepflichtige Krankheiten sowie zweitens andere ansteckende oder übertragbare parasitäre Krankheiten und Leiden vor, sofern dagegen im Aufnahmeland mit Blick auf das Diskriminierungsverbot Vorschriften zum Schutz der Inländer bestehen (vgl. auch Art. 29 Abs. 1 der für die Schweiz nicht unmittelbar geltenden Unionsbürgerrichtlinie RL 2004/38/EG, die in der EU die RL 64/221/EWG abgelöst hat).

c)   **Visa**

aa)   Vorbemerkungen

Das *Visumsverfahren* richtet sich zu einem grossen Teil nach Schengen-Recht (Art. 2 Abs. 4 AIG; vgl. auch Art. 8 ff. VEV). Die entsprechende Regelung der Einreise zu Kurzaufenthalten von bis zu 90 Tagen innerhalb von 180 Tagen (insb. gemäss Art. 6 SGK) schlägt daher auch bei den Visa auf das nationale Recht durch. Für längere Aufenthalte gelten dagegen die Einreisebestimmungen des Ausländer- und Integrationsgesetzes; in solchen Fällen kann ein nationales Schengen-Visum ausgestellt werden. Für eine potenziell dauerhafte Einreise, insbesondere für sog. humanitäre Visa, gilt nationales Recht. Wurden Visa früher regelmässig als Sichtvermerke in Form von Stempeln im Pass angebracht, sind inzwischen Klebeetiketten (Vignetten) weit verbreitet und gewinnt die elektronische Fassung an Bedeutung. Schengen-Visa ergehen vorerst noch in Form von Vignetten; seit dem 1.2.2024 ist auch die digitale Visumserteilung möglich. Zur Bearbeitung von Visagesuchen und zur Konsultation der entsprechenden Informationen sind verschiedene Datenbanken der EU (C-VIS; vgl. Art. 109a AIG) und der Schweiz (N-VIS bzw. ORBIS) in Betrieb (vgl. Art. 109b AIG sowie die Visa-Informationssystem-Verordnung VISV).

bb)   Rechtsnatur

Unklar und umstritten ist die Rechtsnatur des Visums. Ursprünglich wurde es lediglich und ohne weitere Verpflichtung für den ausstellenden Staat als Bestätigung verstanden, dass die Einreisevoraussetzungen erfüllt sind. Mit einem Visum wird aber regelmässig auch die Zahl der erlaubten Einreisen, die zugelassene Dauer des Verbleibens im Gebiet des ausstellenden Staates sowie u.U. der Zweck des Aufenthalts, beispielsweise Tourismus, Teilnahme an einem Sportanlass oder auch Heirat, festgelegt. Heute wird dem Visum daher eine *gewisse eigenständige rechtliche Tragweite* beigemessen, indem es sich zumindest um die Zusicherung der Einreise und des Aufenthalts gemäss den im Visum vorgesehenen Bedingungen handelt, auf die nicht grundlos, d.h. treuwidrig bzw. willkürlich (vgl. Art. 5 Abs. 3 und Art. 9 BV), zurückgekommen werden darf. Teilweise wird dem Visum in diesem Sinn sogar der Charakter einer eigentlichen Aufenthaltserlaubnis zugesprochen.

cc)   Schengen-Visum

Für Kurzaufenthalte von höchstens 90 Tagen innerhalb eines Zeitraums von 180 Tagen werden sog. Schengen-Visa erteilt (Visum Typ C; vgl. Art. 2 Bst. d und Art. 8 VEV). Sie gelten für die Einreise und den Aufenthalt im gesamten Schengen-Raum, d.h., sie sind für die *Hoheitsgebiete aller Schengen-Staaten gültig.* Sie werden ausgestellt, wenn die Einreisevoraussetzungen nach Art. 6 SGK erfüllt sind. Welche Staaten Schengen-visumspflichtig sind, entscheidet die EU; die Schweiz hat nur ein Anhörungsrecht. Eine Liste der visumspflichtigen Länder findet sich auf der Website des SEM (www. sem.admin.ch). Im Jahr 2022 wurden rund 360'000 Schengen-Visa durch die Schweiz ausgestellt; die Hauptnationen sind Indien, Kosovo und Thailand.

Sind die Voraussetzungen nach Art. 6 SGK nicht erfüllt, darf kein Schengen-Visum ausgestellt werden. Problematisch erscheint die Verweigerung von insbesondere Besuchervisa gestützt auf den *Generalverdacht,* die Wiederausreise sei bei Angehörigen bestimmter Staaten wie Kuba oder Iran nicht gesichert; erforderlich ist immer eine Einzelfallprüfung, was aus der Begründung des Entscheids auch hervorgehen muss.

Im Schengen-Raum zugelassene Angehörige visumspflichtiger Drittstaaten benötigen kein Visum für Reisen im Schengen-Raum; wer also als an sich visumspflichtiger Drittstaatsangehöriger beispielsweise in Deutschland eine *Aufenthaltsbewilligung* hat, braucht kein Visum für die Schweiz.

Schliesslich benötigen ausländische Personen aus bestimmten Staaten für das Umsteigen auf einem schweizerischen Flughafen ein sog.

Flughafentransitvisum (Visum Typ A; vgl. Art. 2 Bst. e, Art. 5 und 10 VEV). Ein Visum Typ B gibt es zurzeit (Stand Herbst 2024) nicht.

dd) Nationales Visum

Zusätzlich können die Schengen-Staaten Visa mit räumlich nur *auf ihr Staatsgebiet beschränkter Gültigkeit* ausstellen, wenn dies aus humanitären Gründen, aus Gründen des nationalen Interesses oder aufgrund internationaler Verpflichtungen angezeigt ist (Art. 25 Abs. 1 Bst. a Visakodex, Art. 6 Abs. 5 Bst. c SGK, Art. 3 Abs. 4 und 5 VEV). Nach der Rechtsprechung des EuGH ist dies aber nicht zulässig für Einreisen zum Zweck der Asylgesuchstellung; aus diesem Grund wird in der Schweiz die Erteilung humanitärer Visa an Asylsuchende auf Art. 5 Abs. 3 AIG sowie die VEV gestützt. Für Aufenthalte, deren Dauer 90 Tage überschreiten, regelt das Schengen-Recht die Voraussetzungen nicht, so dass die nationalen Bestimmungen gelten. Hier legt die Schweiz die Visumspflicht autonom fest (Visum Typ D; vgl. Art. 2 Bst. f und Art. 9 VEV). Auch dafür findet sich eine entsprechende Liste auf der Website des SEM (www.sem.admin.ch). Neben den Einreisevoraussetzungen von Art. 5 AIG ist für Aufenthalte ab drei Monaten eine ausländerrechtliche Anwesenheitsbewilligung, in der Regel eine Kurzaufenthalts- oder Aufenthaltsbewilligung, erforderlich, welche durch die kantonalen Migrationsbehörden ausgestellt wird (Art. 4 Abs. 1 VEV). Soll erstmalig eine Erwerbstätigkeit ausgeübt werden, ist zusätzlich eine regelmässig in die Anwesenheitsbewilligung integrierte Arbeitsbewilligung notwendig (vgl. Art. 10 und 11 AIG i.V.m. Art. 21 Abs. 1 VEV). Eine besondere Form des nationalen Visums ist das sog. Rückreisevisum, das einer ausländischen Person, welche die Schweiz verlässt und bei der eine zu erteilende Anwesenheitsbewilligung oder ein auszustellendes Reisedokument noch aussteht, die Rückkehr in die Schweiz sichert (vgl. Art. 21 Abs. 2 VEV). Im Jahr 2022 wurden rund 71'000 nationale Visa ausgestellt, Hauptnationen sind Indien, Kosovo, und China.

ee)   Nationales humanitäres Visum

Im Sinne eines Ersatzes für das mit der dringlichen Änderung des Asylgesetzes vom 28.9.2012 abgeschaffte Botschaftsasylverfahren bezweckt das humanitäre Visum, schutzbedürftigen Personen die Einreise in die Schweiz zu ermöglichen, um ein *Asylgesuch* zu stellen. Der EuGH hat die Anwendung des Schengen-Visums mit räumlich beschränkter Gültigkeit auf Ausländerinnen und Ausländer, die nach ihrer Einreise in den Schengen-Raum um Schutz vor Verfolgung ersuchen, für unzulässig erklärt, gleichzeitig aber einen nationalen Ermessensspielraum in dieser Hinsicht anerkannt. In Übereinstimmung mit dieser Rechtsprechung wird das humanitäre Visum als nationales Visum gestützt auf Art. 4 Abs. 2 VEV erteilt, wofür nachträglich in Art. 5 Abs. 3 AIG eine gesetzliche Grundlage geschaffen wurde.

Für humanitäre Visa fehlt eine über Art. 4 Abs. 2 VEV hinausgehende gesetzliche Präzisierung der Erteilungsvoraussetzungen. Nach der *Weisung des SEM* soll ein humanitäres Visum nur Personen ausgestellt werden, die sich noch in ihrem Herkunftsstaat befinden und die darlegen können, dass sie aufgrund der allgemeinen Lage im Herkunftsland oder ihrer individuellen Situation unmittelbar, ernsthaft und konkret an Leib und Leben gefährdet sind. Die Einreisevoraussetzungen der genügenden finanziellen Mittel und der gesicherten Wiederausreise müssen nicht erfüllt sein. Diese Kumulation von Voraussetzungen wurde in der Lehre als widersprüchlich kritisiert, da Personen, die unmittelbar, ernsthaft und konkret bedroht sind, meist nicht abwarten können, bis ein Visum ausgestellt wurde, sondern ihr Herkunftsland verlassen, in welchem Fall aber kein humanitäres Visum mehr ausgestellt werden kann. Zudem besteht die Problematik, dass in Bürgerkriegssituationen keine Botschaft zur Verfügung steht, die ein Visum ausstellen könnte. In der Praxis können humanitäre Visa daher teilweise auch in den Nachbarländern erteilt werden. Im Jahr 2022 wurden rund 140 solcher nationalen humanitären Visa ausgestellt.

ff)   Verfahren und Rechtsschutz

Das Visum muss bei einer schweizerischen Vertretung im Ausland beantragt werden. Diese leitet den *Visumsantrag* an die in der Schweiz zuständige Behörde, namentlich das SEM, das EDA oder eine kantonale Migrationsbehörde, weiter, welche die Kriterien für die Visumserteilung prüft. Wird der Antrag genehmigt, stellt die Auslandsvertretung das Visum im Namen der zuständigen Behörde aus. Sind die Einreisevoraussetzungen nicht erfüllt, wird der Antrag abgelehnt und das Visum verweigert. Durch das SEM oder das EDA verweigerte Visa können innerhalb von 30 Tagen mit schriftlicher Einsprache bei der verfügenden Behörde angefochten werden (Art. 6 Abs. 2bis AIG). Der Einspracheentscheid unterliegt sodann der Beschwerde an das Bundesverwaltungsgericht (vgl. Art. 31 VGG), welches endgültig entscheidet; ein Weiterzug an das Bundesgericht ist ausgeschlossen (vgl. Art. 83 Bst. c Ziff. 1 BGG). Wird das Visumsgesuch von einer kantonalen Migrationsbehörde abgelehnt, ist einzig die Ablehnung des Bewilligungsgesuchs anfechtbar; das Rechtsmittelverfahren richtet sich dann nach dem kantonalen Verwaltungsverfahrensrecht und kann, sofern ein Anspruch auf die Bewilligung besteht (Art. 83 Bst. c Ziff. 2 BGG), bis zum Bundesgericht weitergezogen werden, anderenfalls endet das Verfahren mit dem Entscheid des kantonalen Verwaltungsgerichts.

d)   EES und ETIAS

Mit dem *informatikbasierten EES* (Entry-Exit-System) der EU können auch in der Schweiz seit Mai 2022 Ein- und Ausreisen elektronisch erfasst werden. Dies erlaubt es insbesondere, Personen besser zu erkennen, die ihre im Schengen-Raum erlaubte Anwesenheitsdauer überschreiten (sog. «overstayers»; vgl. Art. 103b ff. AIG). Das parallel dazu entwickelte elektronische Europäische Reiseinformations- und -genehmigungssystem *ETIAS* (European Travel Information and Authorization System) soll gleichzeitig die frühzeitige Prüfung von visabefreiten Reisenden durch eine elektronische Kontrolle erleichtern. Es ist dem US-amerikanischen ESTA nachgebildet. Dabei han-

delt es sich nicht um ein Visum, sondern um eine v.a. an Sicherheits-
massstäben ausgerichtete Vorkontrolle für visumsbefreite Personen,
die das Schengen-Gebiet für einen kurzfristigen Aufenthalt bereisen
möchten. Diese Vorkontrolle kann zu Folgemassnahmen wie einer
vertieften Sicherheitskontrolle führen. Die damit vorgenommene al-
gorithmische Profilerstellung wirft allerdings rechtliche Fragen namentlich im Hinblick auf Verfahrensrechte sowie Diskriminierungs-
gefahren auf. Die Schweiz als Schengen-Mitgliedstaat wird ETIAS
ebenfalls nutzen (vgl. Art. 5 Abs. 1 Bst. a[bis] sowie Art. 108a ff. AIG); die
Vorlage ist (Stand Herbst 2024) allerdings noch nicht in Kraft getreten.

3. Grenzkontrolle und -übertritt

a) Vorbemerkungen

Seit der Schengen-Assoziierung richtet sich die Ein- und Ausreise
in die bzw. aus der Schweiz nach *Schengen-Recht* (vgl. insb. Art. 7
Abs. 1 AIG). Die Kantone führen auf ihrem Hoheitsgebiet, insbesondere auf den internationalen Flughäfen, die Personenkontrollen
durch. Im Grenzraum wird die Personenkontrolle durch den Bundesrat im Einvernehmen mit den Kantonen geregelt (Art. 9 AIG).
Zu einem grossen Teil wird diese Aufgabe *vom Bundesamt für Zoll
und Grenzsicherheit* (*BAZG*; früher durch das Grenzwachtkorps)
erfüllt. Die Grenzkontrolle hat diskriminierungsfrei zu erfolgen.
Verboten ist insbesondere das sog. «racial profiling», wonach die
Intensität der Kontrolle sich ausschliesslich nach äusseren Merk-
malen richtet. Eine Rückweisung (sog. Push-back) muss auf sachlichen, dem Gesetz entsprechenden Gründen beruhen, beispielsweise wegen des Fehlens eines erforderlichen Visums oder aufgrund
eines abgelaufenen Passes erfolgen, und verhältnismässig sein. Bei
der Grenzkontrolle kann die betroffene Person auch ein Asylgesuch
stellen; diesfalls kommt es selbst bei einer irregulären Einreise zu
einem Asylverfahren (dazu Art. 19 Abs. 1 und Art. 21 AsylG). Wird
in der Folge ein Schutzstatus erteilt, wird die Einreise nachträglich
legalisiert und darf nicht mehr sanktioniert werden.

b) Schengen-Aussengrenzen

Die Schweiz liegt inmitten von Europa. Die Landesgrenzen der Schweiz sind schengenrechtlich gesehen Binnengrenzen, mit einer Ausnahme: Flüge, die von ausserhalb des Schengen-Raums in der Schweiz ankommen, sind Übertritte von Schengen-Aussengrenzen. Hier sind *systematische Personenkontrollen* vorgeschrieben, die nach den einheitlichen und strikten Grundsätzen des Schengener Abkommens durchzuführen sind (Art. 6 Abs. 2 SDÜ, Art. 5 ff. SGK). Namentlich werden Drittstaatsangehörige daraufhin überprüft, ob sie die Einreisevoraussetzungen erfüllen, insbesondere ob sie eine Gefahr für die öffentliche Ordnung, Sicherheit und Gesundheit darstellen. In diesem Rahmen ist bei Ansteckungsgefahr die Schliessung der Aussengrenzen wegen eines Epidemienrisikos möglich (vgl. Art. 2 Ziff. 21 sowie Art. 6 Abs. 1 Bst. e SGK). Zulässig ist an den Schengen-Aussengrenzen auch eine automatisierte Grenzkontrolle mit biometrischen Reisedokumenten für Personen, die nicht im RIPOL oder SIS ausgeschrieben sind (Art. 103g AIG, Art. 45 VEV). Zulässig ist die Verwendung eines Gesichtserkennungssystems (Art. 103 AIG, Art. 54 ff. VEV).

Besondere Rechtsfragen werfen die Push-backs von Migrantinnen und Migranten auf, worunter sich potenziell Schutzsuchende befinden, d.h. die *unmittelbare Rückschiebung an der Schengen-Aussengrenze* wegen irregulärer Einreise ohne Prüfung der persönlichen Verhältnisse im Einzelfall. In zwei viel beachteten, aber auch heftig kritisierten Entscheiden im Zusammenhang mit der spanischen Exklave Melilla beurteilte der EGMR unmittelbare Push-backs (sog. «hot returns») als zulässig, wenn die Personen unter Ausnutzung ihrer grossen Anzahl («Grenzsturm») illegal die Grenze überschreiten. Dies gilt aber nur, wenn feststeht, dass die betroffenen Personen nicht schutzbedürftig sind und ihnen die Möglichkeit einer legalen Einreise offensteht und sie diese nicht nützen. Zu Diskussionen Anlass geben auch immer wieder die Push-backs im Mittelmeer in Anrainerstaaten mit fraglichen Rechtsstaats- und Sicherheitsstrukturen wie etwa die Türkei und Libyen. Rechtlich ebenfalls heikel sind die sog. Pull-backs, d.h. die unfreiwilligen Rückholaktionen namentlich auf See durch staatliche oder parastaatliche Organe der Ausreisestaaten, die mitunter durch die EU bzw. deren Grenz-schutzagentur Frontex gefördert oder unterstützt werden und dies-falls auf indirekte Push-backs hinauslaufen. Davon mittelbar ange-sprochen ist wegen der Schengen- und Dublin-Assoziierung und ihrer Beteiligung an Frontex auch die Schweiz. Abgesehen davon kann sich die Push-back-Problematik ebenfalls an der Schengen-Aussengrenze in den schweizerischen Flughäfen ergeben.

c)   Schengen-Binnengrenzen

aa)   Ordentliches Grenzregime

Schengen-Binnengrenzen bilden alle Landübergänge in die Schweiz sowie Flug- oder Schiffstransporte aus Schengen-Mitgliedstaaten bzw. innerhalb des Schengen-Raums. Gemäss Schengener Grenz-kodex sind systematische und verdachtsunabhängige Kontrollen an den Schengen-Binnengrenzen nicht erlaubt, denn Binnengrenzen dürfen unabhängig von der Staatsangehörigkeit an jeder Stelle ohne Personenkontrolle überschritten werden (Art. 2 SDÜ, Art. 22 ff. SGK). Zulässig bleiben rückwärtige Kontrollen, insbesondere durch Patrouillen, im Grenzraum, solange sie nicht Grenzkontrollen zum Ziel haben. Der EuGH hat betont, dass die «praktische Ausübung [dieser Kontrollen] nicht die gleiche Wirkung wie Grenzübertritts-kontrollen haben» darf.

bb)   Ausserordentliches Grenzregime

Unter bestimmten Voraussetzungen und nach einem besonderen Verfahren zwischen den Mitgliedstaaten und der Kommission er-laubt das Schengen-Recht die *vorübergehende Wiedereinführung von Grenzkontrollen an den Binnengrenzen* bei einer ernsthaften Bedro-hung der öffentlichen Ordnung oder Sicherheit eines Mitgliedstaa-tes «als letztes Mittel» für 30 Tage mit Verlängerungsmöglichkeit von weiteren 30 Tagen. Anwendungsfälle sind beispielsweise sportliche Grossveranstaltungen oder Gipfeltreffen mit erhöhtem Sicherheitsrisiko. Unter besonderen Umständen, die sofortiges Handeln erfordern, beispielsweise bei unmittelbarer terroristischer Bedrohung, können die Grenzkontrollen für zehn Tage, verlängerbar um jeweils 20 Tage bis maximal insgesamt zwei Monate, unverzüglich eingeführt werden. Im Falle ausserordentlicher Umstände aufgrund anhaltender Mängel bei den Aussengrenzkontrollen sind Binnengrenzkontrollen für höchstens sechs Monate erlaubt, wobei dieser Zeitraum maximal dreimal um weitere sechs Monate verlängert werden darf, was zu einer zulässigen Höchstdauer von zwei Jahren führt. Anwendungsfälle sind hier etwa grosse Flüchtlingsbewegungen (dazu Art. 2 Abs. 2 SDÜ, Art. 25 ff. SGK). Ob die Schliessung der Binnengrenzen wegen Epidemien ansteckender Krankheiten zulässig ist, erscheint schon deswegen fraglich, weil die öffentliche Gesundheit nicht unter die im Grenzkodex vorgesehenen Tatbestände der öffentlichen Sicherheit oder Ordnung fällt. Es stellt sich auch die Frage der Geeignetheit solcher Grenzkontrollen zur Epidemienbekämpfung. Sie fanden immerhin 2020 im Rahmen der Reaktion auf die Covid-19-Pandemie Anwendung, indem aufgrund der Pandemie die Gefährdung der öffentlichen Sicherheit und Ordnung bejaht wurde. Eine Rückweisung schutzsuchender Personen ist jedoch auch in einer solchen Situation nicht erlaubt. Abgestimmte Freizügigkeitsbeschränkungen hingegen sind innerhalb des Schengen-Raums für solche Fälle vorgesehen (s. vorne 2.b, S. 66).

Im Zusammenhang mit den *Flüchtlingsbewegungen* (bzw. der «Flüchtlingsschutzkrise») von 2015 haben einige Mitgliedstaaten temporäre Binnengrenzkontrollen eingeführt. Der EuGH hat hierzu festgehalten, dass eine solche Wiedereinführung die Unterscheidung zwischen Binnen- und Aussengrenzkontrollen nicht aufhebt; insbesondere dürfen an Binnengrenzen weiterhin keine Zurückweisungen stattfinden. Werden Personen ohne Aufenthaltsrecht im Rahmen einer rechtmässigen Kontrolle an einer Binnengrenze aufgegriffen, ist ein Rückkehrverfahren nach der Rückführungsrichtlinie (dazu § 10.3., S. 202 ff.) oder, wenn die Person um Schutz nachsucht, ein Dublin-Zuständigkeitsbestimmungsverfahren (dazu § 16, S. 304 ff.) durchzuführen. Verlängerungen der Binnengrenzschliessungen bedürfen einer neuen ernsthaften Bedrohung.

d)   Verfahren und Rechtsschutz

Die meisten Rechtshandlungen im Rahmen der Grenzkontrolle sind *Realakte* und unterstehen den entsprechenden Verfahrensbestimmungen (vgl. insb. Art. 25a VwVG für das BAZG bzw. die entsprechenden kantonalen Regelungen). Eine Einreiseverweigerung an der Grenze ergeht hingegen als Wegweisung in Form einer anfechtbaren (Formular-)Verfügung (Art. 7 Abs. 2 und 3, Art. 64 ff. AIG); bei der formlosen Wegweisung an der Grenze (Art. 64c AIG) kann eine solche verlangt werden. Die formlose Wegweisung ist sofort vollstreckbar und eine Beschwerde hat keine aufschiebende Wirkung. Die Beschwerde an das Bundesgericht ist ausgeschlossen (vgl. Art. 83 Bst. c Ziff. 1 BGG), ausser, wegen des Erfordernisses eines doppelten Instanzenzugs nach Art. 11 Abs. 3 FZA, bei Freizügigkeitsberechtigten. Die Rückweisung an einem Flughafen führt gegebenenfalls zur Anwendung des ausländer- oder asylrechtlichen Flughafenverfahrens (vgl. Art. 65 AIG und Art. 22 AsylG) und kann eine Haftung des Transportunternehmens (insb. Fluggesellschaft) auslösen (sog. Carrier Sanctions; dazu Art. 92 ff. AIG sowie hinten § 30, S. 411 ff.). Ein internationales Rechtsmittel, beispielsweise an den EGMR, gibt es nur dort, wo ein solches auch vorgesehen und ein entsprechendes Recht beeinträchtigt ist. Gegen mögliche Grundrechtsverletzungen bei Einsätzen von Frontex kann gemäss der Frontex-Verordnung der EU Beschwerde geführt werden (Art. 111 der Frontex-Verordnung); Asylsuchende sind über diese Möglichkeit angemessen zu informieren und bei der allfälligen Einreichung einer Beschwerde zu beraten und zu unterstützen (vgl. Art. 52a[bis] und 52b[bis] AsylV 1).

Leitentscheide: MRA 538/1993 Stewart c. Kanada; 1959/2010 Warsame c. Kanada (Einreise ins eigene Land); EuGH C-84/12 Koushkaki (Erteilungsvoraussetzungen für ein Visum); C-638/16 X und X (humanitäres Visum mit beschränkter territorialer Gültigkeit); C-9/16 A (Grenzkontrollen); C-444/17 Arib u.a. (Wiedereinführung von Binnengrenzkontrollen); C-368/20 Landespolizei Steiermark/C-369/20 Bezirkshauptmannschaft Leibnitz (Verlängerung der Binnengrenzkontrolle); C-924/19 PPU FMS u.a. (Rückweisung in Drittstaat an der Schengen-Aussengrenze); verb. Rs. C-368/20 und C-369/20, NW/Landespolizeidirektion Steiermark (Wiedereinführung von Binnengrenzkontrollen); C-128/22, Nordic Info (Schliessung der Binnengrenzen wegen Covid-19); EGMR 8675/15 und 8697/15 N.D. und N.T. c. Spanien (Push-backs in Melilla); EGMR 27765/09 Hirsi Jamaa u.a. c. Italien (Push-backs von Bootsmigranten); BGE 131 II 352 (Beschwerde gegen Einreiseentscheide bei Freizügigkeitsberechtigten); BVGE 2018 VII/5 und 2015/5 (nationales humanitäres Visum); 2019 VII/1 und 2018 VII/6 sowie BVGer F-1527/2018, F-190/2017, F-324/2017 und F-2270/2017 (Schengen-Visa); BVGE 2009/27 (gesicherte Wiederausreise).

§ 5 Regelung der Anwesenheit

1. Anwesenheit und Bewilligung

a) Vorbemerkungen

Ausländische Staatsangehörige dürfen sich grundsätzlich nur in der Schweiz aufhalten, wenn ihr Aufenthalt *bewilligungsfrei* ist oder sie über eine anwesenheitsgestattende Bewilligung verfügen. Wann eine *Bewilligungspflicht* vorliegt, ergibt sich aus Staatsvertrags- oder Landesrecht. Ebenso geht daraus hervor, ob es im Ermessen der Behörden liegt, eine ausländerrechtliche Bewilligung zu erteilen, oder ob darauf ein Rechtsanspruch besteht. Die Bewilligungsart und ihre Ausgestaltung hängen sodann vom *Zweck und der Dauer der Anwesenheit* ab. Als Regel gilt, dass jeder Aufenthalt über drei Monate bewilligungspflichtig ist; bei kürzeren Anwesenheiten gibt es bewilligungsfreie und -pflichtige Aufenthalte. Anwesenheitsbewilligungen sind vom Visum zu unterscheiden. Während die Ersten einen grundsätzlich länger als drei Monate dauernden Aufenthalt zu einem bestimmten Zweck erlauben, gestattet das Zweite primär die Einreise und gegebenenfalls subsidiär auch einen Aufenthalt von höchstens drei Monaten.

b) Erwerbstätigkeit

Ein zentrales Kriterium für die Ausgestaltung der ausländerrechtlichen Anwesenheit bildet die Erwerbstätigkeit. Als solche gilt jede üblicherweise *gegen Entgelt ausgeübte unselbständige oder selbständige Aktivität,* selbst wenn sie unentgeltlich erfolgt (Art. 11 Abs. 2 AIG). Diese ist unabhängig von der Dauer unselbständig bei jeder Aktivität für einen Arbeitgeber, der Weisungsbefugnis hat und in der Regel, aber nicht zwingend, einen Lohn zahlt. Auch Praktika, Au-pair-Beschäftigung, sportliche und religiöse Tätigkeiten u.a.m. gehören dazu (Art. 1a VZAE). Als selbständige Erwerbstätigkeit gilt demgegenüber die auf Gewinnerzielung ausgerichtete Aktivität im Rahmen einer eigenen Organisation unter Tragung des unternehmerischen Risikos. Dazu zählen auch die freien Berufe wie Mediziner, Anwälte oder Treuhänderinnen (Art. 2 VZAE). Die Abgrenzung von selbständiger und unselbständiger Erwerbstätigkeit kann rechtlich von Bedeutung sein. In der Praxis bietet sie v.a. bei den Berufen des Rotlichtmilieus aufgrund der dort herrschenden Organisationsformen gewisse Schwierigkeiten.

c) Bewilligungsfreiheit

Bewilligungsfrei ist der Aufenthalt von bis zu drei Monaten innerhalb eines Zeitraums von sechs Monaten nach der rechtmässigen Einreise, wenn keine Erwerbstätigkeit ausgeübt wird (Art. 10 Abs. 1 AIG, Art. 9 VZAE). Typische Beispiele sind Aufenthalte zu *Tourismus-, kurzfristigen Geschäfts- oder Besuchszwecken.* Ein be-

willigungsfreier Aufenthalt befreit die Betroffenen jedoch nicht
von einer allfälligen Visumpflicht. Bei Visumsfreiheit braucht es
keine behördliche Anwesenheitserlaubnis. Einreise und Aufenthalt
erfolgen diesfalls ohne jeglichen behördlichen Entscheid und bei
der Einreise über eine Schengen-Binnengrenze auch ohne Grenzkontrolle. Zwei bewilligungsfreie dreimonatige Aufenthalte können
nicht unmittelbar aneinandergereiht werden, sondern es ist praxisgemäss ein Unterbruch von mindestens einem Monat erforderlich.

d)   Bewilligungspflicht

Dient der Aufenthalt Erwerbszwecken, ist zwischen *Drittstaatsangehörigen und Freizügigkeitsberechtigten* zu unterscheiden. Während bei den Ersten der Aufenthalt zu Erwerbszwecken grundsätzlich immer bewilligungspflichtig ist (Art. 11 Abs. 1 AIG), sind
verschiedene dem Freizügigkeitsrecht unterstehende Personengruppen von der Bewilligungspflicht befreit, so namentlich Arbeitnehmer mit einem Arbeitsverhältnis von einer Dauer von höchstens drei Monaten, Grenzgänger sowie Dienstleistungserbringer bei
einem Aufenthalt von höchstens 90 Tagen pro Kalenderjahr (vgl.
Art. 6 Abs. 2 Satz 2, Art. 7 Abs. 2 und Art. 13 Abs. 2, Art. 20 Abs. 1
Anhang I FZA). Sodann haben Freizügigkeitsberechtigte, mit Ausnahme von Angehörigen Kroatiens, für die nach Aktivierung der
Schutzklausel bis zum 31.12.2024 arbeitsmarktliche Einschränkungen gelten, im Unterschied zu Drittstaatsangehörigen einen *Anspruch* auf die Erteilung einer Bewilligung zur Ausübung einer Erwerbstätigkeit, der sich direkt aus dem Freizügigkeitsrecht ableiten
lässt. Wurde von den Behörden formell keine Bewilligung erteilt,
ist der Aufenthalt in der Schweiz dennoch rechtmässig, sofern die
freizügigkeitsrechtlichen Voraussetzungen zur Erteilung einer Bewilligung erfüllt sind.

2. Ermessens- und Anspruchsbewilligungen

Die Bewilligungserteilung an Drittstaatsangehörige nach dem Ausländer- und Integrationsgesetz liegt *weitgehend im Ermessen der Behörden,* insbesondere was die Zulassung zur Erwerbstätigkeit angeht. Dies bedeutet, dass die kantonalen Behörden Drittstaatsangehörige grundsätzlich zulassen «können», aber nicht müssen. Bei der Ermessensausübung berücksichtigen die Behörden die öffentlichen Interessen und die persönlichen Verhältnisse sowie die Integration der Ausländerinnen und Ausländer (Art. 96 Abs. 1 AIG). Zudem haben die Behörden ihr Ermessen pflichtgemäss und unter Beachtung der Verfassungsgrundsätze wie dem Verhältnismässigkeitsprinzip sowie dem Willkürverbot und der Grundrechte auszuüben. Das Bundesgericht anerkannte beispielsweise eine Rechtsverletzung wegen Verstosses gegen Art. 8 Abs. 2 BV (Altersdiskriminierung) aufgrund der Nichtzulassung eines über 30-Jährigen zum Studium zwecks Vervollständigung seiner Ausbildung. Es verneinte einen eigentlichen Anspruch auf Bewilligung, erkannte aber auf eine Verfassungswidrigkeit bei der Ermessensausübung.

Der Bund hat im Gesetz, insbesondere mit den Zulassungsgrundsätzen und -voraussetzungen von Art. 3 und 18 ff. AIG und den entsprechenden Konkretisierungen in Art. 18a ff. VZAE, den Rahmen für die Ermessensausübung der Kantone bestimmt. Mit dem *Zustimmungsverfahren* kontrolliert er im Einzelfall, ob die Kantone ihre Ermessensbefugnis gesetzeskonform wahrnehmen. Die Zustimmung ist, wo vorgeschrieben, für alle Drittstaatsangehörigen erforderlich ausser für die Angehörigen des Vereinigten Königreichs (Art. 1 Zustimmungsverordnung e contrario). Letztere unterstehen aber trotzdem den gesetzlichen Zulassungsvoraussetzungen, wobei deren Einhaltung einzig von den Kantonen geprüft wird.

Kein Ermessen kommt den Behörden zu, wenn ein *völkerrechtlicher, staatsvertraglicher, verfassungsrechtlicher oder gesetzlicher Anspruch* auf Erteilung der Bewilligung besteht. Das Verordnungsrecht kann hingegen keine Ansprüche begründen. So räumt das Freizügigkeits-

recht den ihm unterstellten Personen grundsätzlich Ansprüche auf
Erteilung von Aufenthaltsbewilligungen ein, sofern die Betroffenen die staatsvertraglichen Voraussetzungen erfüllen. Aufenthalts-
ansprüche können sich auch aus anderen Abkommen ergeben, wie
beispielsweise dem Allgemeinen Abkommen über den Handel mit
Dienstleistungen der WTO (GATS), das Mitarbeiter ausländischer
Dienstleistungsunternehmen mit Niederlassung in der Schweiz unter
bestimmten Voraussetzungen zum Aufenthalt berechtigt; dabei ist
allerdings unklar, ob diese Personen direkt den Anspruch durchsetzen können oder ob nur der nationale Gesetzgeber verpflichtet wird.
Die Schweiz kommt dieser Verpflichtung zumindest durch Erleichterung der Zulassung für die betreffenden Personen nach (vgl. Art. 23
Abs. 3 Bst. d und Art. 30 Abs. 1 Bst. h AIG). Spezielle Ansprüche auf
die vorzeitige Erteilung einer Niederlassungsbewilligung ergeben sich
zudem aus verschiedenen Niederlassungsvereinbarungen, welche die
Schweiz mit anderen europäischen Staaten abgeschlossen hat.

Ferner lassen sich aus dem völker- und verfassungsrechtlich verankerten Schutz des Privat- und Familienlebens (Art. 8 EMRK, Art. 13
BV) unter bestimmten Voraussetzungen Bewilligungsansprüche ableiten. Ein Teil dieser Anspruchskonstellationen hat in den Bestimmungen des Ausländer- und Integrationsgesetzes zum Familiennachzug (vgl. Art. 42 ff. AIG) seinen Niederschlag gefunden (dazu
§ 7.4 und 7.9, S. 129 und 141). Gemäss der bundesgerichtlichen
Rechtsprechung bedarf sodann die Beendigung des Aufenthalts
nach einer rechtmässigen Anwesenheit von zehn Jahren gestützt
auf den Schutz des Privatlebens besonderer Gründe, da nach dieser
Zeitspanne regelmässig eine gute Integration vorausgesetzt werden
kann. Bei ausgeprägter Integration kann sich ein Anspruch schon
vor Ablauf dieser Dauer ergeben. Der Aufenthalt während eines laufenden Asylverfahrens ist allerdings auf die Zehnjahresdauer nicht
anzurechnen. Aus dem Schutz des Privatlebens ergibt sich jedoch
kein Anspruch auf (Neu-)Begründung nach rechtskräftiger Beendigung eines Aufenthaltsrechts, d.h. dass sich daraus kein Recht auf
(Wieder-)Einreise und erneute Bewilligung ableiten lässt. Anspruch

auf eine ausländerrechtliche Bewilligung haben zudem anerkannte staatenlose Personen (Art. 31 AIG) und anerkannte Flüchtlinge mit Asyl (Art. 60 AsylG). Der EGMR anerkannte überdies einen Anspruch auf Verbleiben in der Schweiz nach langjähriger Anwesenheit trotz nicht mehr geregelten Aufenthalts bei einer ausreisepflichtigen Person. Vereinzelt lässt sich aus dem Grundsatz von Treu und Glauben nach Art. 9 BV ein Anspruch auf Anwesenheit ableiten, sofern die entsprechenden restriktiven Voraussetzungen erfüllt sind. Auch Menschenhandelsopfern kann ein solcher Schutz zukommen.

Sind hingegen die Voraussetzungen eines Bewilligungswiderrufs nach Art. 62 f. AIG bzw. eines Vorbehalts gemäss Art. 5 Anhang I FZA erfüllt, entfallen allfällige Bewilligungsansprüche und ist grundsätzlich von der Erteilung von Bewilligungen abzusehen, da es sinnlos erscheint, eine Bewilligung zu gewähren, um sie sogleich wieder zu widerrufen (zum Widerruf s. § 9.4, S. 175).

3. Bewilligungsbehörden

Zuständig für die Erteilung der Bewilligungen sind grundsätzlich die *kantonalen Migrationsbehörden* (Art. 40 Abs. 1 AIG). Handelt es sich um die erstmalige Zulassung zur Ausübung einer Erwerbstätigkeit, auf die kein Anspruch besteht, ist ein arbeitsmarktlicher Vorentscheid der zuständigen kantonalen Behörde erforderlich (Art. 40 Abs. 2 AIG). Stellt ein Kanton ein Gesuch um Erteilung einer Bewilligung zu Lasten der Höchstzahlen des Bundes, liegt die Zuständigkeit für den arbeitsmarktlichen Vorentscheid beim SEM (Art. 40 Abs. 3 AIG).

In bestimmten Fällen müssen die kantonalen Migrationsbehörden dem SEM die Erteilung, Erneuerung oder Verlängerung von Bewilligungen zur *Zustimmung* unterbreiten (vgl. Art. 99 AIG, Art. 85 und 86 VZAE und die Zustimmungsverordnung). Das SEM besitzt somit im Rahmen seiner Aufsichtsbefugnis ein Vetorecht. Hingegen kann es die Kantone nicht zur Erteilung von Bewilligungen zwingen. Der kantonale Entscheid, mit welchem eine Bewilligung verweigert wird, ist endgültig, wenn kein Rechtsanspruch auf die Bewilligungserteilung existiert.

4. Rechtsnatur der Bewilligungen

Im Freizügigkeitsabkommen werden die Anwesenheitsbefugnisse als *Aufenthaltserlaubnisse* bzw., im Fall der Grenzgänger, als *Sonderbescheinigung* bezeichnet (vgl. etwa Art. 2 Abs. 1 oder Art. 6 Abs. 1 Anhang I FZA). Im schweizerischen Recht wird hingegen für alle Formen der Begriff der *Bewilligung* (vgl. Art. 32 ff. AIG sowie Art. 4 VFP) verwendet. Bewilligungen an Drittstaatsangehörige gelten als *konstitutiv*, d.h., die Aufenthaltsberechtigung entsteht erst mit Erteilung der Bewilligungen. Bei Freizügigkeitsberechtigten ist die Bewilligung nach gefestigter Rechtsprechung hingegen lediglich *deklaratorischer* Natur; das Aufenthaltsrecht besteht unabhängig von einem behördlichen Entscheid, wenn die entsprechenden Voraussetzungen erfüllt sind. Allerdings können mit der Bewilligungserteilung ergänzende Rechte und Pflichten verbunden sein, sodass die Bewilligung insofern doch auch eine gewisse konstitutive Wirkung zu entfalten vermag. Rechtsdogmatisch erscheint sodann die Abgrenzung der freizügigkeitsrechtlichen deklaratorischen Bewilligung von der ebenfalls feststellenden Sonderbescheinigung nicht ganz klar, ausser dass es dem Staat überlassen bleibt, ob er eine entsprechende Sonderbescheinigung ausstellen will (vgl. die Kann-Vorschriften in Art. 7 Abs. 2 und Art. 13 Abs. 2 Anhang I FZA), während für die Aufenthaltserlaubnisse eine Erteilungspflicht besteht. Die Schweiz verlangt aber zwingend die entsprechende Anmeldung und stellt die Grenzgängerbewilligung systematisch aus (vgl. Art. 9 Abs. 3 und 4 VFP).

Ungeklärt ist, ob andere Anspruchsbewilligungen als die freizügigkeitsrechtlichen ebenfalls deklaratorischer oder wie die Ermessenbewilligungen konstitutiver Natur sind. Die Praxis dürfte sie vermutlich eher als konstitutiv einstufen, doch fehlt dazu bisher ein klarer höchstrichterlicher Entscheid.

Anspruchsbewilligungen sind im Übrigen mit Polizeibewilligungen vergleichbar, müssen sie doch erteilt werden, wenn die entsprechenden Voraussetzungen erfüllt sind und keine Ausschlussgründe (wie namentlich Erlöschens- und Widerrufsgründe) vorliegen. Demgegenüber haben Ermessensbewilligungen *Lenkungscharakter*, soll dadurch doch die Zuwanderung gesteuert werden (vgl. Art. 121a BV).

5. Ausländerausweis

Die ausländischen Personen erhalten aufgrund der ihnen erteilten Bewilligungen *Ausländerausweise*, die zunehmend auch biometrische Daten enthalten (Art. 41 AIG, Art. 71 ff. VZAE). Diese ersetzen die Bewilligungen nicht, sondern dienen lediglich als *Legitimationspapiere* gegenüber den Behörden und sonstigen Interessierten. Entscheidend für den Status bleiben aber die davon grundsätzlich unabhängigen Bewilligungsverfügungen bzw., bei deklaratorischen Bewilligungen, die Rechtslage.

6. Bewilligungsarten

a) Vorbemerkungen

Bei den Bewilligungsarten ist zwischen Drittstaatsangehörigen und Freizügigkeitsberechtigten zu unterscheiden. Das Ausländer- und Integrationsgesetz sieht im Wesentlichen vier, das Freizügigkeitsrecht zwei verschiedene Bewilligungsarten vor. Daneben gibt es noch die auf dem Staatsvertretungs- und Gaststaatsrecht beruhenden Legitimationskarten des EDA sowie die auf gemischtrechtlicher Grundlage ausgestellten Bewilligungen für Personen, die Trägerinnen und Träger einer Legitimationskarte des EDA begleiten (Ausweis Ci; vgl. Art. 71a Abs. 1 Bst. e VZAE). Darauf wird hier nicht weiter eingegangen.

b) Drittstaatsangehörige

aa) Kurzaufenthaltsbewilligung

Für einen befristeten Aufenthalt bis zu einem Jahr wird Drittstaatsangehörigen eine *Kurzaufenthaltsbewilligung* (Ausweis L) erteilt (Art. 32 AIG). Sie gilt für einen bestimmten Aufenthaltszweck und kann mit weiteren Bedingungen verbunden werden. Sie kann bis zu einer Gesamtdauer von zwei Jahren verlängert werden. Danach ist eine erneute Erteilung erst nach einem angemessenen Unterbruch möglich.

bb) Aufenthaltsbewilligung

Die *Aufenthaltsbewilligung* (Ausweis B) wird für Aufenthalte von mindestens einem Jahr erteilt (Art. 33 AIG). Auch sie ist an einen Aufenthaltszweck wie Erwerbstätigkeit oder Familienzusammenführung gebunden und kann mit weiteren Bedingungen verknüpft werden, wobei bei der Festlegung der Gültigkeitsdauer die Integration der betreffenden Person berücksichtigt wird. Sie ist befristet und verlängerbar.

cc) Niederlassungsbewilligung

Die *Niederlassungsbewilligung* (Ausweis C) vermittelt einer ausländischen Person einen *gefestigten Anwesenheitsstatus* (Art. 34 AIG). Sie wird unbefristet und ohne Bedingungen erteilt, ist also auch nicht zweckgebunden. Auf die Erteilung besteht indessen grundsätzlich kein Anspruch. Diese liegt im Ermessen der Behörden und kann in der Regel erst nach einem zehnjährigen Aufenthalt in der Schweiz erfolgen. Die Integrationsanforderungen nach Art. 58a AIG müssen erfüllt sein (Art. 60 Abs. 1 VZAE; dazu § 8, S. 150). Bei frühzeitiger gelungener Integration ist die Erteilung der Niederlassungsbewilligung bereits nach fünf Jahren möglich, wenn keine Widerrufsgründe vorliegen. Beim Familiennachzug gibt es Ansprüche auf raschere Erteilung (dazu § 7, S. 125). Professoren an Schweizer Universitäten oder der Eidgenössischen Technischen Hochschulen erhalten aus Gründen der Standortattraktivität praxisgemäss sofort eine Niederlassungsbewilligung.

dd)   Grenzgängerbewilligung

Die *Grenzgängerbewilligung* (Ausweis G) nach dem Ausländer- und Integrationsgesetz gilt nur für ausländische Staatsangehörige, die nicht freizügigkeitsberechtigt sind. Die Grenzgängerbewilligung ist befristet und kann verlängert werden. Nach einer ununterbrochenen Erwerbstätigkeit von fünf Jahren besteht ein Anspruch auf Verlängerung der Grenzgängerbewilligung, sofern kein Widerrufsgrund nach Art. 62 Abs. 1 AIG vorliegt (Art. 35 Abs. 4 AIG). Der Zweck der Grenzgängerbewilligung ist auf *Erwerbstätigkeit* beschränkt. Grenzgänger aus anderen Gründen, etwa zwecks Ausbildung, benötigen keine Bewilligung.

c)   **Freizügigkeitsberechtigte**

Das Freizügigkeitsrecht kennt lediglich *zwei Bewilligungsarten:* die *Kurzaufenthaltsbewilligung* (Ausweis L EU/EFTA) für Aufenthalte von einer Dauer von mehr als drei Monaten und weniger als einem Jahr mit einer Gültigkeitsdauer, die der Dauer des Arbeitsvertrags entspricht, und die *Aufenthaltsbewilligung* (Ausweis B EU/EFTA) für Aufenthalte, die länger als ein Jahr dauern. Letztere hat in der Regel eine Dauer von fünf Jahren und wird bei Bedarf um weitere fünf Jahre verlängert.

Freizügigkeitsberechtigte Grenzgänger benötigen keine Aufenthaltserlaubnis, da sie in der EU/EFTA wohnhaft sind. Sie erhalten eine *Sonderbescheinigung,* die bestätigt, dass sie die Voraussetzungen für die Ausübung einer Grenzgängertätigkeit erfüllen, die allerdings in der Schweiz auch als *Grenzgängerbewilligung* (vgl. Art. 4 VFP) bezeichnet wird (Ausweis G EU/EFTA). Bei Freizügigkeitsberechtigten ist der Zweck der Grenzgängerbewilligung ebenfalls auf *Erwerbstätigkeit* beschränkt, und Grenzgänger aus anderen Gründen, etwa zwecks Ausbildung, benötigen keine Bewilligung.

Zwar erhalten auch Freizügigkeitsberechtigte die *Niederlassungsbewilligung* (Ausweis C EU/EFTA). Es handelt sich dabei aber um
eine Bewilligung nach nationalem Recht und nicht nach Freizügigkeitsrecht, da eine solche dort nicht vorgesehen ist. Freizügigkeitsberechtigten wird die Niederlassungsbewilligung regelmässig
bereits *nach fünf Jahren* erteilt, entweder aufgrund entsprechender Ansprüche in Niederlassungsvereinbarungen oder von Gegen-
rechtsabsprachen. Eine völlig einheitliche Praxis für alle EU-Staaten
gibt es bisher allerdings nicht; vor allem die osteuropäischen Mitgliedstaaten beklagen sich insofern über eine Benachteiligung. Soweit Ansprüche auf Niederlassung bestehen, können insofern keine
rein nationalen Integrationsanforderungen gestellt werden.

7.   Verfahren

Bewilligungsverfahren werden durch ein entsprechendes *Gesuch*
ausgelöst, entweder von der betroffenen ausländischen Person
selbst, von ihrem Arbeitgeber oder von einer anspruchsberechtigten Drittperson wie einem engen Familienangehörigen. Minderjährige Urteilsfähige können grundsätzlich selbst ein Gesuch stellen
und sind prozessfähig, können aber auch durch ihre gesetzlichen
oder die von den zuständigen Kindes- und Erwachsenenschutzbehörden (KESB) eingesetzten Personen vertreten werden. Für
Urteilsunfähige handeln die gesetzlichen bzw. behördlich ernann-
ten Vertretungen.

Die kantonalen Migrationsämter entscheiden nach Massgabe des
Bundesrechts über die Erteilung, Verlängerung oder Erneuerung
von Bewilligungen. Je nach Konstellation hängt ihr Entscheid vom
Vorentscheid der zuständigen Arbeitsmarktbehörde ab, an welchen
sie gebunden sind. In gewissen Fällen hat die kantonale Migrationsbehörde die Bewilligungserteilung dem SEM zur Zustimmung
zu unterbreiten (vgl. Art. 99 AIG, Art. 85 VZAE und die Zustimmungsverordnung). Das SEM kann seine Zustimmung verweigern
oder den kantonalen Entscheid einschränken. Dies gilt auch dann,

wenn sich bereits eine kantonale Beschwerdeinstanz zur Bewilligungserteilung geäussert hat (Art. 99 Abs. 2 AIG).

Zu einem grossen Teil handelt es sich beim ausländerrechtlichen Bewilligungsverfahren um *Massenverwaltung*. Grundsätzlich werden aber zwischen den Behörden keine Dossiers herumgeschoben, sondern sie bearbeiten die Bewilligungsgesuche in einer gemeinsamen Datenbank, dem Zentralen Migrationsinformationssystem ZEMIS (s. Art. 1 ff. BGIAA sowie die ZEMIS-Verordnung).

8. Sonstige Anwesenheitsbefugnisse

a) Vorbemerkungen

Nebst den ausländerrechtlichen Bewilligungen gibt es verschiedene besondere Formen von Anwesenheitsbefugnissen. Es handelt sich nicht um Bewilligungen, sondern um *provisorische Lösungen* oder *Ersatzmassnahmen*.

b) Gesetzlicher Aufenthalt

Asylbewerber erhalten lediglich eine *Bescheinigung,* dass sie sich infolge eines Asylverfahrens in der Schweiz aufhalten (Ausweis N). Ebenso wird *vorläufig aufgenommenen Flüchtlingen,* d.h. solchen, die kein Asyl erhalten, sowie anderen ausländischen *Personen,* welche vorläufig aufgenommen werden, lediglich ein Ausweis erteilt, der ihre Rechtsstellung attestiert (Ausweis F). Schliesslich gibt es noch den Ausweis S für Personen, denen *vorübergehender Schutz* nach Art. 66 ff. AsylG gewährt wird. Dieser Schutzstatus wurde erstmals im Kontext der Ukraine-Krise erteilt (dazu § 15.2., S. 298).

c) Prozessualer Aufenthalt

Gesuche um Anwesenheitsbewilligungen sind grundsätzlich *vom Ausland her* zu stellen und die Entscheide darüber sind dort abzuwarten. Das gilt auch nach einer rechtmässigen Einreise für einen vorübergehenden Aufenthalt, wenn nachträglich um dauerhaften

Aufenthalt ersucht wird (Art. 17 Abs. 1 AIG). Davon kann abgewichen werden, wenn die Zulassungsvoraussetzungen offensichtlich erfüllt sind (Art. 17 Abs. 2 AIG), was namentlich bei Anspruchsbewilligungen zutrifft, sofern nicht offensichtliche Vorbehaltstatbestände wie Widerrufsgründe oder Rechtsmissbrauch vorliegen.

Überdies können Rechtsmittelinstanzen durch Gewährung der *aufschiebenden Wirkung* oder der Anordnung *vorsorglicher Massnahmen* die Anwesenheit während des Verfahrens erlauben (vgl. bspw. Art. 103 und 104 BGG), was insbesondere bei Bewilligungsverlängerungen, Familienzusammenführungen, auch ohne Anspruch auf Familienleben, oder Härtefallbewilligungen in Betracht fällt. Rechtlich läuft dies in der Regel auf ein vorläufiges, d.h. längstens bis zum Entscheid in der Sache oder bis zu einem allfälligen Widerruf der vorsorglichen Massnahme geltendes, Verbot des Wegweisungsvollzugs hinaus. Über eine solche Möglichkeit verfügt ebenfalls der EGMR, von der er nur selten, aber doch hin und wieder Gebrauch macht (vgl. Art. 39 VO EGMR).

Dieser *prozessuale Aufenthalt* wird nicht mit einer eigentlichen Bewilligung, sondern bloss verfahrensrechtlich gestattet und es wird dafür grundsätzlich kein Ausweis ausgestellt. Mitunter wird er untechnisch mit den nicht im Gesetz vorgesehenen Begriffen «*Duldung*» oder «*Toleranz*» umschrieben und mit einem ebenfalls nicht gesetzlich vorgesehenen informellen Schreiben bestätigt.

9. Rechtsschutz

Der kantonale Bewilligungsentscheid kann nach den *einschlägigen Verfahrensbestimmungen im Kanton angefochten* werden. Kantonal letztinstanzlich muss ein *Gericht* urteilen (Art. 29a BV). Der arbeitsmarktliche Vorentscheid ergeht in der Regel nicht selbständig, sondern nur integriert in bzw. zusammen mit dem Bewilligungsentscheid und ist auch nur mit diesem zusammen anfechtbar. Vereinzelt wird er separat eröffnet und ist diesfalls selbständig anzufechten. Gegen den Entscheid des SEM, welcher die Zustimmung zur Erteilung einer Bewilligung verweigert, kann vor *Bundesverwaltungsgericht* Beschwerde erhoben werden (Art. 33 VGG). Gegen letztinstanzliche kantonale Entscheide und Entscheide des Bundesverwaltungsgerichts in ausländerrechtlichen Belangen steht die Beschwerde in öffentlich-rechtlichen Angelegenheiten vor *Bundesgericht* nur dann offen, wenn eine Bewilligung betroffen ist, auf welche ein Rechtsanspruch besteht, beispielsweise aufgrund von Freizügigkeitsrecht oder gestützt auf Art. 8 EMRK (vgl. Art. 83 Bst. c Ziff. 2 BGG). Auch der Bund kann gegen missliebige kantonal letztinstanzliche Entscheide Beschwerde beim Bundesgericht im Bereich des Ausländerrechts erheben (vgl. Art. 89 Abs. 2 Bst. a BGG), wobei dafür gemäss Art. 14 Abs. 2 OV-EJPD das SEM zuständig ist.

Ist der ordentliche Beschwerdeweg ausgeschlossen, können letztinstanzliche kantonale Entscheide mit *subsidiärer Verfassungsbeschwerde* vor Bundesgericht angefochten werden (Art. 113 BGG). Zur Verfassungsbeschwerde ist allerdings nur berechtigt, wer ein rechtlich geschütztes Interesse an der Aufhebung oder Änderung des angefochtenen Entscheids hat (Art. 115 Bst. b BGG), was einen Rechtsanspruch auf Bewilligungserteilung voraussetzt, der dann aber ohnehin den Weg zur Beschwerde in öffentlich-rechtlichen Angelegenheiten öffnen würde. Liegt kein Rechtsanspruch auf eine Bewilligung vor, also bei Ermessensbewilligungen, kann mit subsidiärer Verfassungsbeschwerde nur die Verletzung von Verfahrensgarantien, die einer formellen Rechtsverweigerung gleichkommen, oder die Verletzung spezifischer Grundrechte, nicht aber von Willkür oder des allgemeinen Rechtsgleichheitsgebots, gerügt werden. Je nach Sachlage rechtfertigt es sich, vor der einen oder anderen Rechtsmittelinstanz einen prozessualen Aufenthalt zu beantragen.

10. Wiedererwägung und Mehrfachgesuche

Als letztes Mittel gibt es allenfalls die Möglichkeit der Einreichung des ausserordentlichen Rechtsbehelfs eines *Wiedererwägungsgesuchs*. Da es im Ausländerrecht häufig um Dauersachverhalte geht, können insbesondere geänderte Umstände eine Wiedererwägung rechtfertigen. Ein *Anspruch auf Wiedererwägung* besteht freilich nur, wenn die Umstände sich seit dem ersten Entscheid wesentlich geändert haben oder wenn der Gesuchsteller erhebliche Tatsachen und Beweismittel namhaft macht, die ihm im früheren Verfahren nicht bekannt waren oder die schon damals geltend zu machen für ihn rechtlich oder tatsächlich unmöglich war oder keine Veranlassung bestand. Andernfalls muss die Behörde ein Wiedererwägungsgesuch nicht an die Hand nehmen. Es ist grundsätzlich auch zulässig, jederzeit ein *neues Gesuch* zu stellen. Die Abgrenzung von Wiedererwägung und Neugesuch hängt jedoch ebenfalls von der Entwicklung der Umstände ab und erscheint nicht immer einfach. Bei geändertem Zweck, beispielsweise bei einem Aufenthalt zwecks Familienleben statt Erwerbstätigkeit, oder bei einer völlig neuen tatsächlichen Ausgangslage, etwa wenn ein bisher unverheiratetes Paar heiratet, liegt tendenziell eher ein neues Gesuch vor.

Zu unterscheiden sind Wiedererwägungs- und neues Gesuch vom *Revisionsgesuch,* mit dem im Rahmen der dafür in der Regel sehr engen Zulassungsvoraussetzungen (vgl. etwa Art. 66 ff. VwVG und Art. 121 ff. BGG) ein ursprünglich fehlerhafter Entscheid geltend gemacht wird. Während sich die beiden ersten an die erstverfügende Instanz richten, müssen Revisionsgesuche jeweils bei der Instanz eingereicht werden, die als letzte entschieden hat.

11. Persönliche Pflichten

a) Meldepflicht

Ausländische Personen, die nicht zur Ausübung einer Erwerbstätigkeit einreisen, deren Aufenthalt aber dennoch bewilligungspflichtig ist, müssen sich grundsätzlich innerhalb von 14 Tagen *bei der zuständigen kantonalen Behörde anmelden* (Art. 10 VZAE). In der Regel geschieht dies über die Einwohnerkontrolle der Wohnsitzgemeinde, die jedenfalls bei Bedarf weiterhelfen kann. Ausländische Personen, die eine Bewilligung zur Ausübung einer Erwerbstätigkeit von mehr als vier Monaten innerhalb eines Jahres erhalten haben, müssen sich vor Aufnahme der Erwerbstätigkeit anmelden (Art. 12 Abs. 2 VZAE). Für andere Aufenthalte zwecks Erwerbstätigkeit von weniger als vier Monaten innerhalb von zwölf Monaten ist hingegen keine Anmeldung erforderlich (Art. 12 Abs. 1 VZAE). Spezielle Anmeldebestimmungen gelten bei grenzüberschreitenden Dienstleistungen (Art. 14 VZAE). Bei Wohnortswechsel und Wochenaufenthalt existieren ebenfalls besondere Meldepflichten (Art. 15 und 16 VZAE). Auch Drittpersonen sind von den Meldepflichten betroffen. So ist die gewerbsmässige Beherbergung ausländischer Personen umgehend der zuständigen kantonalen Behörde, in der Regel der Ortspolizei, zu melden (Art. 16 AIG, Art. 18 VZAE). Das trifft auch für die Vermietung selbst genutzten Wohnraums zu, beispielsweise über Airbnb. Die Meldepflichten gelten ebenfalls für Freizügigkeitsberechtigte (vgl. Art. 9 VFP).

b) Mitwirkungs- und Wahrheitspflicht

Im Verwaltungsverfahren gilt grundsätzlich der *Untersuchungsgrundsatz*. Dies bedeutet, dass es der Behörde obliegt, den Sachverhalt zu ermitteln. Im Ausländerrecht wird dieser Grundsatz jedoch durch die *Mitwirkungspflicht* der Parteien relativiert. Ausländische Personen und an ausländerrechtlichen Verfahren beteiligte Dritte sind dazu verpflichtet, an der Feststellung des massgeblichen Sachverhalts mitzuwirken. Insbesondere müssen sie *wahrheitsgemässe und vollständige Angaben* über die für die Regelung des Aufenthalts wesentlichen Tatsachen machen, die erforderlichen Beweismittel so rasch wie möglich einreichen und Ausweispapiere beschaffen oder an deren Beschaffung durch die Behörden mitwirken (Art. 90 AIG). Die Missachtung dieser Pflichten kann nachteilige ausländerrechtliche Folgen wie die Verweigerung oder den Widerruf von Bewilligungen mit sich bringen.

Leitentscheide: EGMR 21768/19 Ghadamian c. Schweiz (Bewilligungsverweigerung als Verstoss gegen Schutz des Privatlebens); BGE 147 I 268 (Anspruch auf Umwandlung der vorläufigen Aufnahme in Aufenthaltsbewilligung gestützt auf das Recht auf Privatleben); 144 I 266 und BGer 2D_19/2019 (Anspruch auf Verlängerung der Aufenthaltsbewilligung gestützt auf das Recht auf Privatleben); BGE 149 I 72, 149 I 66 und BGer 2C_89/2022 (kein Anspruch aus Schutz des Privatlebens nach rechtskräftiger Beendigung eines Aufenthaltsrechts bzw. auf Neuerteilung einer Bewilligung); BGE 145 I 308 (Anspruch für Menschenhandelsopfer); 132 II 65 (Tragweite von Niederlassungsvereinbarungen); 126 II 377, BGer 2D_37/2018 und BVGE 2017 VII/6 (Anspruch aus Vertrauensschutz); BGE 136 II 329 (Meldepflicht bei und deklaratorische Natur der Freizügigkeitsbewilligungen); 139 I 37 (Aufenthalt nach Art. 17 Abs. 2 AIG); 133 I 185 (Beschwerdeausschluss bei Ermessensbewilligungen); BGer 2C_1062/2020 (Beschwerdeausschluss mangels potentiellen Bewilligungsanspruchs); BGE 147 I 89 (Zulassung der subsidiären Verfassungsbeschwerde wegen Altersdiskriminierung und Anerkennung einer solchen); 136 II 177 (Anspruch auf Wiedererwägung); BGer 2D_16/2018 (selbständige Anfechtbarkeit des arbeitsmarktlichen Vorentscheids); 2C_1060/2020 (deklaratorische Natur eines Ausländerausweises); BVGer F-2182/2021 zPb. (Frage der Vereinbarkeit der Zustimmungspraxis des SEM mit dem verfassungsrechtlichen Grundsatz der Gewaltenteilung und grundlegenden Verfahrensgarantien).

§ 6   Ordentliche Zulassung

1.   Völker- und Verfassungsrecht

Das Völkerrecht postuliert das Grundprinzip der *staatlichen Souveränität*. Darunter fällt insbesondere das Recht jedes Staates, Einreise und Aufenthalt ausländischer Staatsangehöriger eigenständig zu regeln. Aus der Sicht des Völkerrechts kann somit grundsätzlich jeder Staat die Einwanderungspolitik seiner Wahl praktizieren und die Voraussetzungen für den Zugang ausländischer Staatsangehöriger zu seinem Staatsgebiet frei bestimmen.

Die Tragweite dieses Grundprinzips ist allerdings nicht absolut. Die Notwendigkeit der internationalen Zusammenarbeit und die damit einhergehende Interdependenz der Staaten führt zwangsläufig zu einer *Relativierung des Souveränitätsgedankens,* auch im Bereich der Migration. Aus einigen bi- oder multilateralen Abkommen ergeben sich Verpflichtungen für die Schweiz in Bezug auf die Zulassung ausländischer Personen. Die Spannbreite geht dabei von nicht justiziablen zwischenstaatlichen Absichtserklärungen bis hin zu individuellen Ansprüchen der betroffenen Personen. Solche letzteren werden etwa als *Niederlassungs- oder als Freizügigkeitsrechte* bezeichnet. Der Begriff der Niederlassung ist insofern mitunter weiter gefasst als derjenige der schweizerischen Niederlassungsbewilligung, als dass damit unabhängig von der zu gewährenden Bewilligungsart eine längerfristige Anwesenheit gemeint sein kann, die über reine Besuchszwecke hinausreicht. Welche Rechte darüber hinaus mit Niederlassungsrechten verbunden sind, wird von Fall zu Fall unterschieden, wozu auch der Anspruch auf Erteilung einer eigentlichen Niederlassungsbewilligung zählen kann.

Unter Vorbehalt ihrer völkerrechtlichen Verpflichtungen kann die Schweiz indessen die *Kriterien für die ordentliche Zulassung ausländischer Personen frei bestimmen.* Art. 121a BV enthält hierzu ausdrückliche Vorgaben für den Gesetzgeber und erteilt ihm insbesondere den Auftrag, die Anzahl Zuwanderer durch Höchstzahlen und Kontingente quantitativ zu begrenzen. Er hat die Zulassung ausländischer Erwerbsmigranten auf die gesamtwirtschaftlichen Interessen der Schweiz auszurichten und dabei Schweizerinnen und Schweizern den Vorrang einzuräumen. Massgebende Kriterien für die Erteilung von Aufenthaltsbewilligungen zu Erwerbszwecken sind insbesondere das Gesuch eines Arbeitgebers, die Integrationsfähigkeit und eine ausreichende, eigenständige Existenzgrundlage.

2. Drittstaatsangehörige

a) Vorbemerkungen

Die Zulassung von Drittstaatsangehörigen unterliegt *restriktiven Voraussetzungen,* die im Gesetz teils abstrakt (Art. 3 und 4 AIG) und teils detailliert (vgl. Art. 18 ff. AIG) geregelt sind und im Verordnungsrecht (vgl. Art. 18a ff. VZAE) ausführlich konkretisiert werden. Mit diesem für den zweiten Kreis geltenden Zulassungssystem soll die Zuwanderung in die Schweiz durch den Bund im Sinne von Art. 121a BV gesteuert werden.

b) Erwerbstätige

aa) Allgemeine Voraussetzungen

Die Erteilung erstmaliger Bewilligungen an Drittstaatsangehörige für einen Aufenthalt mit Erwerbstätigkeit (vgl. Art. 18–25 AIG) muss dem *gesamtwirtschaftlichen Interesse* entsprechen und ist nur im Rahmen jährlich festgelegter Höchstzahlen zulässig. Diese werden vom Bundesrat jedes Jahr neu festgelegt und dem Bund und den Kantonen zur Verteilung zugewiesen. Anpassungen während des Jahres sind möglich, werden aber nur sehr zurückhaltend vorgenommen (Art. 20 AIG). Zudem müssen Drittstaatsangehörige *strenge persönliche Voraussetzungen* erfüllen. Es werden nur Führungskräfte, Spezialistinnen und Spezialisten oder andere qualifizierte Arbeitskräfte zugelassen. Vorzug haben dabei Personen, deren berufliche Qualifikation, Anpassungsfähigkeit, Sprachkenntnisse und Alter eine nachhaltige Integration in den Arbeitsmarkt und die Gesellschaft erwarten lassen (Art. 23 Abs. 1 und 2 AIG). Insbesondere für die Gastronomie, die Landwirtschaft, das Bauwesen und das Rotlichtmilieu werden daher im Unterschied zu früher grundsätzlich keine Personen aus dem zweiten Kreis zugelassen. Ferner muss die Wohnsituation geregelt sein (Art. 24 AIG).

Vor der erstmaligen Erteilung einer Aufenthalts- oder Kurzaufenthaltsbewilligung zur Erwerbstätigkeit fällt die kantonale Behörde einen *arbeitsmarktlichen Vorentscheid* über das Vorliegen der Voraussetzungen zur Ausübung einer unselbständigen oder selbständigen Erwerbstätigkeit (Art. 40 Abs. 2 AIG, Art. 83 VZAE). Dieser ist dem SEM zur Zustimmung zu unterbreiten. Mit den im Gesetz aufgeführten Zulassungsvoraussetzungen konkretisiert der Bund, unter welchen Voraussetzungen er eine solche Zustimmung erteilt. Besondere privilegierte Zulassungsvoraussetzungen für die Erwerbstätigkeit auf dem schweizerischen Arbeitsmarkt gelten auf gemischtrechtlicher Grundlage für Personen mit Ausweis Ci, die Trägerinnen und Träger einer Legitimationskarte des EDA begleiten (vgl. Art. 71a Abs. 1 Bst. e VZAE). Darauf wird hier nicht weiter eingegangen.

bb)   Unselbständige Erwerbstätigkeit

Die Zulassung zur Ausübung einer unselbständigen Erwerbstätigkeit kann nur unter den folgenden Voraussetzungen gewährt werden (Art. 18 und 20–24 AIG):

- Sie muss dem *gesamtwirtschaftlichen Interesse* entsprechen (Art. 18 Bst. a AIG), d.h., dass sie mit der *Arbeitsmarktsituation sowie der Wirtschaftsentwicklung* vereinbar ist und eine günstige Integration der ausländischen Person erwarten lässt (vgl. Art. 3 f. AIG).

- Es liegt ein vom künftigen *Arbeitgeber gestelltes Bewilligungsgesuch* vor (Art. 11 Abs. 3 und Art. 18 Bst. b AIG). Der Arbeitnehmer kann nicht selbst ein Gesuch stellen.

- Die Höchstzahlen für die erstmalige Erteilung der Bewilligung sind noch nicht ausgeschöpft bzw. der Kanton oder der Bund stellen ein entsprechendes *Kontingent* zur Verfügung (Art. 20 AIG).

- Auf dem *inländischen und auf dem EU-/EFTA-Arbeitsmarkt* lassen sich nachweislich keine geeigneten Arbeitskräfte finden (Art. 21 AIG; sog. Rekrutierungsprioritäten). Als inländisch gelten Schweizer Staatsangehörige, Niedergelassene, Aufenthalter mit Erwerbsberechtigung, vorläufig Aufgenommene sowie Personen mit vorübergehendem Schutz und Erwerbsbewilligung (Art. 21 Abs. 2 AIG; sog. Inländervorrang). Der erforderliche Nachweis wird durch erfolglose Ausschreibungen auf spezialisierten Arbeitsangebotswebsites erbracht, namentlich auf dem Kooperationsnetz der öffentlichen Arbeitsverwaltungen der EU und der EFTA EURES (European Employment Services).

- Für bestimmte vom SECO definierte Berufsgruppen, Tätigkeitsbereiche oder Wirtschaftsregionen mit einer überdurchschnittlichen Arbeitslosigkeit gilt eine *Stellenmeldepflicht* für die Arbeitgeber. Damit soll das inländische Arbeitsmarktpotenzial ausgeschöpft werden, bevor eine Rekrutierung ausserhalb der Schweiz erfolgt (Art. 21a AIG; sog. Inländervorrang *light*). Die Arbeitgeber müssen, mit bestimmten Ausnahmen wie interne Besetzungen mit Personen, die seit mindestens sechs Monaten im Unternehmen arbeiten, offene Stellen mit einem detaillierten Anforderungsprofil in Berufsarten mit schweizweit mindestens fünf Prozent Arbeitslosigkeit den Regionalen Arbeitsvermittlungszentren (RAV) melden, und zwar telefonisch, persönlich oder über das Portal arbeit.swiss. Für gemeldete Stellen gilt ein Publikationsverbot von fünf Arbeitstagen ab dem Arbeitstag nach Eingang der Bestätigung des RAV. Erst danach dürfen sie öffentlich ausgeschrieben werden. Innert drei Arbeitstagen nach Meldung informiert das RAV über mögliche für die Stelle geeignete Personen. Danach teilt der Arbeitgeber dem RAV mit, ob er eine solche Person angestellt hat. Eine Anstellungspflicht besteht nicht. Typische betroffene Stellen sind etwa Hilfskräfte in der Bau- und Landwirtschaftsbranche oder Gastronomie sowie Schauspielerinnen und -spieler. Eine entsprechende Liste findet sich auf dem Portal arbeit.swiss.

- Es werden die *orts-, berufs- und branchenüblichen Lohn- und Arbeitsbedingungen* eingehalten (Art. 22 AIG). Insofern ist insbesondere ein *ortsüblicher Mindestlohn* zu beachten, der von der zuständigen Arbeitsmarktbehörde berechnet wird. Die vorgeschriebenen Arbeitsbedingungen sind im Bedarfsfall auch zivilrechtlich einklagbar.

- Die ausländische Person erfüllt die gesetzlich vorgeschriebenen *persönlichen Voraussetzungen* wie namentlich die besondere berufliche Qualifikation, Sprachkenntnisse sowie Integrationsfähigkeit (Art. 23 AIG). Mitunter gelangen spezielle in der Praxis entwickelte qualitative und quantitative Kriterien zur Anwendung, etwa bei professionellen Musikern oder Sportlern. Dies wird in der Regel in den Weisungen des SEM näher ausgeführt.

- Die ausländische Person verfügt über eine *bedarfsgerechte Wohnung* für sich und gegebenenfalls die mit ihr zusammenwohnenden Familienmitglieder (Art. 24 AIG). In der Regel wird dafür eine Anzahl Zimmer verlangt, die der Zahl der Familienmitglieder minus eins entspricht, also beispielsweise zwei Zimmer für drei Personen usw.

cc)   Selbständige Erwerbstätigkeit

Für die selbständige Erwerbstätigkeit kann die Zulassung ebenfalls nur erfolgen, wenn sie im *gesamtwirtschaftlichen Interesse* liegt, die *Höchstzahlen* nicht ausgeschöpft sind, die *persönlichen Voraussetzungen* (Qualifikation, Sprachkenntnisse, Integrationsfähigkeit) erfüllt sind und eine *bedarfsgerechte Wohnung* zur Verfügung steht. Hinzu kommen spezifische Voraussetzungen für selbständig Erwerbende. Sie müssen die notwendigen *finanziellen und betrieblichen Voraussetzungen* wie die erforderlichen Registereinträge, Firmengründungsurkunden und Businesspläne erfüllen und sich über eine *ausreichende, eigenständige Existenzgrundlage* ausweisen (Art. 19, 20 und 23–24 AIG).

dd)   Grenzgänger

Bei *Grenzgängern* gelten gemäss Art. 25 Abs. 2 AIG die Begrenzungsmassnahmen (Art. 20 AIG), die persönlichen Voraussetzungen (Art. 23 AIG) und die Anforderungen an die Wohnung (Art. 24 AIG) nicht, wohl aber die Rekrutierungsprioritäten (Art. 21 AIG), die Bestimmung über die Stellenmeldepflicht (Art. 21a AIG) sowie die Anforderungen an die Lohn- und Arbeitsbedingungen (Art. 22 AIG). Drittstaatsangehörige Grenzgängerinnen müssen ein dauerhaftes Anwesenheitsrecht in einem Nachbarstaat der Schweiz besitzen sowie in einer Grenzzone im benachbarten Ausland wohnen und in einer solchen in der Schweiz arbeiten (Art. 25 und 35 AIG). Als Grenzzonen gelten die Regionen, die in den zwischen der Schweiz und ihren Nachbarstaaten abgeschlossenen Grenzgängerabkommen festgelegt sind. Es handelt sich in der Regel um einen Streifen von ungefähr 20–30 Kilometern auf jeder Seite der Grenze. Aufgrund des Freizügigkeitsrechts kommt dieser Form der Zulassung nur noch eine *marginale Bedeutung* zu. Ende 2023 arbeiteten rund 3'300 Drittstaatsangehörige als Grenzgänger und Grenzgängerinnen in der Schweiz. Personen mit einer Grenzgängerbewilligung müssen mindestens einmal wöchentlich an ihren Wohnort im Ausland zurückkehren.

ee)   Sonderbestimmungen

Besondere Zulassungsbestimmungen gelten für grenzüberschreitende Dienstleistungserbringer, religiöse Betreuungs- und Lehrpersonen sowie Lehrkräfte für heimatliche Sprache und Kultur (vgl. Art. 26 und 26a AIG).

Ferner sind folgende Personengruppen von den *persönlichen Zulassungsvoraussetzungen (Qualifikation, Sprachkenntnisse, Integrations-*

fähigkeit) ausgenommen: Investorinnen und Investoren sowie Unternehmerinnen und Unternehmer, welche Arbeitsplätze erhalten oder neue schaffen; anerkannte Personen aus Wissenschaft, Kultur und Sport; Personen im Rahmen des Kadertransfers international tätiger Unternehmen; Personen, deren Tätigkeit in der Schweiz im Rahmen wirtschaftlich bedeutender internationaler Geschäftsbeziehungen unerlässlich ist (Art. 23 Abs. 3 Bst. a, b, d und e AIG). Eine spezielle Ausnahme gilt für Personen mit besonderen beruflichen Kenntnissen oder Fähigkeiten, sofern für deren Zulassung ein Bedarf ausgewiesen ist, was den Behörden eine gewisse Flexibilität bei Fachberufen wie Tunnelbaumineuren, Zirkusmanegearbeitern, Spezialitätenköchen oder Mechanikern von Spezialanlagen in Mangelsituationen verschafft (Art. 23 Abs. 3 Bst. c AIG). Im Unterschied zu Art. 23 Abs. 1 AIG kommt es diesfalls nicht zwingend auf die erworbene Ausbildung, sondern auf die faktischen Fähigkeiten an.

Der *Inländer- bzw. EU-/EFTA-Vorrang gilt nicht* für ausländische *Personen mit einem Schweizer Hochschulabschluss,* wenn ihre Erwerbstätigkeit von hohem wissenschaftlichem oder wirtschaftlichem Interesse ist. Dabei handelt es sich in erster Linie um qualifizierte Wissenschaftler, die in der Forschung und Entwicklung tätig sind oder ihr Knowhow auf Gebieten von hohem wirtschaftlichem Interesse einsetzen. Letzteres ist rechtsprechungsgemäss anzunehmen, wenn für die abgeschlossene Fachrichtung ein ausgewiesener Bedarf auf dem Arbeitsmarkt besteht oder die abgeschlossene Fachrichtung hoch spezialisiert und auf die Stelle zugeschnitten ist. Inhaltliche Einschränkungen auf bestimmte Fachbereiche sind unzulässig. Um eine entsprechende Erwerbstätigkeit zu finden, werden solche Personen für eine Dauer von sechs Monaten nach ihrem Abschluss in der Schweiz zugelassen (Art. 21 Abs. 3 AIG).

c)   **Erwerbslose**

aa)   Vorbemerkungen

Wie bei der Erwerbstätigkeit liegt auch die Zulassung von Drittstaatsangehörigen ohne Erwerbstätigkeit im *Ermessen* der Behörden, d.h., es besteht kein Rechtsanspruch auf Erteilung einer Bewilligung, selbst wenn die Zulassungsvoraussetzungen erfüllt sind.
Das AIG sieht drei Konstellationen vor.

bb)   Aus- oder Weiterbildung

Ausländische Personen können unter folgenden kumulativ zu erfüllenden Voraussetzungen für eine Aus- oder Weiterbildung in
der Schweiz zugelassen werden (vgl. Art. 27 AIG, Art. 23 und 24
VZAE):

–   Es liegt eine *Bestätigung der Bildungseinrichtung* vor, dass die
    Aus- oder Weiterbildung aufgenommen werden kann. Die Ein-
    richtung muss Gewähr für eine fachgerechte Aus- oder Weiter-
    bildung und die Einhaltung des Unterrichtsprogramms bieten.
    Unterrichtsprogramm und Dauer der Aus- oder Weiterbildung
    müssen festgelegt sein.

–   Es steht eine bedarfsgerechte *Unterkunft* zur Verfügung.

–   Die ausländische Person verfügt über die notwendigen Mittel
    zur *Finanzierung* ihres Aufenthalts und der Ausbildung. Deren
    Vorhandensein muss entsprechend nachgewiesen werden, bei-
    spielsweise durch eine Verpflichtungserklärung und einen Ein-
    kommens- und Vermögensnachweis einer zahlungsfähigen Per-
    son mit Wohnsitz in der Schweiz, eine Bestätigung einer in der
    Schweiz zugelassenen Bank über ausreichende Vermögenswerte
    der Gesuchstellerin oder des Gesuchstellers oder eine verbind-
    liche Zusicherung von ausreichenden Stipendien oder Ausbil-
    dungsdarlehen.

–   Die ausländische Person erfüllt die *persönlichen und bildungs-
    mässigen Voraussetzungen* für die vorgesehene Aus- oder Wei-

terbildung. Insbesondere dürfen keine früheren Aufenthalte und Gesuchsverfahren bzw. andere Umstände darauf hinweisen, dass die angestrebte Aus- oder Weiterbildung dazu dient, die allgemeinen Vorschriften über die Zulassung und den Aufenthalt von Ausländerinnen und Ausländern zu umgehen. Ferner muss die Schulleitung bestätigen, dass die ausländische Person den nötigen Ausbildungsstand und die erforderlichen Sprachkenntnisse für die Aus- oder Weiterbildung mitbringt.

Bei *Minderjährigen* muss zudem die *Betreuung* in der Schweiz sichergestellt sein.

Die erteilte Bewilligung dient einzig dem Zweck der Aus- und Weiterbildung. Dies schliesst jedoch einen *Nebenerwerb* nicht aus. So kann Studierenden an Hochschulen oder Fachhochschulen sechs Monate nach Beginn der Aus- oder Weiterbildung die Ausübung einer Nebentätigkeit bewilligt werden. Hierzu ist neben dem Gesuch eines Arbeitgebers und der Einhaltung der orts-, berufs- und branchenüblichen Lohn- und Arbeitsbedingungen eine Bestätigung der Schulleitung erforderlich, dass die Nebentätigkeit den Ausbildungsabschluss nicht verzögert. Zudem darf die wöchentliche Arbeitszeit ausserhalb der Ferien 15 Stunden nicht überschreiten. Studierenden, die sich an einer Hoch- oder Fachhochschule weiterbilden wie beispielsweise Doktoranden, kann eine Erwerbstätigkeit in ihrem wissenschaftlichen Spezialbereich bewilligt werden, wenn dies die Weiterbildung nicht behindert. Ebenso kann eine Erwerbstätigkeit im Rahmen eines obligatorischen Praktikums bewilligt werden. In der Regel wird der Aufenthalt zu Aus- oder Weiterbildungszwecken für längstens acht Jahre bewilligt, wobei Ausnahmen in hinreichend begründeten Fällen möglich sind.

Über die Bewilligungserteilung und -verlängerung entscheidet grundsätzlich allein der Kanton. In verschiedenen Fällen muss allerdings die Zustimmung des SEM eingeholt werden, beispielsweise wenn eine Bewilligung an Staatsangehörige bestimmter Länder erteilt werden soll oder der Aufenthalt voraussichtlich länger als acht Jahre dauert (vgl. Art. 2 Bst. a und Art. 4 Bst. b Zustimmungsverordnung). Der erfolgreiche Abschluss einer Aus- oder Weiterbildung garantiert *kein Bleiberecht*. Wer nach dem Abschluss eine Erwerbstätigkeit in der Schweiz aufnehmen will, untersteht grundsätzlich den ordentlichen Zulassungsvoraussetzungen. Erleichterungen existieren nur für Hochschulabsolventen, d.h. von Universitäten oder anerkannten Fachhochschulen, die eine Tätigkeit von hohem wissenschaftlichem oder wirtschaftlichem Nutzen ausüben. Diese erhalten nach dem Abschluss eine Kurzaufenthaltsbewilligung für die Dauer von sechs Monaten zwecks Stellensuche (Art. 21 Abs. 3 AIG).

cc)   Rentnerinnen und Rentner

Ausländische Personen, die *nicht mehr erwerbstätig* sind, können zugelassen werden, wenn sie *mindestens 55 Jahre* alt sind, besondere persönliche Beziehungen zur Schweiz haben und über die notwendigen finanziellen Mittel verfügen (vgl. Art. 28 AIG, Art. 25 VZAE). Mit Ausnahme der Verwaltung des eigenen Vermögens darf weder im In- noch im Ausland eine Erwerbstätigkeit ausgeübt werden.

Besondere persönliche Beziehungen zur Schweiz liegen namentlich vor, wenn sich die Person nachweislich früher länger in der Schweiz aufgehalten hat, etwa zum Zweck von Ferien, Ausbildung oder Erwerbstätigkeit, oder enge Beziehungen zu nahen Verwandten in der Schweiz bestehen, wobei allerdings auch eigenständige und von Angehörigen unabhängige Beziehungen soziokultureller oder persönlicher Art vorhanden sein müssen.

Rentnerinnen und Rentner werden nur zugelassen, wenn langfristig *kein Risiko einer Fürsorgeabhängigkeit* besteht. Ihre finanziellen Mittel müssen deshalb den Betrag übersteigen, der Schweizer Staatsangehörige zum Bezug von Ergänzungsleistungen berechtigen würde. Sind die Betroffenen auf Mittel von Dritten angewiesen, gelten hohe Anforderungen an die Sicherstellung der Unterstützungsleistungen. Vor Erteilung einer Bewilligung an eine Rentnerin oder einen Rentner hat die kantonale Behörde in jedem Fall die Zustimmung des SEM einzuholen (Art. 2 Bst. c Zustimmungsverordnung).

dd)   Medizinische Behandlung

Eine *medizinische Behandlung* von einer Dauer von weniger als drei Monaten ist in Anwendung von Art. 10 AIG über den bewilligungsfreien Aufenthalt möglich. Soll die Behandlung länger dauern, braucht es eine Zulassung zu medizinischen Zwecken, die gewährt werden kann, wenn die *Finanzierung der Behandlungen gewährleistet* und die *Wiederausreise gesichert* sind (Art. 29 AIG). Die Migrationsbehörde kann ein ärztliches Zeugnis verlangen, das über die erforderliche Behandlung und die voraussichtliche Behandlungsdauer Auskunft erteilt. Dauert der Aufenthalt voraussichtlich ein Jahr oder länger, hat die kantonale Migrationsbehörde die Bewilligungserteilung dem SEM zur Zustimmung zu unterbreiten.

d)   **Abweichungen von den Zulassungsvoraussetzungen**

aa)   Vorbemerkungen

Art. 30 Abs. 1 AIG sieht eine Reihe von *Tatbeständen* vor, in denen von den strengen ordentlichen Zulassungsvoraussetzungen abgewichen werden kann. Entweder soll damit der Zugang zur Ausübung einer Erwerbstätigkeit erleichtert oder der Aufenthalt ohne Erwerbstätigkeit trotz Nichtvorliegens der entsprechenden Voraussetzungen ermöglicht werden. Dispensiert wird dabei von allen Zulassungsvoraussetzungen, wobei auch eine bloss teilweise Ausnahme möglich ist.

bb)   Tatbestände

Von den Zulassungsvoraussetzungen kann in folgenden Fällen abgewichen werden (vgl. Art. 30 Abs. 1 AIG):

– Erstens, um *Familienangehörigen von Kurzaufenthaltern* den Zugang zur Ausübung einer Erwerbstätigkeit zu erleichtern (Bst. a). Diese sind im Unterschied zu Angehörigen von Personen mit Aufenthaltsbewilligung, Niederlassungsbewilligung oder Schweizer Staatsangehörigkeit nicht von Gesetzes wegen zur Ausübung einer Erwerbstätigkeit berechtigt.

- Dasselbe gilt für die Erwerbstätigkeit sowie die Teilnahme an Beschäftigungsprogrammen von *Asylsuchenden, vorläufig Aufgenommenen und Schutzbedürftigen* (Bst. l).

- Sodann, um Aufenthalte im Rahmen von *Hilfs- und Entwicklungsprojekten* über die wirtschaftliche und technische Zusammenarbeit zu ermöglichen (Bst. f);

- um den internationalen wirtschaftlichen, wissenschaftlichen und kulturellen Austausch sowie die berufliche Aus- und Weiterbildung, etwa als Stagiaire, zu erleichtern (Bst. g); für den Austausch von *Praktikanten* gibt es verschiedentlich Vereinbarungen mit anderen Staaten (sog. «Stagiaires-Abkommen»), wozu sich weitere Angaben in den Weisungen des SEM (sem.admin. ch) finden;

- oder um den *Kader- und Spezialistentransfer* in international tätigen Unternehmen (Bst. h) zu vereinfachen.

- Weiter bei *Au-pair-Angestellten,* die von einer anerkannten Organisation vermittelt werden (Bst. j); für den Austausch von Au-pair-Beschäftigten gibt es verschiedentlich Vereinbarungen mit anderen Staaten (sog. Au-pair-Abkommen), wozu sich weitere Angaben in den Weisungen des SEM (sem.admin.ch) finden;

- und wenn es um die *Wiederzulassung* von Ausländerinnen und Ausländern geht, die bereits früher im Besitz einer Aufenthalts- oder Niederlassungsbewilligung waren (Bst. k).

- Hinzu kommen weitere Tatbestände, die weder die Ausübung einer Erwerbstätigkeit noch eine Aus- oder Weiterbildung betreffen. Darunter fällt insbesondere der Aufenthalt in schwerwiegenden persönlichen Härtefällen (*humanitäre Zulassung,* vgl. hiernach cc, S. 106) oder aus wichtigen öffentlichen Interessen (Bst. b). Die Zulassung von wohlhabenden pauschalbesteuerten ausländischen Drittstaatsangehörigen wird praxisgemäss zum

Tatbestand der wichtigen öffentlichen Interessen gezählt. Diese dürfen zwar in der Schweiz nicht erwerbstätig sein, aber ihren Geschäften im Ausland weiterhin nachgehen.

- Erleichterungen sind ferner zur Ermöglichung des Aufenthalts von *Pflegekindern* vorgesehen (Bst. c) sowie um Personen vor Ausbeutung zu schützen, die im Zusammenhang mit ihrer Erwerbstätigkeit besonders *gefährdet* sind (Bst. d). Diese Bestimmung dient zur Regelung des Aufenthalts von Opfern von Straftaten im Zusammenhang mit der Ausübung der Prostitution.

- Schliesslich gibt es eine Ausnahme, um den Aufenthalt von Opfern und Zeuginnen und Zeugen von *Menschenhandel* sowie von Zeuginnen und Zeugen besonderer Straftaten zu regeln (Bst. e; vgl. hiernach dd, S. 108).

cc)   Humanitäre Zulassung (Härtefallklausel)

Gemäss Art. 30 Abs. 1 Bst. b AIG kann eine Aufenthaltsbewilligung aus humanitären Gründen erteilt werden. Solche sind gegeben, wenn ein *schwerwiegender persönlicher Härtefall* vorliegt, der einen weiteren Aufenthalt in der Schweiz unerlässlich macht. Ob diese Voraussetzung erfüllt ist, muss aufgrund der gesamten Umstände des Einzelfalls und insbesondere unter Berücksichtigung der in Art. 31 Abs. 1 VZAE genannten Kriterien beurteilt werden. Dabei ist abzustellen auf die Integration des Gesuchstellers (Bst. a), die Respektierung der Rechtsordnung durch denselben (Bst. b), seine Familienverhältnisse (Bst. c), seine finanziellen Verhältnisse sowie seinen Willen zur Teilhabe am Wirtschaftsleben und zum Erwerb von Bildung (Bst. d), auf die Dauer der Anwesenheit in der Schweiz (Bst. e), den Gesundheitszustand (Bst. f) und die Möglichkeit für eine Wiedereingliederung im Herkunftsland (Bst. g). Diese Kriterien sind weder abschliessend noch müssen sie kumulativ erfüllt sein. Rechtsprechungsgemäss sind die Voraussetzungen für die Anerkennung eines Härtefalls restriktiv zu handhaben. Die betroffene Person muss sich in einer persönlichen Notlage befinden. Ihre Lebens- und Existenzbedingungen müssen, gemessen am durchschnittlichen Schicksal ausländischer Personen, in gesteigertem Masse in Frage gestellt bzw. muss die Verweigerung einer Bewilligung für sie mit schweren Nachteilen verbunden sein.

Eine lange Anwesenheit in der Schweiz und eine fortgeschrittene soziale und berufliche Integration sowie klagloses Verhalten begründen für sich alleine noch keinen Härtefall. Vielmehr wird vorausgesetzt, dass die ausländische Person derart *enge Beziehungen zur Schweiz* unterhält, dass von ihr nicht verlangt werden kann, in ihren Heimatstaat zurückzukehren. Das Bundesverwaltungsgericht hat beispielsweise die Beschwerde eines türkischen Staatsangehörigen gutgeheissen, der nach einem gescheiterten Asylverfahren noch weitere 16 Jahre in der Schweiz gelebt hat. Trotz gravierender psychischer Probleme (paranoide Störung mit Wahnvorstellungen) war es ihm gelungen, sich in sozialer, sprachlicher und beruflicher Hinsicht überdurchschnittlich gut in die Schweizer Gesellschaft zu integrieren. Sein Verhalten war stets klaglos, er kam seinen finanziellen Verpflichtungen immer nach und war nie auf Unterstützungsleistungen angewiesen. Er war seit seiner Einreise nie in sein Heimatland zurückgekehrt und unterhielt nur sporadischen Kontakt mit seiner Familie in der Türkei. Mit Blick auf seine Integrationsleistungen und die absehbaren Reintegrationsschwierigkeiten bei einer Rückkehr erachtete das Gericht die Voraussetzungen für die Annahme eines schwerwiegenden persönlichen Härtefalls als erfüllt.

Umgekehrt ist es bei *besonderen gesundheitlichen oder familiären Umständen* auch möglich, dass eine Person noch gar nie in der Schweiz gelebt hat und dennoch eine humanitäre Bewilligung erhält, beispielsweise ein nicht verheirateter Lebenspartner einer lediglich aufenthaltsberechtigten Drittstaatsangehörigen bei stabiler Partnerschaft.

Eine humanitäre Bewilligung kann auch nicht (mehr) freizügigkeitsberechtigten Angehörigen von EU- oder EFTA-Staaten gewährt werden, die insofern Drittstaatsangehörigen gleichgestellt sind.

Die Härtefallbewilligung ist eine *Ermessensbewilligung* und hängt von der Bereitschaft des Kantons ab, eine solche zu erteilen. Zwar ist für die Anerkennung eines Härtefalls die Zustimmung des SEM erforderlich; es gibt aber erhebliche Unterschiede in der Praxis der verschiedenen Kantone.

Die Härtefallbewilligung nach Art. 30 Abs. 1 Bst. b AIG ist zu unterscheiden von denjenigen gemäss Art. 84 Abs. 5 AIG für *vorläufig Aufgenommene* und nach Art. 14 Abs. 2–4 AsylG für *Menschen im Asylverfahren,* wofür teilweise die gleichen, teilweise aber andere Voraussetzungen und prozessuale Regeln gelten.

dd)   Opfer von Menschenhandel

Menschenhandel, d.h. die Anwerbung, Beförderung oder Beherbergung von Personen zum Zweck der sexuellen oder Arbeitsausbeutung, ist häufig ein transnationales Phänomen. Menschenhandel ist vom Menschenschmuggel zu unterscheiden, mit dem lediglich die irreguläre Einreise, oft durch kriminelle Organisationen (Schlepper oder Schleuser), unterstützt oder gefördert wird. Die zumeist ausländischen Opfer von Menschenhandel verfügen in der Regel über keine ausländerrechtliche Bewilligung und sind deshalb bei einer Aufdeckung in Gefahr, umgehend weggewiesen zu werden. Dies ist schädlich für ihre Regeneration, widerspricht teils ihren Sicherheitsbedürfnissen und birgt die Gefahr, das Strafverfahren zu vereiteln, für dessen Gelingen die Aussagen der Opfer als Zeugen oder Zeuginnen von zentraler Bedeutung sind. In diesem Zusammenhang enthalten das Ausländer- und Integrationsgesetz sowie die VZAE, in Umsetzung der Vorgaben des Übereinkommens zur Bekämpfung des Menschenhandels (EMK) und des Palermo-Protokolls, einschlägige Bestimmungen. So können einerseits Personen, bei denen begründete Hinweise darauf bestehen, dass sie Opfer von Menschenhandel sind, eine Erholungs- und Bedenkzeit erhalten, während der von ausländerrechtlichen Vollzugshandlungen abgesehen wird und sich die betroffene Person erholen und einen Entscheid über die weitere Zusammenarbeit mit den Behörden treffen kann (Art. 35 VZAE). Ferner besteht die Möglichkeit, für die Dauer des Strafverfahrens eine *Kurzaufenthaltsbewilligung* auszustellen, falls die Anwesenheit des Opfers für die polizeilichen Ermittlungen und das Gerichtsverfahren erforderlich ist (Art. 36 VZAE). Sofern die Strafverfolgungsbehörden zur Einschätzung gelangen, dass der Aufenthalt des potenziellen Opfers für das Strafverfahren notwendig ist, haben die Ausländerbehörden hierzu keinen Ermessensspielraum. Da sich der *Anspruch der Opfer auf eine Kurzaufenthaltsbewilligung* direkt aus Art. 14 EMK ableitet, durchbricht die Bestimmung das Prinzip der Ausschliesslichkeit des Asylverfahrens (Art. 14 Abs. 1 AsylG) und wird deshalb auch auf Personen aus dem Asylbereich unter Einschluss von Dublin-Verfahren angewendet. Nach Ablauf der Erholungs- und Bedenkzeit bzw. der Kurzaufenthaltsbewilligung kann ein Gesuch um Aufenthalt im Rahmen eines schwerwiegenden persönlichen Härtefalls gestellt werden. Die Härte kann u.a. in der Gefahr einer Reviktimisierung, fehlender Aussicht auf gesellschaftliche Wiedereingliederung oder wegen gesundheitlicher Probleme bestehen. Ergibt die Gewichtung der Härtefallgründe, dass eine Rückkehr nicht zumutbar ist, so kann das Gesuch trotz ungenügender Integration bewilligt werden. Liegt kein schwerwiegender persönlicher Härtefall vor, ist aber der Vollzug der Wegweisung aufgrund der besonderen Gefährdung im Herkunftsland nicht zumutbar oder liegen andere Vollzugshindernisse vor, kann alternativ eine vorläufige Aufnahme verfügt werden.

e)   **Verfahren und Rechtsschutz**

Ob die Zulassungsvoraussetzungen bei Aufenthalten mit Erwerbstätigkeit erfüllt sind, wird im Rahmen des *arbeitsmarktlichen Vorentscheids* geprüft. Dieser wird, wie dargelegt, meist zusammen mit dem Bewilligungsentscheid und nur ausnahmsweise separat eröffnet. Verfahren und Rechtsschutz folgen damit den Regeln für das Bewilligungsverfahren. Die Beschwerde an das Bundesgericht ist jedoch unzulässig hinsichtlich der *Ausnahmen* von den Zulassungsvoraussetzungen (Art. 83 Bst. c Ziff. 5 BGG). Diesbezüglich endet also der Rechtsmittelweg gegen kantonale Entscheide beim letztinstanzlichen kantonalen Gericht und für die Zustimmungsentscheide des SEM beim Bundesverwaltungsgericht.

Besondere Verfahrensabläufe kann es bei den Härtefallbewilligungen geben. Einzelne Kantone setzen dafür *Härtefallkommissionen* ein. Im Übrigen sind die *Ausländerbehörden* zuständig. Lehnt ein Kanton ein Gesuch um humanitäre Bewilligung ab, kann dagegen im Kanton bis zum letztinstanzlich zuständigen Gericht Beschwerde geführt werden. Wird dem Gesuch stattgegeben, braucht es immer noch die Zustimmung des SEM; gegen dessen Entscheid steht die Beschwerde an das Bundesverwaltungsgericht offen. Auch diesbezüglich ist die Beschwerde an das Bundesgericht nach Art. 83 Bst. c Ziff. 5 BGG ausgeschlossen.

f)   **Papierlose**

aa)   Rechtslage

In der Schweiz leben zahlreiche *Drittstaatsangehörige ohne Aufenthaltsbewilligung* (sog. *Sans-Papiers*), teilweise bereits seit vielen Jahren. Es handelt sich dabei entweder um Personen, die nie eine Aufenthaltsbewilligung besessen haben («primäre Sans-Papiers») oder keine mehr besitzen («sekundäre Sans-Papiers»). Ihre Rechtsstellung ist komplex. Typischerweise ist ihr Aufenthalt in der Schweiz den Behörden nicht bekannt. Durch ihre blosse Anwesenheit verstossen sie gegen das geltende Ausländerrecht, womit sie sich strafrechtlichen Sanktionen und Wegweisungs- bzw. Fernhaltemassnahmen aussetzen, wenn sie entdeckt werden. Dennoch sind sie gleich wie Schweizerinnen und Schweizer sowie rechtmässig zugelassene ausländische Personen *Träger von Grund- und Menschenrechten*. Sie verfügen insbesondere über einen Anspruch auf Hilfe in Notlagen (Art. 12 BV), in medizinischer Hinsicht sogar, ohne dafür aus der Anonymität treten zu müssen, und Kinder von Sans-Papiers haben ebenfalls unter Wahrung der Anonymität Anspruch auf ausreichenden und unentgeltlichen Grundschulunterricht (Art. 19 BV).

In den meisten Kantonen werden papierlose Jugendliche überdies
zur nachobligatorischen Schulbildung zugelassen. Selbst ein Hochschulstudium ist nicht ausgeschlossen, soweit dies nicht mit einem
Praktikum verbunden ist, für das eine Aufenthalts- mit Erwerbsbewilligung erforderlich ist.

Die meisten Sans-Papiers in der Schweiz gehen trotz fehlender
Aufenthaltsbewilligung einer Erwerbstätigkeit nach. Typisch sind
Arbeiten als Haushaltshilfen und in der Privatpflege, in der Gastronomie, in der Landwirtschaft und in der Baubranche sowie im Rotlichtmilieu. Da die *arbeitsrechtlichen Bestimmungen* für alle Arbeitnehmer unabhängig vom Aufenthaltsstatus gelten, sind sie auch auf
Sans-Papiers anwendbar. Ein Arbeitsvertrag mit einer papierlosen
ausländischen Person ist somit gültig und entfaltet entsprechende
Wirkungen, wie namentlich einen Anspruch auf Mindestlohn, be-
zahlte Ferien oder Lohnfortzahlung im Krankheitsfall. Der Lohn
darf überdies nicht strafrechtlich beschlagnahmt werden. Auch die
Anwendbarkeit der Sozialversicherungs- und Steuergesetzgebung
hängt nicht vom Aufenthaltsstatus, sondern von der Anwesenheit
bzw. der Ausübung einer Erwerbstätigkeit ab. Arbeitgeberinnen
und Arbeitgeber müssen deshalb ihre papierlosen Beschäftigten bei
den Sozialversicherungen und den Steuerbehörden melden. Diese
unterliegen einer Verschwiegenheitspflicht.

bb)   Regularisierung

Die *Einforderung ihrer Rechte* ist für Sans-Papiers *problematisch*, da
sie straf- und ausländerrechtliche Konsequenzen zu befürchten haben, wenn sie ihre Anwesenheit den Behörden offenlegen. Will eine
papierlose ausländische Person ihre aufenthaltsrechtliche Situation
regularisieren, steht ihr angesichts der restriktiven Zulassungsvoraussetzungen für Drittstaatsangehörige grundsätzlich nur die
Härtefallklausel zur Verfügung, abgesehen von Bewilligungsrechten
und -möglichkeiten aufgrund von Heirat (vgl. insb. Art. 42 ff. AIG
und Art. 3 Anhang I FZA). Vereinzelt gibt es dafür anonymisierte
Vorverfahren zur Abklärung der Regularisierungschancen. Jugend-

liche Sans-Papiers können unter gewissen Voraussetzungen eine Aufenthaltsbewilligung zur *Absolvierung einer Lehre* erhalten. Eine dieser Voraussetzungen ist der Besuch der obligatorischen Schule in der Schweiz. Die erforderliche Mindestdauer des Schulbesuchs wurde am 1. Juni 2024 von fünf auf zwei Jahre herabgesetzt. Das Gesuch muss zudem innerhalb von zwei Jahren nach Abschluss der obligatorischen Schulzeit eingereicht werden (Art. 30a Abs. 1 Bst. a VZAE). Allerdings müssen die Betroffenen ihre Identität offenlegen (Art. 30a Abs. 1 Bst. f VZAE). Die Bewilligung fällt überdies nach Lehrabschluss dahin, so dass ihnen danach zur Regularisierung ihres Aufenthalts wiederum nur die *Härtefallklausel* bleibt. Zudem riskieren ihre Familienangehörigen, dass ihre Anwesenheit in der Schweiz den Behörden aufgrund der Pflicht zur Offenlegung der Identität bekannt wird und sie die Schweiz verlassen müssen, da auch sie nur bleiben dürfen, wenn sie selbst die restriktiven Voraussetzungen für eine humanitäre Bewilligung erfüllen. Bei der Prüfung, ob die Voraussetzungen eines Härtefalls vorliegen, kommt den Kantonen ein erheblicher Ermessensspielraum zu. Zudem ist für die Erteilung einer Härtefallbewilligung die Zustimmung des SEM erforderlich. Erschwerend wirkt sich aus, dass der Dauer des irregulären Aufenthalts bei der Beurteilung keine entscheidende Bedeutung beigemessen wird. Insgesamt liegen die Regularisierungszahlen tief. Kollektive Regularisierungen hat die Schweiz im Unterschied zu anderen europäischen Ländern bisher nicht vorgenommen.

cc)   City Card

In jüngerer Zeit gibt es vereinzelt Bestrebungen zur Einführung einer sog. *City Card,* die es namentlich Papierlosen ermöglichen soll, sich gegenüber Behörden und Privaten *auszuweisen* und damit von Leistungsangeboten wie dem Abschluss von Mietverträgen und Telefonabonnementen oder Bibliotheks- sowie anderen, auch staatlichen Dienstleistungen zu profitieren, ohne ihren fehlenden migrationsrechtlichen Status offenlegen zu müssen. Die Zürcher Stimmberechtigten haben am 15. Mai 2022 einen Rahmenkredit von

3,2 Millionen Franken für die Vorbereitungsarbeiten zur Einführung der Züri City Card bewilligt. Ein weiteres Ziel bildet die Verbesserung des Justizzugangs, namentlich für Opfer von Straftaten sowie von häuslicher Gewalt. Rechtliche Grenzen solcher Ausweise bilden jedoch die noch immer sehr weit gehenden gesetzlichen Kontroll- und Meldepflichten, was die entsprechenden Möglichkeiten zurzeit erheblich einschränkt.

3. Freizügigkeitsberechtigte

a) Vorbemerkungen

Die Zulassung von Freizügigkeitsberechtigten richtet sich in erster Linie nach dem *Freizügigkeitsabkommen* bzw. den wortgleichen Bestimmungen im Anhang K zum *EFTA-Übereinkommen*. Insbesondere gelten die Zulassungsvoraussetzungen von Art. 18 ff. AIG, wie Kontingente, Rekrutierungsprioritäten, persönliche Voraussetzungen usw., sowie die Integrationsanforderungen von Art. 58a AIG für Freizügigkeitsberechtigte nicht. Liegen hingegen Vorbehalte nach Art. 5 Anhang I FZA vor, können die Freizügigkeitsrechte eingeschränkt werden.

Freizügigkeitsberechtigte müssen sich ebenso wie Ausländerinnen und Ausländer, die dem Ausländer- und Integrationsgesetz unterstehen, nach ihrer Einreise in die Schweiz anmelden (Art. 2 Abs. 4 Anhang I FZA i.V.m. Art. 9 Abs. 1 VFP). Die *Anmeldung* dient allerdings lediglich der Anzeige ihres Aufenthalts, da sie grundsätzlich einen Rechtsanspruch auf Bewilligung haben und Freizügigkeitsbewilligungen als deklaratorisch gelten, d.h., dass der Status nicht erst mit der behördlichen Erteilung entsteht. Die Nichtanmeldung führt daher nicht zu einer irregulären Anwesenheit, kann aber Verwaltungssanktionen nach sich ziehen.

b)   Erwerbstätige

aa)   Überblick

Entsprechend der *ursprünglich wirtschaftlichen Stossrichtung* der
Personenfreizügigkeit steht die Freizügigkeit der Erwerbstätigen,
d.h. von Arbeitnehmerinnen und Arbeitnehmern, Stellensuchen-
den, Selbständigerwerbenden, Dienstleistungserbringern sowie
Grenzgängern, im Zentrum des Freizügigkeitsrechts.

bb)   Arbeitnehmerinnen und Arbeitnehmer

Die Rechte der Arbeitnehmerinnen und Arbeitnehmer sind in
Art. 6 bis 11 des Anhang I FZA niedergelegt. Wer *Arbeitnehmer*
ist, wird *weit ausgelegt:* Es reicht aus, während einer bestimmten
Zeit weisungsgebunden Leistungen für eine andere Person zu erbringen und als Gegenleistung dafür eine Vergütung zu erhalten.
Grundsätzlich kommt es dabei weder auf den zeitlichen Umfang
der Aktivität noch auf die Höhe des Lohnes oder die Produktivität
der betroffenen Person an. Erforderlich ist jedoch nach der Rechtsprechung des Bundesgerichts eine in quantitativer wie qualitativer
Hinsicht echte und tatsächliche wirtschaftliche Tätigkeit. Eine Beschäftigung, die einen so geringen Umfang hat, dass sie sich als
völlig untergeordnet und unwesentlich erweist, begründet gemäss
dieser Praxis die Arbeitnehmereigenschaft nicht.

Im Prinzip erfasst die Personenfreizügigkeit alle Wirtschaftsberei-
che; ausgenommen sind jedoch Beschäftigungen in der öffentlichen
Verwaltung, sofern diese mit der Ausübung hoheitlicher Befugnisse
einhergehen (Art. 10 Anhang I FZA), was namentlich auf Polizei-,
Justiz- und Armeeangehörige, nicht aber etwa auf Lehrberufe zutrifft. Wenig qualifizierte Erwerbstätige und solche im Bereich des
Rotlichtmilieus können aufgrund der strengen Zulassungsvoraussetzungen für Drittstaatsangehörige praktisch nur noch unter Freizügigkeitsberechtigten rekrutiert werden.

Jede Person, die den Arbeitnehmerbegriff erfüllt, hat nach Art. 2 Abs. 1 Anhang I FZA das Recht auf Aufenthalt und Zugang zu einer Erwerbstätigkeit in der Schweiz. Je nach Dauer des Arbeitsverhältnisses erhalten diese Personen entweder eine *Aufenthaltsbewilligung* für fünf Jahre, die automatisch um weitere fünf Jahre verlängert wird (Art. 6 Abs. 1 Anhang I FZA), oder, wenn der Arbeitsvertrag zwischen 90 Tagen und einem Jahr dauert, eine *Kurzaufenthaltsbewilligung* (Art. 6 Abs. 2 Anhang I FZA). Arbeitsverhältnisse von unter 90 Tagen benötigen keine Aufenthaltsbewilligung, der Arbeitgeber muss den Einsatz jedoch melden.

Der Wortlaut von Art. 2 Abs. 1 Anhang I FZA verdeutlicht, dass die Aufenthaltsbewilligungen EU/EFTA *rein deklaratorische Wirkung* haben und lediglich als Nachweis des Rechts auf Aufenthalt gelten. Den Behörden kommt deshalb bei der Erteilung von Bewilligungen dieser Art kein Ermessen zu. Es handelt sich hier um einen *Anspruch,* der so lange besteht, wie die Arbeitnehmereigenschaft besteht, und der grundsätzlich auch an keine weiteren Voraussetzungen (Kontingente, bedarfsgerechte Wohnung usw.) geknüpft werden darf. Insbesondere darf die Aufenthaltsbewilligung auch nicht entzogen werden, wenn der Arbeitnehmer wegen Krankheit oder Unfall vorübergehend arbeitsunfähig ist oder er oder sie unfreiwillig arbeitslos geworden ist (Art. 6 Abs. 6 Anhang I FZA). Nur bei länger dauernder Arbeitslosigkeit, d.h. in der Regel bei solcher von mehr als 18 Monaten, sowie bei selbstverschuldetem Verlust der Arbeitsstelle kann die Bewilligung unter Umständen widerrufen werden (dazu hinten § 9.3.c, S. 171 ff.).

Dem Freizügigkeitsrecht unterstehende arbeitnehmende *Grenzgänger* benötigen keine Aufenthaltsbewilligung; sie erhalten einzig eine Sonderbescheinigung für maximal fünf Jahre bzw. für die Dauer der Anstellung, die in der Schweiz aber auch als Bewilligung bezeichnet wird (s. § 5.4., S. 83 f., und § 5.6.c, S. 86 f.). Freizügigkeitsberechtigte Grenzgänger können ihren Hauptwohnsitz irgendwo auf dem Gebiet der Vertragsstaaten haben und dürfen irgendwo in der Schweiz arbeiten, müssen diese jedoch einmal pro Woche verlassen (vgl. Art. 7 Anhang I FZA). Eine Griechin mit Wohnsitz in Athen kann also beispielsweise in der Innerschweiz als Grenzgängerin arbeiten, wenn sie jeweils für das Wochenende nach Athen zurückreist. Aus dem Status als Grenzgänger ergibt sich allerdings kein Recht der Familienangehörigen, ebenfalls als Grenzgänger in der Schweiz einer Erwerbstätigkeit nachgehen zu dürfen. Ende 2022 arbeiteten rund 380'000 Grenzgängerinnen und Grenzgänger in der Schweiz, was deren Bedeutung für die schweizerische Wirtschaft aufzeigt.

cc)   Stellensuchende

Art. 2 Abs. 1 Anhang I FZA sieht vor, dass sich Staatsangehörige von EU-Staaten für die *Dauer von sechs Monaten* in der Schweiz aufhalten können, um eine Arbeitsstelle zu suchen. Für die ersten drei Monate brauchen sie keine Bewilligung (Art. 18 VFP). Dauert die Stellensuche länger, wird ihnen eine Kurzaufenthaltsbewilligung erteilt, sofern sie für den Lebensunterhalt genügende Mittel haben. Während dieser Zeit haben sie wie schweizerische Staatsangehörige Anspruch auf Unterstützung durch die Arbeitsämter.

dd)   Selbständigerwerbende

Auch Selbständigerwerbende haben ein Recht auf Aufenthalt und Zugang zur Erwerbstätigkeit in der Schweiz gestützt auf Art. 12–16 Anhang I FZA. Entscheidend ist dafür das Kriterium der Ausübung einer auf Einkommenserzielung gerichteten *Tätigkeit auf eigene Rechnung und eigenes Risiko ohne Unterordnungsverhältnis*. In gesetzlich reglementierten Berufen müssen sie zudem die Anforderungen an berufliche Qualifikationen und Diplome erfüllen. Anhang III FZA regelt die gegenseitige Anerkennung von *Diplomen*: Grundsätzlich werden alle Diplome anerkannt, die ein mindestens dreijähriges Hochschulstudium abschliessen; Ausnahmen bestehen für Ausbildungen, in denen von Land zu Land grosse Unterschiede bestehen, beispielsweise bei Anwältinnen und Anwälten.

Selbständigerwerbende erhalten eine Aufenthaltserlaubnis für
fünf Jahre, welche automatisch um weitere fünf Jahre verlängert
wird, wenn die selbständige Erwerbstätigkeit weiter ausgeübt wird
(Art. 12 Abs. 1 und 2 Anhang I FZA). Für selbständige Grenzgänger
gelten analoge Bestimmungen wie für arbeitnehmende Grenzgänger (vgl. Art. 13 Anhang I FZA).

ee)   Dienstleistungserbringende

Auch Dienstleistungserbringende fallen unter das Freizügigkeitsrecht. Darunter werden natürliche Personen verstanden, die sich
für eine begrenzte Zeitspanne in der Schweiz aufhalten, um hier
Arbeitsleistungen zu erbringen. Das können entweder *Selbständigerwerbende* sein, die nicht hier niedergelassen sind, oder von einem
Unternehmen mit Sitz in der EU *entsandte Personen,* bei denen es
sich auch um Personen mit Drittstaatsangehörigkeit handeln kann.

Nach Art. 5 FZA sowie Art. 17 Bst. a und Art. 21 Anhang I FZA
dürfen natürliche und juristische Personen aus dem EU-Raum für
die Dauer von 90 Tagen in der Schweiz Dienstleistungen erbringen. Dafür brauchen sie in dieser Zeit keine besondere Aufenthaltserlaubnis (Art. 20 Abs. 1 Anhang I FZA). Um missbräuchliche
Unterschreitungen der in der Schweiz üblichen Lohn- und Arbeitsbedingungen («Lohndumping») zu verhindern, hat die Schweiz
dabei arbeitsmarktliche Massnahmen (sog. *Flankierende Massnahmen*) eingeführt. Dazu gehören insbesondere eine Melde- und
Kautionspflicht vor Beginn des Einsatzes, erleichterte Kontrollen
der Arbeitsmarktbehörden, Sanktionsmöglichkeiten für säumige
Arbeitgebende sowie die Kompetenz der zuständigen Behörden,
für bestimmte Branchen Gesamtarbeitsverträge allgemeinverbind-
lich zu erklären. Solche Massnahmen sollten grundsätzlich diskriminierungsfrei ausgestaltet sein, d.h. Unternehmen in der Schweiz
und der EU gleichermassen treffen (vgl. Art. 2 FZA). Mit Blick darauf führt ihre Zulässigkeit zwischen der EU und der Schweiz teilweise zu Diskussionen. Im Zuge der Regelung der institutionellen
Fragen der bilateralen Abkommen zwischen der Schweiz und der

EU soll auch die Zulässigkeit bestimmter Massnahmen verbindlich geklärt werden.

c) Erwerbslose

Personen, die keine Erwerbstätigkeit ausüben, haben gemäss Art. 6 FZA in Verbindung mit Art. 24 Anhang I FZA ebenfalls ein Recht auf Aufenthalt in der Schweiz, sofern sie über *ausreichende finanzielle Mittel* verfügen, so dass sie während ihres Aufenthalts keine Sozialhilfe in Anspruch nehmen müssen, und zudem über einen Krankenversicherungsschutz verfügen, der sämtliche Risiken abdeckt. In der Praxis fallen unter diese Regelung insbesondere Rentnerinnen und Rentner sowie Studierende. Ergänzungsleistungen der Sozialhilfe lassen den Anspruch dahinfallen, nicht aber staatliche Zuschüsse an die Krankenkassenprämien.

Ebenfalls ohne Erwerbstätigkeit in der Schweiz dürfen sich gestützt auf Art. 5 Abs. 3 FZA Personen in der Schweiz aufhalten, welche zum Zweck der *Inanspruchnahme einer Dienstleistung,* etwa zur Durchführung einer Gesundheitsbehandlung, in die Schweiz reisen (sog. passive Dienstleistungsfreiheit). Für eine Dauer von weniger als 90 Tagen brauchen sie dazu keine Aufenthaltsbewilligung; bei längeren Aufenthalten haben sie Anspruch auf eine Aufenthaltsbewilligung für die entsprechende Dauer (Art. 23 Abs. 1 Anhang I FZA).

Ein Aufenthaltsrecht ohne Erwerbstätigkeit erhalten unter den Regeln des Freizügigkeitsrechts auch die *Familienangehörigen* der zugelassenen Freizügigkeitsberechtigten (dazu mehr in § 7).

d) Papierlose

Angehörige der EU und der EFTA sind visumsbefreit und haben ein Recht auf Einreise (Art. 3 FZA, Art. 1 Anhang I FZA). Sie können sich damit bewilligungsfrei bis zu drei Monate in der Schweiz aufhalten (Art. 10 Abs. 1 AIG). Es ist aber möglich, dass sie länger bleiben oder nach einem gemäss Freizügigkeitsrecht bewilligten Aufenthalt in der Schweiz bleiben, obwohl sie keinen Freizügigkeitstatbestand (mehr) erfüllen. Diesfalls handelt es sich um Papierlose, die grundsätzlich dem Ausländer- und Integrationsgesetz unterstehen und im Wesentlichen die *gleiche Rechtsstellung wie papierlose Drittstaatsangehörige* haben. Der Hauptunterschied liegt darin, dass sie angesichts der deklaratorischen Natur der Freizügigkeitsbewilligungen sofort wieder über einen regulären Status verfügen, wenn sie einen Freizügigkeitstatbestand erfüllen, beispielsweise eine Arbeit finden.

4. Statusänderungen (erster und zweiter Kreis)

a) Vorbemerkungen

Die Möglichkeit der Statusänderung hängt wesentlich davon ab, *unter welchem Regime* sich die betroffene Person befindet. Während Angehörige der EU-/EFTA-Staaten und freizügigkeitsberechtigte Drittstaatsangehörige weitgehende berufliche und geographische Mobilität, erleichterte Möglichkeiten zum Wechsel der Bewilligung und grosszügige Verbleiberechte geniessen, sind die Voraussetzungen bei Personen, deren Rechtsstellung durch das Ausländer- und Integrationsgesetz geregelt wird, restriktiver.

b) Mobilität

aa) Kantonswechsel

Die ausländerrechtlichen Bewilligungen gelten grundsätzlich nur für das Gebiet des Kantons, der sie ausgestellt hat (Art. 66 VZAE). Innerhalb dieses Kantons kann der Wohnort frei gewählt werden (Art. 36 AIG). Für vorübergehende Aufenthalte in einem anderen Kanton bis zu drei Monate sowie für Aufenthalte zur medizinischen Betreuung ist keine Bewilligung erforderlich (Art. 37 Abs. 2 und Art. 38 Abs. 1 VZAE).

Wird hingegen der Lebensmittelpunkt in einen anderen Kanton verlegt, liegt für Drittstaatsangehörige ein bewilligungspflichtiger Kantonswechsel vor, mit Ausnahme von Straf- oder Massnahmenvollzug sowie zivilrechtlicher Unterbringung (Art. 70 VZAE). Eine Ausnahme gilt unabhängig von der Dauer auch bei medizinischer Behandlung oder Betreuung, beispielsweise in Spitälern oder Sanatorien (Art. 68 VZAE). Die *Bewilligung zum Kantonswechsel* muss im Voraus beim neuen Kanton beantragt werden (Art. 37 Abs. 1 AIG). Während es sich bei Personen mit Kurzaufenthaltsbewilligung um eine Ermessensentscheidung des neuen Kantons handelt, haben Personen mit Aufenthaltsbewilligung Anspruch auf den Kantonswechsel, wenn sie nicht arbeitslos sind und keine Widerrufsgründe nach Art. 62 Abs. 1 AIG vorliegen. Personen mit Niederlassungsbewilligung haben grundsätzlich immer Anspruch, ausser es liegen Widerrufsgründe nach Art. 63 AIG vor (Art. 37 Abs. 2 und 3 AIG). Der Widerruf muss dabei im bisherigen Kanton nicht verfügt oder vollzogen worden sein, um die Bewilligung im neuen Kanton zu verweigern. Es genügt, wenn ein Widerrufsgrund vorliegt und der Widerruf nach den gesamten Umständen verhältnismässig erscheint.

Anders stellt sich die Situation für Arbeitnehmende und Selbständigerwerbende dar, die unter das *Freizügigkeitsrecht* fallen. Diese geniessen grundsätzlich volle geographische Mobilität (Art. 8 und 14 Anhang I FZA). Sie können ohne weitere Voraussetzungen den Arbeits- oder den Aufenthaltsort oder beides wechseln und müssen sich lediglich bei der zuständigen Behörde im neuen Kanton anmelden, damit die neue Adresse im Ausländerausweis eingetragen werden kann. Der neue Kanton könnte einzig prüfen, ob die Voraussetzungen einer Anspruchsbeschränkung gemäss Art. 5 Anhang I FZA erfüllt wären und die Bewilligung gegebenenfalls widerrufen.

bb)   Stellenwechsel

Zur Mobilität gehört ebenfalls ein allfälliger Stellenwechsel, jedenfalls bei Personen, die zwecks Erwerbstätigkeit in der Schweiz sind. Auch ein Wechsel der Arbeitsstelle bedarf für *Drittstaatsangehörige* grundsätzlich einer *Bewilligung*. Personen mit Kurzaufenthaltsbewilligung dürfen die Stelle nur wechseln, wenn wichtige Gründe

vorliegen, etwa wenn eine weitere Tätigkeit beim bisherigen Arbeitgeber nicht möglich oder nicht zumutbar ist und der Stellenwechsel
nicht aufgrund des Verhaltens der Arbeitnehmerin oder des Arbeitnehmers erfolgt (Art. 55 VZAE); zudem werden aus den allgemeinen Zulassungsvoraussetzungen noch einmal die Einhaltung der
Lohn- und Arbeitsbedingungen (Art. 22 AIG) sowie das Vorliegen
der persönlichen Voraussetzungen (Art. 23 AIG) geprüft (Art. 32
Abs. 3 und Art. 38 Abs. 1 AIG) und der Wechsel muss innerhalb der
gleichen Branche und des gleichen Berufs erfolgen (Art. 55 VZAE).
Es handelt sich um eine Ermessensbewilligung. Personen mit Aufenthaltsbewilligung können die Stelle ohne weitere Bewilligung
wechseln; eine Bewilligung ist nur notwendig bei einem Wechsel
von einer unselbständigen zu einer selbständigen Tätigkeit (Art. 38
Abs. 3 AIG). Für Personen mit Niederlassungsbewilligung gelten
keine Einschränkungen (Art. 38 Abs. 4 AIG).

Auch hier stellt sich die Situation für Arbeitnehmer und Selbständigerwerbende, die unter das *Freizügigkeitsrecht* fallen, anders dar.
Sie geniessen volle berufliche Mobilität (vgl. Art. 8 und 14 Anhang I
FZA) und können ohne weitere Voraussetzungen einen Stellenwechsel vornehmen. Vorbehalten bleiben die auch für Schweizer
Staatsangehörige geltenden gesundheits- und wirtschaftspolizei-
lichen Vorschriften wie Gewerbegesetze, Berufsausübungsbewilli-
gungen usw. Ausgeschlossen sind ferner auch hier öffentliche Ämter mit hoheitlichen Funktionen, insbesondere in Militär, Polizei
und Justiz.

c)   Bewilligungswechsel

Erfolgte die Erteilung einer Kurzaufenthalts- oder Aufenthaltsbewilligung an Drittstaatsangehörige gestützt auf eine Zulassungs-
bestimmung für einen bestimmten Aufenthaltszweck, so ist bei
einer Änderung des Aufenthaltszwecks eine neue Bewilligung unter
Prüfung der dafür erforderlichen Voraussetzungen erforderlich
(Art. 54 VZAE). Ausgenommen davon ist lediglich die Niederlassungsbewilligung, da diese bedingungsfeindlich ist (vgl. Art. 34

Abs. 1 AIG). Auf den Wechsel von der Kurz- zur Daueraufenthalts-
bewilligung EU/EFTA besteht demgegenüber Anspruch und diese
ist zu erteilen, wenn die entsprechenden freizügigkeitsrechtlichen
Voraussetzungen erfüllt sind.

Nebst der Änderung des Bewilligungszwecks ist auch ein «*Aufstieg*»
von einer Aufenthalts- zu einer Niederlassungsbewilligung möglich: Wer mindestens zehn Jahre mit einer Kurzaufenthalts- oder
Aufenthaltsbewilligung in der Schweiz gelebt hat und in den letzten
fünf Jahren ununterbrochen im Besitz einer Aufenthaltsbewilligung
war, kann eine Niederlassungsbewilligung erhalten, vorausgesetzt es
liegen keine Widerrufsgründe nach Art. 62 oder Art. 63 Abs. 2 AIG
vor und die Integrationskriterien von Art. 58a AIG seien erfüllt (zur
Integration mehr in § 8, S. 150 ff.). Eine frühere Erteilung ist möglich, wenn die Person erfolgreich integriert ist (Art. 34 Abs. 4 AIG)
oder wenn wichtige Gründe vorliegen (Art. 34 Abs. 3 AIG), zudem
auch bei Familienangehörigen von Schweizer Staatsangehörigen
und Niedergelassenen (Art. 42 Abs. 3 und 4 sowie Art. 43 Abs. 5
und 6 AIG) sowie falls ein bilateraler Niederlassungsvertrag zwischen der Schweiz und dem Staat, über dessen Staatsangehörigkeit
die betroffene Person verfügt, eine solche vorsieht. Niederlassungsvereinbarungen sehen sogar einen Anspruch darauf vor. Eine Liste
der Niederlassungsverträge und -vereinbarungen findet sich auf der
Website des SEM (www.sem.admin.ch). Freizügigkeitsberechtigten
wird die Niederlassungsbewilligung regelmässig nach fünf Jahren
erteilt, teils gestützt auf entsprechende Ansprüche in Niederlassungsvereinbarungen, teils aus Gründen der Rechtsgleichheit, ohne
dass es dazu allerdings eine völlig einheitliche Praxis gibt.

In umgekehrter Weise ist aber auch eine (unfreiwillige) «*Rückstufung*» von einer Niederlassungs- zu einer Aufenthaltsbewilligung
möglich: Konkret können die zuständigen Migrationsbehörden
die Niederlassungsbewilligung einer Person widerrufen und durch
eine Aufenthaltsbewilligung ersetzen, wenn diese die Integrationskriterien nach Art. 58a AIG nicht erfüllt (Art. 63 Abs. 2 AIG), beispielsweise wenn klare Indizien für einen fehlenden Willen zur Teil-

nahme am Wirtschaftsleben oder zum Erwerb von Bildung vorliegen (Näheres zum Widerruf von Bewilligungen in § 9.4., S. 175 ff.).

d) Verbleiberechte

Das Recht kennt verschiedene sog. *Verbleiberechte,* wodurch ausländischen Personen ein weiteres Aufenthaltsrecht in der Schweiz garantiert wird, wenn der *ursprüngliche Aufenthaltszweck weggefallen* ist. Dies trifft insbesondere bei gewissen Konstellationen der Auflösung der Familieneinheit zu, im Bereich des Freizügigkeitsrechts zudem bei Erreichen des Rentenalters sowie bei ständiger Arbeitsunfähigkeit.

Unter dem Ausländer- und Integrationsgesetz begründet der sog. nacheheliche Härtefall (Art. 50 AIG) ein *Verbleiberecht nach Auflösung der Familieneinheit.* Ehepartner und Kinder, die ein abgeleitetes Aufenthaltsrecht im Familiennachzug erhalten haben, können unter Umständen weiter in der Schweiz verbleiben, wenn die Ehe oder eingetragene Partnerschaft durch Scheidung oder Tod aufgelöst wird (Näheres dazu in § 7.10.a, S. 145 ff.).

Freizügigkeitsberechtigte haben nach Art. 4 Abs. 1 Anhang I FZA das Recht, nach Beendigung ihrer Erwerbstätigkeit in der Schweiz zu bleiben. Ein *Verbleiberecht nach Freizügigkeitsrecht* haben gemäss der von der Schweiz übernommenen Verordnung (EWG) Nr. 1251/70 (vgl. Art. 4 Abs. 2 Anhang I FZA) drei Kategorien von Personen:

- *Rentnerinnen und Rentner,* sofern sie während der letzten zwölf Monate vor Erreichen des Rentenalters in der Schweiz gearbeitet und wenigstens drei Jahre in der Schweiz gewohnt haben,
- Erwerbstätige, wenn sie wegen *ständiger Arbeitsunfähigkeit* ihre Erwerbstätigkeit aufgeben mussten, sofern sie zuvor während zwei Jahren in der Schweiz gewohnt haben,
- sowie *Familienangehörige,* wenn die originär aufenthaltsberechtigte (angestellte oder selbständig erwerbende) Person stirbt, sofern sie bei ihrem Tod mindestens zwei Jahre in der Schweiz gewohnt haben (s. auch § 7.10.b, S. 147).

Leitentscheide: BVGE 2011/1 (Zulassungsvoraussetzungen und Zustimmung zum arbeitsmarktlichen Vorentscheid); BVGer F-4053/2017, F-3384/2017 und F-123/2016 (allgemeine Zulassungskriterien); C-6198/2014 und C-4813/2013 (Zulassung bei besonderen Fähigkeiten); BGE 147 I 89 und BVGE C-3859/2014 und C-857/2013 (Zulassung von Hochschulabsolventen); BGE 147 I 89 (Zulassung zur Aus- oder Weiterbildung, Ü30, Diskriminierung; BVGer C-6310/2009 (finanzielle Voraussetzungen bei der Zulassung als Rentner); BGer 2C_661/2019 (Diskriminierung von Grenzgängern; abstrakte Normenkontrolle); 2C_158/2023 (zPb.; Familienangehörige von Grenzgängern); BGE 130 II 39, BVGer F-736/2017, F-1737/2017 und C-384/2013 (Härtefall für Drittstaatsangehörige); F-6775/2017 (Härtefall bei Unionsbürgerschaft); BVGE 2021 VII/6 (Härtefall bei Menschenhandelsopfer); 2007/45 (Härtefall für Studierende); 2017 VII/7 (Härtefall und wichtige persönliche Gründe); 2021 VII/1 (Aufenthaltsbewilligung wegen wichtiger öffentlicher Interessen aus fiskalischen Gründen); BGE 145 I 308 und BGer 2C_483/2021 (Aufenthaltsanspruch von Menschenhandelsopfern im Strafverfahren); BGE 114 II 283 (Gültigkeit von Arbeitsverträgen von Sans-Papiers); 122 III 117 (Einklagbarkeit des Lohns von Sans-Papiers); 137 IV 305 (Verbot der strafrechtlichen Einziehung des Lohns von Sans-Papiers); 141 II 1 und BGer 2C_988/2020 (Arbeitnehmerbegriff FZA); BGer 2C_471/2022 (Arbeitnehmereigenschaft FZA); BGE 149 I 248 (Aufenthaltsrecht FZA); 127 II 177 (Kantonswechsel); 148 II 1 (Rückstufung bei Integrationsdefizit von «erheblichem Gewicht»); 147 II 375 (freizügigkeitsrechtliches Diskriminierungsverbot und Entsendegesetz); 146 II 89 und 144 II 121 (Verbleiberecht FZA nach Arbeitsunfähigkeit); BGer 2C_186/2021 und 2C_534/2019 (Verbleiberecht FZA und Rentenalter); 2C_940/2019 (Berechnung der erforderlichen Anwesenheitsdauer für Verbleiberecht nach FZA); BGE 144 II 1 (Verbleiberecht für Ex-Ehepartner eines Aufenthaltsberechtigten); BGer 2C_309/2021 (Ergänzungsleistungen bei Drittstaatsangehörigen); 2C_243/2015 (Ergänzungsleistungen bei Erwerbslosen nach FZA); 2C_987/2019 (Prämienverbilligungen bei Erwerbslosen nach FZA).

§ 7 Familienleben

1. Vorbemerkungen

Die Regelungen zum *Familiennachzug* erlauben es Familienangehörigen, in der Schweiz ihre Beziehung zu leben. Die Anwesenheit aus familiären Gründen stellt mit mehr als einem Drittel der jährlichen Einreisen einen der *wichtigsten Zulassungsgründe* zum Aufenthalt in der Schweiz dar. Dabei ist die Nachzugsmöglichkeit aber entscheidend abhängig von der Bewilligungsart, über welche die originär nachziehende Person verfügt, sowie von der Staatsangehörigkeit, dem Alter und den Verwandtschaftsbeziehungen der beteiligten Familienmitglieder. Seit der Einführung der «Ehe für alle» im Jahr 2022 können sich auch gleichgeschlechtliche Ehegatten auf die Bestimmungen zum Familiennachzug berufen. Eingetragene Partnerinnen und Partner, die ihre Partnerschaft nicht in eine Ehe haben umwandeln lassen, sind verheirateten Ehegatten beim ausländerrechtlichen Familiennachzug weiterhin sinngemäss gleichgestellt (Art. 52 AIG, bei Freizügigkeitsberechtigten i.V.m. Art. 2 AIG), was allenfalls noch übergangsrechtlich von Belang sein kann.

2. Völker- und Verfassungsrecht

Der Bereich des Familienlebens ist besonders stark von völker- und grundrechtlichen Ansprüchen geprägt. Von überragender Bedeutung ist in diesem Kontext Art. 8 EMRK, welcher das *Recht auf Achtung des Privat- und Familienlebens* garantiert. Von Art. 8 EMRK erfasst sind sowohl die Ehegatten und die ledigen minderjährigen Kinder, die sogenannte Kernfamilie also, aber auch Beziehungen des erweiterten Familienlebens, etwa zu Grosseltern, Geschwistern, erwachsenen Kindern oder weiteren Verwandten, sowie nichteheliche und gleichgeschlechtliche Beziehungen. Ausländerrechtliche Bewilligungsentscheidungen stellen einen Eingriff in dieses Recht dar, wenn sie die Aufrechterhaltung der familiären Beziehungen verhindern oder stark beeinträchtigen. Sie sind nur konventionskonform, wenn sie gemäss Art. 8 Abs. 2 EMRK gesetzlich vorgesehen sind, einen zulässigen Zweck verfolgen und verhältnismässig sind. Andernfalls entsteht ein konventionsrechtlicher Anspruch auf Erteilung oder Verlängerung eines ausländerrechtlichen Status, welcher einer nationalen Bewilligungsverweigerung vorgeht. Einen Anspruch auf eine bestimmte Bewilligungsart gibt es an sich nicht. Die Praxis entscheidet sich in der Regel für die aufgrund der konkreten Verhältnisse nächstliegende Form bzw. meist für eine Aufenthaltsbewilligung. Art. 13 BV sowie Art. 17 UNO-Pakt II, welche beide ebenfalls das Recht auf Privat- und Familienleben garantieren, haben in der Praxis bisher keine darüber hinaus gehende, eigenständige Bedeutung. Da die Europäische Menschenrechtskonvention allerdings nur Minimalgarantien enthält, wäre es nicht ausgeschlossen, Art. 13 BV weiter auszulegen als Art. 8 EMRK.

Ebenfalls massgeblich im Kontext des Familienlebens ist die Kinderrechtskonvention. Sie schreibt in Art. 3 das Prinzip der vorrangigen Berücksichtigung der Kindesinteressen bzw. des *Kindeswohls* vor. Dieses ist bei allen behördlichen Massnahmen, die Kinder betreffen, zu beachten. Bestimmungen des nationalen Rechts sind deshalb bei Entscheidungen, die Kinder betreffen, grundsätzlich so auszulegen, dass sie den übergeordneten Kindesinteressen am effektivsten entsprechen.

Zudem nimmt die Kinderrechtskonvention in Art. 10 direkt Bezug auf das Familienleben ausländischer Kinder. Art. 10 Abs. 1 KRK bestimmt, dass die Vertragsstaaten Anträge auf Einreise oder Ausreise zwecks Familienzusammenführung wohlwollend, human und beschleunigt bearbeiten sollen. Die Schweiz hat allerdings zu dieser Bestimmung einen Vorbehalt angebracht, der lautet: «Die schweizerische Gesetzgebung, die bestimmten Kategorien von Ausländerinnen und Ausländern keinen Familiennachzug gewährt, bleibt vorbehalten.»

Schliesslich kann auch das *Recht auf Ehe* (Art. 14 BV und Art. 12 EMRK) einen Anspruch auf wenigstens vorübergehende Anwesenheit zwecks Heirat begründen.

Ein weiterer völkerrechtlicher Vertrag mit grosser Bedeutung für das Familienleben ist das *Freizügigkeitsabkommen* zwischen der Schweiz, der EU und ihren Mitgliedstaaten, welches Staatsangehörigen der beteiligten Staaten weitgehende und vergleichsweise grosszügige Familiennachzugsrechte einräumt. Dem entsprechen die gleichlautenden Regeln in Anhang K zum EFTA-Übereinkommen.

Die Bestimmungen zum Familiennachzug finden sich im 7. Kapitel des Ausländer- und Integrationsgesetzes sowie in der VZAE und für Personen aus EU- und EFTA-Staaten im Freizügigkeitsabkommen bzw. EFTA-Übereinkommen.

3.   Freizügigkeitsberechtigte

Der Familiennachzug zu Personen, die sich gestützt auf Freizügigkeitsrecht in der Schweiz befinden, richtet sich nach Art. 7 Bst. d FZA sowie Art. 3 Anhang I FZA bzw. den analogen Bestimmungen des EFTA-Übereinkommens. Anders als bei den anderen Kategorien ausländischer Personen geht der *Anspruch auf Familiennachzug über die Kernfamilie hinaus* und umfasst gemäss Art. 3 Abs. 2 Anhang I FZA:

- *Die Ehegatten,*
- sämtliche *Verwandten in absteigender Linie,* die noch nicht 21 Jahre alt sind oder denen Unterhalt gewährt wird; dazu gehören die eigenen Kinder sowie Kinder des Ehegatten, also auch Stiefkinder;
- eigene *Verwandte und Verwandte des Ehegatten in aufsteigender Linie,* wenn ihnen Unterhalt gewährt wird, also insbesondere Eltern und Schwiegereltern, wobei der Unterhalt nach der Rechtsprechung schon im Ausland vor dem Nachzug in die Schweiz gewährt worden sein muss.

Bei Studierenden sind es lediglich die Ehegatten und die unterhalts-
berechtigten Kinder, die einen Rechtsanspruch auf Nachzug haben
(Art. 24 Abs. 4 Anhang I FZA). Keinen Anspruch auf «Familiennachzug» haben drittstaatsangehörige Ehegatten von Grenzgängern.

Der EuGH hatte in seiner früheren Rechtsprechung verlangt, dass
die nachzuziehenden Familienangehörigen bereits über ein Aufenthaltsrecht in einem Mitgliedstaat der EU verfügen müssen. Dieses
Erfordernis hat er 2008 mit dem Urteil im Fall *Metock* aufgegeben.
Das Bundesgericht hat diese Rechtsprechung übernommen, womit
auch in der Schweiz unter dem Freizügigkeitsrecht *Familienangehörige aus Drittstaaten,* die zu dem vorne dargestellten Kreis der
Berechtigten gehören, ohne weiteres zum Familiennachzug berechtigt sind.

Voraussetzung für das Bestehen des Anspruchs auf Familienzusammenführung ist, nebst der notwendigen Verwandtschaftsbeziehung,
einzig das *Vorhandensein einer angemessenen Wohnung,* die den
ortsüblichen Verhältnissen für inländische Staatsangehörige entspricht (Art. 3 Abs. 1 Anhang I FZA). Darüber hinaus gehende Voraussetzungen bestehen nicht; insbesondere ist, unter Vorbehalt des
Rechtsmissbrauchs bzw. der Berufung auf eine lediglich formell bestehende Ehe, weder ein Zusammenleben der Familienangehörigen
noch der Nachweis genügender finanzieller Mittel oder Sozialhilfeunabhängigkeit vorausgesetzt. Auch müssen die Familienangehörigen keinen Nachweis der Sprachkenntnisse erbringen oder sonstige
Integrationsanforderungen erfüllen, und es gelten keine Fristen für
die Geltendmachung des Nachzugsanspruchs.

Die Rechtsprechung anerkennt unter bestimmten engen Voraussetzungen überdies einen Anspruch von drittstaatsangehörigen
Kindern und Jugendlichen mit abgeleitetem Aufenthaltsrecht und
begonnener Schul- oder Berufsausbildung auf Verbleib im Land
zur Weiterführung der Ausbildung. Dies hat zur Folge, dass auch
der *sorgeberechtigte drittstaatsangehörige Elternteil mit abgeleitetem
Aufenthaltsrecht* nach Wegfall der anspruchsbegründenden Be-

ziehung zum originär aufenthaltsberechtigten Partner wegen Tod oder Scheidung in der Schweiz bleiben kann. Die nachgezogenen Familienangehörigen geniessen genauso wie die originär aufenthaltsberechtigten Personen das Recht auf volle berufliche und geographische Mobilität (Art. 3 Abs. 5 Anhang I FZA).

4. Schweizer Staatsangehörige

a) Vorbemerkungen

Nach Art. 42 AIG haben Familienangehörige von Schweizerinnen und Schweizern einen *Rechtsanspruch* auf Erteilung und Verlängerung einer Aufenthaltsbewilligung. Es ist dabei zu unterscheiden zwischen der Kernfamilie sowie weiteren Familienangehörigen. Für Doppelbürger mit Staatsangehörigkeit der Schweiz und eines EU- oder EFTA-Staates, die keinen grenzüberschreitenden Sachverhalt geschaffen haben, gilt nach der nicht in allen Teilen klaren bundesgerichtlichen Rechtsprechung Art. 42 AIG und nicht das Freizügigkeitsrecht. Damit kann sich in dieser Konstellation auch eine Inländerdiskriminierung ergeben (vgl. nachfolgend d, S. 132). Für die Bestimmung des massgeblichen Alters beim Kindernachzug ist nach der bundesgerichtlichen Rechtsprechung auf den Zeitpunkt der Gesuchseinreichung abzustellen.

b) Kernfamilie

Die Kernfamilie von Schweizerinnen und Schweizern hat Anspruch auf Erteilung und Verlängerung der Aufenthaltsbewilligung. Zur Kernfamilie gehören ausländische Ehegatten und ledige, minderjährige Kinder. Der Nachzug richtet sich nach Art. 42 AIG.

Ehegatten sowie eingetragene Partnerinnen und Partner haben Anspruch auf Familiennachzug, d.h. auf Erteilung und Verlängerung einer Aufenthaltsbewilligung, wenn sie mit ihren schweizerischen Partnern zusammenwohnen. Gleiches gilt für ledige ausländische Kinder, solange sie minderjährig sind.

Vom Erfordernis des Zusammenwohnens kann nach Art. 49 AIG abgesehen werden, wenn wichtige *Gründe für getrennte Wohnorte* sprechen und die Familiengemeinschaft weiterbesteht (Art. 49 AIG), etwa bei beruflichen Verpflichtungen, aber auch bei einer vorübergehenden Trennung wegen erheblicher familiärer Probleme (Art. 76 VZAE). Gemäss bundesgerichtlicher Rechtsprechung kann umso eher von «wichtigen Gründen» gesprochen werden, je weniger die Ehegatten auf die Situation des Getrenntlebens Einfluss nehmen können, ohne einen grossen Nachteil in Kauf nehmen zu müssen.

Ein Zusammenwohnen ist zudem gemäss Art. 42 Abs. 2 Bst. a AIG dann nicht erforderlich, wenn die ausländischen Familienangehörigen im Besitz einer dauerhaften Aufenthaltsbewilligung eines Staates sind, mit dem die Schweiz ein Freizügigkeitsabkommen abgeschlossen hat. Mit dieser Bestimmung wollte der Gesetzgeber die Rechtsstellung von Schweizer Staatsangehörigen derjenigen von Angehörigen der EU-/EFTA-Staaten angleichen, da nach der Rechtsprechung des EuGH zur Personenfreizügigkeit ein Zusammenleben nicht Voraussetzung für die Einräumung eines Aufenthaltsrechtes im Familiennachzug ist.

Besondere Fragen stellen sich in Bezug auf die eigenen Kinder der ausländischen Ehegatten (sog. *Stiefkindernachzug*). Verfügen die Stiefkinder eines Schweizer Staatsangehörigen über eine dauerhafte Aufenthaltsbewilligung eines Staates, mit dem die Schweiz ein Freizügigkeitsabkommen abgeschlossen hat, haben sie gemäss Art. 42 Abs. 2 Bst. a AIG Anspruch auf Familiennachzug. In allen anderen Fällen können sie nach bundesgerichtlicher Praxis nicht über Art. 42 Abs. 1 AIG nachgezogen werden, da es sich nicht um eigene Kinder des Schweizer Staatsangehörigen handelt. Diesfalls können sie sich nur auf die Nachzugsregelungen, die für ihren in die Schweiz nachgezogenen ausländischen Elternteil gelten, oder aber auf Art. 8 EMRK berufen.

Spezialfragen stellen sich zudem in Bezug auf den Nachzug ausländischer Kinder, wenn die Eltern getrennt sind und der ausländische Elternteil im Ausland verbleibt (sog. *partieller Familiennachzug*). Während das Bundesgericht unter altem Recht einen bedingungslosen Nachzug in einem solchen Fall für nicht mit dem Gesetzeszweck vereinbar ansah und deswegen einen Rechtsanspruch nur bejahte, wenn zum hier lebenden Elternteil die vorrangige familiäre Beziehung bestand, vollzog es 2010 eine Praxisänderung: Es entschied, dass der Rechtsanspruch minderjähriger, lediger Kinder für den Familiennachzug voraussetzungslos gilt und der Nachzug deshalb bewilligt werden muss, solange er nicht den Kindesinteressen krass und offensichtlich zuwiderläuft.

Die nachgezogenen Ehegatten sowie die Kinder im arbeitsfähigen Alter können in der ganzen Schweiz eine selbständige oder unselbständige *Erwerbstätigkeit* ausüben (Art. 46 AIG). Nach einem ordnungsgemässen und ununterbrochenen Aufenthalt von fünf Jahren haben die Ehegatten einen Anspruch auf die Erteilung einer *Niederlassungsbewilligung,* sofern sie erfolgreich integriert sind (Art. 42 Abs. 3 i.V.m. Art. 58a Abs. 1 AIG). Das Gesetz sieht nicht vor, dass dies auch auf die im Alter von über zwölf Jahren nachgezogenen Kinder zutrifft; in der Lehre wird insofern teilweise ein Analogieschluss gefordert, doch hält sich die Praxis an den Gesetzeswortlaut. Hingegen haben Kinder unter zwölf Jahren einen sofortigen Anspruch auf eine Niederlassungsbewilligung (Art. 42 Abs. 4 AIG).

c)   **Weitere Familienangehörige**

Familienangehörige von Schweizerinnen und Schweizern *ausserhalb der Kernfamilie* haben dann einen Rechtsanspruch auf Nachzug, wenn sie im Besitz einer dauerhaften Aufenthaltsbewilligung eines Staates sind, mit dem die Schweiz ein Freizügigkeitsabkommen abgeschlossen hat. Darunter fallen einerseits Verwandte in absteigender Linie, die unter 21 Jahre alt sind oder denen Unterhalt gewährt wird, namentlich auch Stiefkinder, sowie Verwandte in aufsteigender Linie, denen Unterhalt gewährt wird, und zwar sowohl die Verwandten der Schweizerin oder des Schweizers als auch die Verwandten in aufsteigender Linie des ausländischen Ehegatten (Art. 42 Abs. 2 AIG). Da sich diese Regelung aus dem Bestreben einer Gleichstellung der Familiennachzugsmöglichkeiten von Schweizer Staatsangehörigen mit denjenigen von EU-/EFTA-Angehörigen ergibt, gelten hierfür keinerlei Fristen (s. Art. 47 Abs. 2 AIG) und auch nicht das Erfordernis des Zusammenwohnens.

d) Inländerdiskriminierung

Das Bundesgericht hat kurz nach Inkrafttreten des Ausländer- und Integrationsgesetzes eine inzwischen ergangene Rechtsprechung des EuGH aus dem Freizügigkeitsbereich übernommen, wonach der Nachzug von Familienangehörigen von EU-/EFTA-Staatsangehörigen nicht mehr voraussetzt, dass die nachzuziehenden Verwandten bereits ein Aufenthaltsrecht in einem anderen Vertragsstaat haben. Damit sind Schweizer Staatsangehörige nun wiederum *gegenüber EU-/EFTA-Angehörigen schlechtergestellt*. Das betrifft etwa die Pflicht zum Zusammenwohnen, das Alter der nachziehbaren Kinder oder den Nachzug von Verwandten in aufsteigender Linie. Das Bundesgericht erachtete in der Folge diese Schlechterstellung als ungerechtfertigt und damit diskriminierend, konnte aufgrund des Anwendungsvorrangs von Bundesgesetzen (Art. 190 BV) jedoch keine Korrektur herbeiführen und musste sich darauf beschränken, den Gesetzgeber einzuladen, die entstandene Inländerdiskriminierung zu beseitigen. Nachdem der Gesetzgeber dies jedoch ausdrücklich abgelehnt hatte, kam das Bundesgericht in einem Folgeurteil zum Schluss, dass die Inländerdiskriminierung mit dem Diskriminierungsverbot in Art. 14 in Verbindung mit Art. 8 EMRK vereinbar sei und deshalb kein Anlass für das Bundesgericht bestehe, die Situation selbst zu korrigieren.

5. Drittstaatsangehörige

a)   Vorbemerkungen

Bei Drittstaatsangehörigen hängt die Nachzugsmöglichkeit entscheidend von der *Bewilligungsart der originär nachziehenden Person* ab. Während bei Personen mit Niederlassungsbewilligung ein Rechtsanspruch auf Familiennachzug besteht, handelt es sich bei Personen mit Aufenthaltsbewilligung sowie Kurzaufenthaltsbewilligung um einen Ermessensentscheid. Für die Bestimmung des massgeblichen Alters beim Kindernachzug ist nach der bundesgerichtlichen Rechtsprechung auf den Zeitpunkt der Gesuchseinreichung abzustellen.

b)   Mit Niederlassungsbewilligung

Angehörige der Kernfamilie von Personen mit Niederlassungsbewilligung haben einen *Rechtsanspruch* auf Ausstellung und Verlängerung einer Aufenthaltsbewilligung (Art. 43 AIG). Nach Art. 43 Abs. 1 AIG sind fünf Voraussetzungen für das Bestehen des Anspruchs zu erfüllen:

– Die Familie muss *zusammenwohnen* (Bst. a). Vom Erfordernis des Zusammenwohnens kann nach Art. 49 AIG abgesehen werden, wenn wichtige Gründe für getrennte Wohnorte bestehen und die Familiengemeinschaft weiterbesteht, wie dies etwa bei örtlich getrennter Erwerbstätigkeit zutreffen kann (Art. 49 AIG). Eine Beziehung nach dem Grundsatz des «living apart together» genügt dafür jedoch nicht.

– Es muss eine *bedarfsgerechte Wohnung* vorhanden sein (Bst. b). Analog zum Erfordernis in Art. 24 AIG muss die Wohnung den bau-, feuer- und gesundheitspolizeilichen Vorschriften entsprechen. Die meisten Kantone folgen der Faustregel, dass die Zahl der in der Wohnung wohnenden Personen die Anzahl Zimmer um höchstens eins übersteigen darf.

– Die Familie darf *nicht auf Sozialhilfe angewiesen* sein (Bst. c).

- Die Familienmitglieder müssen über *Kenntnisse der am Wohnort gesprochenen Landessprache* verfügen (Bst. d). Davon kann abgesehen werden, wenn eine Anmeldung zu einem Sprachförderungsprogramm vorliegt (Art. 43 Abs. 2 AIG i.V.m. Art. 73a Abs. 1 VZAE); der Fortschritt wird dann im Rahmen der Verlängerung der Aufenthaltsbewilligung überprüft (Art. 73a Abs. 2 VZAE). Zudem kann auch vom Erfordernis des Sprachnachweises abgesehen werden, wenn wichtige Gründe vorliegen, etwa eine Behinderung, eine Krankheit oder eine andere Einschränkung, die zu einer wesentlichen Beeinträchtigung der Fähigkeit zum Spracherwerb führt (Art. 49a AIG). Ebenfalls keine Anwendung findet das Spracherfordernis bei ledigen Kindern unter 18 Jahren (Art. 43 Abs. 3 AIG), da davon ausgegangen wird, dass diese die Sprache in der Schule bzw. der Berufsausbildung lernen.
- Es dürfen *keine Ergänzungsleistungen* bezogen oder wegen des Familienlebens künftig bezogen werden (Bst. e). Diese Bestimmung kann insbesondere ältere oder behinderte Personen daran hindern, ihren Ehepartner in die Schweiz zu holen. Es könnte sich daher die Frage der Vereinbarkeit mit dem verfassungsrechtlichen Diskriminierungsverbot nach Art. 8 Abs. 2 BV und allenfalls mit Art. 8 in Verbindung mit Art. 14 EMRK stellen. Ersteres wäre allerdings wegen Art. 190 BV nicht durchsetzbar.

Der *partielle Familiennachzug,* d.h. der Nachzug zu nur einem Elternteil, während der andere Elternteil im Ausland verbleibt, bewertet sich gleich wie bei Personen mit Schweizer Staatsangehörigkeit. Der Nachzug anderer Personen ausserhalb der Kernfamilie zu Personen mit Niederlassungsbewilligung ist im Ausländer- und Integrationsgesetz nicht vorgesehen.

Kinder unter zwölf Jahren haben Anspruch auf sofortige Erteilung der Niederlassungsbewilligung (Art. 43 Abs. 6 AIG). Alle anderen Familienmitglieder erhalten zunächst eine *Aufenthaltsbewilligung.* Ehegatten haben nach fünf Jahren ordnungsgemässen und ununterbrochenen Aufenthalts Anspruch auf eine Niederlassungsbewilligung, sofern sie erfolgreich in der Schweiz integriert sind (Art. 43 Abs. 5 i.V.m. Art. 58a AIG). Wie beim Familiennachzug durch Schweizer und Schweizerinnen sieht das Gesetz nicht vor, dass dies auch auf die im Alter von über zwölf Jahren nachgezogenen Kinder zutrifft; auch wenn in der Lehre insofern teilweise ein Analogieschluss gefordert wird, hält sich die Praxis an den Gesetzeswortlaut.

Ehegatten und Kinder im Familiennachzug können in der ganzen Schweiz eine selbständige oder unselbständige *Erwerbstätigkeit* ausüben (Art. 46 AIG).

c)   Mit Aufenthaltsbewilligung

Der Nachzug der Kernfamilie zu Personen mit *Aufenthaltsbewilligung* richtet sich nach Art. 44 AIG. Es besteht *kein Anspruch* auf Bewilligung. Die Voraussetzungen sowie allfällige Ausnahmen davon sind die gleichen wie bei Personen mit einer Niederlassungsbewilligung, d.h. Zusammenwohnen, bedarfsgerechte Wohnung, keine Sozialhilfeabhängigkeit, Sprachkenntnisse und kein Bezug von Ergänzungsleistungen. Nach ihrer Einreise dürfen die Familienangehörigen in der ganzen Schweiz eine Erwerbstätigkeit ausüben (Art. 46 AIG).

d)   Mit Kurzaufenthaltsbewilligung

Für den Nachzug zu Personen mit *Kurzaufenthaltsbewilligung* gilt Art. 45 AIG. Auch hier handelt es sich um eine *Ermessensbewilligung*. Vorausgesetzt sind die Erfordernisse des Zusammenwohnens, der bedarfsgerechten Wohnung, der Sozialhilfeunabhängigkeit und des Nichtbezugs von Ergänzungsleistungen, nicht jedoch die Anforderungen an die Sprachkenntnisse der Familienmitglieder. Dabei gilt die Ausnahme von Art. 49 AIG («Ausnahmen vom Erfordernis des Zusammenlebens») nicht. Die nachgezogenen Familienmitglieder haben keinen Anspruch auf Erwerbstätigkeit, es kann ihnen aber eine unselbständige Erwerbstätigkeit bewilligt werden, wenn

das Gesuch eines Arbeitgebers vorliegt, die Lohn- und Arbeitsbedingungen eingehalten werden und die persönlichen Voraussetzungen nach Art. 23 AIG erfüllt sind (Art. 30 Abs. 1 Bst. a AIG
i.V.m. Art. 26 Abs. 1 VZAE). Die Bewilligung zur Erwerbstätigkeit
wird auf die Gültigkeitsdauer der Kurzaufenthaltsbewilligung der
nachziehenden Person befristet (Art. 26 Abs. 2 VZAE).

6.   Personen mit Schutzstatus

Für anerkannte Flüchtlinge gelten die Regeln über das *Familienasyl*
nach Art. 51 AsylG. Danach werden Ehegatten von Flüchtlingen
und ihre minderjährigen Kinder als Flüchtlinge anerkannt und erhalten Asyl, wenn keine besonderen Umstände dagegen sprechen.
In der Folge kommen sie grundsätzlich in denselben Status wie der
originäre Flüchtling, d.h., sie erhalten die Aufenthaltsbewilligung
oder sie werden vorläufig aufgenommen. Wurden die Angehörigen
nicht durch die Flucht getrennt und befinden sie sich im Ausland,
erfolgt der Nachzug hingegen ausländerrechtlich, in der Regel nach
Art. 8 EMRK; das gilt auch für Angehörige, die in einem Dublin-
Mitgliedstaat bereits Asyl erhalten haben. Ehegatten und ledige
Kinder von vorläufig aufgenommenen Personen und Flüchtlingen
können frühestens drei Jahre nach Anordnung der vorläufigen Aufnahme unter bestimmten zusätzlichen Voraussetzungen nachgezogen und in diese eingeschlossen werden (Art. 85 Abs. 7 AIG). Da
eine vergleichbare gesetzliche Wartefrist in Dänemark vom EGMR
im Jahr 2021 als nicht vereinbar mit dem Recht auf Achtung des Familienlebens nach Art. 8 EMRK qualifiziert worden war, leitete der
Bundesrat 2024 eine Gesetzesänderung in die Wege, wonach das
SEM bereits ab einer Wartefrist von zwei Jahren prüfen muss, ob
die Voraussetzungen für den Familiennachzug gegeben sind. Die
Nachzugsregelung für Schutzbedürftige (vgl. Art. 71 AsylG) ist etwas grosszügiger (Näheres hinten § 18.2.b, S. 333 ff., zu den Flüchtlingen, und § 15.2., S. 298 ff., zu den Schutzbedürftigen).

7.   Papierlose

Sans-Papiers haben *ohne Regularisierung* keine rechtliche Möglichkeit auf Familiennachzug. Sie stehen sogar vor der Schwierigkeit,
überhaupt heiraten zu können, da Art. 98 Abs. 4 ZGB dafür einen
rechtmässigen Aufenthalt in der Schweiz verlangt. Allerdings ist
ihnen nach der bundesgerichtlichen Rechtsprechung mit Blick auf
die *Ehefreiheit* nach Art. 12 EMRK und Art. 14 BV eine Kurzaufenthaltsbewilligung zwecks Heirat auszustellen, wenn sie in der Folge
aufgrund des Eheschlusses über einen Aufenthaltsanspruch verfügen. Je nach Sachlage, v.a. bei Auslandsaufenthalt eines Partners,
rechtfertigt sich allenfalls auch die Erteilung eines entsprechenden
Visums.

8.   Vorbehalte

a)   Vorbemerkung

Das Recht bzw. die Ansprüche auf Familiennachzug gelten nicht un-
eingeschränkt. Sie stehen unter bestimmten Vorbehalten und sind
entsprechend begrenzt.

b)   Fristen

Mit Ausnahme des Familiennachzugs im Freizügigkeitsbereich sowie nach Art. 42 Abs. 2 AIG ist der ausländerrechtliche Familiennachzug an Fristen geknüpft. Gemäss Art. 47 AIG bzw. Art. 73
VZAE muss der Nachzug *innerhalb von fünf Jahren* nach Entstehung des Familienverhältnisses, d.h. fünf Jahre nach der Heirat, der
Eintragung der Partnerschaft, der Geburt oder Adoption, oder, bei
Ausländerinnen und Ausländern, innerhalb von fünf Jahren nach
der Erteilung der Aufenthalts- oder Niederlassungsbewilligung
geltend gemacht werden, je nachdem welches Ereignis später eingetreten ist. Bei Kindern über zwölf Jahren gilt, im Interesse einer
bestmöglichen Integration, eine verkürzte Frist von zwölf Monaten.
Erreicht ein jüngeres Kind das 12. Altersjahr, gilt von da an gemäss

der bundesgerichtlichen Rechtsprechung die kürzere zwölfmonatige Frist.

Nach Ablauf dieser Fristen ist ein nachträglicher Familiennachzug nur noch möglich, wenn *wichtige familiäre Gründe* geltend gemacht werden (Art. 47 Abs. 4 AIG), insbesondere wenn das Kindeswohl nur durch einen Nachzug in die Schweiz gewahrt werden kann (Art. 75 VZAE). Dies ist etwa der Fall, wenn sich die Betreuungsverhältnisse im Herkunftsland aufgrund von Tod oder Krankheit der betreuenden Person ändern.

c)   Rechtsmissbrauch

Die Rechtsansprüche auf Familiennachzug können gemäss Art. 51 AIG erlöschen, wenn sie rechtsmissbräuchlich geltend gemacht werden. Rechtsmissbrauch liegt namentlich vor, wenn der Familiennachzug lediglich genutzt wird, um die *Zulassungsvoraussetzungen des Ausländer- und Integrationsgesetzes zu umgehen.* Lehre und Praxis unterscheiden zwei Konstellationen der rechtsmissbräuchlichen Berufung auf das Familienleben: Einerseits die sogenannte «Scheinehe» und andererseits die rechtsmissbräuchliche Berufung auf eine «nur noch formell bestehende Ehe».

Eine *Scheinehe,* die auch als Umgehungs- oder Ausländerrechtsehe bezeichnet wird, liegt nach bundesgerichtlicher Praxis vor, wenn die Ehe oder Partnerschaft nur eingegangen wurde, um die ausländerrechtlichen Bestimmungen zu umgehen, wobei von Anfang an keine echte Lebensgemeinschaft beabsichtigt wurde. Es genügt, wenn einer der Partner, in der Regel derjenige, der vom Nachzug profitiert, die entsprechende Absicht verfolgt (sog. einseitige Scheinehe). Wird die Ehe auch, aber nicht nur, aus ausländerrechtlichen Gründen geschlossen, liegt keine Scheinehe vor. Das trifft beispielsweise zu, wenn zwei Menschen in enger Beziehung nach Abschluss einer Berufsausbildung des nur zu Ausbildungszwecken zugelassenen Partners heiraten, um diesem den weiteren Aufenthalt in der Schweiz zu ermöglichen, obwohl das Paar ansonsten nicht geheiratet oder damit noch zugewartet hätte. Eine zum Schein geschlossene Ehe kann sich nachträglich durch sog. «amor superveniens» zu einer Realbeziehung wandeln, womit nach der Rechtsprechung ausländerrechtliche Nachzugsbewilligungen nicht mehr ausgeschlossen sind. Analoges gilt für die eingetragene Partnerschaft.

Die die Scheinehe begründende oder ausschliessende Motivationslage entzieht sich in der Regel dem direkten Beweis und muss deshalb mit Indizien erstellt werden. Solche können äussere Begebenheiten sein wie eine drohende Wegweisung, das Fehlen einer Wohngemeinschaft, ein erheblicher Altersunterschied, Schwierigkeiten in der Kommunikation, fehlende Kenntnisse über den Ehepartner und dessen Familie oder die Bezahlung einer Entschädigung. Die Indizien können aber auch psychische Vorgänge wie den tatsächlichen Ehewillen betreffen. Dass eine Scheinehe vorliegt, ist von der Behörde nachzuweisen. Allerdings ist die ausländische Person zur Mitwirkung verpflichtet. Dies gilt vor allem dann, wenn sich aufgrund der gesamten Sachlage die Hinweise für eine Scheinehe so verdichtet haben, dass davon ausgegangen werden kann, dass der strittige Tatbestand vorliegt. In diesem Fall liegt praktisch eine Tatsachenvermutung vor, die von der ausländischen Person widerlegt werden muss.

Auch die *Berufung auf eine nur noch formell bestehende bzw. inhaltsleer gewordene Ehe* oder eingetragene Partnerschaft gilt als Rechtsmissbrauch. Dies ist praxisgemäss dann der Fall, wenn keine Aussicht auf Aufnahme oder Wiederaufnahme der ehelichen Gemeinschaft mehr besteht und somit an der nur noch formell bestehenden Ehe alleine deswegen festgehalten wird, um ein Aufenthaltsrecht zu erwirken oder zu verlängern. Dabei ist entscheidend, ob die Ehe bereits vor Ablauf von drei Jahren definitiv gescheitert war, da der nachgezogene Ehegatte nach einem mindestens dreijährigen Bestehen der Ehegemeinschaft unter Umständen ein Verbleiberecht in der Schweiz hat (vgl. Art. 50 AIG). Analoges gilt für die Fünfjahresdauer zur Erteilung der Niederlassungsbewilligung gemäss Art. 42 Abs. 3 und Art. 43 Abs. 5 AIG, wenn die Voraussetzungen von Art. 50 AIG nicht erfüllt sind. Indizien sind hier etwa, dass die Ehegatten nicht mehr zusammenleben oder sogar schon eine gerichtliche Trennung oder die Scheidung beantragt haben oder dass ein Ehegatte schon seit längerer Zeit eine ernsthafte Parallelbeziehung unterhält.

Der Vorbehalt des Rechtsmissbrauchs gilt analog auch für *Freizügigkeitsberechtigte*.

d) Widerrufsgründe

Die Rechtsansprüche auf Familiennachzug können nach Art. 51 Abs. 1 Bst. b AIG auch erlöschen, wenn Widerrufsgründe nach Art. 63 AIG (bei Schweizer Staatsangehörigen) bzw. nach Art. 62 oder 63 Abs. 2 AIG (bei Personen mit Niederlassungsbewilligung) vorliegen. Bei Freizügigkeitsberechtigten gilt der Vorbehalt von Art. 5 Anhang I FZA (Näheres zu den Widerrufsgründen in § 9.4., S. 175 ff.).

e) Eheungültigkeit

Bei Verdacht der Eheungültigkeitsgründe nach Art. 105 Ziff. 5 und 6 ZGB, der *Zwangsehe* oder der *Ehe einer minderjährigen Person,* deren Interessen die Weiterführung der Ehe nicht rechtfertigen, hat die Ausländerbehörde gemäss Art. 45a AIG der zuständigen Zivilstandsbehörde Meldung zu erstatten. Das ausländerrechtliche Bewilligungsverfahren wird bis zur Entscheidung der Zivilstandsbehörde bzw., wenn diese Klage erhebt, bis zum Vorliegen des rechtskräftigen Urteils über die Gültigkeit der Ehe sistiert. Die Rechtslage unterscheidet sich insofern von derjenigen des Eheungültigkeitsgrundes der Scheinehe (vgl. Art. 105 Ziff. 4 ZGB), bei der die Ausländerbehörden den Sachverhalt und die ausländerrechtliche Tragweite unabhängig von der zivilrechtlichen Massgeblichkeit selbständig abklären und beim Bewilligungsentscheid berücksichtigen. Die Zwangsehe erfolgt gegen den Willen eines der

Ehegatten, was sie von der arrangierten Ehe unterscheidet, die ausländerrechtlich betrachtet unproblematisch ist.

9. Völkerrechtliche Nachzugsansprüche

a) Schutzbereich von Art. 8 EMRK

Aus dem in Art. 8 EMRK verankerten *Recht auf Achtung des Familienlebens* kann sich unter gewissen Voraussetzungen ein Anspruch auf Erteilung oder Verlängerung einer ausländerrechtlichen Bewilligung ergeben. Dies ist der Fall, wenn die Bewilligungsverweigerung die Aufrechterhaltung der familiären Beziehungen verhindern oder stark beeinträchtigen würde. Diese Möglichkeit kommt insbesondere zum Tragen in Konstellationen des familiären Zusammenlebens, die nicht vom Gesetz erfasst sind, so etwa beim Nachzug von erwachsenen Kindern, Eltern oder weiteren Familienangehörigen wie Geschwistern, Schwieger- oder Grosseltern. Für die Bestimmung des massgeblichen Alters beim Kindernachzug ist hier nach der bundesgerichtlichen Rechtsprechung grundsätzlich auf den aktuellen Zeitpunkt der Entscheidfällung und nicht auf denjenigen der Gesuchseinreichung abzustellen. Das Bundesverwaltungsgericht weicht davon vereinzelt aufgrund der Einzelfallkonstellation ab.

Voraussetzung für die Entstehung eines Anspruchs unter Art. 8 EMRK ist nach bundesgerichtlicher Rechtsprechung, dass erstens eine *tatsächlich gelebte und intakte Beziehung* zu zweitens *nahen Verwandten* (Kernfamilie, d.h. Ehegatte und ledige, minderjährige Kinder) besteht, wobei drittens die hier lebenden Angehörigen über ein *gefestigtes Aufenthaltsrecht* in der Schweiz verfügen. Diese Rechtsprechung geht zurück auf zwei Urteile von 1983 und 1984, die mit Blick auf die damaligen Beschwerdeführer *Reneja-Dittli* als *Reneja*-Praxis bekannt sind. Als gefestigt gelten Anwesenheiten von Schweizerinnen und Schweizern und Niedergelassenen sowie von Aufenthaltern, sofern auf die Aufenthaltsbewilligung ein Anspruch besteht, der auf Verfassung, Gesetz oder Völkerrecht, insbesondere erneut auf Art. 8 EMRK, beruhen kann. Ein solcher Anspruch kann bereits, unter den gleichen Voraussetzungen, gestützt auf den Schutz des Familienlebens entstanden sein. Bei einem in der Regel mindestens zehnjährigen Aufenthalt kann er aber auch auf den damit begründeten Beziehungen zur Schweiz und somit auf dem Schutz des Privatlebens beruhen. Erwachsene Familienangehörige können sich für den Familiennachzug auf Art. 8 EMRK berufen, wenn sie, etwa wegen einer Behinderung, in einem Abhängigkeitsverhältnis zu einer in der Schweiz lebenden Person stehen. Unter Umständen, namentlich bei Angehörigen der zweiten Generation, lassen der EGMR und das Bundesgericht sowie das Bundesverwaltungsgericht selbst bei selbständigen Erwachsenen auch eine gemischte Berufung auf das Familien- und das Privatleben zu. Das trifft insbesondere auf vorläufig aufgenommene Flüchtlinge zu, die ihren Status in absehbarer Zeit nicht verlieren werden, was etwa das Bundesverwaltungsgericht als «faktisches Aufenthaltsrecht» bezeichnet. Das Bundesverwaltungsgericht hat sich überdies in seiner jüngeren Rechtsprechung derjenigen des EGMR angenähert und lässt die Berufung auf Art. 8 EMRK unter Familienangehörigen zunehmend unabhängig vom Aufenthaltsstatus in der Schweiz und dabei namentlich bei vorläufig Aufgenommenen zu.

In den Schutzbereich von Art. 8 EMRK fallen aber auch nicht rechtlich begründete familiäre Verhältnisse, sofern eine genügend nahe, echte und tatsächlich gelebte Beziehung besteht; entscheidend ist die Qualität des Familienlebens und nicht dessen rechtliche Begründung. Gemäss der insofern bisher zurückhaltenden Rechtsprechung des Bundesgerichts ergibt sich aus einem Konkubinat dann ein Bewilligungsanspruch, wenn die partnerschaftliche Beziehung seit Langem eheähnlich gelebt wird und die Beziehung der Konkubinatspartner bezüglich Art und Stabilität in ihrer Substanz einer Ehe gleichkommt. Dabei ist wesentlich, ob die Partner in einem gemeinsamen Haushalt leben; zudem ist der Natur und Länge ihrer Beziehung sowie ihrem Interesse und ihrer Bindung aneinander, etwa durch Kinder oder andere Umstände wie die Übernahme von wechselseitiger Verantwortung, Rechnung zu tragen.

b)   Eingriffsvoraussetzungen

Sind die Voraussetzungen für den Schutzbereich von Art. 8 EMRK erfüllt, kann es einen unzulässigen Eingriff in dieses Menschenrecht darstellen, wenn dem Familienangehörigen eine Bewilligung verweigert wird. Um dies zu entscheiden, ist eine umfassende Güterabwägung erforderlich, mit der die öffentlichen Interessen den privaten Interessen gegenübergestellt werden. Überwiegen die öffentlichen Interessen nicht, so erweist sich eine Bewilligungsverweigerung als unzulässiger Eingriff in das Recht auf Schutz des Familienlebens und es besteht ein Anspruch auf Erteilung bzw. Verlängerung einer Bewilligung (Weiteres zur Interessenabwägung hinten § 9.2.a, S. 163 ff.). Dieser Anspruch steht ebenfalls unter dem Vorbehalt des Rechtsmissbrauchs. Das Bundesgericht wendet darauf überdies die Fristenregelung nach Art. 47 AIG an.

c)   Umgekehrter Familiennachzug

Wichtigster Anwendungsfall der beschriebenen Praxis ist der sogenannte *umgekehrte Familiennachzug,* d.h. der Nachzug von ausländischen Eltern zu ihren in der Schweiz aufenthaltsberechtigten Kindern. Eine solche im Gesetz weitgehend nicht geregelte Konstellation kann insbesondere dann entstehen, wenn der ausländische Elternteil durch Scheidung oder Tod des Ehegatten sein Aufenthaltsrecht in der Schweiz verliert, die gemeinsamen Kinder aber über die schweizerische Staatsangehörigkeit und somit ein gefestigtes Aufenthaltsrecht verfügen. Während das Bundesgericht in seiner früheren Rechtsprechung davon ausgegangen ist, dass insbesondere kleinere Kinder ihrem ausländischen Elternteil ins Ausland folgen und sich dem Leben dort anpassen können, bejaht es seit 2009 einen Anspruch auf Verlängerung der Aufenthaltsbewilligung zumindest für den sorgeberechtigten ausländischen Elternteil auch bei kleinen Kindern. Dies ist folgerichtig, denn ein faktischer Zwang zur Ausreise mit dem ausländischen Elternteil würde in Bezug auf die Schweizer Kinder das verfassungsmässige Verbot der Ausweisung von Schweizer Staatsangehörigen (Art. 25 Abs. 1 BV) verletzen. Der umgekehrte Familiennachzug ist in der Praxis des Bundesgerichts bislang nur anerkannt für Kinder mit Schweizer Staatsangehörigkeit, nicht jedoch für niederlassungs- oder aufenthaltsberechtigte Kinder. Überdies steht er unter dem Vorbehalt, dass keine überwiegenden öffentlichen Interessen an einer Bewilligungsverweigerung bestehen, etwa aufgrund von massgeblicher Straffälligkeit oder erheblicher Sozialhilfeabhängigkeit. Auch eine Besuchsberechtigung kann bei ernsthafter Wahrnehmung der elterlichen Beziehung einen umgekehrten Familiennachzug rechtfertigen, wobei das private Interesse weniger stark ins Gewicht fällt als bei der Sorgeberechtigung, womit die Anforderungen an das Überwiegen der öffentlichen Interessen entsprechend herabgesetzt sind. Nach der bundesgerichtlichen Rechtsprechung ist es zur Wahrnehmung eines Besuchsrechts grundsätzlich nicht erforderlich, dass der ausländische Elternteil über ein dauerndes Aufenthaltsrecht in der Schweiz verfügt, soweit das Besuchsrecht im Rahmen von Kurzaufenthalten vom Ausland aus ausgeübt werden kann. Hingegen vermag das Interesse eines besuchsberechtigten, bereits in der Schweiz lebenden Elternteils am Verbleib im Land das öffentliche Interesse an einer einschränkenden Migrationspolitik regelmässig dann zu überwiegen, wenn zwischen dem ausländischen Elternteil und seinem im Inland lebenden Kind eine enge Beziehung in affektiver sowie wirtschaftlicher Hinsicht besteht, der um die Bewilligung nachsuchende Elternteil in der Schweiz zu keinen Klagen Anlass gegeben hat und die Beziehung wegen der Distanz zwischen der Schweiz und dem Staat, in welchen er ausreisen müsste, praktisch nicht mehr aufrechterhalten werden könnte. Verfügt der nicht originär aufenthaltsberechtigte Elternteil über das ausschliessliche oder gemeinsame elterliche Sorgerecht bzw. über die alleinige oder alternierende Obhut, bedarf es einer gewissen Schwere allfälligen Fehlverhaltens, also mehr als bloss untergeordneter ausländer- oder ordnungsrechtlicher Verstösse oder eines kurzen, unverschuldeten Sozialhilfebezugs, um ihm die Anwesenheit beim Kind in der Schweiz zu verweigern. So oder so ist dem Bedürfnis des Kindes, mit beiden Eltern eine Beziehung zu pflegen, im Rahmen der Interessenabwägung angemessen Rechnung zu tragen. Sind die Eltern noch verheiratet und lediglich getrennt, sind die familiären Beziehungen noch höher zu gewichten.

10. Verbleiberechte

a) Nachehelicher Härtefall

Unter dem Ausländer- und Integrationsgesetz begründet der sogenannte *nacheheliche Härtefall* ein Verbleiberecht nach Auflösung der Familieneinheit. Ausländische Ehepartner und Kinder, die ein abgeleitetes Aufenthaltsrecht im Familiennachzug haben, können unter Umständen weiter in der Schweiz verbleiben, wenn die Ehe oder eingetragene Partnerschaft durch Scheidung oder durch Tod aufgelöst wird und somit der Aufenthaltszweck dahinfällt. Während früher nur für Angehörige von Schweizerinnen und Schweizern sowie Personen mit Niederlassungsbewilligung bei Erfüllen der sogleich noch darzustellenden Voraussetzungen ein gesetzlicher Anspruch auf Verbleib bestand, wurde dieser im Jahr 2024 ausgeweitet auf Angehörige von Personen mit Aufenthalts- oder Kurzaufenthaltsbewilligung sowie mit vorläufiger Aufnahme.

Zwei Konstellationen werden beim sogenannten *nachehelichen Härtefall* unterschieden:

–   Entweder muss *die Ehe mindestens drei Jahre bestanden haben* und die betroffene Person muss erfolgreich in der Schweiz *integriert* sein (Art. 50 Abs. 1 Bst. a AIG, Art. 77 Abs. 1 Bst. a VZAE). Diese Voraussetzungen gelten kumulativ. Die Dreijahresfrist berechnet sich ab dem Moment der Eheschliessung bzw. Eintragung der Partnerschaft. Die Dauer mehrerer kurzer Ehen bzw. Partnerschaften ist nicht zusammenzurechnen. Der Anspruch darf auch nicht rechtsmissbräuchlich geltend gemacht werden; insbesondere darf die Ehe nicht bereits vor Ablauf von drei Jahren definitiv gescheitert sein.

– Oder aber «*wichtige persönliche Gründe*» machen einen weiteren
Aufenthalt in der Schweiz erforderlich (Art. 50 Abs. 1 Bst. b AIG,
Art. 77 Abs. 1 Bst. b VZAE). In diesem Fall kann die Ehe auch
kürzer gedauert haben und es ist keine Integration notwendig.
Wichtige persönliche Gründe sind insbesondere häusliche Gewalt, eine Zwangsehe oder wenn die soziale Wiedereingliederung im Herkunftsland gefährdet ist (Art. 50 Abs. 2 AIG, Art. 77
Abs. 2 VZAE). Nach der Rechtsprechung des Bundesgerichts
können wichtige persönliche Gründe auch vorliegen, wenn eine
schützenswerte Beziehung zu einem in der Schweiz anwesenheitsberechtigten Kind besteht.

Die Möglichkeit, bei ehelicher Gewalt einen nachehelichen Härtefall zu gewähren, wurde in das Gesetz eingefügt, um zu verhindern,
dass Personen, die *Opfer häuslicher Gewalt* sind, allein aus Furcht
vor Verlust ihrer ausländerrechtlichen Bewilligung in einer gewalt-
behafteten Beziehung verharren. Die Gewalt muss dabei eine bestimmte Intensität aufweisen: Sie muss derart intensiv sein, dass
die Opfer durch das Zusammenleben in ihrer Persönlichkeit ernsthaft gefährdet wären und ihnen eine Fortführung der ehelichen
Gemeinschaft bei objektiver Betrachtungsweise nicht mehr zuge-
mutet werden kann. Für das Vorliegen ehelicher Gewalt können
Nachweise verlangt werden, etwa Arztzeugnisse, Polizeirapporte
oder Auskünfte von spezialisierten Fachstellen (Art. 77 Abs. 6 und
6bis VZAE).

Die Anspruchsregelung von Art. 50 AIG ist auch auf Familienangehörige von *Freizügigkeitsberechtigten* ohne Niederlassungsbewilligung anwendbar, da das Freizügigkeitsrecht keine entsprechende Regelung kennt. Der ehemalige Ehegatte mit abgeleitetem
Aufenthaltsanspruch behält diesen aufgrund des Meistbegünsti-
gungsgrundsatzes (vgl. Art. 2 Abs. 2 AIG) grundsätzlich auch nach
Auflösung der Ehe. Das Bundesgericht setzt dabei abweichend von
der Praxis bei Schweizern und Niedergelassenen voraus, dass sich
der Partner mit originärer Anwesenheitsbewilligung noch immer

in der Schweiz befindet, also weiterhin sein Freizügigkeitsrecht ausübt. Diese Differenzierung überzeugt mit Blick auf Art. 2 FZA und Art. 2 AIG nicht.

b) Freizügigkeitsrechtliche Verbleiberechte

Über den allgemeinen nachehelichen Härtefall hinaus haben freizügigkeitsberechtigte Familienangehörige *im Falle des Todes* eines originär anspruchsberechtigten Arbeitnehmers gestützt auf Art. 4 Abs. 1 Anhang I FZA ein Verbleiberecht, wenn sie zuvor mindestens zwei Jahre in der Schweiz gewohnt haben. Tritt der Tod in Folge eines Arbeitsunfalls oder einer Berufskrankheit ein, erhält die Familie in jedem Fall ein Verbleiberecht (s. auch § 6.4.d, S. 123).

11. Ausserfamiliäre Beziehungen

Den Nachzug von Personen ohne familiäres Rechtsverhältnis sehen das Gesetz und das Freizügigkeitsrecht grundsätzlich nicht vor. Eine Ausnahme gilt nach Art. 48 AIG für *ausländische Pflegekinder* zur Adoption, wenn die Adoption in der Schweiz vorgesehen ist, die entsprechenden zivilrechtlichen Voraussetzungen erfüllt sind und die Einreise zu diesem Zweck rechtmässig erfolgt ist; kommt die Adoption nicht zustande, hat das Kind trotzdem einen Anspruch auf Verlängerung der Aufenthaltsbewilligung und nach fünf Jahren auf Erteilung der Niederlassungsbewilligung. Anderen Pflegekindern können Aufenthaltsbewilligungen gewährt werden, wenn die entsprechenden zivilrechtlichen Voraussetzungen gegeben sind (Art. 30 Abs. 1 Bst. c AIG, Art. 33 VZAE).

Unverheirateten Lebenspartnern kann eine Härtefallbewilligung nach Art. 30 Abs. 1 Bst. b AIG erteilt werden, sofern eine enge, eheähnliche Beziehung besteht, wovon etwa ausgegangen werden kann, wenn sie in stabiler Gemeinschaft leben und gemeinsame Kinder haben.

Auf die Härtefallbewilligung ist letztlich auch auszuweichen, wenn sich ausländerrechtliche Bewilligungen für das Zusammenleben von *Patchworkfamilien* auf keine andere gesetzliche Grundlage stützen lassen. Das kann etwa zutreffen bei Kindern, die aus einer in der Schweiz verbotenen Leihmutterschaft im Ausland hervorgegangen sind und deren Kindsverhältnis zu einer in der Schweiz lebenden Person nicht anerkannt wird, soweit eine Adoption etwa wegen der Altersverhältnisse ausgeschlossen ist oder nicht zustande kommt. In der Lehre wird diesbezüglich allerdings teilweise auch eine grosszügigere Anwendung von Art. 8 EMRK oder Art. 13 BV gefordert.

12. Geburt in der Schweiz

Der migrationsrechtliche Status für in der Schweiz geborene ausländische Kinder mit hier anwesenheitsberechtigten Eltern ist *gesetzlich ausser beim Asyl nicht geregelt*. Nach Art. 51 Abs. 3 AsylG werden hier geborene Kinder von Flüchtlingen als Flüchtlinge anerkannt, sofern keine besonderen Umstände dagegensprechen. Im Übrigen werden solche Kinder migrationsrechtlich grundsätzlich wie nachgezogene Kinder behandelt, wobei es zwischen den Kantonen zu unterschiedlichen Lösungen kommen kann. In der Regel erhalten die Kinder den gleichen migrationsrechtlichen Status wie der sorge- und obhutsberechtigte Elternteil bzw., wenn beide Eltern sorge- und obhutsberechtigt sind, den besseren Status. Die Analogie zum Nachzugsrecht geht aber nicht immer auf. So ist es offensichtlich, dass hier geborene Kinder von vorläufig Aufgenommenen nicht drei Jahre auf die Zuerkennung eines Status warten können, wie das Art. 85 Abs. 7 AIG für den Nachzug von Kindern aus dem Ausland vorsieht. Neugeborene von Sans-Papiers werden zwar zivilstandsrechtlich registriert, sind ausländerrechtlich aber auch papierlos. Kinder von staatenlosen Personen werden auch staatenlos geboren und erhalten den Status der Eltern, wobei ihnen die Möglichkeit der erleichterten Einbürgerung offensteht (vgl. § 27.2.f.ee, S. 395).

Leitentscheide: EGMR 6697/18 M.A. c. Dänemark (Wartefrist für Familiennachzug und Art. 8 EMRK); 13258/18, 15500/18 und 57303/18 B.F. u.a., sowie 3295/06 Agraw c. Schweiz (Anspruch auf Familienleben von vorläufig Aufgenommenen und Flüchtlingen); 23218/94 Gül c. Schweiz (Anspruch bei Härtefallbewilligung); EuGH C-127/08 Metock u.a. (Nachzug von Familienangehörigen mit Drittstaatsangehörigkeit); BGE 149 I 207, 149 I 66, 149 I 72, 144 I 266 und 139 I 145 sowie BGer, 2C_198/2023 zPb (Anspruch gestützt auf Familien- oder Privatleben); BGE 147 I 268 und 146 I 185 (gefestigter Anspruch aufgrund des Privatlebens); 145 I 227 und BVGE 2018 VII/4 (massgebliches Alter für Kindernachzug); BGE 115 Ib 1 (Nachzugsrecht für erwachsenes Kind bei Abhängigkeit von Eltern); BGer 2C_458/2013 (Anspruch bei unverheirateten Lebenspartnern); BGE 109 Ib 183 und 110 Ib 201 (Reneja-Urteile); BGer 2C_360/2016 und 2C_459/2019 (Legitimationspapier des EDA); BVGer E-7092/2017 (Anspruch bei vorläufiger Aufnahme auch ohne gefestigte Anwesenheit); BGE 136 II 5 (Übernahme der Metock-Rechtsprechung); 136 II 120 und BGer 2C_254/2012 (Inländerdiskriminierung); BGE 143 II 57 (Doppelbürger Schweiz und EU); 127 II 49 und 122 II 289 (Scheinehe); 130 II 113 (Scheinehe bei Freizügigkeitsberechtigten); BGer 2C_1055/2015 und 2C_969/2014 (einseitige Scheinehe); 2C_645/2013 und 2C_152/2009 («amor superveniens»); BGE 128 II 145 und 127 II 49 (inhaltsleer gewordene Ehe); 136 II 78 (partieller Familiennachzug); 137 I 284 (Stiefkindernachzug); 144 I 91, 143 I 21, 140 I 145, 139 I 315, 137 I 247 und 135 I 153 sowie BGer 2C_273/2023 (umgekehrter Familiennachzug); BVGE 2020 VII/3 (Nachzug ausserhalb der Kernfamilie, i.c. Grossneffe); BGer 2C_1030/2020 (Sprachanforderungen für Familiennachzug); BGE 137 I 351 und 138 I 41 sowie BGer 2D_14/2021, 2C_309/2021 und 2C_309/2021 (Aufenthaltsrecht zwecks Heirat); BGer 2C_962/2013 (Visum zwecks Heirat); 2C_831/2012 («living apart together»); BGE 144 II 1 (nachehelicher Härtefall bei Freizügigkeitsberechtigten); 140 II 289 (Voraussetzungen inkl. Berechnung der Dreijahresfrist beim nachehelichen Härtefall); 138 II 393 und 137 II 1 (nachehelicher Härtefall bei Tod des Ehegatten); 138 II 229 (nachehelicher Härtefall bei häuslicher Gewalt); 139 I 315 (nachehelicher Härtefall des nicht sorgeberechtigten ausländischen Elternteils); BVGE 2019 VI/3 (asylrechtlicher Familiennachzug aus Dublin-Staat); 2012/32 (Familienasyl); 2012/15 (Familienasyl bei polygamer Ehe); 2007/19 (Familiennachzug bei vorläufiger Aufnahme).

§ 8 Integration

1. Völker- und Verfassungsrecht

Das Völkerrecht enthält keine allgemeinen Bestimmungen zur Integration ausländischer Staatsangehöriger. Indessen ergibt sich aus dem Flüchtlingsrecht die Verpflichtung des Aufnahmestaates, die Integration anerkannter Flüchtlinge zu erleichtern, namentlich durch Gewährung des Zugangs zum Arbeitsmarkt, zu einer Ausbildung oder zur öffentlichen Fürsorge (vgl. hierzu Art. 17 ff. FK). Gewisse *staatliche Pflichten zur Förderung der Integration* ausländischer Personen lassen sich aber auch aus völkerrechtlichen Diskriminierungsverboten ableiten, welche dem Staat untersagen, Personen insbesondere aufgrund ihrer Herkunft auszugrenzen (z.B. Art. 26 UNO-Pakt II). Völkerrechtliche Bestimmungen betreffend den Schutz von Minderheiten (bspw. Art. 27 UNO-Pakt II) verpflichten den Staat aber auch zu Toleranz gegenüber ethnischen, religiösen oder sprachlichen Minderheiten und setzen den staatlichen Anforderungen an die Integrationsbereitschaft ausländischer Personen Grenzen. Das früher verbreitete und auch in der Schweiz für die Einbürgerung geltende Assimilationsgebot, d.h. der Zwang zur Übernahme der hiesigen unter Aufgabe der bisherigen kulturellen Identität, gilt daher als nicht mehr zulässig.

Die Bundesverfassung enthält keine spezielle Bestimmung über die Integration ausländischer Personen. Einzig Art. 121a BV nennt die *Integrationsfähigkeit* als eines der massgebenden Kriterien bei der Erteilung von Aufenthaltsbewilligungen an ausländische Arbeitnehmende. Einige *Kantonsverfassungen* gehen diesbezüglich weiter und haben die Erleichterung der Integration ausländischer Personen als staatliche Aufgabe verankert (vgl. z.B. Art. 210 Abs. 1 der Verfassung der Republik und des Kantons Genf vom 14.10.2012 [SR 131.234], Art. 68 der Verfassung des Kantons Waadt vom 14.4.2003 [SR 131.231], Art. 5 Abs. 1 Bst. d der Verfassung der Republik und des Kantons Neuenburg vom 24.9.2000 [SR 131.233] oder Art. 114 Abs. 2 der Verfassung des Kantons Zürich vom 27.2.2005 [SR 131.211]).

2. Integrationsbegriff

Eine einheitliche Definition des Begriffes «Integration» existiert nicht. Indessen scheint weitgehend Einigkeit über das damit verfolgte Ziel zu bestehen. Integration soll das *konfliktfreie Zusammenleben* von Menschen mit unterschiedlicher Herkunft und unterschiedlichen Wertvorstellungen sicherstellen.

Dieses Ziel ist auch in Art. 4 AIG verankert, welcher die Grundsätze der schweizerischen Integrationspolitik festhält: Integration hat das Zusammenleben der einheimischen und der ausländischen Wohnbevölkerung auf der Grundlage der Werte der Bundesverfassung und gegenseitiger *Achtung und Toleranz* zum Ziel (Abs. 1). Sie soll längerfristig und rechtmässig anwesenden ausländischen Personen ermöglichen, am wirtschaftlichen, sozialen und kulturellen Leben teilzuhaben (Abs. 2). Nach Auffassung des Gesetzgebers setzt eine erfolgreiche Integration nicht nur die Anpassungsleistung der ausländischen Person voraus, sondern ebenso eine offene Haltung der Aufnahmegesellschaft (Abs. 3).

Leitlinie zur Erreichung der Integrationsziele ist das *Prinzip des Förderns und Forderns*. Dies bedeutet, dass es einerseits Aufgabe der Behörden ist, durch Förderungsmassnahmen ausländischen Personen die Teilnahme am gesellschaftlichen Leben in der Schweiz zu ermöglichen (Art. 53 AIG). Andererseits haben Ausländerinnen

und Ausländer auch eigenverantwortlich zu ihrer Integration bei-
zutragen, insbesondere indem sie sich mit den gesellschaftlichen
Verhältnissen in der Schweiz auseinandersetzen und eine Landessprache lernen (Art. 4 Abs. 4 AIG).

Integration wird regelmässig als *Prozess und Zustand* bezeichnet.
Gemeint ist damit einerseits, dass Integration einer langdauernden
Entwicklung bedarf (Prozess), die entsprechende Anstrengungen
bzw. Integrationsbemühungen voraussetzt. Andererseits stellt das
Recht verschiedentlich auf den Integrationsstand zu einem bestimmten Zeitpunkt ab (Zustand), was mitunter auch als Integrationsgrad umschrieben wird.

3. Staatliche Massnahmen (Fördern)

a) Vorbemerkungen

Die Integrationsförderung ist gemäss Gesetz eine gemeinsame *Aufgabe des Bundes, der Kantone und der Gemeinden.* Diese arbeiten mit
den Sozialpartnern, den Nichtregierungsorganisationen und den
Ausländerorganisationen zusammen (Art. 53 Abs. 4 AIG).

Der Bundesrat legt die Integrationspolitik im Zuständigkeitsbereich
des Bundes fest und sorgt dafür, dass die Bundesstellen gemeinsam mit den zuständigen kantonalen Behörden Massnahmen zur
Integrationsförderung und zum Schutz vor Diskriminierung treffen. Einschlägig dafür ist die *Integrationsverordnung* (VIntA). Die
Kantone haben die gleiche Aufgabe in ihrem Zuständigkeitsbereich
und arbeiten mit den kommunalen Behörden zusammen. Dem
SEM kommt dabei eine Koordinationsfunktion zu. Es koordiniert
die Massnahmen der Bundesstellen zur Integrationsförderung und
stellt den Informations- und Erfahrungsaustausch mit den Kantonen, Gemeinden und weiteren Beteiligten sicher. Zudem überprüft
es in Zusammenarbeit mit den Kantonen periodisch die Integration
der ausländischen Bevölkerung und gewährleistet die Qualitätssicherung bei der Integrationsförderung (vgl. Art. 56 AIG).

b) Inhalte

Bund und Kantone vereinbaren strategische Ziele der Integrationsförderung, die in *kantonalen Integrationsprogrammen* umgesetzt
werden (Art. 14 VIntA). Gefördert werden sollen vor allem der Erwerb von Sprach- und anderen Grundkompetenzen, das berufliche
Fortkommen sowie die Gesundheitsvorsorge. Ziel ist aber auch,
das gegenseitige Verständnis zwischen der schweizerischen und der
ausländischen Bevölkerung und deren Zusammenleben zu erleichtern (Art. 53 Abs. 3 AIG).

c) Formen

Die Integrationsförderung findet in erster Linie in den sogenannten
Regelstrukturen statt, d.h. beispielsweise in den Schulen, in Berufs-
bildungsinstitutionen, am Arbeitsplatz oder in den Institutionen
des Gesundheitswesens oder der sozialen Sicherheit (Art. 54 AIG).
Erst wenn ausländische Personen keinen Zugang zu diesen Regelstrukturen haben oder wenn ein besonderer Integrationsbedarf besteht, kommt die *spezifische Integrationsförderung* zum Zug (Art. 55
und 55a AIG). Diese soll das Angebot der Regelstrukturen ergänzen
bzw. vorhandene Lücken schliessen. Hierzu gehört insbesondere
die Beratung neu aus dem Ausland zugezogener ausländischer Personen. Die zuständigen Behörden haben diese über die Bedeutung
von Sprachkompetenzen und über passende Angebote zu deren
Verbesserung, Ausbildung und Arbeit, die Rechtsordnung und die
Folgen bei deren Nichtbeachtung sowie über die grundlegenden
Normen und Regeln, die im Interesse einer gleichberechtigten Teilhabe am gesellschaftlichen, wirtschaftlichen und kulturellen Leben
zu beachten sind, zu informieren (Art. 57 Abs. 3 AIG, Art. 8 Abs. 1
VIntA).

d) Zielpersonen

Gemäss Art. 4 Abs. 2 AIG soll die Integration von *längerfristig
und rechtmässig anwesenden ausländischen Personen* gefördert wer-

den, was Ausländerinnen und Ausländer, die sich nur kurzfristig oder ohne Aufenthaltsbewilligung im Land aufhalten, namentlich Asylsuchende, ausschliesst. Besondere Aufmerksamkeit kommt anerkannten *Flüchtlingen, Schutzbedürftigen und vorläufig aufgenommenen Personen* zu. Der Bund zahlt den Kantonen pro vorläufig aufgenommener Person, pro anerkanntem Flüchtling und pro schutzbedürftiger Person mit Aufenthaltsbewilligung eine einmalige Integrationspauschale von CHF 18'000 (Art. 15 Abs. 1 VIntA). Die kantonalen Sozialhilfebehörden haben zudem stellenlose anerkannte Flüchtlinge und vorläufig aufgenommene Personen bei der öffentlichen Arbeitsvermittlung zu melden (Art. 53 Abs. 5 AIG). Berücksichtigung finden schliesslich die besonderen Anliegen von Frauen, Kindern und Jugendlichen (Art. 53a Abs. 2 AIG).

e)   **Zivilgesellschaft**

Nicht zu vergessen sind schliesslich die erheblichen Integrationsleistungen der Zivilgesellschaft, etwa in *Sport- oder anderen Vereinen,* die im Bundesrecht kaum zum Ausdruck kommen, die aber insbesondere durch kantonale Subventionsprogramme gefördert werden können.

4.   Individuelle Anforderungen (Fordern)

a)   **Vorbemerkungen**

Ausländische Personen sollen auch *eigenverantwortlich* zu ihrer Integration beitragen. Dazu stellt das Gesetz Anforderungen auf, die sie zu beachten haben. Dies gilt v.a. für *Drittstaatsangehörige.* Bei freizügigkeitsrechtlichen Bewilligungen sind die Integrationsvoraussetzungen hingegen nicht von Belang, soweit nicht das Freizügigkeitsrecht entsprechende Anforderungen erlaubt. Das trifft hauptsächlich im Rahmen von Verhältnismässigkeitsabwägungen zu Beschränkungen freizügigkeitsrechtlicher Ansprüche, namentlich nach Art. 5 Anhang I FZA, zu. Im Übrigen verlangt das Freizügigkeitsrecht gerade keine Integrationsleistungen der ausländischen

Personen. Eine Ausnahme greift für die Niederlassungsbewilligung als rein nationale Erlaubnisform, für deren Erteilung die Integrationsvoraussetzungen auch bei Freizügigkeitsberechtigten gelten. Nach dem sog. *Stufenmodell* sind im Übrigen die Anforderungen an die Integration, unter Berücksichtigung des Einzelfalls, umso höher, je mehr Rechte der ausländischen Person durch die erstrebte Bewilligung verliehen werden.

Bei der Beurteilung der Integration durch die Behörden geht es vorwiegend um den *Integrationsgrad*. Allerdings sind auch die entsprechenden *Bemühungen* im Rahmen der individuellen Möglichkeiten zu berücksichtigen.

b) Rechtswirkungen

Integrationsbemühungen werden vom Gesetzgeber belohnt und führen zu einer *Verbesserung des ausländerrechtlichen Status*. Ganz allgemein haben die zuständigen Behörden bei der Ermessensausübung die Integration der ausländischen Personen zu berücksichtigen (Art. 96 Abs. 1 AIG). Ferner ist die Integration bei der Festlegung der Gültigkeitsdauer der erteilten oder verlängerten Aufenthaltsbewilligung (Art. 33 Abs. 4 AIG) zu beachten. Die Erteilung der Niederlassungsbewilligung setzt in jedem Fall eine erfolgreiche Integration voraus (vgl. Art. 34 Abs. 2 Bst. c, Art. 42 Abs. 3, Art. 43 Abs. 5 AIG). Dies gilt ebenso bei der Erteilung und Verlängerung von Aufenthaltsbewilligungen nach Auflösung der Familiengemeinschaft (Art. 50 Abs. 1 Bst. a AIG). Weiter spielt die Integration eine Rolle bei Gesuchen um Erteilung einer Aufenthaltsbewilligung von vorläufig aufgenommenen Ausländerinnen und Ausländern (Art. 84 Abs. 5 AIG).

Im Gegenzug kann eine mangelnde Integration die *Verschlechterung des ausländerrechtlichen Status* nach sich ziehen. So kann die Niederlassungsbewilligung widerrufen und durch eine Aufenthaltsbewilligung ersetzt werden, wenn die gesetzlichen Integrationskriterien nicht erfüllt sind (Art. 63 Abs. 2 AIG). Diese Bestimmung ist allerdings nicht unproblematisch (dazu hinten § 9.4.a.cc, S. 184). Eine Aufenthaltsbewilligung kann schlimmstenfalls sogar widerrufen werden, wenn die ausländische Person eine Integrationsvereinbarung (vgl. hiernach 5., S. 158) ohne entschuldbaren Grund nicht einhält (Art. 62 Abs. 1 Bst. g AIG). Schliesslich ist die Integration ein Kriterium bei der Interessenabwägung im Rahmen der Verhältnismässigkeitsprüfung, was insbesondere beim Widerruf von Bewilligungen bedeutsam ist.

c)   **Kriterien**

Als *Kriterien zur Beurteilung der Integrationsleistung und -bereitschaft* einer ausländischen Person fallen in Betracht die Beachtung der öffentlichen Sicherheit und Ordnung, die Respektierung der Werte der Bundesverfassung, die Sprachkompetenzen und die Teilnahme am Wirtschaftsleben oder am Erwerb von Bildung durch Aus- oder Weiterbildung. Dabei wird der Situation von Personen, die aufgrund von Krankheit, Behinderung oder anderen Gründen die Integrationskriterien nicht oder nur erschwert erfüllen können, Rechnung getragen (Art. 58a AIG). Diese Integrationskriterien werden in Art. 77a ff. VZAE konkretisiert. Dabei handelt es sich um *unbestimmte Rechtsbegriffe,* die mitunter nicht besonders stringent sind. Auch die rechtliche Tragweite ist nicht immer klar. So kann die vordergründig nachvollziehbare Anforderung, die Werte der Bundesverfassung zu respektieren (vgl. Art. 58a Abs. 1 Bst. b AIG und Art. 77c VZAE), in Konflikt zu genau denselben Werten geraten, wenn dadurch beispielsweise die Freiheitsrechte wie die Meinungs- und die Religionsfreiheit berührt werden. Entscheidend ist im Übrigen eine an diesen Kriterien bemessene Gesamtwürdigung aller massgeblichen Umstände im Einzelfall. Wenn nicht bereits ein einziges Kriterium den Ausschlag gibt, weil es für sich allein entscheidend ins Gewicht fällt, sind die Integrationsanstrengungen insgesamt abzuwägen. Ein Manko bei einem kann durch eine besonders bedeutsame Leistung bei einem anderen Kriterium ausgeglichen werden.

Insbesondere gilt der Nachweis der erforderlichen *Sprachkompetenzen* als erbracht, wenn die ausländische Person die fragliche Landes- als Muttersprache spricht und schreibt, während mindestens drei Jahren die obligatorische Schule oder eine Ausbildung auf Sekundarstufe II oder Tertiärstufe in dieser Landessprache besucht hat oder über einen Sprachnachweis verfügt, der die entsprechenden Kompetenzen bescheinigt und den allgemein anerkannten Qualitätsstandards für Sprachtests entspricht, wobei das SEM die Kantone diesbezüglich unterstützt und Dritte damit betrauen kann (Art. 77d VZAE). Für die Erteilung der Niederlassungsbewilligung ist ein Sprachnachweis über die am Wohnort gesprochene Landessprache mit einem mündlichen Referenzniveau von mindestens A2 und schriftlichen Sprachkompetenzen wenigstens auf dem Referenzniveau A1 des Gemeinsamen europäischen Referenzrahmens (GER) erforderlich (so ausdrücklich Art. 34 Abs. 4, Art. 43 Abs. 1 Bst. d und Art. 44 Abs. 1 Bst. d AIG, Art. 60 Abs. 2 VZAE). Demgegenüber gibt es bei der Einbürgerung im Bundesrecht keine entsprechende Voraussetzung, sondern es genügen Kenntnisse einer Landessprache auf einem um eine Stufe höheren Niveau (s. hinten § 27.2.e.cc, S. 385). Es rechtfertigt sich deshalb mit Blick auf das Verhältnismässigkeitsprinzip eine gewisse Zurückhaltung, etwa wenn jemand infolge Wohnortswechsels die Sprachgrenze überschritten hat. Hinzu kommt, dass Art. 34 Abs. 2 AIG für die ordentliche Erteilung der Niederlassungsbewilligung die Wohnortssprache, im Unterschied zu Art. 34 Abs. 4 AIG, wo die frühzeitige Erteilung geregelt ist, nicht verlangt. Das Erfordernis der Wohnortssprache bei der ordentlichen Erteilung der Niederlassungsbewilligung findet seine Grundlage demnach nur im Verordnungsrecht, womit die gesetzliche Abfederung fraglich erscheint.

Im Gesetz nicht ausdrücklich genannt wird die *soziale Integration*, die sich etwa durch Vereinstätigkeit oder unentgeltliche Freiwilligenarbeit ausdrückt. Sie kann jedoch insbesondere im Rahmen von Interessenabwägungen eine massgebliche Rolle spielen.

Weitgehend ungelöst ist der Umgang mit Integrationsmängeln, die auf *ungenügender Aufnahmebereitschaft der Zivilgesellschaft* beruhen. Wie lässt sich beispielsweise nachweisen, dass eine Person mit guter beruflicher Qualifikation wegen ihrer fremdländischen Herkunft keine Arbeit findet, und wie wäre das migrationsrechtlich zu würdigen?

5. Integrationsvereinbarungen

Die Migrationsbehörde kann in verschiedenen Fällen mit Ausländerinnen oder Ausländern eine Integrationsvereinbarung abschliessen. Das Gesetz sieht eine solche *Möglichkeit* bei der Erteilung und Verlängerung einer Aufenthaltsbewilligung im Rahmen der ordentlichen Zulassung vor (Art. 33 Abs. 5 AIG), bei der Erteilung und Verlängerung einer Aufenthaltsbewilligung im Rahmen des Nachzugs von Ehegatten und Kindern von Personen mit Niederlassungs- oder Aufenthaltsbewilligung (Art. 43 Abs. 4 und Art. 44 Abs. 4 AIG) sowie bei vorläufig aufgenommenen Personen (Art. 83 Abs. 10 AIG). Die Rückstufung von der Niederlassungsbewilligung zur Aufenthaltsbewilligung kann ebenfalls mit dem Abschluss einer Integrationsvereinbarung verbunden werden (Art. 62a Abs. 1 VZAE).

Voraussetzung für eine Integrationsvereinbarung ist stets das *Vorliegen eines besonderen Integrationsbedarfs*. Ob ein solcher besteht, beurteilt sich nach den in Art. 58a AIG verankerten Integrationskriterien. Meldungen an die Migrationsbehörde, die im Rahmen von Art. 97 Abs. 3 AIG erfolgen, wie etwa aufgrund der Eröffnung von Strafuntersuchungen, des Bezugs von Sozialhilfe oder von Massnahmen von Kindes- und Erwachsenenschutzbehörden, können als Hinweise für einen besonderen Integrationsbedarf betrachtet werden (vgl. Art. 77g Abs. 1 VZAE). Die Integrationsvereinbarung hält die Ziele, Massnahmen und Fristen einer individuell vereinbarten Integrationsförderung fest und regelt deren Finanzierung (Art. 58b Abs. 1 AIG). Sie kann insbesondere Zielsetzungen zum Erwerb von Sprachkompetenzen, zur schulischen oder beruflichen und wirtschaftlichen Integration enthalten sowie zum Erwerb von Kenntnissen über die Lebensbedingungen, das Wirtschaftssystem und die Rechtsordnung in der Schweiz (Art. 58b Abs. 2 AIG). Verlangen die zuständigen Behörden den Abschluss einer Integrationsvereinbarung, so wird die Aufenthaltsbewilligung erst nach Abschluss der Vereinbarung erteilt oder verlängert (Art. 58b Abs. 3 AIG). Hält die ausländische Person die Integrationsvereinbarung ohne entschuldbaren Grund nicht ein, kann dies zum Widerruf der Aufenthaltsbewilligung führen, wenn sich eine solche Massnahme in einer Gesamtbetrachtung als verhältnismässig erweist (Art. 62 Abs. 1 Bst. g AIG, Art. 77g Abs. 5 VZAE).

Umstritten ist die *Rechtsnatur* der Integrationsvereinbarungen. Entgegen deren Bezeichnung handelt es sich nicht um eigentliche Verträge, da es an der dafür erforderlichen Freiwilligkeit fehlt. Die Lehre versteht sie daher eher als Auflagen oder Bedingungen zu den Bewilligungen oder bestenfalls als Bestandteil mitwirkungspflichtiger Bewilligungsverfügungen.

6. Integrationsempfehlungen

Personen, die dem Freizügigkeitsrecht unterstellt sind, oder ausländische Familienangehörige von Schweizerinnen und Schweizern können nicht zum Abschluss einer Integrationsvereinbarung verpflichtet werden. Ihnen können die Behörden lediglich *Integrationsempfehlungen* geben (Art. 58b Abs. 4 AIG). Diese sind nicht verpflichtend. Ihre Rechtswirkung beschränkt sich im Wesentlichen darauf, dass eine aufgrund der Nichtbefolgung der Empfehlung ungenügende Integration beim allfälligen Entscheid über die Erteilung einer Niederlassungsbewilligung massgeblich werden kann (vgl. Art. 34 AIG).

7.   Bedeutung im Ausländerrecht

Bis in die 90er-Jahre des letzten Jahrhunderts war die Integration ausländischer Personen oder deren Förderung von staatlicher Seite im Rahmen des Ausländerrechts kein Thema. Von ihnen wurde schlicht erwartet, dass sie sich den Schweizer Verhältnissen anpassten. Wie dies zu geschehen hatte, war ihnen weitgehend selbst überlassen. Inzwischen ist Integration ein *zentrales Element des Ausländerrechts* geworden. Insbesondere mit der am 16.12.2016 vom Parlament verabschiedeten «Änderung des Ausländergesetzes zur Verbesserung der Integration» wurde die Integration auch auf Bundesebene als staatliche Aufgabe verankert. Zudem gibt es nunmehr formell-gesetzliche Grundlagen, welche die Kriterien für eine gelungene Integration definieren und die Rechtsfolgen einer mangelnden Integration festlegen. Welche gesellschaftliche Bedeutung der Gesetzgeber der Integration beimisst, zeigt sich schliesslich darin, dass im Rahmen der betreffenden Gesetzesänderung sogar der Titel des Gesetzes geändert wurde, das seit dem 1.1.2019 «Bundesgesetz über die Ausländerinnen und Ausländer *und über die Integration*» heisst.

8.   Bedeutung im Flüchtlingsrecht

Im Flüchtlingsbereich kommt der Integration eine deutlich *weniger grosse rechtliche Tragweite* zu. Lange Zeit galt der Grundsatz, dass Schutzsuchende erst zu integrieren sind, wenn sie als Flüchtlinge anerkannt werden. Das schlägt noch immer auf die Rechtslage durch, auch wenn inzwischen grundsätzlich die Einsicht gereift ist, dass eine möglichst frühzeitige Integration die entsprechenden Chancen erheblich vergrössert. Das Bundesrecht sieht die Förderung der Integration von Asylsuchenden weiterhin kaum vor. Immerhin bestimmt nunmehr Art. 24d Abs. 2 Bst. c AsylG, dass die Kantone die Grundschulung asylsuchender Kinder sicherstellen müssen. Auch sonst übernehmen die Kantone teilweise von sich aus Integrationsaufgaben. Wird ein Schutzstatus gewährt, anerkennt hingegen das

Asylgesetz ebenfalls einen Integrationsbedarf. Beim Gruppenasyl spricht es ausdrücklich von Erstintegration (vgl. Art. 57 AsylG). Sodann soll bei der Sozialhilfeunterstützung von Flüchtlingen und Schutzbedürftigen, die Anspruch auf eine Aufenthaltsbewilligung haben, darauf geachtet werden, die berufliche, soziale und kulturelle Integration zu erleichtern (Art. 82 Abs. 5 AsylG). Etwas paradox erscheint hingegen die Regelung von Art. 14 Abs. 2 Bst. c AsylG, wonach die Erteilung einer asylrechtlichen Härtefallbewilligung sogar eine fortgeschrittene Integration voraussetzt, obwohl die Integration der Asylsuchenden vor der Anerkennung eines Schutzstatus gerade nicht angestrebt wird.

Im Kontext der Ukraine-Krise hat der Bundesrat am 12. März 2022 für Schutzsuchende erstmals den Schutzstatus S aktiviert. Da es sich bei diesem Status um eine rückkehrorientierte Aufenthaltsregelung handelt, sieht das Gesetz für die Betroffenen keine Ausrichtung einer Integrationspauschale durch den Bund an die Kantone vor (Art. 58 Abs. 2 AIG e contrario). Der Bundesrat hat aber am 13. April 2022 beschlossen, die berufliche und soziale Integration der Betroffenen im Rahmen eines Programms von nationaler Bedeutung gemäss Art. 58 Abs. 3 AIG («Unterstützungsmassnahmen von Personen mit Schutzstatus S» [Programm S], verlängert am 9. November 2022 sowie am 1. November 2023) zu fördern, welches sich an die bestehenden kantonalen Integrationsprogramme anlehnt. Personen mit S-Status sollen möglichst rasch Sprachkenntnisse erwerben können und Zugang zu Bildung und zum Arbeitsmarkt erhalten. Ziel ist es, ihre Integration zu erleichtern, falls sie sich länger in der Schweiz aufhalten. Gleichzeitig soll mit dem Aufbau von Kompetenzen auch die Rückkehrfähigkeit erhalten bleiben. Für die Umsetzung des Programms S sind die Kantone zuständig, wobei das SEM diese mit einem monatlichen Beitrag von 250 Franken pro Person mit S-Status unterstützt. In den Kantonen kommen Personen mit S-Status grundsätzlich in den Genuss der gleichen Integrationsmassnahmen wie anerkannte Flüchtlinge und vorläufig aufgenommene Personen.

9.   Bedeutung im Einbürgerungsrecht

Eine langjährige Bedeutung kommt der Integration bei *Einbürge-rungen* zu. Zwar galt in der Schweiz noch um 1900 der Grundsatz der Integration durch Einbürgerung. Spätestens seit dem zweiten Weltkrieg bildet die Integration aber Voraussetzung der Einbürge-rung (vgl. heute Art. 11 f. BüG für die ordentliche und Art. 20 BüG für die erleichterte Einbürgerung sowie Art. 26 BüG für die Wieder-einbürgerung). Dem individuellen Integrationsgrad kommt dabei eine wesentliche Bedeutung zu, die in der Praxis verschiedentlich auch überspitzt anmutende Anforderungen mit sich gebracht hat. Noch immer führt das Kriterium der Integration als Einbürge-rungsvoraussetzung vor allem bei der ordentlichen Einbürgerung (dazu § 27.2.e.cc, S. 385) mitunter zu Rechtsstreitigkeiten sowie zu politischen und zivilgesellschaftlichen Diskussionen.

Leitentscheid: BGer 2C_1030/2020 (Sprachanforderungen für Aufenthaltsbewilligung); BGE 148 II 1 (Voraussetzungen für die Rückstufung von einer altrechtlich erteilten Niederlassungs- auf eine Aufenthaltsbewilligung aufgrund eines Integrationsdefizits).

§ 9   Beendigung der Anwesenheit

1.   Einleitung

Ausländische Personen sind zum Aufenthalt in der Schweiz nur berechtigt, wenn sie über eine Anwesenheitsbewilligung verfügen oder einer solchen von Gesetzes wegen nicht bedürfen. Die Be-rechtigung zum Aufenthalt kann enden. Die *Beendigung* folgt dabei unterschiedlichen Regeln. Sie wird oft verknüpft mit einer *Entfer-nungs- und einer Fernhaltemassnahme*. Bei der ersten ist das Ge-biet der Schweiz zu verlassen; die zweite verbietet das Betreten des schweizerischen Territoriums.

Kurzaufenthalts-, Aufenthalts- sowie Niederlassungsbewilligung erlauben, sich in der Schweiz aufzuhalten. Nichts anderes gilt für die Bewilligung EU/EFTA nach dem Freizügigkeitsrecht und für die erworbenen Rechte nach dem Abk. über die erworbenen Rechte [SR 0.142.113.672] bzw. Art. 4 f. VFP (i.V.m. Art. 2 Abs. 2 VFP). Die Kurzaufenthalts- und Aufenthaltsbewilligung werden zu einem bestimmten Zweck gewährt (Art. 32 Abs. 2 und Art. 33 Abs. 2 AIG). Die Grenzgängerbewilligung ist zwar eine Anwesenheitsbewilligung, aber keine Bewilligung zum Aufenthalt, sondern zur Ausübung einer Erwerbstätigkeit (Art. 35 Abs. 1 AIG). Dasselbe gilt auch für die EU-Grenzgängerbewilligung bzw. die entsprechende Sonderbescheinigung (Art. 4 Abs. 1 VFP i.V.m. Art. 7 Abs. 1 Anhang I FZA).

2. Völker- und Verfassungsrecht

a) Völkerrecht

Nach einem gefestigten Grundsatz des Völkerrechts haben die Staaten das Recht, u.a. den Aufenthalt von Nicht-Staatsangehörigen auf ihrem Territorium zu regeln. Zwar finden sich völkerrechtlich spezifische migrationsrechtliche Ansprüche. Es gibt aber kein Menschenrecht, das ein ausdrückliches allgemeines Recht auf Einreise, Aufenthalt oder Verbleib regelt, auch Art. 8 EMRK nicht, dem in diesem Abschnitt dennoch grosse Bedeutung zukommt. Ausländerrechtliche Fernhaltemassnahmen können unter bestimmten Umständen das Recht auf Familienleben und allenfalls das Recht auf Privatleben nach Art. 8 EMRK verletzen. In Bezug auf ein *Verbleiberecht* zieht das Bundesgericht seit 1983 und 1984 mit der sog. *Reneja*-Praxis Art. 8 EMRK bei.

Danach ist unter dem *Aspekt des Familienlebens* Art. 8 EMRK berührt, wenn eine staatliche Entfernungs- oder Fernhaltemassnahme eine nahe, echte und tatsächlich gelebte familiäre Beziehung einer in der Schweiz gefestigt anwesenheitsberechtigten Person beeinträchtigt, ohne dass es dieser ohne weiteres möglich bzw. zumutbar wäre, ihr Familienleben andernorts zu pflegen. Zum geschützten Familienkreis gehört in erster Linie die Kernfamilie, d.h. die Gemeinschaft der Ehegatten mit ihren ledigen, minderjährigen Kindern. Eine ausländerrechtliche Entfernungsmassnahme und Wegweisung stellt unter den vorgenannten Voraussetzungen einen Eingriff in den Schutzbereich des Familienlebens dar und muss sich spezifisch rechtfertigen lassen (Weiteres zum Schutzbereich des Familienlebens vorne § 7.9., S. 141).

Eine ausländerrechtliche Entfernungsmassnahme und Wegweisung kann Art. 8 EMRK auch in seinem *Aspekt des Schutzes des Privatlebens* verletzen. Danach bedarf die Beendigung des Aufenthalts nach einer rechtmässigen Anwesenheit von zehn Jahren besonderer Gründe, da nach dieser Zeitspanne eine widerlegbare Vermutung gilt, dass regelmässig eine gute Integration vorliegt. Anrechenbar ist grundsätzlich nur die rechtmässige Anwesenheit. Ein prozessualer Aufenthalt ist nach der bundesgerichtlichen Rechtsprechung allerdings nicht bedeutungslos. Inwiefern dieser zu berücksichtigen wäre, hat das Bundesgericht bislang noch nicht festgehalten. Er kommt einem faktischen Aufenthaltsrecht nahe, vor allem da der Entscheid nicht im Ausland – im Gegensatz zu Art. 17 AIG – abgewartet werden muss. Der EGMR hat in seinem Entscheid *Ghadamian* den illegalen Aufenthalt berücksichtigt. Die Zumutbarkeit der Rückkehr ist für sich genommen noch kein Grund, das Aufenthaltsrecht zu entziehen, ebenso wenig das öffentliche Interesse an einer Steuerung der Zuwanderung. Der Aufenthalt während eines laufenden Asylverfahrens ist jedoch nicht auf die Zehnjahresdauer anzurechnen.

Beide *Schutzgehalte* von Art. 8 EMRK *gelten nicht absolut:* Eine aufenthaltsbeendende Massnahme bedarf einer gesetzlichen Grundlage, muss einem legitimen Zweck im Sinne von Art. 8 Ziff. 2 EMRK entsprechen und zu dessen Realisierung in einer demokratischen Gesellschaft «notwendig» erscheinen. Danach ist ein Eingriff zulässig, soweit er einen Akt bildet, der sich in einer demokratischen Gesellschaft für die nationale Sicherheit, für die öffentliche Ruhe und Ordnung, für das wirtschaftliche Wohl des Landes und zur Verhinderung strafbarer Handlungen, zum Schutz der Gesellschaft und Moral sowie der Rechte und Freiheiten anderer als nötig erweist. Die EMRK verlangt, dass die individuellen Interessen an der Erteilung bzw. am Erhalt des Anwesenheitsrechts und die öffentlichen Interessen an dessen Verweigerung gegeneinander abgewogen werden. Bei den *Eingriffsvoraussetzungen* sind zu beachten: Art und Schwere der den Eingriff auslösenden Ursache, die Aufenthaltsdauer des Betroffenen im Land, der seit der den Eingriff auslösenden Ursache vergangene Zeitraum, das Verhalten des Ausländers während diesem, die sozialen, kulturellen und familiären Bindungen zum Aufnahmestaat und zum Herkunftsland, der Gesundheitszustand, die mit der aufenthaltsbeendenden Massnahme verbundene Dauer der Fernhaltung sowie allgemein die dem Betroffenen und seiner Familie drohenden Nachteile bei einer Ausreise in die Heimat oder in einen Drittstaat. Entscheidend ist eine Gesamtwürdigung. Der EGMR hat diese Kriterien in den Urteilen *Boultif* für Ehegatten und *Üner* für Kinder ausgearbeitet. Er belässt den Mitgliedstaaten einen grossen Beurteilungsspielraum, wenn sie alle genannten Kriterien prüfen, entscheidet hingegen dann regelmässig auf einen EMRK-Verstoss, wenn diese Prüfung unvollständig ist. Neuerdings ist er vereinzelt auch dazu übergegangen, den Behörden des Signatarstaates die Wiedererwägung eines Entscheides wegen der nachmaligen positiven Entwicklung der betroffenen Person nahezulegen, obwohl er einen Verstoss gegen die EMRK aufgrund der zu beurteilenden älteren Umstände verneint.

Eine mit Art. 8 EMRK vergleichbare Regelung enthält Art. 17 UNO-Pakt II. Aus dem Recht auf Einreise ins eigene Land nach Art. 12 Abs. 4 UNO-Pakt II (s. § 4.1., S. 62) lassen sich ebenfalls Wegweisungsverbote ableiten; wer nicht an der Einreise gehindert werden darf, muss grundsätzlich auch im Land geduldet werden. Sodann weist die *Kinderrechtskonvention,* deren Grundprinzip und Leitmotiv das übergeordnete Kindesinteresse bildet (Art. 3 KRK), für die hier zu behandelnde Fragestellung ebenfalls verschiedene migrationsrechtsrelevante Bestimmungen auf, nicht zuletzt auch in verfahrensrechtlicher Hinsicht (Art. 12 KRK).

Schliesslich darf Art. 13 EMRK (Recht auf wirksame Beschwerde) nicht ausser Acht gelassen werden. Art. 6 EMRK ist hingegen nach der Rechtsprechung des EGMR auf ausländerrechtliche Verfahren nicht anwendbar. Freizügigkeitsberechtigte haben sogar das Recht auf eine doppelte Überprüfung, wobei die letzte Instanz ein Gericht sein muss (Art. 11 Abs. 3 FZA, Art. 11 Abs. 3 Anhang K EFTA-Abkommen).

b)   Verfassungsrecht

Art. 121 Abs. 1 BV erteilt dem *Bund* vor allem die *Kompetenz,* die Ein- und Ausreise, den Aufenthalt und die Niederlassungsbewilligung ausländischer Personen zu regeln. Art. 121 Abs. 2–6 BV geben dem Bund die Kompetenz und den Auftrag für die Beendigung der Anwesenheit ausländischer Personen sowie deren Entfernung und Fernhaltung aufgrund bestimmter Strafdelikte. Materielle Vorgaben dazu finden sich in Art. 121 Abs. 3 und 4 BV. Danach verlieren ausländische Personen unabhängig von ihrem ausländerrechtlichen Status ihr Aufenthaltsrecht sowie alle Rechtsansprüche auf Aufenthalt in der Schweiz, wenn sie gewisse, in Art. 121 Abs. 3 Bst. a und b BV aufgeführte Deliktstatbestände erfüllen, wobei der Gesetzgeber diese näher zu umschreiben hat (Art. 121 Abs. 4 BV). Nach Art. 121 Abs. 5 BV sind ausländische Personen, die ihr Aufenthaltsrecht und ihre Ansprüche auf Aufenthalt nach Art. 121 Abs. 3 und 4 BV verlieren, auszuweisen und mit einem Einreiseverbot von 5–15 Jahren bzw. im Wiederholungsfall von 20 Jahren zu belegen. Vorgesehen wird also eine kombinierte Entfernungs- und Fernhaltemassnahme.

Art. 121 Abs. 2 BV enthält sodann ausdrücklich die sog. politische (oder auch politisch-polizeiliche) *Ausweisung,* die ebenfalls Entfernung und Fernhaltung verknüpft. Darüber hinaus kann der Bundesrat selbst vergleichbare politisch begründete Massnahmen treffen: Nach Art. 184 Abs. 3 (Wahrung der Interessen des Landes) und nach Art. 185 Abs. 3 BV (äussere und innere Sicherheit) kann er direkt gestützt auf die beiden Verfassungsbestimmungen Verfügungen treffen oder sogar Verordnungen erlassen.

Bereits die Verfassung sieht somit Beendigungstatbestände vor. *Grenzen* für die Beendigung des Aufenthalts geben die Grundrechte vor. Im vorliegenden Zusammenhang ist dies vor allem Art. 13 BV, der sich mit Art. 8 EMRK deckt. Daneben sind Art. 14 BV bzw. Art. 12 EMRK anwendbar. Art. 11 BV gewährt keine Ansprüche. Entscheide dürfen zudem nicht willkürlich sein (Art. 9 BV). Schliesslich sind auch die Verfahrensgarantien nach Art. 29, 29a und 30 BV zu beachten.

3. Erlöschen der Aufenthaltsberechtigung

a) Vorbemerkungen

Beim *Erlöschen* der Aufenthaltsberechtigungen gehen diese *von Gesetzes wegen* unter, wenn die entsprechenden gesetzlichen Voraussetzungen erfüllt sind. Es braucht dafür keinen rechtsgestaltenden behördlichen Hoheitsakt. Im Streitfall oder bei sonstigem Bedarf wird das Erlöschen lediglich behördlich festgestellt. Es gibt daher auch keine Verhältnismässigkeitsprüfung im Einzelfall. Hingegen sind die einschlägigen Gesetzesbestimmungen völkerrechts- und verfassungskonform und damit auch unter Berücksichtigung des Verhältnismässigkeitsprinzips nach Art. 5 Abs. 3 BV auszulegen. Für die Erlöschensgründe unterscheidet das Gesetz nach der Art der Anwesenheitsbewilligung bzw. -berechtigung. Im Gesetz nicht erwähnt wird, dass alle ausländerrechtlichen Bewilligungen und Statusrechte auch mit der Einbürgerung und dem Tod ihres Trägers erlöschen.

b)   Drittstaatsangehörige

aa)   Fristablauf

Anwesenheitsbewilligungen für Drittstaatsangehörige sind mit Ausnahme der Niederlassungsbewilligung (Art. 34 Abs. 1 AIG) befristet (Art. 32 Abs. 1, Art. 33 Abs. 3, Art. 35 Abs. 3 AIG). Durch *Ablauf der Gültigkeitsdauer* erlöschen diese von Gesetzes wegen (Art. 61 Abs. 1 Bst. c AIG). Damit ist auch die Verpflichtung verbunden, die Schweiz zu verlassen. Soll die Aufenthaltsbewilligung nicht mit Ablauf der Bewilligungsfrist erlöschen, muss spätestens 14 Tage und längstens drei Monate vor Ablauf der Gültigkeitsdauer, von Ausnahmen abgesehen, ein Gesuch um Verlängerung der Aufenthaltsbewilligung gestellt werden; ist das Gesuch pendent, erlischt die Bewilligung grundsätzlich nicht (Art. 59 Abs. 1 und 2 VZAE). Dies ist nicht zu verwechseln mit der Verlängerung nur der Gültigkeitsdauer des Ausweises für die Niederlassungsbewilligung (Art. 63 VZAE).

bb)   Aufgabe des Aufenthalts

Die Kurzaufenthalts-, die Aufenthalts- und die Niederlassungsbewilligung erlöschen ferner durch die *Aufgabe des Aufenthalts*. Dies kann auf zwei Arten geschehen:

–   Erstens durch *Abmelden* ins Ausland: Meldet sich die ausländische Person ins Ausland ab, erlischt ihre Bewilligung (Art. 61 Abs. 1 Bst. a AIG). Die Abmeldung muss klar und eindeutig sein. Eine Abmeldung durch ein anderes Familienmitglied ist nur durch eine Vollmacht oder aufgrund eines gesetzlichen Vertretungsrechts zulässig. Eine böswillige Abmeldung ist nicht rechtswirksam, allerdings kann die ausländische Person u.U. ihr Aufenthaltsrecht trotzdem verlieren, wenn sie die Schweiz tatsächlich verlässt.

–   Zweitens durch die *tatsächliche Aufgabe* des Aufenthalts ohne Abmeldung; dies gilt auch bei unfreiwilligem Verweilen (etwa wegen Gefängnisaufenthalts) im Ausland: Verlässt die Ausländerin oder der Ausländer die Schweiz, ohne sich abzumelden, so erlischt die Kurzaufenthaltsbewilligung nach drei Monaten, die Aufenthalts- und die Niederlassungsbewilligung nach sechs Monaten (Art. 61 Abs. 2 Satz 1 AIG). Für das Erlöschen der Bewilligungen ist einzig die Frist eines grundsätzlich nur ununterbrochenen Auslandsaufenthalts massgebend. Diese wird allerdings durch vorübergehende Besuchs-, Tourismus- oder Geschäftsaufenthalte in der Schweiz nicht unterbrochen (Art. 79 Abs. 1 VZAE). Die Niederlassungsbewilligung kann auf Gesuch hin während vier Jahren aufrechterhalten werden (Art. 61 Abs. 2 Satz 2 AIG), was u.a. Personen zugutekommt, die im Ausland beispielsweise eine mehrmonatige bzw. mehrjährige Ausbildung ins Auge fassen. Das Gesuch muss vor Ablauf der sechsmonatigen Frist eingereicht werden (Art. 79 Abs. 2 VZAE). Die Rechtsprechung ist angesichts der recht ansehnlichen Frist sehr streng und lässt keine Ausnahmen, auch nicht etwa bei Krankheit, zu, weshalb sich eine frühzeitige Gesuchseinreichung empfiehlt. Ist die Niederlassungsbewilligung nach einem Auslandsaufenthalt erloschen, kann sie unter Nachweis von Sprachkenntnissen erneut erteilt werden, wenn die Ausländerin oder der Ausländer diese früher schon während mindestens zehn Jahren besessen hat und der Auslandsaufenthalt nicht länger als sechs Jahre gedauert hat (Art. 61 VZAE). Ausländischen Personen, die früher im Besitz einer Niederlassungs- oder Aufenthaltsbewilligung waren, kann unter bestimmten Voraussetzungen gestützt auf Art. 30 Abs. 1 Bst. k AIG in Verbindung mit Art. 49, 50 und 51 VZAE eine entsprechende Bewilligung oder eine Kurzaufenthaltsbewilligung ermessensweise erteilt werden.

cc) Kantonswechsel

Die Kurzaufenthalts-, die Aufenthalts- und die Niederlassungsbewilligung erteilt ein Kanton für sein Gebiet (vgl. Art. 37 AIG, Art. 66 VZAE). Wird der Mittelpunkt der Lebensverhältnisse in einen anderen Kanton verlegt, liegt mit Ausnahme von medizinischen Behandlungen oder von Straf- oder Massnahmenvollzug sowie zivilrechtlicher Unterbringung (vgl. Art. 68 und 70 VZAE) ein bewilligungspflichtiger *Kantonswechsel* vor (Art. 67 Abs. 1 VZAE). Die Bewilligung des ursprünglichen Kantons erlischt erst mit der Erteilung der Bewilligung im neuen Kanton (Art. 61 Abs. 1 Bst. b AIG).

dd)   Ausweisung

Zur Wahrung der inneren oder der äusseren Sicherheit der Schweiz kann das fedpol gegenüber Ausländern eine *Ausweisung* verfügen (Art. 68 AIG). Die Niederlassungs-, Aufenthalts- und Kurzaufenthaltsbewilligungen erlöschen mit der rechtskräftigen Ausweisung (Art. 61 Abs. 1 Bst. d AIG). Wenn die betroffene Person erheblich oder wiederholt gegen die öffentliche Sicherheit und Ordnung verstossen hat oder diese gefährdet oder die innere oder die äussere Sicherheit gefährdet, ist die Ausweisung sofort vollstreckbar (Art. 68 Abs. 4 AIG); allerdings ist auch hier die Rechtskraft des Entscheids abzuwarten, wenn gestützt auf eine mögliche Verletzung der EMRK vorsorgliche Massnahmen verfügt worden sind.

ee)   Landesverweisung

In Umsetzung von Art. 121 Abs. 3–6 BV hat der Gesetzgeber das Strafgesetzbuch mit Bestimmungen über die obligatorische (Art. 66a StGB) und die fakultative *Landesverweisung* (Art. 66a[bis] StGB) ergänzt und das Militärstrafgesetz entsprechend angepasst (Art. 49a bzw. Art. 49a[bis] MStG). Sämtliche Aufenthaltsbewilligungen für Ausländer, für die eine obligatorische Landesverweisung rechtskräftig oder bei welchen eine fakultative Landesverweisung vollzogen wird, erlöschen automatisch (Art. 61 Abs. 1 Bst. e und f AIG).

c)   Freizügigkeitsberechtigte

aa)   Vorbemerkungen

Die *Niederlassungsbewilligung EU/EFTA* (Art. 5 VFP), die freizügigkeitsberechtigten EU- und EFTA-Angehörigen und ihren Familienangehörigen gestützt auf Art. 34 AIG und allenfalls auf Niederlassungsvereinbarungen und -verträge ausgestellt wird, ist wie diejenige von Drittstaatsangehörigen unbefristet und bedingungsfeindlich. Ein Erlöschen durch Ablauf ist somit nicht möglich. Achtzugeben ist freilich erneut auf die Verlängerung des auf die Dauer von fünf Jahren ausgestellten Ausländerausweises (Art. 6 Abs. 2 VFP). Mit einer definitiven Abmeldung aus der Schweiz erlischt die Niederlassungsbewilligung (Art. 61 Abs. 1 Bst. a i.V.m. Art. 2 Abs. 2 AIG). Für längere Abwesenheiten ohne definitive Abmeldung gilt wie bei Drittstaatsangehörigen die Regelung von Art. 61 Abs. 2 AIG (vgl. Art. 2 Abs. 2 AIG).

Nachdem das Vereinigte Königreich aus der EU ausgetreten ist, sichern dieses und die Schweiz seit dem 1.1.2021 mit dem Abk. über die erworbenen Rechte (Art. 1 Abs. 2 und 3) die unter dem FZA erworbenen Rechte und Ansprüche von Einzelnen (Art. 23 FZA) zu. In Bezug auf die Beendigung des Aufenthalts gilt das oben Aufgeführte. Das Abk. über die erworbenen Rechte übernimmt die Regelung von Art. 61 Abs. 2 AIG in Art. 14 Ziff. 2 und 3. Die VFP gilt sinngemäss für Staatsangehörige des Vereinigten Königreichs und ihre Familienangehörige, die vom genannten Abkommen erfasst sind (Art. 2 Abs. 3 VFP).

Bei der *Aufenthalts- und der Kurzaufenthaltsbewilligung EU/EFTA,* welche für die ganze Schweiz gelten (Art. 6 Abs. 4, Art. 12 Abs. 4, Art. 24 Abs. 7 Anhang I FZA, Art. 4 Abs. 2 VFP), ist im Wesentlichen zu unterscheiden zwischen Arbeitnehmern, Selbständigerwerbenden und Personen ohne Erwerbstätigkeit.

bb)   Unselbständig Erwerbstätige

Eine einem Arbeitnehmer erteilte *Aufenthaltsbewilligung EU/EFTA* von mindestens fünf Jahren (Art. 6 Abs. 1 Anhang I FZA) erlischt von Gesetzes wegen sechs Monate nach Beendigung des Arbeitsverhältnisses, wenn dieses nach den ersten zwölf Monaten des Aufenthalts unfreiwillig, d.h. durch Entlassung, beendet wird. Wird nach Ablauf der sechs Monate allerdings weiterhin Arbeitslosenentschädigung ausbezahlt, so erlischt das Aufenthaltsrecht erst sechs Monate nach dem Ende der Entschädigung (Art. 61a Abs. 4 AIG). Aufenthaltsunterbrechungen, die sechs aufeinander folgende Monate nicht überschreiten, sowie eine durch Militärdienst gerechtfertigte Abwesenheit berühren nicht die Gültigkeit der Aufenthaltserlaubnis (Art. 6 Abs. 5 Anhang I FZA). Meldet sich die ausländische Person definitiv aus der Schweiz ab, erlischt die Aufenthaltsbewilligung (Art. 61 Abs. 1 Bst. a i.V.m. Art. 2 Abs 2 AIG).

Eine einem Arbeitnehmer erteilte *Kurzaufenthaltsbewilligung* EU/ EFTA (Art. 4 Abs. 1 VFP) erlischt mit Ablauf der Gültigkeitsdauer. Sie geht bereits vor deren Ablauf von Gesetzes wegen sechs Monate nach unfreiwilliger Beendigung des Arbeitsverhältnisses unter (Art. 61a Abs. 1 AIG). Wird nach Ablauf der sechs Monate nach Abs. 1 weiterhin Arbeitslosenentschädigung ausbezahlt, so erlischt das Aufenthaltsrecht mit dem Ende der Entschädigung (Art. 61a Abs. 2 AIG). Für Aufenthaltsunterbrechungen gilt dasselbe wie bei der Aufenthaltsbewilligung (Art. 6 Abs. 5 Anhang I FZA). Meldet sich die ausländische Person definitiv aus der Schweiz ab, erlischt die Kurzaufenthaltsbewilligung (Art. 61 Abs. 1 Bst. a i.V.m. Art. 2 Abs. 2 AIG).

Bei Arbeitnehmern, deren Arbeitsverhältnis erst nach einem zwölfmonatigen Aufenthalt aufgelöst wird, besteht das Aufenthaltsrecht während sechs Monaten weiter. Wird danach weiterhin Arbeitslosenentschädigung bezahlt, so erlischt das Aufenthaltsrecht erst sechs Monate nach dem Ende der Entschädigung (Art. 61a Abs. 4 AIG).

Ein Arbeitnehmer, der ein *Arbeitsverhältnis mit einer Dauer von höchstens drei Monaten* hat, benötigt keine Aufenthaltserlaubnis (Art. 6 Abs. 2 UAbs. 2 Anhang I FZA); das Aufenthaltsrecht endet mit Ablauf der Dauer.

cc)   Selbständig Erwerbstätige

Selbständige erhalten eine *Aufenthaltserlaubnis* mit einer Gültigkeitsdauer von mindestens fünf Jahren. Die Aufenthaltserlaubnis wird automatisch um mindestens fünf Jahre verlängert, wenn der Berechtigte nachweist, dass er weiterhin eine selbständige Erwerbstätigkeit ausübt (Art. 12 Abs. 1 und 2 Anhang I FZA). Aufenthaltsunterbrechungen, die sechs aufeinander folgende Monate nicht überschreiten, sowie eine durch Militärdienst gerechtfertigte Abwesenheit berühren nicht die Gültigkeit der Aufenthaltserlaubnis (Art. 12 Abs. 5 Anhang I FZA). Meldet sich die ausländische Person definitiv aus der Schweiz ab, erlischt die Aufenthaltsbewilligung (Art. 61 Abs. 1 Bst. a i.V.m. Art. 2 Abs. 2 AIG). Art. 61a AIG kommt bei Selbständigen nicht zur Anwendung.

dd)   Erwerbslose

Bei *Freizügigkeitsberechtigten ohne Erwerbstätigkeit* (vgl. Art. 24 Abs. 1 Anhang I FZA) erlischt das Aufenthaltsrecht von Gesetzes wegen, wenn die Berechtigten die Voraussetzungen von Art. 24 Abs. 1 Anhang I FZA nicht mehr erfüllen (Art. 24 Abs. 8 Anhang I FZA). Auch hier gilt, dass unter sechsmonatige Aufenthaltsunterbrechungen und der Militärdienst die Gültigkeit der Aufenthaltserlaubnis nicht beeinträchtigen (Art. 24 Abs. 6 Anhang I FZA). Meldet sich die ausländische Person definitiv aus der Schweiz ab, erlischt die Aufenthaltsbewilligung (Art. 61 Abs. 1 Bst. a i.V.m. Art. 2 Abs. 2 AIG). Für Studierende gilt eine Sonderregelung nach Art. 24 Abs. 4 und 5 Anhang I FZA.

ee)   Sonstige

In allen anderen Fällen ist ein Sachentscheid notwendig, um die Aufenthalts- und die Kurzaufenthaltsbewilligungen EU/EFTA zu beenden. Da die Grenzgängerbewilligung nach Art. 7 Anhang I FZA nicht zum ständigen Aufenthalt berechtigt und dementsprechend auch keine Aufenthaltsbewilligung notwendig ist, führt ein Stellenverlust nicht zum Untergang der Bewilligung.

d)   **Flüchtlinge**

Die *Rechtsstellung* von *Personen mit Flüchtlingseigenschaft* (vgl. Art. 3 und 59 AsylG, Art. 1 FK i.V.m. Art. I FKProt.) richtet sich, vorbehältlich der Flüchtlingskonvention, nach dem Ausländer- und Integrationsgesetz (Art. 58 AsylG). Erhält der Flüchtling Asyl (vgl. Art. 49 AsylG), hat er Anspruch auf eine Aufenthaltsbewilligung (Art. 60 Abs. 1 AsylG). Die Niederlassungsbewilligung richtet sich nach Art. 34 AIG (Art. 60 Abs. 2 AsylG). Vom Erlöschen des Asyls (Art. 64 AsylG) wird die migrationsrechtliche Anwesenheitsbewilligung nicht berührt. Insofern kommen nur die Erlöschensgründe nach Art. 61 AIG in Betracht.

Erhalten Flüchtlinge wegen Asylausschlussgründen (vgl. Art. 53 f. AsylG) kein Asyl (Art. 49 AsylG e contrario), werden sie nach Art. 83 Abs. 8 AIG vorläufig aufgenommen. Die *vorläufige Aufnahme* ist keine Bewilligung, sondern lediglich eine *Ersatzmassnahme* für eine nicht durchführbare Wegweisung, die aber trotzdem eine Art Aufenthaltsberechtigung oder ein faktisches Aufenthaltsrecht, wie es das Bundesverwaltungsgericht ausdrückt, vermittelt. Wenn vorläufig aufgenommene Personen trotz Asylausschlussgründen Flüchtlinge nach der Flüchtlingskonvention sind, stehen ihnen auch die darin vorgesehenen Rechte zu (s. auch Art. 85 ff. AIG). Die vorläufige Aufnahme *erlischt von Gesetzes wegen,* wenn eine obligatorische oder nicht obligatorische Landesverweisung (Art. 66a, 66a^bis StGB, Art. 49a oder 49a^bis MStG) rechtskräftig geworden ist (Art. 83 Abs. 9 AIG). Zu beachten ist in beiden Fällen, dass eine

Rückschiebung nach Art. 3 EMRK absolut bzw. nach Art. 33 FK relativ (vgl. Abs. 2 der Bestimmung) unzulässig ist (s. auch Art. 25 Abs. 2 BV sowie Art. 5 AsylG). Die vorläufige Aufnahme erlischt ferner mit der definitiven Ausreise, bei einem nicht bewilligten Auslandsaufenthalt von mehr als zwei Monaten sowie beim Erwerb einer Aufenthaltsbewilligung (Art. 84 Abs. 4 AIG), etwa wegen Heirat oder bei Erwerb einer Härtefallbewilligung. Sind die Voraussetzungen für die vorläufige Aufnahme nicht mehr gegeben, hebt das SEM die vorläufige Aufnahme auf und ordnet den Vollzug der Wegweisung an (Art. 84 Abs. 2 AIG).

e) Vorläufig aufgenommene Personen

Auch ausländische Personen ohne Flüchtlingseigenschaft, bei denen der Vollzug der Weg- oder Ausweisung nicht möglich, nicht zulässig oder nicht zumutbar ist, werden vorläufig aufgenommen (dazu § 10.9., S. 244). Nach Art. 83 Abs. 9 AIG *erlöschen* die *vorläufige Aufnahme* und damit auch die damit verbundene Aufenthaltsberechtigung *von Gesetzes wegen* bei der rechtskräftigen obligatorischen oder fakultativen Landesverweisung. Dasselbe gilt ferner bei der definitiven Ausreise, bei einem nicht bewilligten Auslandsaufenthalt von mehr als zwei Monaten oder beim Erwerb einer Aufenthaltsbewilligung (Art. 84 Abs. 4 AIG). Auch hier gilt: Sind die Voraussetzungen für die vorläufige Aufnahme nicht mehr gegeben, hebt das SEM die vorläufige Aufnahme auf und ordnet den Vollzug der Wegweisung an (Art. 84 Abs. 2 AIG).

4. Bewilligungswiderruf

a) Drittstaatsangehörige

aa) Vorbemerkungen

Anwesenheitsberechtigungen für Drittstaatsangehörige ergehen grundsätzlich nicht unmittelbar durch Gesetz, sondern durch Verfügungen. Diese können ursprünglich, d.h. bereits bei ihrem Erlass, fehlerhaft sein oder, weil es sich bei ausländerrechtlichen Bewilligungen um Dauerverfügungen handelt, nachträglich fehlerhaft werden. Mit dem *Widerruf* soll eine fehlerhafte Verfügung wieder in Übereinstimmung mit dem geltenden Recht gebracht werden. Der Widerruf stellt daher einen behördlichen Gestaltungsakt dar.

Das Ausländer- und Integrationsgesetz kennt *spezialgesetzliche* Bestimmungen, weshalb die allgemeinen von der Dogmatik und der Rechtsprechung entwickelten *Widerrufsregeln* nicht gelten. In den Art. 62 und 63 AIG finden sich allerdings nur die Rückkommensgründe, also die sog. Widerrufsgründe. Eine Interessenabwägung ist im Gesetz nicht ausdrücklich vorgesehen, wird jedoch durch die Rechtsprechung vorgeschrieben. Einen erheblichen Einfluss dürfte dabei Art. 8 Abs. 2 EMRK gehabt haben. Im Einzelnen bedeutet das: Zuerst ist abzuklären, ob ein Widerrufsgrund vorliegt. Daran schliesst die Beurteilung der Interessenlage mit folgenden einzelnen Schritten an: Feststellung des öffentlichen und des privaten Interesses, deren jeweilige Gewichtung und schliesslich die Abwägung der festgestellten und gewichteten Interessen. Eine Bewilligung kann nur widerrufen werden, wenn das öffentliche Interesse das private überwiegt. Überwiegt das öffentliche Interesse, ist gleichzeitig zu fragen, ob nicht verhältnismässigere, v.a. geeignetere oder mildere, Massnahmen zur Verfügung stehen (Art. 5 Abs. 2 BV; s. auch Art. 96 AIG). Zu denken ist dabei insbesondere an eine Verwarnung (Art. 96 Abs. 2 AIG), beim Widerruf einer Niederlassungsbewilligung allenfalls an eine Rückstufung zum Aufenthaltsstatus (s. Art. 63 Abs. 2 AIG; dazu einlässlich sogleich unter § 9.4.a.cc). In aller Regel bildet aber eine Aufenthaltsbewilligung im Verfahren des Widerrufs einer Niederlassungsbewilligung keine verhältnismässigere Massnahme, weil es ihr an der Eignung zur Zielerreichung fehlt, da die gleichen Gründe auch für den Widerruf der Aufenthaltsbewilligung gelten.

Eine Bewilligung kann nur in Bezug auf die *fehlbare,* d.h. den Widerrufsgrund setzende, *Person* widerrufen werden. Familienmitglieder werden nicht in den Widerrufsgrund einbezogen. Was

Art. 63 Abs. 4 AsylG ausdrücklich für den Widerruf des Asyls oder die Aberkennung der Flüchtlingseigenschaft festhält, gilt auch für ausländerrechtliche Bewilligungen. Das trifft grundsätzlich selbst dann zu, wenn ein Elternteil über ein abgeleitetes Aufenthaltsrecht verfügt; allerdings verliert dieser sein Aufenthaltsrecht in der Regel trotzdem, weil die Grundlage des abgeleiteten Rechts dahinfällt. Kinder mit einer abgeleiteten Niederlassungsbewilligung (Art. 42 Abs. 4 und Art. 43 Abs. 6 AIG) können diese theoretisch behalten, wenn die Eltern die originäre Bewilligung verlieren, dürften aber in der Regel den Eltern zurück ins Ausland folgen.

Mit dem Widerruf einer Anwesenheitsbewilligung ist die ausländische Person noch nicht verpflichtet, die Schweiz zu verlassen. Der Widerruf hebt einzig die Bewilligung und damit die darin enthaltene *Anwesenheitsberechtigung* auf mit der Folge, dass die ausländische Person die Voraussetzungen zum Verbleib in der Schweiz nicht mehr erfüllt. Erst mit der Wegweisung ist die ausländische Person verpflichtet, die Schweiz zu verlassen, weshalb vielfach gleichzeitig die Wegweisung mit dem Widerruf verbunden wird.

Das Gesetz unterscheidet zwischen einem Widerruf der Niederlassungsbewilligung (Art. 63 AIG) und einem Widerruf von Bewilligungen und anderen Verfügungen (Art. 62 AIG). Im Folgenden werden die Widerrufsgründe beider Artikel gemeinsam behandelt, da sie durch teilweise ähnliche oder gleiche, aber unterschiedlich strenge Anforderungen umschrieben werden oder gegenseitig aufeinander verweisen (so Art. 63 Abs. 1 Bst. a AIG).

bb)   Widerrufsgründe

Das Gesetz kennt verschiedene Gründe, die zum Widerruf einer ausländerrechtlichen Bewilligung führen können.

–   Gemäss Art. 62 Abs. 1 Bst. a AIG liegt ein Widerrufsgrund vor, wenn die ausländische Person oder ihr Vertreter im Bewilligungsverfahren *falsche Angaben* gemacht oder *wesentliche Tatsachen* verschwiegen hat. Dies trifft dann zu, wenn die ausländische Person aufgrund von ihr zu vertretenden Umständen bei den Behörden einen falschen Anschein über Tatsachen erweckt hat oder aufrechterhält, von denen die gesuchstellende Person offensichtlich wissen muss, dass sie für den Bewilligungsentscheid bedeutsam sind. Mit diesem Widerrufsgrund soll eine Verletzung der Mitwirkungspflicht während des Bewilligungsverfahrens nachträglich sanktioniert und die fälschlicherweise erfolgte Erteilung der Aufenthaltsbewilligung rückgängig gemacht werden. Im Gegensatz zu den Gründen nach Art. 62 Abs. 1 Bst. b, c oder e AIG wird mit Art. 62 Abs. 1 Bst. a AIG direkt auf das Zustandekommen der positiven Verfügung Bezug genommen. Durch Verweis in Art. 63 Abs. 1 Bst. a AIG gilt der Widerrufsgrund von Art. 62 Abs. 1 Bst. a AIG auch für die Niederlassungsbewilligung. Allerdings ist der bessere Status bei der Interessenabwägung zu berücksichtigen. Typische Sachverhalte sind absichtliches Verschweigen von Straffälligkeit sowie von Familienangehörigen, deren späterer Nachzug angestrebt wird, oder dass der Nachzug eines Ehegatten auf einer Scheinehe beruht. Grundsätzlich sind die Ausländerbehörden dabei nicht an Strafurteile im gleichen Zusammenhang gebunden; beispielsweise kann, wenn das Strafgericht eine strafrechtlich massgebliche Scheinehe verneint, ausländerrechtlich dennoch von einer solchen ausgegangen werden.

– Nach Art. 62 Abs. 1 Bst. b AIG ist ein Widerrufsgrund gegeben, wenn die ausländische Person zu einer *längerfristigen Freiheitsstrafe*, d.h. zu einer solchen von mehr als einem Jahr, verurteilt worden ist; das Zusammenrechnen kürzerer Strafen, die in ihrer Gesamtheit mehr als ein Jahr ergeben, ist unzulässig. Es spielt keine Rolle, ob die Sanktion bedingt, teilbedingt oder unbedingt ausgesprochen wurde. Ausländische Urteile dürfen berücksichtigt werden, wenn es sich bei den in Frage stehenden Delikten nach der schweizerischen Rechtsordnung ebenfalls um Verbrechen oder Vergehen handelt und der Schuldspruch in einem Staat bzw. in einem Verfahren erfolgt ist, in dem die minimalen rechtsstaatlichen Verfahrensgrundsätze und Verteidigungsrechte sichergestellt waren. Um als Widerrufsgrund gelten zu können, muss die strafrechtliche Verurteilung noch genügend aktuell sein. Wann eine strafrechtliche Verurteilung noch genügend *Aktualität* aufweist, um als Ursache der Beendigung des Aufenthalts einer ausländischen Person gelten zu können, ist im Einzelfall zu entscheiden. Grundsätzlich dürfte aber ein Zeitraum von 15 Jahren zwischen der Verübung der Straftat und dem Widerruf für eine fehlende Aktualität sprechen, wie das Bundesgericht mehrfach betont hat. Ist die Aktualität hingegen noch zu bejahen, aber nur noch gering, ist dies entsprechend bei der Gewichtung des öffentlichen Interesses zu berücksichtigen. Das Gewicht ist anhand der Schwere des Verschuldens des Betroffenen zu bestimmen. Dabei ist von der Beurteilung des Strafrichters in Bezug auf das strafrechtliche Verschulden auszugehen. Beim privaten Interesse ist neben den üblichen Elementen auch zu prüfen, ob der ausländischen Person eine *biographische Kehrtwende* gelungen ist. Danach hat diese aus den strafrechtlichen und migrationsrechtlichen Verwarnungen ihre Lehren gezogen und tut deshalb hinsichtlich ihres Lebensplans und ihres künftigen Verhaltens eine deutliche Änderung glaubhaft und nachvollziehbar dar. Die migrationsrechtlichen Folgen von Straftaten knüpfen heute weitgehend an die strafrechtliche Landesverweisung nach Art. 66a ff. StGB an. Wegen des in Art. 63 Abs. 3 bzw. Art. 62 Abs. 2 AIG vorgesehenen *Dualismusverbots* (vgl. hiernach d, S. 189) ist dieser Widerrufsgrund grundsätzlich nur noch bei altrechtlichen Straftaten oder bei ausländischen Strafurteilen von Bedeutung. Die dargestellte Rechtslage bleibt dafür aber wichtig. Durch Verweis in Art. 63 Abs. 1 Bst. a AIG gilt der Widerrufsgrund von Art. 62 Abs. 1 Bst. b AIG auch für die Niederlassungsbewilligung. Allerdings ist der bessere Status bei der Interessenabwägung zu berücksichtigen.

- Hat die ausländische Person *erheblich* oder *wiederholt gegen die öffentliche Sicherheit und Ordnung* in der Schweiz oder im Ausland verstossen oder gefährdet sie diese oder *die innere oder die äussere Sicherheit,* so stellt dies ebenfalls einen Widerrufsgrund dar (Art. 62 Abs. 1 Bst. c AIG, Art. 77a und 77b VZAE). Praktische Bedeutung hat insbesondere der erhebliche oder wiederholte Verstoss gegen die öffentliche Sicherheit und Ordnung. Darunter fällt v.a. die dauernde Missachtung gesetzlicher Vorschriften (vgl. Art. 77a Abs. 1 Bst. a VZAE). Die Aufsummierung kleinerer Strafen muss in ihrer Gesamtheit einer erheblichen Missachtung gleichkommen. Darunter fällt auch der Tatbestand der mutwilligen Nichterfüllung von Verpflichtungen (vgl. Art. 77a Abs. 1 Bst. b VZAE). Namentlich setzt eine massgebliche Verschuldung Mutwilligkeit voraus. Diese muss selbst verschuldet und qualifiziert vorwerfbar sein. Art. 77a Abs. 2 VZAE konkretisiert sodann eine Gefährdung der öffentlichen Sicherheit und Ordnung. Eine solche liegt dann vor, wenn konkrete Anhaltspunkte dafür bestehen, dass der Aufenthalt der betroffenen Person in der Schweiz mit erheblicher Wahrscheinlichkeit zu einer Nichtbeachtung der öffentlichen Sicherheit und Ordnung führt. Art. 77b VZAE führt ferner näher aus, was unter einer Bedrohung der inneren oder äusseren Sicherheit der Schweiz zu verstehen ist. Für den Widerruf der Niederlassungsbewilligung kennt das Gesetz eine beinahe gleichlautende Vorschrift (Art. 63 Abs. 1 Bst. b AIG). Die ausländische Person muss allerdings nicht nur erheblich oder wiederholt, sondern in *schwerwiegender Weise* gegen Rechtsgüter verstossen oder diese gefährden; der Tatbestand ist in der Regel nur dann erfüllt, wenn es sich um hochwertige Rechtsgüter handelt. Als Fazit ist festzuhalten: Für den Widerruf einer Bewilligung genügen nach dieser Bestimmung auch kleinere Straftaten; die Anzahl Straftaten, die notwendig ist, um den Tatbestand zu erfüllen, hängt von der Höhe des Strafmasses und der Dauer des deliktischen Verhaltens ab.

– Wenn die ausländische Person eine mit der Verfügung *verbundene Bedingung* nicht einhält, stellt dies ebenfalls einen Widerrufsgrund dar (Art. 62 Abs. 1 Bst. d AIG). Damit werden nebst eigentlichen konkreten Bedingungen auch Situationen angesprochen, wo die ausländische Person den mit dem Aufenthalt verbundenen Zweck nicht mehr erfüllt, insbesondere bei Aufgabe der ehelichen Gemeinschaft oder der Erwerbstätigkeit.

- Nach Art. 62 Abs. 1 Bst. e AIG kann die Aufenthaltsbewilligung einer ausländischen Person widerrufen werden, wenn sie oder eine Person, für die sie zu sorgen hat, auf *Sozialhilfe* angewiesen ist. Der Widerrufsgrund ist erfüllt, wenn konkret die Gefahr einer fortgesetzten Sozialhilfeabhängigkeit besteht; blosse finanzielle Bedenken genügen nicht. Für die Beurteilung der Gefahr der Sozialhilfeabhängigkeit ist von den aktuellen Verhältnissen auszugehen; die zu erwartende finanzielle Entwicklung ist aber auf längere Sicht zu beurteilen. Ausschlaggebend ist eine Prognose zur voraussichtlichen Entwicklung der finanziellen Situation in Berücksichtigung der realisierbaren Einkommensaussichten sämtlicher Familienmitglieder. Ob der Widerrufsgrund erfüllt ist, beurteilt sich objektiv; das Verschulden ist erst bei der Interessenabwägung zu berücksichtigen. Kriterien dafür sind die Höhe der ausgerichteten Beträge und die Dauer von deren Bezug sowie die Prognose, ob in absehbarer Zeit eine Ablösung von der Sozialhilfe erfolgen kann. Normzweck dieser Bestimmung ist in erster Linie, eine zusätzliche Belastung der öffentlichen Wohlfahrt zu vermeiden. Art. 62 Abs. 1 Bst. e AIG hat für den Widerruf der Niederlassungsbewilligung in Art. 63 Abs. 1 Bst. c AIG ein Pendant. Dieser Widerrufsgrund hat erhöhte Voraussetzungen. Verschärfendes Kriterium bildet, dass die ausländische Person dauerhaft und in erheblichem Mass auf Sozialhilfe angewiesen ist. Nach der insofern etwas schwankenden Praxis trifft dies etwa bei einem Bezug von Sozialhilfeleistungen im Betrag von CHF 80'000 während drei Jahren zu. Der Bezug von Sozialhilfe entspricht nicht demjenigen von Ergänzungsleistungen, der allerdings beim Familiennachzug gemäss Art. 43 Abs. 1 Bst. e, Art. 44 Abs. 1 Bst. e und Art. 85c Abs. 1 Bst. e AIG sowie beim Aufenthaltsrecht ohne Erwerbstätigkeit nach Art. 24 Abs. 1

Anh. 1 FZA wie der Bezug von Sozialhilfe einen Hinderungsgrund bildet. Der Bezug von Ergänzungsleistungen stellt denn
auch keinen Widerrufsgrund dar. Entscheidend ist, ob die ausländische Person im Zeitpunkt des Urteils der bundesgerichtlichen Vorinstanz Ergänzungsleistungen bezieht. Erhält sie dagegen im massgeblichen Urteilszeitpunkt Sozialhilfe, ist der
Widerrufsgrund gegeben, selbst wenn in absehbarer Zeit infolge
Pensionierung oder Frühpensionierung aufgrund einer geringen
AHV-Rente Ergänzungsleistungen in Aussicht stehen.

Der Widerrufsgrund des Bezugs von Sozialhilfe unterläuft das
Grundrecht auf Nothilfe (Art. 12 BV). Armut kann unter bestimmten Umständen auch Schutzpflichten nach der EMRK
auslösen. Der Widerruf kann diese staatliche Verpflichtung un-
tergraben. Mit der Parlamentarischen Initiative 20.451 «Armut
ist kein Verbrechen» soll deshalb bei ausländischen Personen,
die sich seit mehr als 10 Jahren ununterbrochen und ordnungsgemäss in der Schweiz aufhalten, ein Widerruf der Aufenthalts-
bzw. Niederlassungsbewilligung i.S.v. Art. 62 Abs. 1 Bst. e AIG
nicht mehr möglich sein, es sei denn die Person habe die Situation, welche die Bedürftigkeit auslöste, mutwillig herbeigeführt
oder mutwillig unverändert gelassen.

– Mit dem Erlass des Bürgerrechtsgesetzes ist der Widerrufsgrund
von Art. 62 Abs. 1 Bst. f ins Ausländer- und Integrationsgesetz
aufgenommen worden. Dieser ist erfüllt, wenn die ausländische Person in rechtsmissbräuchlicher Weise versucht hat, das
Schweizer Bürgerrecht zu erschleichen, oder ihr dieses aufgrund
einer rechtskräftigen Verfügung im Rahmen einer Nichtigerklärung nach Art. 36 BüG entzogen worden ist. Mit *der Nichtigerklärung des Schweizer* Bürgerrechts kommt der betroffenen
Person entsprechend der bundesgerichtlichen Rechtsprechung
wieder die gleiche Rechtsstellung wie vor der Einbürgerung
zu. Ein Widerruf einer Bewilligung wäre danach nur möglich,
wenn sie die einschlägigen Widerrufsgründe erfüllt. Art. 62
Abs. 1 Bst. f AIG ist problematisch, denn Zweck eines Wider-

rufs ist, eine fehlerhafte Verfügung wieder in Übereinstimmung mit dem geltenden Recht zu bringen. Fehlerhaftes Verhalten im Einbürgerungsverfahren schliesst ein fehlerhaftes Verhalten im ausländerrechtlichen Verfahren nicht zwingend ein. Bereits aus verwaltungsrechtlicher Sicht passt diese Vorschrift deshalb nicht. Sollte sich die ausländische Person während ihres ausländerrechtlichen Status wohlverhalten haben, kommt dieser Widerrufsgrund zudem einer Strafe gleich. Art. 63 Abs. 1 AIG kennt in Bst. d dieselbe Vorschrift für den Widerruf der Niederlassungsbewilligung. Die beiden Bestimmungen sollten nur Anwendung finden, wenn auch ein Fehlverhalten im ausländerrechtlichen Verfahren vorliegt.

- Hält die ausländische Person ferner eine *Integrationsvereinbarung* nicht ein, so stellt dies einen Grund für den Widerruf der Aufenthaltsbewilligung dar, es sei denn die ausländische Person kann einen entschuldbaren Grund, wie Krankheit, eheliche Gewalt oder getrennte Wohnorte, nennen (Art. 62 Abs. 1 Bst. g AIG). Im Vergleich mit den spezifischen Widerrufsgründen von Art. 62 Abs. 1 Bst. a–f AIG erweist sich der Widerrufsgrund von Art. 62 Abs. 1 Bst. g AIG allerdings als pauschaler, konturloser Auffangtatbestand, welcher erstere überflüssig erscheinen lässt. Die entsprechend fragwürdige Bestimmung sollte daher, wenn überhaupt, nur mit grösster Zurückhaltung angewendet werden. Art. 63 AIG kennt eine ähnliche Bestimmung. Danach kann die Niederlassungsbewilligung widerrufen und durch eine Aufenthaltsbewilligung ersetzt werden, wenn die *Integrationskriterien* nach Art. 58a AIG nicht erfüllt sind. Angesichts der Bedingungsfeindlichkeit einer Niederlassungsbewilligung kann es bei dieser keine Integrationsvereinbarung geben. Trotzdem soll bereits der Umstand, dass die Integrationskriterien nach Art. 58a AIG nicht erfüllt sind, zum Widerruf der Niederlassungsbewilligung führen (im Einzelnen nachfolgend § 9.4.a.cc).

cc)   Rückstufung

Sind die Integrationskriterien nach Art. 58a AIG nicht erfüllt, kann
die Niederlassungsbewilligung durch eine Aufenthaltsbewilligung
ersetzt werden (Rückstufung; Art. 63 Abs. 2 AIG). Eine Rückstufung ist nur beim Tatbestand von Art. 63 Abs. 2 AIG zulässig. Sind
die anderen Widerrufsgründe gemäss Abs. 1 der Bestimmung erfüllt, kommt entsprechend dem Prinzip des Vorrangs der Spezial-
regelung *(lex specialis)* die Rückstufung nicht zum Zug, sondern
als mildere Massnahme steht lediglich die Verwarnung zur Verfügung. Angesichts dieser Voraussetzung und des Umstands, dass die
Widerrufsgründe nach Art. 63 Abs. 1 Bst. b und c AIG im Wesentlichen die Integrationskriterien nach Art. 58a AIG abbilden, stellt
sich die Frage, bei welchem Tatbestand die Rückstufung denn überhaupt noch möglich bleibt.

Mit Art. 63 Abs. 2 AIG kann nur nachträgliche Fehlerhaftigkeit in
sachverhaltlicher Hinsicht korrigiert werden. Die Korrektur ur-
sprünglicher Fehlerhaftigkeit des Sachverhalts erfolgt bereits über
die Spezialvorschrift nach Art. 63 Abs. 1 Bst. a i.V.m. Art. 62 Abs. 1
Bst. a AIG. Abgesehen davon ist neurechtlich die Niederlassungsbewilligung nur noch erhältlich, wenn die ausländische Person
integriert ist (Art. 34 AIG). Prüfungsgegenstand bildet dabei die
Integration.

Folgende übergangsrechtliche Besonderheiten sind in Bezug auf die
Rückstufung zu beachten:

–   Altrechtliche Niederlassungsbewilligungen: Neben dem bereits
    Aufgeführten ist bei altrechtlichen Niederlassungsbewilligungen
    zu berücksichtigen, dass solche von ausländischen Personen, die
    sich mehr als 15 Jahre ununterbrochen und ordnungsgemäss in
    der Schweiz aufgehalten haben, nur aus Gründen von Art. 63
    Abs. 1 Bst. b und Art. 62 Abs. 1 Bst. b AIG widerrufen werden
    konnten. Mit der Rückstufung würde nun sanktioniert, was frü-
    her zulässig war. Ein Abstellen auf Sachverhaltselemente, die vor
    dem Inkrafttreten der Integrationsbestimmungen am 1. Januar

2019 eingetreten sind, ist deshalb nur innerhalb eng gesteckter Grenzen zulässig und äusserst problematisch. Nach der bundesgerichtlichen Rechtsprechung muss die Rückstufung an ein *aktuelles* Integrationsdefizit von einem gewissen Gewicht anknüpfen. Nur dann besteht ein hinreichendes öffentliches Interesse an der Rückstufung altrechtlich erteilter Niederlassungsbewilligungen unter dem neuen Recht.

–   Neurechtliche Niederlassungsbewilligungen: Unter Berücksichtigung des Umstands, dass bei der Erteilung der Niederlassungsbewilligung die Integrationskriterien geprüft werden und die Spezialregelungen Vorrang vor der Rückstufung geniessen, können bei der Rückstufung nur weniger strenge Voraussetzungen als die in Art. 63 Abs. 1 AIG aufgeführten angewendet werden. Damit kommen im Ergebnis für die Rückstufung aber die Kriterien für den Widerruf der Aufenthaltsbewilligung zum Zug, was der Rechtsnatur der Niederlassungsbewilligung zuwiderläuft. Zusammenfassend lässt sich daher festhalten, dass es für den Widerruf der Niederlassungsbewilligung zwei unterschiedliche Tatbestände mit sich unterscheidenden Kriterien gibt, nämlich denjenigen nach Art. 63 Abs. 1 AIG für den eigentlichen Widerruf und denjenigen der Rückstufung mit praktisch den gleichen Kriterien wie für den Widerruf der Aufenthaltsbewilligung.

Der Widerruf der Niederlassungs- und die Erteilung einer Aufenthaltsbewilligung erfolgen nach der bundesgerichtlichen Rechtsprechung uno actu und müssen insgesamt verhältnismässig sein. Für Verfahren, die auf Gesuch hin bzw. von Amtes wegen (mit der Gewährung des rechtlichen Gehörs) eingeleitet worden sind, gilt das bisherige materielle Recht, sofern sie erstinstanzlich vor Inkrafttreten des neuen Rechts eingeleitet wurden (Art. 126 Abs. 1 AIG).

dd)   Verhältnismässigkeit

Ein Bewilligungswiderruf muss mit Blick auf Art. 5 Abs. 2 BV *verhältnismässig* sein und ist daher nur dann zulässig, wenn das öffentliche Interesse das entgegenstehende private Interesse überwiegt.

Dabei sind alle Umstände des Einzelfalls zu berücksichtigen. Das öffentliche Interesse manifestiert sich im Widerrufsgrund. Bei der Gewichtung sind die Rückfallgefahr und die Resozialisierung zu berücksichtigen. Das private Interesse zeigt sich v.a. in den persönlichen Verhältnissen, wozu namentlich die Aufenthaltsdauer in der Schweiz, die familiären Verhältnisse sowie die Zumutbarkeit der Ausreise zählen, und in der Integration (vgl. Art. 96 Abs. 1 a.E. AIG). Die Anforderungen an die Integration finden sich in Art. 58a AIG und Art. 77a ff. VZAE. Als Faustregel gilt: Je länger die ausländische Person in der Schweiz ist, desto gewichtiger müssen die öffentlichen Interessen sein. Zu prüfen ist zudem die Zumutbarkeit der Rückkehr (i.S.v. Art. 83 Abs. 4 AIG).

Vielfach stellt der Bewilligungswiderruf auch einen Eingriff in den Anspruch auf Achtung des Familien- oder des Privatlebens nach Art. 8 Abs. 1 EMRK dar. Art. 8 Abs. 2 EMRK verlangt ebenfalls eine Interessenabwägung. Analoges gilt gemäss Art. 13 in Verbindung mit Art. 36 BV.

Bei der Rückstufung entfällt zwar das Kriterium der Zumutbarkeit der Ausreise, es ist aber die in der Regel lange Anwesenheit in der Schweiz zu berücksichtigen. Anstelle der Zumutbarkeit einer Rückkehr tritt damit die Frage, ob der schlechtere Status zumutbar ist. Es kann insbesondere nicht zulässig sein, die strengeren Voraussetzungen des vollständigen Widerrufs der Niederlassungsbewilligung über eine Rückstufung mit nachfolgendem Widerruf der Aufenthaltsbewilligung zu umgehen. Zu beachten ist überdies, dass eine eventuell angestrebte ordentliche Einbürgerung gerade die Niederlassungsbewilligung voraussetzt (Art. 9 Abs. 1 Bst. a BüG), die mit einer Rückstufung verloren ginge.

b)   Freizügigkeitsberechtigte

Das Freizügigkeitsabkommen und der Anhang K mit Anlage I EFTA-Abkommen kennen keinen Widerruf. Sie lassen ihn aber zu (vgl. z.B. Art. 6 Abs. 6 Anhang I FZA). Rechtstheoretisch ist

die Situation allerdings etwas verzwickt: Denn sowohl die originäre als auch die abgeleitete Aufenthaltserlaubnis nach EU- bzw.
EFTA-Recht ergeben sich unmittelbar aus dem Vertrag, weshalb
die erteilte «Bewilligung» nicht konstitutiv, sondern lediglich deklaratorisch ist. Da das Recht direkt gestützt auf Staatsvertragsrecht besteht, gibt es genau genommen keinen Sachentscheid über
die Verlängerung. Liegt mithin keine rechtsgestaltende Verfügung
vor, so kann eine solche eigentlich auch nicht widerrufen werden;
richtigerweise wäre festzustellen, dass die Voraussetzungen nicht
mehr gegeben sind. Nichtsdestotrotz sieht Art. 23 Abs. 1 VFP vor,
dass *Kurzaufenthalts- und Aufenthaltsbewilligungen sowie Grenz-
gängerbewilligungen EU/EFTA widerrufen* werden können; ob dies
eine genügende gesetzliche Grundlage bildet, soll dahingestellt
bleiben. Für die Niederlassungsbewilligung EU/EFTA gilt Art. 63
AIG (Art. 23 Abs. 2 VFP). Die aufgrund des Freizügigkeitsrechts
eingeräumten Rechte dürfen jedoch nur durch Massnahmen, die
aus Gründen der öffentlichen Ordnung, Sicherheit und Gesundheit gerechtfertigt sind, eingeschränkt werden (Art. 5 Abs. 1 Anhang I FZA). Massgebend sind die in Art. 5 Abs. 2 Anhang I FZA
aufgeführten Richtlinien. Für die Rechtsanwendung ist somit auf
das Gemeinschaftsrecht Bezug zu nehmen; sofern dessen Begriffe
herangezogen werden, ist die Rechtsprechung des EuGH grundsätzlich bis zum Zeitpunkt der Unterzeichnung des Abkommens zu
berücksichtigen (21.6.1999; Art. 16 Abs. 2 FZA). Allerdings beachtet
das Bundesgericht auch nach dem Unterzeichnungsdatum die EU-
gerichtliche Auslegung abkommensrelevanter unionsrechtlicher
Bestimmungen und es weicht im Sinne einer parallelen Rechtsordnung nicht leichthin davon ab, sondern nur beim Vorliegen «trif-
tiger» Gründe.

Das *Prüfprogramm* lautet: Zuerst ist eine Rechtsgrundlage im nationalen Recht zu suchen (Art. 62 und 63 AIG); alsdann sind, sofern
solche vorliegen, die Schranken nach dem Freizügigkeitsabkommen
mit denjenigen des Ausländer- und Integrationsgesetzes abzuglei-
chen. Angesichts der Strenge von Art. 5 Anhang I FZA sind nicht

alle Widerrufsgründe anwendbar. Entscheidend ist auch hier der Einzelfall. Jedenfalls macht das Freizügigkeitsabkommen das Recht auf Aufenthalt (Überschrift Art. 4 FZA) nicht von einer Integration abhängig. Daher ist ein diesbezüglicher Widerruf nicht mit Art. 5 Anhang I FZA vereinbar.

Damit ein Verhalten einen *Vorbehalt nach Art. 5 Anhang I FZA* rechtfertigt, muss es eine gegenwärtige und hinreichend schwere, ein Grundinteresse der Gesellschaft berührende Gefahr für die öffentliche Ordnung darstellen. So wird bei einer Straftat das Bestehen einer Wiederholungs- oder Rückfallgefahr gefordert. *Individuelle krankheitsbedingte Vorbehalte* sind grundsätzlich nur zulässig, wenn die Krankheit nicht im Aufenthaltsstaat entstanden ist. Erleidet beispielsweise ein Freizügigkeitsberechtigter erst in der Schweiz eine gefährliche psychische Erkrankung, fällt das Freizügigkeitsrecht nicht dahin, bestand die Krankheit schon vorher, hingegen schon. Art. 29 Abs. 2 der für die Schweiz nicht unmittelbar geltenden Unionsbürgerrichtlinie (RL 2004/38/EG) erklärt dafür eine Frist von drei Monaten nach Einreise für den Ausbruch der Krankheit als massgeblich. Bei einer *Epidemie* oder *Pandemie* ansteckender Krankheiten können die Freizügigkeitsansprüche auch in allgemeiner Weise beschränkt werden, wie das insbesondere 2020 bei der Covid-19-Pandemie gehandhabt wurde. Art. 4 RL 64/221/ EWG in Verbindung mit dem Anhang zur Richtlinie, auf die Art. 5 Anhang I FZA verweist, behält namentlich erstens von der WHO genannte quarantänepflichtige Krankheiten sowie zweitens andere ansteckende oder übertragbare parasitäre Krankheiten und Leiden vor, sofern dagegen im Aufnahmeland mit Blick auf das Diskriminierungsverbot Vorschriften zum Schutz der Inländer bestehen (vgl. auch Art. 29 Abs. 1 der für die Schweiz nicht unmittelbar geltenden Unionsbürgerrichtlinie 2004/38/EG, die in der EU die RL 64/221/ EWG abgelöst hat).

Zu berücksichtigen ist jedoch, dass eine gültige Aufenthaltserlaubnis dem Arbeitnehmer nicht allein deshalb entzogen werden darf, weil er keine Beschäftigung mehr hat, wenn er infolge Krankheit oder Unfalls vorübergehend arbeitsunfähig ist oder weil er unfreiwillig arbeitslos geworden ist, sofern Letzteres vom zuständigen Arbeitsamt ordnungsgemäss bestätigt wird (Art. 6 Abs. 6, Art. 12 Abs. 6 Anhang I FZA). Dabei gelten die von der zuständigen Behörde ordnungsgemäss bestätigten Zeiten unfreiwilliger Arbeitslosigkeit und die Abwesenheiten infolge Krankheit oder Unfalls als Beschäftigungszeiten.

Verhalten von Staatsangehörigen des Vereinigten Königreichs (Art. 2 Bst. b des Abk. über die erworbenen Rechte), das sich vor dem festgelegten Stichtag ereignet hat, wird nach Art. 5 Anh. I FZA beurteilt. Verhalten, das sich am oder nach dem Stichtag ereignet (hat), wird nach innerstaatlichem Recht beurteilt (Art. 17 Ziff. 1 und 2 des Abk. über die erworbenen Rechte).

c)   Flüchtlinge

Mit dem Widerruf des Asyls nach Art. 63 AsylG wird *nicht automatisch* die ausländerrechtliche Anwesenheitsberechtigung widerrufen, da zwei Rechtsregime nebeneinander bestehen (Art. 58 und Art. 60 AsylG). Die ausländerrechtliche Anwesenheitsberechtigung kann nur nach den Vorgaben des Ausländer- und Integrationsgesetzes widerrufen werden (Art. 62 und 63 AIG).

d)   Dualismusverbot

Art. 63 Abs. 3 bzw. Art. 62 Abs. 2 AIG bezwecken, einen Dualismus von strafrechtlicher Landesverweisung (dazu hinten § 10.4.d, S. 214) und ausländerrechtlichem Widerruf zu verhindern. Der gleiche Sachverhalt soll nicht doppelt beurteilt werden. Nur Normen, welche den gleichen Sachverhalt unter gleichen Gesichtspunkten unterschiedlich beurteilen, können kollidieren. Nur in solchen Fällen bedarf es einer Kollisionsnorm. Insofern sind Art. 63 Abs. 3 und Art. 62 Abs. 2 AIG Kollisionsnormen. Schon daraus folgt, dass die Landesverweisung eine verwaltungsrechtliche Massnahme darstellt. Der ausländerrechtliche Widerruf wegen Straffälligkeit ist deshalb sowohl bei Drittstaatsangehörigen als auch bei Freizügigkeitsberechtigten unzulässig, wenn der Strafrichter das gesamte, also auch frühere deliktische Verhalten beurteilt und von einer Landesverweisung abgesehen hat. Zieht in diesem Sinn ein Strafgericht alle strafbaren Handlungen, die vor und nach dem Inkrafttreten der Bestimmungen über die Landesverweisung begangen wurden, in Erwägung und sieht es ausdrücklich wegen eines Härtefalls von einer Landesverweisung ab, verliert die Migrationsbehörde die Kompetenz für den Widerruf einer Bewilligung gestützt auf die bereits vom Strafgericht gewürdigten Tatsachen. Der ausländerrechtliche Widerruf fällt demgegenüber in Betracht, wenn wesentliche Tatsachen hinzukommen, die das Strafgericht noch nicht kannte bzw. nicht berücksichtigt hat. Bei der erstmaligen oder erneuten ursprünglichen Bewilligungserteilung können frühere strafrechtliche Verurteilungen hingegen berücksichtigt werden, nicht aber bei der reinen Verlängerung einer Bewilligung. Noch schwankend erscheint die Rechtsprechung hinsichtlich der Tragweite des Dualismusverbots beim Strafbefehlsverfahren (nach Art. 352 ff. StPO) und beim abgekürzten Verfahren (gemäss Art. 358 ff. StPO).

5. Nichtverlängerung der Aufenthaltsbewilligung

a) Drittstaatsangehörige

aa) Aufenthaltsbewilligung

Die Aufenthaltsbewilligung ist befristet und kann verlängert werden, wenn keine Widerrufsgründe nach Art. 62 Abs. 1 AIG vorliegen (Art. 33 Abs. 3 AIG). Selbst wenn also kein Widerrufsgrund vorliegt, steht es im *Ermessen* der Behörde, die *Aufenthaltsbewilligung zu verlängern*. Zwar müssen die Behörden ihr Ermessen pflichtgemäss ausüben, doch verbleibt ihnen immer noch ein gewisser Spielraum. Gründe für eine Nichtverlängerung können auf polizeilichen, wirtschaftlichen oder demographischen Umständen beruhen. Die Verweigerung der Bewilligungsverlängerung muss jedoch die rechtsstaatlichen Grundsätze beachten und darf insbesondere nicht willkürlich und treuwidrig sein (vgl. Art. 5 und 9 BV). Formell besteht zwar kein Anspruch auf Verlängerung, nur weil die Bewilligung einmal erteilt wurde. Sind die Bewilligungsvoraussetzungen weiterhin erfüllt, ist eine Nichtverlängerung aber regelmässig unzulässig. Es liegt mithin ein indirekter oder «Quasi-Anspruch» vor, und die Bewilligungen werden in der Praxis meist auch problemlos verlängert, wenn ihre Voraussetzungen unverändert vorliegen. Eine lange Anwesenheit in der Schweiz kann allenfalls gestützt auf den Schutz der Achtung des Privatlebens nach Art. 8 EMRK bzw. Art. 13 BV zu einem eigentlichen Recht auf Anwesenheit führen. Nach einer rechtmässigen Aufenthaltsdauer von rund zehn Jahren kann regelmässig davon ausgegangen werden, dass die sozialen Beziehungen in diesem Land so eng geworden sind, dass es für eine Aufenthaltsbeendigung besonderer Gründe bedarf; im Einzelfall kann es sich freilich anders verhalten und die Integration zu wünschen übriglassen. Bei besonders guter Integration kann sich das Recht auch früher verwirklichen.

Was für die Aufenthaltsbewilligung ausgeführt wurde, gilt im Grundsatz auch für eine *Bewilligungsverlängerung* bei einer Ehe mit einer ausländischen Person, die nur über die Aufenthaltsbewilligung verfügt; diesfalls sind aber für die behördliche Ermessensausübung noch zusätzliche Voraussetzungen zu beachten (vgl. Art. 44 AIG). Art. 50 AIG ist neu anwendbar (s. § 9 5.c., S. 194).

Keine Ermessensbewilligung, sondern eine *Anspruchsbewilligung* bildet die gestützt auf Art. 60 AsylG erteilte Aufenthaltsbewilligung für anerkannte Flüchtlinge, denen Asyl gewährt wurde. Ohne Widerrufsgrund besteht ein Recht auf Verlängerung.

bb)   Ehegatten von Schweizer Staatsangehörigen

Ausländische Ehegatten von Schweizerinnen und Schweizern mit Drittstaatsangehörigkeit, die nicht bereits in einem Staat zugelassen sind, der mit der Schweiz ein Freizügigkeitsabkommen geschlossen hat, haben *Anspruch auf Erteilung und Verlängerung* der Aufenthaltsbewilligung, wenn sie mit diesen zusammenwohnen (Art. 42 Abs. 1 und Abs. 2 e contrario AIG). Eine Bewilligungsverlängerung setzt den Weiterbestand der Familiengemeinschaft und damit des Ehewillens (vgl. Art. 49 a.E. AIG) und ein Zusammenwohnen voraus, wovon gestützt auf Art. 49 AIG bei wichtigen, v.a. beruflichen, Gründen abgesehen werden kann. Fehlt der Ehewille oder wohnen die Ehegatten ohne wichtigen Grund nicht zusammen, besteht gestützt auf Art. 42 Abs. 1 AIG kein Anspruch auf Verlängerung, unter Vorbehalt von Art. 50 AIG (dazu vorne § 7.10.a, S. 145; s.a. § 9 5.c., S. 194). Handelt es sich beim ausländischen Ehegatten um eine freizügigkeitsberechtigte Person, so ist das Zusammenleben, unter Vorbehalt des Rechtsmissbrauchs, nicht Voraussetzung für den Anspruch auf Erteilung bzw. Verlängerung der Aufenthaltsbewilligung (Art. 42 Abs. 2 AIG). Diese Regelung ist Ausfluss der EuGH-Rechtsprechung zum Aufenthaltsrecht nachgezogener Familienangehöriger (sog. *Diatta*-Rechtsprechung). Der Anspruch nach Art. 42 AIG erlöscht, wenn Widerrufsgründe nach Art. 63 AIG vorliegen (Art. 51 Abs. 1 Bst. b AIG). Die Regelung ist etwas zu knapp geraten, denn auch hier bedarf es einer Abwägung der gewichteten öffentlichen und privaten Interessen. Art. 51 Abs. 1 Bst. a AIG nennt als weiteren Erlöschungsgrund des Anspruchs dessen rechtsmissbräuchliche Geltendmachung, namentlich um Vorschriften dieses Gesetzes und seiner Ausführungsbestimmungen über die Zulassung und den Aufenthalt zu umgehen. Als wichtigstes Beispiel ist hier die Schein-, Umgehungs- oder Ausländerrechtsehe bzw. definitiv gescheiterte Ehe zu nennen. Anders als beim vorne erwähnten Fall, wo klar ist, dass die Ehegatten nicht mehr zusammen sind, leben die Ehegatten bei der Umgehungsehe zusammen, aber eben nur zum Schein. Der Ehewille besteht nicht mehr oder hat nie bestanden.

Schliesslich erlöschen aus den gleichen Gründen auch die *Ansprüche gemäss Art. 50 AIG* (Art. 51 Abs. 2 AIG); anstelle von Art. 63 AIG wird im Gesetz allerdings auf Art. 62 und 63 Abs. 2 AIG verwiesen, wobei der Grund für diese Erweiterung nicht ganz nachvollziehbar ist.

cc)   Ehegatten von Niedergelassenen

Nach Art. 43 Abs. 1 und 4 AIG haben *ausländische Ehegatten von Personen mit Niederlassungsbewilligung* Anspruch auf Verlängerung der Aufenthaltsbewilligung, wenn sie mit diesen zusammenwohnen, eine bedarfsgerechte Wohnung vorhanden ist, sie nicht auf Sozialhilfe angewiesen sind, sie sich in der am Wohnort gesprochenen Landessprache verständigen können und die nachziehende Person keine jährlichen Ergänzungsleistungen nach dem ELG bezieht oder wegen des Familiennachzugs beziehen könnte, sowie u.U. unter Vorbehalt des Abschlusses oder gegebenenfalls der Einhaltung einer Integrationsvereinbarung. Sind diese Voraussetzungen nicht erfüllt, besteht kein Anspruch auf Verlängerung. Allerdings sind die Voraussetzungen von Art. 43 Abs. 1 AIG nicht starr auszulegen, sondern im Verhältnis zur bisherigen Anwesenheitsdauer anzuwenden.

Hinsichtlich der Regelung des *nachehelichen Härtefalls* gemäss Art. 50 AIG gilt das bereits vorne zur Bewilligungsverlängerung bei schweizerisch-ausländischen Ehen Ausgeführte.

dd)   Kinder

Sowohl bei schweizerisch-ausländischen Ehen als auch bei Ehen von niedergelassenen ausländischen Personen haben *Kinder unter zwölf Jahren* Anspruch auf Erteilung der Niederlassungsbewilligung (Art. 42 Abs. 4 und Art. 43 Abs. 6 AIG). Diese ist unbefristet und bedingungsfeindlich (Art. 34 Abs. 1 AIG) und bedarf keiner Verlängerung. Für ausländische Kinder im Alter von mehr als zwölf Jahren gilt die für die ausländischen Ehegatten gültige Rechtslage analog.

b)   **Freizügigkeitsberechtigte und ihre Angehörigen**

Solange der Freizügigkeitstatbestand erfüllt ist, haben Freizügigkeitsberechtigte im Bedarfsfall Anspruch auf Verlängerung ihrer deklaratorischen Bewilligungen. Hingegen handelt es sich bei der Aufenthaltsberechtigung nach Art. 3 Anhang I FZA *für Familien-*

angehörige von Freizügigkeitsberechtigten um eine abgeleitete, die dazu bestimmt ist, durch Ermöglichung des gemeinsamen Familienlebens die Wirksamkeit der Freizügigkeit sicherzustellen und die nur so lange dauert, als das originäre Aufenthaltsrecht besteht. Dem nachgezogenen Gatten steht damit grundsätzlich ein Aufenthalts- und Verbleiberecht bis zur formellen Auflösung der Ehe zu. Eine Trennung der Ehegatten berührt das Aufenthaltsrecht nicht. Ein Zusammenwohnen wird nicht verlangt. Das formale Bestehen der Ehe steht nach der bundesgerichtlichen Rechtsprechung unter dem Vorbehalt des Rechtsmissbrauchs; fehlt der Wille zur Gemeinschaft und dient das formelle Eheband ausschliesslich dazu, die ausländerrechtlichen Zulassungsvorschriften zu umgehen, fällt der Anspruch dahin. Die vom originär anwesenheitsberechtigten Freizügigkeitsberechtigten abgeleitete Bewilligung des drittstaatsangehörigen Gatten kann in diesem Fall mangels Fortdauerns der Bewilligungsvoraussetzungen gestützt auf Art. 23 Abs. 1 VFP in Verbindung mit Art. 62 Abs. 1 Bst. d AIG wegen Nichteinhaltens einer mit der Verfügung verbundenen Bedingung widerrufen oder nicht (mehr) verlängert werden, da das Freizügigkeitsabkommen diesbezüglich keine eigenen abweichenden Bestimmungen enthält (vgl. Art. 2 Abs. 2 AIG). Ist die Ehe aufgelöst, so gewährt das Freizügigkeitsrecht kein Aufenthaltsrecht mehr. Nach der bundesgerichtlichen Rechtsprechung gelangt aber, wenn auch eingeschränkt, die Regelung über den nachehelichen Härtefall nach Art. 50 AIG zur Anwendung, und zwar auch für Familienangehörige von Freizügigkeitsberechtigten, die in der Schweiz nur eine Aufenthaltsbewilligung EU/EFTA haben (s. auch § 7.10.a, S. 145). Zu berücksichtigen ist, dass der nachgezogene Exehegatte allenfalls einen selbständigen Anspruch gestützt auf Art. 6, 12 und 24 Anhang I FZA geltend machen kann.

c)   **Nachbemerkung**

Mit der parlamentarischen Initiative (21.504) «Bei häuslicher Gewalt die Härtefallpraxis nach Artikel 50 AIG garantieren» der Staatspolitischen Kommission soll der persönliche und sachliche

Geltungsbereich von Art. 50 erweitert und konkretisiert werden. Die Bundesversammlung hat am 14. Juni 2024 (BBl 2024 1449; Referendumsfrist bis 3. Oktober 2024) schliesslich Art. 50 Abs. 1 Einleitungssatz und Abs. 2 geändert sowie einen neuen Abs. 4 hinzugefügt. Mit dem neuen Einleitungssatz lautet Art. 50 Abs. 1 AIG nun: Nach Auflösung der Ehe oder der Familiengemeinschaft haben die Ehegatten und die Kinder Anspruch auf Erteilung und Verlängerung der Aufenthaltsbewilligung nach Art. 42, 43 oder 44, der Kurzaufenthaltsbewilligung nach Art. 45 i.V.m. Art. 32 Abs. 3 (Verlängerung um zwei Jahre) oder auf Gewährung der vorläufigen Aufnahme nach Art. 85c Abs. 1 AIG (Familiennachzug bei vorläufig Aufgenommenen), wenn die Ehegemeinschaft mindestens drei Jahre bestanden hat, die Integrationskriterien erfüllt sind und wichtige persönliche Gründe einen weiteren Aufenthalt in der Schweiz erforderlich machen. Zu beachten ist, dass bei der vorläufigen Aufnahme kein Anspruch besteht auf Erteilung und Verlängerung, sondern nur auf Anordnung der vorläufigen Aufnahme. Die ursprünglich abgeleitete vorläufige Aufnahme wird deshalb eigenständig. Neu sind auch die wichtigen persönlichen Gründe nach Art. 50 Abs. 1 Bst. b AIG in Abs. 2 breiter konkretisiert worden, wobei es sich dabei nur um Beispiele handelt. Wichtige persönliche Gründe können zunächst einmal vorliegen, wenn der Ehegatte oder ein Kind Opfer häuslicher Gewalt wurde (Bst. a), wobei die zuständigen Behörden insbesondere die folgenden Hinweise zu berücksichtigen haben (Ziff. 1–6): Anerkennung als Opfer i.S.v. Art. 1 Abs. 1 OHG durch die dafür zuständigen Behörden; Bestätigung einer notwendigen Betreuung oder Schutzgewährung durch eine auf häusliche Gewalt spezialisierte und in der Regel öffentlich finanzierte Fachstelle; polizeiliche oder richterliche Massnahmen zum Schutz des Opfers; Arztberichte oder andere Gutachten; Polizeirapporte und Strafanzeigen; strafrechtliche Verurteilungen. Weitere wichtige persönliche Gründe können auch dann vorliegen, wenn der Ehegatte die Ehe nicht aus freiem Willen geschlossen hat (Bst. b) oder die soziale Wiedereingliederung im Herkunftsland stark gefährdet erscheint (Bst. c). Art. 50 Abs. 1–3 AIG gilt neu sinngemäss auch für

Konkubinatspartnerinnen und Konkubinatspartner, denen gemäss Art. 30 Abs. 1 Bst. b AIG aufgrund eines schwerwiegenden persönlichen Härtefalls eine Aufenthaltsbewilligung zum Verbleib bei der Konkubinatspartnerin oder dem Konkubinatspartner erteilt wurde.

6. Verfahren und Rechtsschutz

Für Entscheide über die Beendigung der Anwesenheit sind primär die *kantonalen Behörden* zuständig. Anwendbar ist *kantonales Verfahrensrecht*. Wenn geltend gemacht werden will, dass die Anwesenheitsrechte nicht erloschen sind, bedarf es eines Feststellungsbegehrens, im Übrigen sind Gestaltungsanträge zu stellen. Kantonal letztinstanzliche Rechtsmittelinstanz muss ein kantonales Gericht sein. An das Bundesgericht können kantonal letztinstanzliche Entscheide weitergezogen werden. Für die Beschwerde in öffentlich-rechtlichen Angelegenheiten ist grundsätzlich Art. 83 Bst. c BGG anwendbar. Das Bundesgericht behandelt mit der ordentlichen Beschwerde nur Streitigkeiten über das Erlöschen und den Widerruf von Anspruchsbewilligungen mit Ausnahme von Niederlassungsbewilligungen, bei denen es die Beschwerde in öffentlich-rechtlichen Angelegenheiten wegen der gefestigten, da unbefristeten, Anwesenheitsberechtigung zulässt. Für die subsidiäre Verfassungsbeschwerde sind die Art. 115 und 116 BGG zu beachten. Ein internationales Rechtsmittel gibt es nur dort, wo ein solches auch vorgesehen ist und es um die Einhaltung eines entsprechenden Rechts geht, wie beispielsweise die Beschwerde an den EGMR, wenn ein EMRK-Recht, namentlich Art. 8 EMRK, beeinträchtigt ist. Je nach Sachlage rechtfertigt es sich, vor der einen oder anderen Rechtsmittelinstanz einen prozessualen Aufenthalt zu beantragen.

Leitentscheide: MRA 538/1993 Stewart c. Kanada, 1959/2010 Warsame c. Kanada (Aufenthaltsanspruch gestützt auf Recht auf Einreise ins eigene Land); EGMR 21768/19 Ghadamian c. Schweiz (Anspruch auf Privatleben einer ausreisepflichtigen Person); 59534/14

Veljkovic-Jukic c. Schweiz, 62130/15 K.A. c. Schweiz, 1785/08 Vasquez c. Schweiz, 54273/00 Boultif c. Schweiz, 5056/10 Emre c. Schweiz, 46410/99 Üner c. Niederlande sowie BGE 144 I 266 und BGer 2C_609/2020 (familiäre Nachzugsansprüche nach Art. 8 EMRK); 122 II 433 (ausländische Person der zweiten Generation); EGMR 3952/98 Maaouia c. Frankreich (Nichtanwendbarkeit von Art. 6 EMRK im Migrationsrecht); EuGH 249/89 Diatta Slg. 1989 1290 (Familiennachzugsanspruch ohne Zusammenleben); BGE 130 II 113 (zur Übernahme der Diatta-Rechtsprechung); 149 I 207, 147 I 268, 146 I 185 und 144 I 266 sowie BGer 2C_769/2022 (Bewilligungsanspruch aus Privatleben); BGE 126 II 377, BGer 2D_37/2018 und BVGE 2017 VII/6 (Bewilligungsanspruch aus Vertrauensschutz); BGE 139 I 16 (keine direkte Anwendbarkeit der Verfassungsbestimmungen über die polizeiliche Ausweisung); 145 II 322 und 120 Ib 369 (Erlöschen durch Auslandsaufenthalt bei Niederlassungsbewilligung); BGer 2C_2/2018 (Erlöschen durch Strafvollzug im Ausland); 2C_1050/2012 (Erlöschen durch Zeitablauf wegen fahrlässigen Verpassens der Frist für Verlängerung); 2C_461/2012 (Erlöschen auch bei unfreiwilligem Verweilen im Ausland); 2C_19/2017 (keine Verhältnismässigkeitsprüfung bei Erlöschen); BGE 141 II 1 (Erlöschen einer EU-/EFTA-Bewilligung wegen Verlusts der Arbeitnehmereigenschaft nach FZA); 142 II 35 (Erlöschen einer EU-/EFTA-Bewilligung wegen Fehlens ausreichender Mittel); BGer 2C_1034/2016 (Erlöschen einer EU-/EFTA-Bewilligung wegen Krankheit); 2C_52/2014 (Erlöschen einer EU-/EFTA-Bewilligung wegen Auslandsaufenthalts); 2C_924/2021 (Nichtverlängerung EU-/EFTA-Bewilligung wegen Erlöschen des Anspruchs auf Familiennachzug); BGE 147 II 35 (EU-/EFTA-Bewilligung; Arbeitsunfähigkeit); 142 II 265 und BGer 2C_1115/2015 (Widerruf wegen Täuschung); BGE 135 II 377 und BGer 2C_503/2019 (Widerruf wegen längerfristiger Freiheitsstrafe); BGE 137 II 297 und BGer 2C_408/2019 (Widerruf wegen schwerwiegender Delinquenz); 2F_19/2022 (keine Bindung an Strafurteil für ausländerrechtlichen Widerruf); BGE 141 II 401, BGer 2C_442/2019 und 2C_291/2019 (Widerruf wegen Sozialhilfebezugs); BGE 149 II 1 (kein Widerruf wegen Bezugs von Ergänzungsleistungen); 134 II 1 (Bedeutung der

Integration beim Widerruf); BGer 2C_85/2021 und 2C_634/2018 (biographische Kehrtwende); 2C_580/2019 und 2C_950/2019 (Widerruf wegen Nichteinhaltens einer Bedingung); BGE 135 II 110, 139 I 145 und BGer 2C_789/2018 (Widerruf der Niederlassungsbewilligung); BGE 148 II 1und BGer 2C_222/2021 (Rückstufung der Niederlassungs- zur Aufenthaltsbewilligung); BGE 146 II 1, 49, 321, BGer 2C_305/2023, 2C_819/2021, 2C_305/2018, 2C_358/2018, 2C_580/2019 und 2C_628/2019 (Dualismusverbot); BGE 141 II 1, 137 II 233, BGer 2C_836/2021, 2C_580/2019, 2C_950/2019 und 2C_1008/2016 (Widerruf von EU-/EFTA-Bewilligungen); BGE 135 II 1 und BGer 2C_482/2017 (Rechtsstatus nach Nichtigerklärung des Schweizer Bürgerrechts).

§ 10 Wegweisungsverfahren und -vollzug

1. Einleitung

§ 9 hat zum Thema, unter welchen Voraussetzungen eine Aufenthaltsberechtigung beendet wird bzw. werden kann. Ist diese beendet, so ist die ausländische Person noch nicht ohne weiteres verpflichtet, die Schweiz zu verlassen, sondern es bedarf eines weiteren behördlichen Entscheids, der aber unter Umständen mit dem Beendigungsentscheid verknüpft ist. Diese Konstellation stellt allerdings nicht die einzige dar, bei welcher der *Aufenthalt nicht gesetzeskonform* ist. Trifft das zu, so muss der rechtmässige Zustand wiederhergestellt werden. Daneben gibt es Situationen, wo ein zukünftiger rechtswidriger Zustand absehbar ist. Dieser soll gar nicht erst eintreten. Vielfach sind daneben noch weitere Massnahmen (bspw. Zwangsmassnahmen) zur Verwirklichung des rechtmässigen Zustands notwendig. § 10 stellt diese Instrumente dar. Bei alledem darf nicht vergessen gehen, dass sich die Massnahmen gegen Menschen richten und deshalb entsprechende grundrechtliche Schutznormen zu beachten sind. Oft stellen die Vorschriften des Ausländer- und

Integrationsgesetzes bereits Ausdruck einer Grundrechtsverwirklichung nach Art. 35 Abs. 3 BV und einer Eingriffsrechtfertigung nach Art. 36 Abs. 2 BV dar. Allenfalls ist bei der Auslegung ergänzend auf den materiellen Gehalt der internationalen Rechtsvorschriften Bezug zu nehmen.

Mit den *Entfernungsmassnahmen,* insbesondere der *Wegweisung* nach Art. 64 AIG, soll der aus welchen Gründen auch immer entstandene rechtswidrige Aufenthalt beseitigt und der *rechtmässige Zustand wiederhergestellt* werden. Kommt die ausländische Person der Aufforderung zum Verlassen der Schweiz nicht nach, so tritt als subsidiäre Massnahme die Ausschaffung (Art. 69 AIG) an deren Stelle. Durch die *Fernhaltemassnahmen,* namentlich das Einreiseverbot nach Art. 67 AIG, soll sodann gar *nicht* erst ein *rechtswidriger Zustand* entstehen können. Die staatspolitisch motivierte Ausweisung (Art. 68 AIG) ist Entfernungs- und Fernhaltemassnahme zugleich. Dies gilt auch für die strafrechtliche Landesverweisung (Art. 66a StGB).

Die Wegweisung ist ordentliches Instrument zur Herstellung des rechtmässigen Zustands. Die anderen Entfernungs- und Fernhaltemassnahmen sind für spezielle Fälle vorgesehen. Dies gilt auch für die Landesverweisung, auch wenn sich mit deren Einführung die Gewichte etwas verschoben haben.

Zur Sicherstellung dieser Massnahmen sind u.U. *Zwangsmassnahmen* notwendig. Schliesslich können dem Wegweisungsvollzug *Hindernisse* entgegenstehen.

Die Regelung der Entfernungs- und Fernhaltemassnahmen sowie ihres Vollzugs ist v.a. zugeschnitten auf Drittstaatsangehörige unter Einschluss solcher Personen, die Freizügigkeitsrechte besessen und verloren haben. Ergänzend und unter den Rahmenbedingungen des Freizügigkeitsrechts sind die entsprechenden Bestimmungen aber auch anwendbar auf Freizügigkeitsberechtigte. Der Vollzug erweist sich insofern freilich in der Regel als weniger problematisch, weil mit den Staaten der EU und der EFTA eine enge Zusammenarbeit besteht.

2. Völker- und Verfassungsrecht

a) Völkerrecht

Im vorliegenden Zusammenhang fallen insbesondere folgende völkerrechtlichen Bestimmungen in Betracht: Zunächst ist das Recht auf Leben nach Art. 2 EMRK zu beachten, das vielfach im kombinierten Schutzbereich mit Art. 3 EMRK betroffen ist. Rechnung zu tragen ist, dass die Lebensgefahr nicht nur von staatlichen, sondern auch von privaten Akteuren ausgehen kann, was sog. *positive Schutzpflichten* des Staates auslösen kann.

Ferner ist das *Refoulementverbot* zu berücksichtigen. Danach darf eine Person nicht in einen Staat ausgewiesen werden, in dem ihr Verfolgung droht. Dieser Rückschiebungsschutz kann auf menschenrechtlicher (Art. 3 EMRK, Art. 7 UNO-Pakt II, Art. 3 FoK, allenfalls Art. 2 Bst. c und d CEDAW) oder auf flüchtlingsrechtlicher (Art. 33 FK) Grundlage beruhen. Das flüchtlingsrechtliche Verbot gilt wegen Art. 33 Abs. 2 FK nur relativ: Wenn ein Flüchtling eine Gefahr für die Sicherheit des Aufenthaltsstaates darstellt oder wegen eines besonders schweren Verbrechens oder Vergehens rechtskräftig verurteilt wurde, kann er sich nicht auf das Refoulementverbot berufen. Der menschenrechtliche Rückschiebungsschutz gehört demgegenüber zum zwingenden Völkerrecht und ist absoluter Natur, d.h., er kann nicht eingeschränkt werden. Geschützt sind mithin auch missliebige Personen wie Schwerkriminelle oder Terroristen (entgegen Art. 83 Abs. 3 i.V.m. Art. 83 Abs. 1 und 9 AIG). Die Anwendung von Art. 3 EMRK richtet sich nach dem situationstypischen Risiko:

– Die ausländische Person ist als Mitglied einer Gruppe systematisch Misshandlungen ausgesetzt. Dabei genügt der Nachweis einer solchen Behandlung und der Gruppenzugehörigkeit für die Bejahung der Risikosituation.

– Bei allgemeiner Gewalt ist eine individuelle Gefährdung glaubhaft zu machen.

– Bei einer von Privaten ausgehenden Gefahr muss das Risiko und die Schutzunfähigkeit bzw. der fehlende Schutzwille der Behörden nachgewiesen werden.

Der Schutz erstreckt sich auch auf das Risiko einer sog. *Kettenabschiebung*. Es ist mithin ebenfalls unzulässig, jemanden in einen Staat auszuweisen, von dem selbst nicht direkt eine Verfolgungsgefahr ausgeht, bei dem aber das ernsthafte Risiko besteht, dass die betroffene Person an einen Drittstaat abgeschoben wird, durch den Verfolgung droht.

Nach Art. 13 UNO-Pakt II sind Ausweisungen, d.h. sämtliche Entfernungsmassnahmen, nur nach individueller willkürfreier Prüfung des Einzelfalls zulässig, womit insbesondere die *Kollektivausweisung* untersagt ist. Überdies muss eine Beschwerdemöglichkeit bestehen.

Ein wichtiges Grundrecht ist das *Recht auf Freiheit und Sicherheit* nach Art. 5 EMRK (s. auch Art. 9 UNO-Pakt II). Im vorliegenden Zusammenhang ist erstens Art. 5 Abs. 1 Bst. f EMRK massgeblich, wonach Festnahmen und Freiheitsentzüge zulässig sind, wenn sie der Verhinderung der unerlaubten Einreise dienen oder wenn ein Ausweisungsverfahren hängig ist. Zweitens sind nach Art. 5 Abs. 1 Bst. b EMRK Freiheitsentzüge zulässig, wenn sie der Erfüllung einer gesetzlichen Pflicht dienen. Und drittens sind verschiedene Anforderungen für und an die Haft einzuhalten (Art. 5 Abs. 2, 4 und 5 EMRK).

Weiter darf Art. 13 EMRK *(Recht auf wirksame Beschwerde)* nicht ausser Acht gelassen werden. Freizügigkeitsberechtigte haben sodann das Recht auf eine *doppelte Überprüfung,* wobei die letzte Instanz ein Gericht sein muss (Art. 11 Abs. 3 FZA, Art. 11 Abs. 3 Anhang K EFTA-Abkommen).

Schliesslich sieht Art. 1 ZP 7 EMRK, unter Vorbehalt ausserordentlicher Situationen, *prozessuale Schutzgarantien* vor bei Entfernungsmassnahmen; namentlich dürfen dagegen Gründe vorgebracht werden, es braucht eine Einzelfallprüfung und es muss die Möglichkeit bestehen, sich vertreten zu lassen.

b)   Verfassungsrecht

Art. 121 Abs. 1 BV erteilt dem *Bund* namentlich die *Kompetenz,* die Ein- und Ausreise, den Aufenthalt und die Niederlassung ausländischer Personen zu regeln. Darin enthalten ist die Zuständigkeit für die Regelung der Herstellung des rechtmässigen Zustands, d.h. insbesondere für die Entfernungs- und Fernhaltemassnahmen. Grenzen setzen dabei wiederum die Grundrechte, namentlich das Willkürverbot (Art. 9 BV), das Recht auf Leben (Art. 10 BV), das Recht auf Hilfe in Notlagen (Art. 12 BV; auch dann, wenn der Wegweisungsvollzug scheitert), der Schutz vor Auslieferung und Ausschaffung (Art. 25 Abs. 2 und 3 BV), die Garantien bei Freiheitsentzug (Art. 31 BV) sowie die Verfahrensgarantien nach Art. 29, 29a und 30 BV.

3.   Rückführungsrichtlinie (RFRL)

Die Übernahme der RFRL ist eine Weiterentwicklung des Schengen-Besitzstandes, zu deren Übernahme die Schweiz aufgrund von Art. 2 Abs. 3 und 7 SAA verpflichtet ist. Die RFRL wurde damit zu Bundesrecht. Sie verlangte Anpassungen des Ausländer- und Integrationsgesetzes vor allem bei den Entfernungs- und Fernhalte- sowie Zwangsmassnahmen. Bei Unklarheiten sind diese Anpassungen richtlinienkonform auszulegen. Dabei ist auf die Rechtsprechung des EuGH abzustellen.

Das *Ziel* der RFRL besteht in einer *Harmonisierung der Normen und Verfahren* bei der Rückführung im Einklang mit den Grundrechten (so ausdrücklich Art. 1 RFRL). Die RFRL ist grundsätzlich, von bestimmten Ausnahmen abgesehen (vgl. Art. 2 Abs. 2 Bst. a und b RFRL), anwendbar auf Drittstaatsangehörige, die sich illegal in einem Schengen-Staat aufhalten (Art. 2 Abs. 1 i.V.m. Art. 3 Ziff. 2 RFRL), insbesondere bei Nichterfüllung der Einreisevoraussetzungen nach Art. 6 SGK bzw. nach nationalem Recht, namentlich gemäss Art. 5 AIG. Die RFRL wird dementsprechend (vgl. Art. 2 Abs. 2 Bst. a RFRL) nicht auf Einreiseverweigerungen an den

Schengen-Aussengrenzen angewendet, wozu eine Wegweisungsverfügung nach Art. 13 SGK notwendig wäre. Trotzdem gelten auch dafür gewisse Anforderungen (vgl. Art. 4 Abs. 4 RFRL). Die Mitgliedstaaten erlassen gegen alle illegal in ihrem Hoheitsgebiet aufhältigen Drittstaatsangehörigen eine Rückkehrentscheidung (Art. 6 Abs. 1 RFRL). Dabei sind das Wohl des Kindes, die familiären Bindungen und der Gesundheitszustand besonders zu berücksichtigen (Art. 5 RFRL). Die Drittstaatsangehörigen haben innert Frist freiwillig auszureisen (vgl. Art. 7 RFRL). Zur Vollstreckung der Rückkehrentscheidung sind gewisse Vorkehren (Art. 8 ff. RFRL) und Verfahrensgarantien (Art. 12 ff. RFRL) vorgesehen. Dabei sind Zwangsmassnahmen zulässig. Letztes Mittel bildet die Inhaftnahme (Art. 15 RFRL). Art. 16 RFRL enthält Vorschriften zu den Haftbedingungen. Besondere Regeln gelten für Minderjährige, insbesondere wenn sie unbegleitet sind (Art. 10 und 17 RFRL), und für Notlagen (Art. 18 RFRL). Bevor ein Rückkehrentscheid gegenüber unbegleiteten Minderjährigen ergeht, muss nach der Rechtsprechung des EuGH namentlich geprüft werden, ob für sie im Rückführungsstaat eine geeignete Aufnahmemöglichkeit besteht. Trifft das nicht zu, darf die Rückführung nicht vollzogen werden.

Die Schweiz hat die Weiterentwicklungen des Schengener Informationssystems zum Anlass genommen, den Anwendungsbereich der Umsetzung der RFRL neu abzustecken. Folgende schweizerische Verfügungen gelten nunmehr als Rückkehrentscheide nach der RFRL, die im SIS erfasst werden müssen (s. auch Art. 68a AIG):

- Kantonale Wegweisungsverfügungen nach Art. 64 AIG; Entscheide nach Art. 64a und 64c Abs. 1 Bst. a und b, Art. 64 Abs. 2 und nach Art. 65 AIG sind hingegen keine Rückkehrentscheide in diesem Sinne.

- Ausweisung des fedpol gestützt auf Art. 68 AIG.

- Rückkehrentscheide gestützt auf die Landesverweisung; für diese wird nicht die Ausnahmeklausel nach Art. 2 Abs. 2 Bst. b RFRL angerufen.

– Wegweisungsverfügungen gestützt auf Art. 44 und 45 AsylG; auch wenn die vorläufige Aufnahme eine Ersatzmassnahme für eine Wegweisung darstellt, ist sie mit einer Schutzgewährung verbunden, die dazu führt, dass die betreffende Person in der Schweiz bleiben kann. Insofern handelt es sich nicht um eine Rückkehrentscheidung, und solche Fälle sind nicht in das SIS einzutragen.

4. Entfernungs- und Fernhaltemassnahmen

a) Wegweisung

aa) Vorbemerkungen

Mit der Wegweisung werden ausländische Personen verpflichtet, aus der Schweiz auszureisen. Die *Wegweisung* ist eine reine *Entfernungsmassnahme*. Sie ist *nicht Sachentscheid, sondern Vollstreckungsverfügung.* Sie ergeht in der Regel als ordentliche Verfügung. Das Ausländer- und Integrationsgesetz sieht Ausnahmen (Art. 64 Abs. 2, Art. 64c AIG) und auch spezielle Regelungen vor (Art. 64a, 65 AIG). Weggewiesen wird aus der Schweiz und nicht nur aus einem Kanton. In der Regel handelt es sich beim Wegweisungsverfahren um ein getaktetes Verfahren.

Unbegleitete minderjährige ausländische Personen haben Anspruch auf eine Vertrauensperson, die ihre Interessen wahrnimmt (Art. 64 Abs. 4 und 5 sowie Art. 64a Abs. 3bis AIG, Art. 88a VZAE).

bb) Ordentliche Wegweisung

Sind die Voraussetzungen eines *legalen Aufenthalts nicht mehr* oder waren sie *nie* gegeben, erlassen die zuständigen Behörden eine ordentliche Wegweisungsverfügung. Dies trifft dann zu (Art. 64 Abs. 1 AIG), wenn die ausländische Person nicht über eine erforderliche Bewilligung verfügt (Bst. a), die Einreisevoraussetzungen nach Art. 5 AIG nicht oder nicht mehr erfüllt (Bst. b) und ihr eine Bewilligung verweigert oder nach bewilligtem Aufenthalt widerrufen oder nicht verlängert wurde (Bst. c). Im letzteren Fall erlassen die Behörden die Wegweisung in der Regel in derselben Verfügung wie den Widerruf. Mit der Wegweisungsverfügung sind Zwangsmassnahmen für den Unterlassungsfall anzuordnen und es ist eine angemessene, bei besonderen Umständen wie insbesondere familiären Gründen oder gesundheitlichen Problemen eine längere Ausreisefrist anzusetzen (Art. 64d Abs. 1 AIG). Als angemessen gelten 7–30 Tage, wobei die ordnungsgemässe Beendigung des Aufenthalts, beispielsweise durch korrekte Beendigung eines Miet- oder Arbeitsverhältnisses, zu ermöglichen ist. Bei besonderen Konstellationen, insbesondere wenn eine Gefahr für die öffentliche Sicherheit und Ordnung besteht oder zu befürchten ist, dass sich die weggewiesene Person der Ausschaffung entziehen würde, ist die Wegweisung sofort vollstreckbar oder die Ausreisefrist ist unter sieben Tagen anzusetzen. Allenfalls ist die Verfügung zu übersetzen (Art. 64f Abs. 1 AIG). Innerhalb der angesetzten Frist muss die ausländische Person die Schweiz selbständig verlassen; allenfalls steht ihr dabei Rückkehrhilfe zu.

Ist eine Person *illegal* in die Schweiz *eingereist,* wird sie mit einem *Standardformular,* welches nicht zu übersetzen ist (Art. 64f Abs. 2 AIG), aus der Schweiz weggewiesen (Art. 64b AIG).

cc)   Formlose Wegweisung

Die Wegweisung mit einer *formlosen Verfügung* ist in drei Fällen möglich:

– Verfügen die illegal anwesenden ausländischen Personen über einen gültigen Aufenthaltstitel eines Schengen-Staates, sind sie formlos aufzufordern, sich unverzüglich in diesen Staat zu begeben. Kommen sie dieser Aufforderung nicht nach, ist eine ordentliche Verfügung (nach Art. 64 Abs. 1 AIG) zu treffen. Ist die sofortige Ausreise aus Gründen der öffentlichen Sicherheit und Ordnung oder der inneren oder äusseren Sicherheit angezeigt, so ist ohne vorgängige Aufforderung eine Verfügung zu erlassen (Art. 64 Abs. 2 AIG).

- Werden ausländische Personen aufgrund eines Rückübernahmeabkommens mit Belgien, Deutschland, Estland, Frankreich,
Italien, Lettland, Litauen, Luxemburg, den Niederlanden, Norwegen, Österreich, Polen, Schweden, der Slowakei, Slowenien,
Spanien oder Ungarn wieder aufgenommen, so ist ebenfalls die
formlose Wegweisung vorgesehen (Art. 64c Abs. 1 Bst. a AIG).
Auf unverzügliches Verlangen ist eine Verfügung mit Standardformular zu erlassen (Art. 64c Abs. 2 AIG).

- Ausländische Personen werden zudem formlos weggewiesen,
wenn ihnen zuvor die Einreise nach Art. 14 SGK verweigert
wurde (Art. 64c Abs. 1 Bst. b AIG). Es handelt sich dabei um ver-
suchte Einreisen von Drittstaatsangehörigen für einen geplanten
Aufenthalt in der Schweiz von bis zu 90 Tagen in einem Zeitraum von 180 Tagen, also typischerweise Reisemigranten, wenn
die Einreisevoraussetzungen nicht erfüllt sind. Auch hier kann
eine Verfügung mit Standardformular verlangt werden (Art. 64c
Abs. 2 AIG).

dd)   Verfahren und Rechtsschutz

Die Wegweisung erfolgt in der Regel durch die *kantonalen Migrationsbehörden* mit Ausnahme der beiden nachfolgend beschriebenen Fälle, bei denen das SEM auch dann zuständig ist, wenn die Person kein Asylgesuch gestellt hat (Dublin-Wegweisung nach Art. 64a
AIG und Flughafenverfahren gemäss Art. 65 AIG). Vor Anordnung
der Wegweisungsverfügung haben die Behörden zu prüfen, ob die
Wegweisung im Sinne von Art. 83 AIG nicht möglich, nicht zulässig
oder nicht zumutbar ist. Bestehen solche Vollzugshindernisse (dazu
hinten 9., S. 244), hat die kantonale Behörde beim SEM die vorläufige Aufnahme zu beantragen. Den Behörden steht eine besondere
Datenbank zur Kontrolle des Vollzugs von Entfernungsmassnahmen zur Verfügung (sog. eRetour; vgl. Art. 109f ff. AIG).

Eine Beschwerde gegen Wegweisungsverfügungen wegen fehlender Bewilligung oder Nicht- oder Nicht-mehr-Erfüllens der Einreisevoraussetzungen nach Art. 5 AIG (Art. 64 Abs. 1 Bst. a und b

AIG) ist innerhalb von fünf Arbeitstagen nach deren Eröffnung einzureichen. Die Beschwerde hat keine aufschiebende Wirkung. Die Beschwerdeinstanz entscheidet innerhalb von zehn Tagen über deren Wiederherstellung (vgl. Art. 64 Abs. 3 AIG). Mit dem gesetzlich vorgesehenen Entzug der aufschiebenden Wirkung wird die Wegweisungsverfügung vorzeitig vollstreckbar und schafft für die Dauer des Beschwerdeverfahrens einen gerichtlich noch nicht überprüften und damit möglicherweise rechtswidrigen Zustand. Die aufschiebende Wirkung kann allenfalls beantragt und von der Rechtsmittelinstanz verfügt werden. Insofern sind auch hier allfällige Hindernisse zu prüfen (dazu hinten 9., S. 244). Entscheide letzter kantonaler richterlicher Instanzen (vgl. Art. 29a BV) sind endgültig. Eine Beschwerde in öffentlich-rechtlicher Angelegenheit ist ausgeschlossen (Art. 83 Bst. c Ziff. 4 BGG); zulässig ist aber die subsidiäre Verfassungsbeschwerde.

Formlose Wegweisungen sind nicht anfechtbar. Es handelt sich dabei um Realakte. Art. 25a VwVG ist infolge der Spezialbestimmungen von Art. 64 Abs. 2 Satz 2 und Art. 64c Abs. 2 AIG nicht anwendbar. Wird eine entsprechende Verfügung getroffen, so gelten für Konstellationen nach Art. 64 Abs. 2 AIG die Vorschriften von Art. 64 Abs. 3 AIG neben den kantonalen Vorschriften; in den anderen Fällen gilt nur kantonales Verfahrensrecht.

Nach Eröffnung einer Wegweisungsverfügung kann die zuständige Behörde die ausländische Person verpflichten, sich regelmässig bei einer Behörde zu melden, angemessene finanzielle Sicherheiten zu leisten oder Reisedokumente zu hinterlegen (sog. *Schriftensperre;* Art. 64e AIG).

Während eines Wegweisungsverfahrens, d.h. von dessen Beginn an, kann die zuständige kantonale Behörde die betroffene Person sowie Sachen, die sie mitführt, zur *Sicherstellung von Reise- und Identitätspapieren* von einer Person gleichen Geschlechts durchsuchen lassen (Art. 70 Abs. 1 AIG). Ein richterlicher Entscheid ist nicht notwendig. Im Gegensatz zur Durchsuchung von Personen kann die *Durch-*

suchung einer Wohnung nur auf richterlichen Entscheid hin und nur nach einem erstinstanzlichen Entscheid erfolgen, wobei dafür ein konkreter Verdacht, dass sich eine wegzuweisende Person dort aufhält bzw. Papiere aufbewahrt, vorausgesetzt ist (Art. 70 Abs. 2 AIG).

Wo die Verletzung einer völkerrechtlichen Verpflichtung in Frage steht und es ein entsprechendes Rechtsschutzverfahren gibt, kann allenfalls ein internationales Organ angerufen werden. Das gilt namentlich mit Blick auf Art. 3 und 8 EMRK für den EGMR oder im Zusammenhang mit Art. 3 FoK für den Antifolterausschuss (CAT).

ee) Dublin-Wegweisung

Ist aufgrund der Dublin-Verordnung ein anderer Staat, der durch eines der Dublin-Assoziierungsabkommen (Anhang I Ziff. 2 AIG) gebunden ist, für die Durchführung eines Asyl- und Wegweisungsverfahrens zuständig (Dublin-Staat), erlässt das SEM eine Wegweisungsverfügung gegen eine Person, die sich illegal in der Schweiz aufhält (Art. 64a Abs. 1 AIG). Eine Beschwerde ist innerhalb von fünf Arbeitstagen nach der Eröffnung der Verfügung einzureichen. Die Beschwerde hat von Gesetzes wegen keine aufschiebende Wirkung; eine solche kann aber innerhalb der Beschwerdefrist beim Bundesverwaltungsgericht beantragt werden. Dieses entscheidet darüber innerhalb von fünf Tagen. Wird die aufschiebende Wirkung innerhalb dieser Frist nicht gewährt, kann die Wegweisung vollzogen werden. Zuständig dafür ist der Aufenthaltskanton.

ff) Flughafenverfahren

Das *Flughafenverfahren* kennt eine eigene Regelung mit einem besonders eng getakteten Verfahren (Art. 65 AIG). Wird die Einreise bei der Grenzkontrolle am Flughafen verweigert, etwa weil der Pass abgelaufen ist, hat die ausländische Person die Schweiz unverzüglich zu verlassen. Die für die Grenzkontrolle zuständige Behörde entscheidet im Namen des SEM innerhalb von 48 Stunden über die Wegweisung unter Verwendung eines speziellen Formulars. Innerhalb von 48 Stunden ist auch schriftlich Einsprache, der keine aufschiebende Wirkung zukommt, beim SEM zu erheben. Dieses entscheidet innert 48 Stunden. Dagegen kann wiederum und erneut ohne automatische aufschiebende Wirkung innert 48 Stunden Beschwerde beim Bundesverwaltungsgericht erhoben werden. Dieses entscheidet innert 72 Stunden. Die Bestimmungen über den Fristenstillstand nach VwVG finden keine Anwendung (Art. 112 Abs. 2 AIG). Weggewiesenen Personen wird zur Vorbereitung ihrer Weiterreise, mit gewissen Vorbehalten, für längstens 15 Tage der Aufenthalt in den internationalen Transitzonen der Flughäfen gestattet. Die Rechtsmittelfristen sind Gültigkeitsfristen, die Behördenfristen hingegen grundsätzlich Ordnungsfristen.

b) Einreiseverbot

aa) Regelung

Das *Einreiseverbot* nach Art. 67 AIG ist eine reine *Fernhaltemassnahme*. Damit soll gewährleistet werden, dass die Einreise ausländischer Personen verhindert wird. Diesen wird dadurch untersagt, während einer bestimmten Zeit das Hoheitsgebiet der Schweiz zu betreten. Insofern sollen im Sinne der Gefahrenabwehr zukünftige Störungen vermieden werden. Das Einreiseverbot verpflichtet nicht zur Ausreise. Dafür dienen die Entfernungsmassnahmen.

Das Einreiseverbot ist für vier Fälle vorgesehen, wobei in zwei Fällen das SEM die zuständige Behörde ist und in je einem Fall das fedpol und der Bundesrat:

- Im ersten Fall wird das Einreiseverbot mit der Wegweisung verknüpft. Danach *verfügt* das SEM, unter Vorbehalt humanitärer oder anderer wichtiger Gründe (Art. 67 Abs. 5 AIG), gegenüber weggewiesenen ausländischen Personen ein Einreiseverbot, wenn die Wegweisung nach Art. 64d Abs. 2 Bst. a–c AIG ohne Ausreisefrist sofort vollstreckt wird, diese Personen innerhalb der angesetzten Frist nicht ausgereist sind, sie gegen die öffentliche Sicherheit und Ordnung in der Schweiz oder im Ausland verstossen haben oder diese gefährden oder sie bestraft worden sind, weil sie Handlungen i.S.v. Art. 115 Abs. 1, Art. 116, 117 oder 118 begangen oder versucht haben, solche Handlungen zu begehen (Art. 67 Abs. 1 Bst. a–d AIG). Gemäss dem Gesetzeswortlaut ist das SEM diesfalls verpflichtet, das Einreiseverbot zu verfügen.

–   Das SEM kann im zweiten Fall Einreiseverbote verfügen, wenn die ausländischen Personen Sozialhilfekosten verursacht haben oder in Haft nach Art. 75–78 AIG genommen worden sind (Art. 67 Abs. 2 AIG). Diesbezüglich verfügt das SEM über ein pflichtgemäss auszuübendes Ermessen.

–   Im dritten Fall kann das fedpol ermessensweise nach vorgängiger Anhörung des Nachrichtendienstes des Bundes (NDB) zur Wahrung der inneren oder äusseren Sicherheit der Schweiz gegenüber ausländischen Personen ein Einreiseverbot verfügen (Art. 67 Abs. 4 AIG).

–   Im vierten Fall kann der Bundesrat gestützt auf Art. 184 Abs. 3 und 185 Abs. 3 BV ebenfalls ermessensweise Einreiseverbote erlassen. Gründe sind die Wahrung der Interessen der Schweiz sowie die Gefährdung bzw. Störung der öffentlichen Ordnung oder der inneren oder äusseren Sicherheit.

Die *Dauer des Verbots* muss *verhältnismässig* sein, d.h. die Massnahme muss geeignet und erforderlich sein und die gewichteten öffentlichen Interessen müssen die gewichteten privaten Interessen überwiegen. Nicht unproblematisch ist, dass Einreiseverbote auch gegenüber Personen verfügt werden, die nach Dublin-Recht in einen anderen Staat überstellt werden. Das SEM erlässt ein Verbot für höchstens fünf Jahre mit Beginn bei Rechtskraft, in schwerwiegenden Fällen für längere Zeit. Bei Einreiseverboten gegenüber Freizügigkeitsberechtigten ist Art. 5 Anhang I FZA zu beachten. Das fedpol kann ein Einreiseverbot für mehr als fünf Jahre und in schwerwiegenden Fällen unbefristet verfügen.

Mit Ablauf der Frist hat die vom Einreiseverbot betroffene ausländische Person Anspruch auf dessen *erneute Prüfung*. Das Einreiseverbot ist für Drittstaatsangehörige entsprechend den Schengenrechtlichen Vorgaben, d.h. insbesondere unter Prüfung der Verhältnismässigkeit, im Schengener Informationssystem (SIS) auszuschreiben (vgl. Art. 68a Abs. 2 AIG i.V.m. Art. 24 ff. V-SIS-Grenze, Art. 19a N-SIS-Verordnung) bzw. bei Aufhebung des Verbots zu löschen (Art. 68d Abs. 3 AIG sowie Art. 43 N-SIS-Verordnung). Die geographische Geltung umfasst den gesamten Schengen-Raum. Sind die Voraussetzungen nach Art. 68a Abs. 2 AIG i.V.m. Art. 24 ff. V-SIS-Grenze nicht erfüllt, bedeutet das, dass das Verbot nur für die Schweiz gilt. Das Einreiseverbot kann aus humanitären oder anderen wichtigen, beispielsweise familiären, Gründen vorübergehend suspendiert werden, um etwa Besuche oder die Teilnahme an einer Beerdigung zu ermöglichen (Art. 67 Abs. 5 AIG). Einreiseverbote gelten gegenüber EU- und EFTA-Angehörigen in der Regel nur national und werden nicht im SIS eingetragen. Bei freizügigkeitsberechtigten Familienmitgliedern mit Drittstaatsangehörigkeit ist ein Eintrag im SIS möglich, bedarf aber einer speziell die Registrierung rechtfertigenden Interessenlage (erhöhte Anforderungen an die Verhältnismässigkeit; siehe im Einzelnen Art. 68a AIG i.V.m. Art. 26 und Art. 21 V-SIS-Grenze).

bb)   Verfahren und Rechtsschutz

SEM und fedpol sind Bundesbehörden. Das Verfahren richtet sich demnach nach dem *Verwaltungsverfahrensgesetz des Bundes* (VwVG). Beschwerdeinstanz ist bei Verfügungen des SEM das Bundesverwaltungsgericht. Verfügungen des fedpol können an das EJPD (Art. 32 Abs. 1 Bst. a VGG e contrario; Art. 47 Bst. d VwVG) und anschliessend an den Bundesrat weitergezogen werden (Art. 72 Bst. a i.V.m. Art. 73 Bst. a VwVG). In beiden Fällen sind die Beschwerde in öffentlich-rechtlichen Angelegenheiten (Art. 83 Bst. c Ziff. 1 bzw. Bst. a und Bst. c Ziff. 1 BGG) und die subsidiäre Verfassungsbeschwerde an das Bundesgericht (Art. 113 BGG e contrario) ausgeschlossen.

Verfügt der Bundesrat, sind die Einreiseverbote endgültig; eine Ausnahme gilt, wenn EMRK-Rechte berührt sind, in welchem Fall sich entweder aus Art. 6 EMRK, falls die Verfügung zivilrechtliche Ansprüche berührt oder über einen strafrechtlichen Charakter verfügt, oder aus Art. 13 EMRK, insbesondere in Verbindung mit Art. 3 oder 8 EMRK, ein Anspruch auf eine gerichtliche Beurteilung bzw. eine wirksame nationale Beschwerde ergeben kann. Diesfalls sollte der Bundesrat besser dem fedpol den Entscheid überlassen. Zu beachten ist, dass bei Freizügigkeitsberechtigten eine doppelte Rechtsmittelinstanz erforderlich ist, wobei die zweite eine gerichtliche Instanz sein muss (Art. 11 Abs. 3 FZA, Art. 11 Abs. 3 Anhang K EFTA-Abkommen). In Analogie zum *PKK*-Urteil des Bundesgerichts sowie zu dessen Rechtsprechung zu Einreiseverboten gegenüber Freizügigkeitsberechtigten müsste dieses bei einer solchen Ausgangslage auf eine bei ihm eingereichte Beschwerde eintreten. Dies ist allerdings ungeklärt.

Ein Einreiseverbot kann auch *völkerrechtliche Verpflichtungen,* namentlich Art. 8 EMRK, verletzen und entsprechende Rechtsschutzverfahren, insbesondere die Beschwerde an den EGMR, ermöglichen.

c)   Ausweisung

aa)   Regelung

Die *politische Ausweisung* nach Art. 68 AIG stützt sich auf Art. 121 Abs. 2 BV, was angesichts der umfassenden Bundeskompetenz nach Art. 121 Abs. 1 BV nicht nötig wäre. Immerhin wird so die politische Ausweisung ausdrücklich in der Bundesverfassung hervorgehoben. Es geht um die Wahrung der inneren oder der äusseren Sicherheit der Schweiz. Zuständig dafür ist das fedpol, das den NDB anhört, bevor es die Ausweisung mit einer angemessenen Ausreisefrist verfügt (Art. 68 Abs. 1 und 2 AIG). Insofern stellt die Ausweisung eine Entfernungsmassnahme dar. Nach Art. 68 Abs. 3 AIG muss sie mit einem befristeten oder unbefristeten Einreiseverbot, mithin einer Fernhaltemassnahme, verbunden werden. Diese kann bei Vorliegen wichtiger Gründe, etwa familiärer oder humanitärer Art, vorübergehend aufgehoben werden (Art. 68 Abs. 3 AIG). Die Ausweisung ist sofort vollstreckbar, wenn die ausländische Person erheblich oder wiederholt gegen die öffentliche Sicherheit und Ordnung verstossen hat oder diese gefährdet oder die innere oder die äussere Sicherheit gefährdet (Art. 68 Abs. 4 AIG).

bb)   Verfahren und Rechtsschutz

Mit einer Ausweisung wird die Anwesenheitsbewilligung von Gesetzes wegen beendet (Art. 61 Abs. 1 Bst. d AIG); es bedarf deshalb keines vorgängigen Beendigungsentscheids. Für das Verfahren gilt das *Verwaltungsverfahrensgesetz des Bundes* (VwVG). Der Rechtsschutz gegen die Ausweisung des fedpol richtet sich nach den Ausführungen zum Einreiseverbot. Auch hier kann der Bundesrat gestützt auf Art. 184 Abs. 3 und Art. 185 Abs. 3 BV verfügen; es gilt das bereits vorne beim Einreiseverbot Ausgeführte. Zu beachten wäre, dass auch in Fällen der Ausweisung der Vollzug an den entsprechenden Hindernissen scheitern kann (Art. 83 AIG). Im Vordergrund stünde vor allem die Unzulässigkeit aufgrund völkerrechtlicher Verpflichtungen. Die Anordnung oder Verlängerung der vorläufigen Aufnahme ist bei Ausweisungen nicht mehr vorgesehen (Art. 83 Abs. 1 und 9 AIG). Problematisch wird dies, wenn völkerrechtliche Verpflichtungen wie Art. 3 und 8 EMRK berührt sind. Davon betroffene Personen werden in die Irregularität abgedrängt. Insbesondere wäre es bei einer Verurteilung der Schweiz durch den EGMR nicht zulässig, zugunsten des Ausgewiesenen überhaupt keine rechtmässige Aufenthaltsmöglichkeit anzuerkennen.

Die *Durchsuchung einer Person bzw. einer Wohnung* ist ebenfalls möglich (Art. 70 Abs. 1 und 2 AIG). Es gilt das vorne bei der Wegweisung Geschriebene.

d) Landesverweisung

aa) Vorbemerkungen

Nach Art. 121 Abs. 3–6 BV verlieren ausländische Personen, die wegen einer bestimmten Straftat verurteilt worden sind oder missbräuchlich Leistungen der Sozialversicherung oder der Sozialhilfe bezogen haben, unabhängig ihres ausländerrechtlichen Aufenthaltsstatus ihr Aufenthaltsrecht und alle Rechtsansprüche auf Aufenthalt in der Schweiz; sie werden *ausgewiesen und* mit einem *Einreiseverbot* von 5 bis 15 Jahren, im Wiederholungsfall von 20 Jahren, belegt. Der Gesetzgeber hat die einzelnen Tatbestände näher zu umschreiben. Die Vorschrift ist, wie das Bundesgericht mehrfach betont hat, nicht direkt anwendbar. Der Gesetzgeber ist dem Auftrag mit einer Regelung im Strafgesetzbuch (Art. 66a ff. StGB) und im Militärstrafgesetz (Art. 49a ff. MStG) nachgekommen, indem er eine obligatorische und eine nicht obligatorische Landesverweisung in die beiden Erlasse einfügte. Hier soll nur auf das StGB referiert werden.

Da die Landesverweisung im StGB implementiert wurde, wird vielfach behauptet, dass es sich dabei nicht um eine *verwaltungsrechtliche,* sondern nur um eine strafrechtliche *Massnahme* handle. Auch wenn der Strafrichter diese ausspricht und der Strafprozess anwendbar ist, trifft dies nicht zu. Bester Beweis bilden Art. 62 Abs. 2 bzw. Art. 63 Abs. 3 AIG. Die beiden Bestimmungen sind Kollisionsnormen. Danach soll der gleiche Sachverhalt nicht doppelt angewendet werden, d.h. sowohl durch den Verwaltungsrichter als auch durch den Strafrichter. Nach der Normentheorie bedarf es nur einer Kollisionsregelung, wenn der gleiche Sachverhalt unter gleichen Gesichtspunkten unterschiedlich beurteilt werden kann. Wenn dagegen Normen einen Sachverhalt nach unterschiedlichen Gesichtspunkten regeln, gelangen sie nebeneinander zur Anwendung und schliessen sich nicht gegenseitig aus.

Gegenüber *Freizügigkeitsberechtigten* darf die Landesverweisung grundsätzlich nur ausgesprochen werden, wenn die Voraussetzungen an die Beschränkung der Freizügigkeitsrechte gemäss Art. 5 Anhang I FZA erfüllt sind. Dies gilt auch für Familienangehörige nach Art. 3 Abs. 2 Anh. I FZA. Die Rechtsprechung dazu ist noch in Entwicklung; zuletzt hat das Bundesgericht nun im gerade besprochenen Sinne entschieden.

bb)   Obligatorische Landesverweisung

Ist die ausländische Person wegen einer der in Art. 66a Abs. 1 StGB aufgeführten Straftaten verurteilt worden, wobei es sich in aller Regel um Verbrechen, teilweise auch um Vergehen, handelt, so weist das Gericht diese Person, unabhängig von der Höhe der Strafe, für 5–15 Jahre aus der Schweiz aus. Nach Art. 66a Abs. 2 StGB kann das Gericht ausnahmsweise von einer *Landesverweisung* absehen, wenn diese für den Ausländer einen schweren persönlichen *Härtefall* bewirken würde und die öffentlichen Interessen an der Landesverweisung gegenüber den privaten Interessen des Ausländers am Verbleib in der Schweiz nicht überwiegen; dabei ist der besonderen Situation von Ausländern Rechnung zu tragen, die in der Schweiz geboren oder aufgewachsen sind, d.h. bei sog. Angehörigen der zweiten Generation. Dazu gelten keine starren Altersvorgaben. Neu wird diskutiert, ob die Hassrede nach Art. 261bis StGB in den Katalog der obligatorischen Landesverweisung aufgenommen werden soll.

Gesetzesrecht muss allen Verfassungsbestimmungen und auch allem ratifizierten Völkerrecht genügen. Einschlägig sind diesbezüglich vor allem die Grundrechte. Mit Art. 66a Abs. 2 StGB versucht der Gesetzgeber, diesen Vorgaben, insbesondere dem verfassungs- und *völkerrechtlichen Verhältnismässigkeitsprinzip,* gerecht zu werden. Die Einhaltung des Verhältnismässigkeitsgrundsatzes ist in jedem Einzelfall zu prüfen. Mit dem Hinweis auf die in der Schweiz geborenen oder aufgewachsenen ausländischen Personen wird besonders hervorgehoben, dass das Gewicht des privaten Interesses dieser Personen gebührlich berücksichtigt werden muss. Bei der

Frage, ob ein Härtefall vorliegt, dient Art. 31 VZAE als Orientierung, wobei auch strafrechtliche Elemente sowie Vollzugshindernisse (s. Art. 83 Abs. 2–4 AIG; dazu hinten 9., S. 244) zu berücksichtigen sind. Die Interessenabwägung ist dieselbe wie diejenige beim Widerruf einer Bewilligung, wobei Art. 66a StGB ausdrücklich verlangt, dass der besonderen Situation der in der Schweiz geborenen oder aufgewachsenen ausländischen Personen Rechnung zu tragen ist. Diesfalls ist eine Entfernungsmassnahme nach der insofern allerdings noch hauptsächlich ausländerrechtlich geprägten Rechtsprechung nur bei schwerer Straffälligkeit, insbesondere bei Betäubungsmittelhandel sowie Gewalt- und Sexualdelikten zulässig. Schliesslich ist zu prüfen, ob menschenrechtliche Regeln (EMRK, UNO-Pakt II, FK usw.) der Landesverweisung entgegenstehen oder ob der konkrete Fall den Anforderungen an den Verlust von Aufenthaltsrechten nach dem Freizügigkeitsabkommen bzw. dem EFTA-Abkommen genügt (vgl. insb. Art. 5 Anhang I FZA). Die Dauer der Landesverweisung (5–15 Jahre) muss ebenfalls verhältnismässig sein. Liegt ein Härtefall vor und überwiegen die privaten Interessen oder ist sie im konkreten Einzelfall menschenrechts- oder freizügigkeitsrechtswidrig, ist von der Landesverweisung abzusehen. Nach Art. 66a Abs. 3 StGB kann ferner von einer Landesverweisung abgesehen werden, wenn die Tat in entschuldbarer Notwehr (Art. 16 Abs. 1 StGB) oder in entschuldbarem Notstand (Art. 18 Abs. 1 StGB) begangen wurde.

cc)   Nicht obligatorische Landesverweisung

Das Gericht kann einen Ausländer nach Art. 66a[bis] StGB für 3–15 Jahre des Landes verweisen, wenn er wegen eines Verbrechens oder Vergehens, das nicht von Art. 66a StGB erfasst wird, zu einer Strafe verurteilt oder gegen ihn eine Massnahme nach den Art. 59–61 oder 64 StGB angeordnet wird. Dem Strafrichter steht ein entsprechendes *Ermessen* zu. Auch diese Landesverweisung muss *verhältnismässig* sein und es sind alle konkreten Umstände des Einzelfalls und die völkerrechtlichen Vorgaben zu berücksichtigen.

dd)   Gemeinsame Bestimmungen

Bei Übertretungen und im *Jugendstrafrecht* ist die Landesverweisung ausgeschlossen (vgl. Art. 105 Abs. 1 StGB sowie Art. 1 und 12 ff. JStG e contrario). Im Übrigen sind bei der Anordnung der Landesverweisung die allgemeinen Strafrechtsgrundsätze, insbesondere das Rückwirkungsverbot, der Grundsatz «keine Strafe ohne Gesetz» (Art. 1 StGB) und die Bestimmungen zum strafrechtlichen Geltungsbereich (Art. 2 f. StGB), zu beachten.

Intertemporalrechtlich sind die neuen Bestimmungen über die Landesverweisung aufgrund des strafrechtlichen Rückwirkungsverbots nur anwendbar, wenn das Delikt nach dem 1.10.2016 begangen wurde. Frühere Straftaten darf das Strafgericht für die Prüfung der Verhältnismässigkeit bei der Prüfung eines Härtefalls bzw. einer fakultativen Landesverweisung berücksichtigen.

Im *Wiederholungsfall* ist die neue Landesverweisung auf 20 Jahre auszusprechen (Art. 66b Abs. 1 StGB). Nach Art. 66b Abs. 2 StGB kann die Landesverweisung auf Lebenszeit ausgesprochen werden, was im Lichte der Verhältnismässigkeit unzulässig ist. Abgesehen davon muss eine solche Landesverweisung überprüfbar sein. Die Landesverweisung gilt ab Rechtskraft des Urteils. Sie wird vollzogen, wenn die verurteilte Person bedingt oder endgültig aus dem Straf- oder Massnahmenvollzug entlassen oder die freiheitsentziehende Massnahme aufgehoben wird, ohne dass eine Reststrafe zu vollziehen ist oder eine andere solche Massnahme angeordnet wird. Wird die mit einer Landesverweisung belegte Person für den Straf- und Massnahmenvollzug in ihr Heimatland überstellt, so gilt die Landesverweisung mit der Überstellung als vollzogen. Die Dauer der Landesverweisung wird von dem Tag an berechnet, an dem die verurteilte Person die Schweiz verlassen hat (vgl. Art. 66c StGB).

Art. 66d StGB regelt den *Aufschub des Vollzugs* der obligatorischen Landesverweisung. Ein solcher ist vorgesehen (Art. 66d Abs. 1 Bst. a StGB), wenn die Voraussetzungen des flüchtlingsrechtlichen Non-Refoulement-Gebots erfüllt sind (Art. 33 FK). Kein Aufschub erfolgt, wenn der Flüchtling sich nach Art. 5 Abs. 2 AsylG nicht auf das Verbot berufen kann. Angesprochen ist damit Art. 33 Abs. 2 FK (s. § 10.2.a, S. 200). Da zugleich allerdings andere Völkerrechtsverpflichtungen wie namentlich Art. 3 EMRK oder Art. 3 Abs. 1 FoK verletzt werden, behält Art. 66d Abs. 1 Bst. b StGB diese Bestimmungen vor.

Die gegenüber Drittstaatsangehörigen ausgesprochene Landesverweisung und auch das damit allenfalls verbundene Einreiseverbot werden im *Schengener Informationssystem* (SIS) eingetragen (Art. 68a Abs. 1 und 2 AIG; dazu unten § 10.5, S. 219). Der Strafrichter ordnet die Ausschreibung der Landesverweisung an (Art. 20 Satz 2 N-SIS-Verordnung). Die Auswirkungen davon sind beträchtlich, hat dies doch die Ausweitung des Einreiseverbots auf den ganzen Schengen-Raum zur Folge, weshalb ein solcher Eintrag im Strafprozess mitunter hart umkämpft ist. Andernfalls sowie bei Freizügigkeitsberechtigten bleibt es bei einem nationalen Einreiseverbot.

ee)   Beendigung des Aufenthalts

Das Strafrecht legt nicht fest, wann die ausländerrechtlichen Bewilligungen erlöschen. Das ist im Ausländer- und Integrationsgesetz geregelt. Art. 61 Abs. 1 Bst. e und f AIG halten fest, dass Bewilligungen *von Gesetzes wegen* mit der rechtskräftigen Landesverweisung nach Art. 66a StGB oder Art. 49a MStG oder mit dem Vollzug einer Landesverweisung nach Art. 66a[bis] StGB oder 49a[bis] MStG *erlöschen*.

Flüchtlinge, bei denen Asylausschlussgründe nach Art. 53 und 54 AsylG vorliegen, werden gemäss Art. 83 Abs. 8 AIG vorläufig aufgenommen. Nach Art. 83 Abs. 9 AIG wird die vorläufige Aufnahme nicht verfügt oder erlischt, wenn eine Landesverweisung nach Art. 66a oder 66a[bis] StGB oder Art. 49a oder 49a[bis] MStG rechtskräftig geworden ist. Diese Personen werden deshalb in die Irregularität abgedrängt. Dabei erscheint fraglich, ob das mit Blick auf Art. 3 EMRK und Art. 3 FoK überhaupt zulässig ist.

ff)   Verfahren und Rechtsschutz

Da die Landesverweisung vom Strafrichter ausgesprochen wird, ist der *Strafprozess* (StPO) anwendbar und der Rechtsschutz folgt dem strafprozessualen Rechtsweg mit zwei kantonalen Instanzen (vgl. Art. 80 Abs. 2 BGG) und letztinstanzlicher Anrufbarkeit des Bundesgerichts mit Beschwerde in Strafsachen (Art. 78 ff. BGG). Familienangehörige sind nicht legitimiert, Landesverweisungen anzufechten, was angesichts der möglichen Auswirkungen auf abgeleitete Bewilligungen nicht unproblematisch erscheint. Im Strafbefehlsverfahren darf keine Landesverweisung ausgesprochen werden (Art. 352 StPO e contrario). Droht eine Landesverweisung, ist zwingend die notwendige Verteidigung anzuordnen (Art. 130 Bst. b StPO).

Die Landesverweisung kann auch *völkerrechtliche Verpflichtungen,* namentlich Art. 3 und 8 EMRK, verletzen und entsprechende Rechtsschutzverfahren, insbesondere die Beschwerde an den EGMR, ermöglichen.

5.   Ausschreibung im Schengener Informationssystem

a)   Ausgangslage

Die EU hat mit den drei Verordnungen «SIS-Grenze», «SIS-Polizei» und «SIS-Rückkehr» das Schengener Informationssystem (SIS) sachlich und technisch weiterentwickelt. Die drei Verordnungen regeln den Betrieb und die Nutzung des Systems in unterschiedlichen Bereichen. Die V-SIS-Polizei betrifft den Bereich der «polizeilichen Zusammenarbeit und der justiziellen Zusammenarbeit in Strafsachen», die V-SIS-Grenze regelt die Nutzung des Systems für die Zwecke der «Grenzkontrollen» und die V-SIS-Rückkehr bildet die Grundlage zur Verwendung des SIS im Hinblick auf die «Rückkehr illegal aufhältiger Drittstaatsangehöriger». Das SIS ist ein elektronisches Personen- und Sachfahndungssystem, das durch die

Schengen-Staaten gemeinsam betrieben wird. Es enthält Informationen über Personen und Sachen. Das dem Bundesamt für Polizei (fedpol) angegliederte SIRENE-Büro Schweiz als nationale Kontaktstelle ist für alle Fahndungen via SIS, für den nationalen und internationalen Informationsaustausch in Bezug auf SIS-Daten und für die rasche Trefferbearbeitung zuständig. SIS steht einer ganzen Palette von Verfahren zur Verfügung. Mit den neuen Verordnungen müssen Einreiseverbote und Rückkehrentscheide zwingend im SIS eingetragen werden. (Breiteren) Zugang erhalten auch Frontex und Europol. Mit den drei Verordnungen sollen den früheren terroristischen Attacken im Schengen-Raum und den gesteigerten Herausforderungen im Migrationsbereich Rechnung getragen sowie die grenzüberschreitende Zusammenarbeit weiter verbessert und die innere Sicherheit erhöht werden. Die drei Verordnungen wurden in der Schweiz als Weiterentwicklungen des Schengen-Besitzstands notifiziert.

b) Die Umsetzung in der Schweiz

Die neuen SIS-Verordnungen enthalten direkt anwendbare Vorschriften sowie solche, die landesrechtlich konkretisiert werden müssen. Einige Änderungen betreffen das Gesetzesrecht, viele das Verordnungsrecht, insbesondere die N-SIS-V. Folgende Bestimmungen sind hervorzuheben:

aa) Die Ausschreibung

Die im Ausländer- und Integrationsgesetz neu eingeführten Vorschriften im Zusammenhang mit der Weiterentwicklung des SIS finden sich in den Art. 68a ff. AIG und zwar im Abschnitt Entfernungs- und Fernhaltemassnahmen. Zu Recht, knüpfen die Ausschreibungen doch an die Rückkehrentscheide und an die Einreiseverbote an. Art. 68a AIG ist das Herzstück der neuen gesetzlichen Regelungen und ordnet die Ausschreibung im SIS. Die beiden ersten Absätze betreffen materielle Regelungen: Nach Art. 68a Abs. 1 Bst. a–d AIG ist die zuständige Behörde verpflichtet, die Daten von Drittstaatsangehörigen, gegen die Rückkehrentscheide verfügt wurden, in das SIS einzutragen. Folgende *Rückkehrentscheidungen* sind erfasst:

- eine Wegweisung nach Art. 64 AIG;
- eine Ausweisung nach Art. 68 AIG;
- eine Landesverweisung nach Art. 66a oder 66a[bis] StGB oder Art. 49a oder 49a[bis] MStG bei Vollzugsanordnung;
- eine Wegweisung mit Vollzugsanordnung nach den Art. 44 und 45 AsylG.

Art. 68a Abs. 2 AIG legt fest, welche schweizerischen *Einreiseverbote* gegen Drittstaatsangehörige entsprechend der V-SIS-Grenze im SIS auszuschreiben sind. Es handelt sich zum einen um Einreiseverbote, die entweder vom SEM (Art. 67 AIG) oder vom fedpol (Art. 67 Abs. 4 und Art. 68 AIG) gestützt auf das AIG verfügt wurden, und zum anderen um gerichtlich angeordnete Landesverweisungen. Der Eintrag ist indes nur dann zulässig, wenn die Voraussetzungen der V-SIS-Grenze erfüllt sind. Dies betrifft vor allem Art. 24 V-SIS-Grenze und den in Art. 21 V-SIS-Grenze normierten Verhältnismässigkeitsgrundsatz. Im Fall von Art. 24 Abs. 1 lit. a V-SIS-Grenze (Gefahr für die öffentliche Ordnung und Sicherheit) geht die V-SIS-Grenze davon aus, dass der Eintrag verhältnismässig ist (Art. 21 Abs. 2 V-SIS-Grenze).

Art. 68a Abs. 3–5 AIG regeln zum einen die Übermittlung und die Erfassung der Daten (biometrische Daten, Gesichtsbild und Fingerabdrücke) und zum anderen die hierfür zuständigen Behörden (SEM, fedpol und die für die Ausschreibung zuständigen Behörden). Der Bundesrat regelt gemäss Art. 68a Abs. 6 AIG das Verfahren und die Zuständigkeiten für die Erfassung und Übermittlung der Daten nach den Absätzen 1–5 zwecks Ausschreibungen im SIS. Er kann Ausnahmen bei der Erfassung und Lieferung hinsichtlich der biometrischen Daten vorsehen.

bb)   Zuständige Behörde

Der Austausch im Zusammenhang mit Ausschreibungen im SIS zwischen der Schweiz und den anderen Schengen-Staaten erfolgt in verschiedenen Konstellationen nach Art. 68b AIG über das SIRENE-Büro (Supplementary Information Request at the National Entry-Büro).

cc)   Ausreise und Rückkehrbestätigung

Art. 68c AIG befasst sich mit Ausschreibungen zur Rückkehr im SIS. Art. 68 Abs. 1 AIG betrifft den Fall, in dem ein anderer Schengen-Staat den Rückkehrentscheid im SIS eingetragen hat und die betroffene Person von der Schweiz aus dem Schengenraum ausreist. In diesem Fall ist durch die zuständige Grenzkontrollbehörde zuhanden des SIRENE-Büros eine Rückkehrbestätigung auszustellen. Das SIRENE-Büro übermittelt die Bestätigung zwecks Löschung der Ausschreibung zur Rückkehr im SIS an den ausschreibenden Schengen-Staat. Nach Art. 68c Abs. 2 AIG leitet das SIRENE-Büro Rückkehrbestätigungen von anderen Schengen-Staaten an die ausschreibende Behörde in der Schweiz zwecks Löschung der Ausschreibung weiter.

dd)   Löschung von Schweizer Ausschreibungen im SIS

Art. 68d regelt die Löschung von Schweizer Ausschreibungen im SIS. Art. 68d Abs. 1 bezieht sich auf die Ausschreibung nach Art. 68a Abs. 1 AIG (Rückkehrentscheide), Art. 68d Abs. 3 auf die nach Art. 68a Abs. 2 AIG (Einreiseverbote). Nach Art. 68d Abs. 1 Bst. b und Abs. 3 Bst. b AIG muss die ausschreibende Behörde unverzüglich eine Löschung der Ausschreibung im SIS vornehmen, wenn einer der in Art. 68a Abs. 1 oder 2 AIG genannten Entscheide widerrufen oder annulliert wird. Eine Löschung ist ebenfalls vorzunehmen, wenn die ausgeschriebene Person die Staatsangehörigkeit eines Schengen-Staats erworben hat (Art. 68d Abs. 1 Bst. c und Abs. 3 Bst. c AIG). Eine Ausschreibung zur Rückkehr wird zudem von der ausschreibenden Behörde gelöscht, wenn die betreffende

Person den Schengen-Raum verlassen und die ausschreibende Behörde von einem anderen Schengen-Staat eine Rückkehrbestätigung erhalten hat (Art. 68d Abs. 1 Bst. a AIG). Eine Ausschreibung zur Einreise- und Aufenthaltsverweigerung wird gelöscht, wenn die Dauer des vom SEM oder von fedpol verfügten Einreiseverbots abgelaufen ist (Art. 68d Abs. 3 Bst. a AIG). Dies gilt auch für den Teil «Fernhaltemassnahme» der Landesverweisungen, die gestützt auf das StGB oder das MStG angeordnet wurden. In diesen Fällen müssen die für den Vollzug der Landesverweisung zuständigen Behörden die Ausschreibung im SIS löschen. Nach Art. 68d Abs. 2 AIG löschen die Grenzbehörden die Ausschreibung zur Rückkehr sofort im ZEMIS und im SIS, wenn die Person von der Schweiz aus dem Schengen-Raum ausreist. Eine Rückkehrbestätigung erübrigt sich in diesem Fall. Bei der Löschung einer Ausschreibung zur Rückkehr ist ein allfälliges Einreiseverbot unverzüglich im SIS zu aktivieren, wenn die betreffende Person aus dem Schengen-Raum ausgereist ist. Die Behörden, welche die Ausschreibung zur Rückkehr gelöscht haben, müssen eine allfällige Ausschreibung zur Einreise- und Aufenthaltsverweigerung aktivieren.

ee)   Bekanntgabe von SIS-Daten an Dritte

Im Einklang mit Art. 15 V-SIS-Rückkehr und Art. 50 V-SIS-Grenze dürfen die aus dem SIS gewonnenen Daten nicht an Dritte (natürliche oder juristische Personen), Drittstatten oder internationale Organisationen übermittelt werden (Art. 68e Abs. 1 AIG). Nur unter sehr restriktiven Voraussetzungen kann das SEM Daten an einen Drittstaat übermitteln.

ff)   Daten- und Rechtsschutz

Naturgemäss kommt dem Daten- und Rechtsschutz eine grosse Bedeutung zu, weil und soweit es sich bei den SIS-Daten um personenbezogene Informationen handelt. Für den Datenschutz enthalten die Art. 111a ff. AIG spezifische Bestimmungen, namentlich zum Datenaustausch mit ausländischen Behörden. Für den Rechtsschutz gelten die allgemeinen Bestimmungen (s. Art. 112 AIG), d.h. dass gegen Verfügungen des SEM oder des fedpol Beschwerde an das Bundesverwaltungsgericht und gegen dessen Entscheide Beschwerde in öffentlich-rechtlichen Angelegenheiten an das Bundesgericht erhoben werden kann. Das Bundesgericht hat etwa im Zusammenhang mit einem Auskunftsgesuch eines Journalisten zu dessen von einem anderen Schengen-Staat vorgenommenen Einträgen entschieden, dass die Schweizer Behörden die Einhaltung der Grund- und Menschenrechte selbständig prüfen müssen.

6. Rückkehr- und Wiedereingliederungshilfe

Zur Unterstützung der selbständigen und pflichtgemässen Ausreise kann der Bund *Rückkehr- und Wiedereingliederungshilfe* leisten (Art. 60 Abs. 1 AIG). Damit soll die *freiwillige Ausreise* weggewiesener Personen gefördert werden (Art. 78 Abs. 1 VZAE). Der persönliche Geltungsbereich ist wie folgt eng und abschliessend festgelegt (Art. 60 Abs. 2 Bst. a–c AIG): Personen, die wegen einer schweren allgemeinen Gefährdung den Heimat- oder Herkunftsstaat verlassen haben oder während deren Dauer nicht in diesen zurückkehren konnten (i.S.v. Schutzbedürftigen nach Art. 4 AsylG), sofern ihr Aufenthalt nach dem Ausländer- und Integrationsgesetz geregelt war und sie zur Ausreise verpflichtet wurden, Opfer von Menschenhandel und ausbeutungsgefährdete Personen sowie vorläufig Aufgenommene, die freiwillig die Schweiz verlassen. Der sachliche Geltungsbereich (Art. 60 Abs. 3 AIG) umfasst die Rückkehr- und Wiedereingliederungshilfe nach Art. 93 Abs. 1 Bst. a, a[bis], b und c AsylG, d.h. Rückkehrberatung, Zugang zu und Teilnahme an Projekten, finanzielle Unterstützung für Eingliederung und medizinische Betreuung. Für die Voraussetzungen und das Verfahren zur Ausrichtung und Abrechnung der Beiträge verweist der Bundesrat auf die AsylV 2 (Art. 78 Abs. 2 VZAE). Die Rückkehrhilfe hat insbesondere als milderes Mittel allfälligen Zwangsmassnahmen vorzugehen.

7. Ausschaffung

a) Anordnung

aa) Subsidiarität

Werden ausländische Personen weg- oder ausgewiesen, so ist es gemäss dem Prinzip der freiwilligen Ausreise grundsätzlich ihre Sache, zu bestimmen, wie und wohin sie ausreisen. Die *Ausschaffung,* d.h. die *zwangsweise Beendigung der Anwesenheit,* fällt deshalb als Folge des Verhältnismässigkeitsprinzips nur subsidiär in Betracht. Sie ist dementsprechend als *exekutorische verwaltungsrechtliche Massnahme* zu verstehen, die das Vorliegen einer rechtskräftigen Entfernungsmassnahme voraussetzt. Diesen Gedanken nimmt Art. 69 Abs. 1 Bst. a AIG auf, wonach ausländische Personen ausgeschafft werden, welche die ihnen zur Ausreise angesetzte Frist verstreichen lassen. Vom Grundsatz der Subsidiarität gibt es allerdings zwei *Ausnahmen:*

- Erstens ist der Weg- oder Ausweisungsentscheid sofort vollziehbar (Art. 69 Abs. 1 Bst. b AIG), wenn die betroffene Person eine Gefahr für die öffentliche Sicherheit und Ordnung oder die innere oder die äussere Sicherheit darstellt (Art. 64d Abs. 2 Bst. a, Art. 68 Abs. 4 AIG), sich der Ausschaffung entziehen will (Art. 64d Abs. 2 Bst. b AIG), von einem Staat nach Art. 64c Abs. 1 Bst. a AIG aufgrund eines Rückübernahmeabkommens wiederaufgenommen wird (Art. 64d Abs. 2 Bst. d AIG) oder das Bewilligungsgesuch offensichtlich unbegründet ist (Art. 64d Abs. 2 Bst. c AIG). Dasselbe gilt in bestimmten Konstellationen des Schengen- und Dublin-Rechts (Art. 64d Abs. 2 Bst. e–f AIG). Verfügte die ausländische Person über einen Anwesenheitsanspruch, muss der der Ausschaffung zugrundeliegende materielle Entscheid über die Anwesenheitsberechtigung rechtskräftig sein (so ausdrücklich Art. 69 Abs. 1 Bst. c AIG).

- Zweitens erscheint die Subsidiarität der Ausschaffung ungeeignet bei Personen, die sich in Ausschaffungshaft befinden und bei denen ein rechtskräftiger Entscheid über die Aus- oder Wegweisung oder die Landesverweisung vorliegt (Art. 69 Abs. 1 Bst. c AIG). Da eine Person in Ausschaffungshaft genommen wird, um den Vollzug der Entfernungsmassnahme sicherzustellen, weil gewisse Anzeichen dafür bestehen, dass dieser u.U. gefährdet ist, rechtfertigt es sich diesfalls, vom Prinzip der freiwilligen Ausreise abzuweichen.

bb)   Zielstaat

Hat die ausländische Person die Möglichkeit, rechtmässig in mehrere Staaten auszureisen, so kann die zuständige Behörde sie in das Land ihrer Wahl ausschaffen (Art. 69 Abs. 2 AIG). Die Kann-Vorschrift indiziert ein Ermessen; vom Wunsch der betroffenen Person darf aber ohne triftige Gründe kaum abgewichen werden. Die *Ausreisemöglichkeit* muss zeitlich, rechtlich und faktisch bestehen, d.h., es müssen insbesondere die notwendigen Unterlagen wie Reisepapiere vorhanden sein. Es liegt allerdings nicht an der Behörde, weitere Alternativen zu prüfen, wenn die Ausschaffung in einen Staat möglich ist. Hilfe für die Ausschaffung bieten die mit zahlreichen Staaten abgeschlossenen Rückübernahmeabkommen (s. Art. 100 Abs. 2 Bst. b und c AIG). Fehlen solche und verhält sich die betroffene Person nicht kooperativ mit den Schweizer Behörden, ist allenfalls auf Zwangsmassnahmen zurückzugreifen.

Während der Covid-19-Pandemie haben verschiedentlich Heimat- oder Herkunftsstaaten ausländischer Personen, der für diese zuständige Dublin-Staat oder das die ausländischen Personen transportierende Luftverkehrsunternehmen Covid-19-Tests verlangt. Offenbar haben viele ausländische Personen die Durchführung des für die Ausreise notwendigen Covid-19-Tests verweigert. Der Gesetzgeber hat mit Art. 72 AIG reagiert. Danach konnten die ausländischen Personen unter bestimmten Voraussetzungen zu Covid-19-Tests bei der Ausschaffung verpflichtet werden. Art. 72 AIG war nur bis zum 30. Juni 2024 in Kraft.

cc)   Rechtmässigkeit

Bei der Ausschaffung als Vollzugshandlung kann zwar die ihr zugrundeliegende *Entfernungsmassnahme* nur dann in Frage gestellt werden, wenn sie *offensichtlich rechtswidrig* ist; die Ausschaffung muss jedoch selbst, namentlich von den Modalitäten wie dem Zeitpunkt und den eingesetzten Mitteln her, ebenfalls *rechtmässig* sein, d.h. insbesondere die Grund- und Menschenrechte und die rechtsstaatlichen Grundsätze wie das Verhältnismässigkeitsprinzip (vgl. Art. 5 BV) beachten. Auf die speziellen Bedürfnisse von verletzlichen Personen wie Kindern, Betagten oder Schwangeren ist Rücksicht zu nehmen. Liegen besondere Umstände wie gesundheitliche Probleme oder fehlende Transportmöglichkeiten vor, kann die Behörde die Ausschaffung um einen angemessenen Zeitraum aufschieben (Art. 69 Abs. 3 AIG). Der Aufschub kann mit einer Eingrenzung verknüpft werden (gemäss Art. 74 Abs. 1 Bst. c AIG). Könnte es sich bei den besonderen Umständen um Vollzugshindernisse (vgl. Art. 83 Abs. 1 AIG) handeln, ist die vorläufige Aufnahme zu prüfen.

b)   Zwangsanwendung

Für die Anwendung polizeilichen Zwangs und polizeilicher Massnahmen im Zusammenhang mit der Ausschaffung gilt, nicht nur für den Bund, sondern auch für die Kantone (Art. 2 Abs. 1 Bst. b ZAG), das *Zwangsanwendungsgesetz* (ZAG; vgl. Art. 98a AIG). Das ZAG regelt den polizeilichen Zwang (Art. 5, 13 ff. ZAG) und die polizeilichen Massnahmen (Art. 6, 19 ff. ZAG) sowie deren Anwendung (Art. 9 ff. ZAG). Diese müssen verhältnismässig sein (siehe insb. Art. 9 Abs. 2 und 3 ZAG). Der Bundesrat hat das ZAG in der Zwangsanwendungsverordnung (ZAV) konkretisiert; insbesondere hat er in Anwendung von Art. 26 ff. ZAG verschiedene gesetzesvertretende und konkretisierende Bestimmungen zum Transport erlassen (Art. 15 ff. ZAV). Besondere Vorschriften über die Vorbereitung, namentlich die Orientierung und Anhörung der Betroffenen, die Erledigung wichtiger Angelegenheiten, die ärztliche Untersuchung sowie die Zuständigkeiten für die einzelnen Schritte regeln die Bestimmungen zu Ausschaffungen auf dem *Luftweg* (Art. 27 ZAG, Art. 27 ff. ZAV). Die Rechtsordnung erlaubt eine vorsorgliche Ruhigstellung durch Medikamente nicht. Für die Rückführung selbst sind entsprechend den konkreten Umständen und dem zu erwartenden Verhalten vier Vollzugsstufen vorgesehen (Art. 28 Bst. a–d ZAV):

- Vollzugsstufe (Level) 1: Zustimmung zu einer selbständigen Rückkehr; Folge: Begleitung bis zum Flugzeug, danach unbegleitet.

- Vollzugsstufe (Level) 2: keine Zustimmung zu einer selbständigen Rückkehr; Folge: Begleitung durch zwei Polizisten in Zivil, evtl. Handfesselung.

- Vollzugsstufe (Level) 3: baut auf der 2. Vollzugsstufe auf; zu erwartender körperlicher Widerstand; Folge: Linienflug noch möglich, Begleitung durch zwei Polizisten in Zivil, Handfesselung sowie andere Fesselungsmittel, Einsatz körperlicher Gewalt, wobei Techniken, welche die Gesundheit der betroffenen Person erheblich beeinträchtigen, wie etwa der Einsatz von Feuerwaffen oder Tasern, verboten sind (vgl. Art. 13 ZAG).

- Vollzugsstufe (Level) 4: zu erwartender starker körperlicher Widerstand; Folge: Sonderflug, mindestens zwei Polizisten, gleiche Zwangsmittel wie bei Vollzugsstufe 3.

Die Rückführung auf dem Luftweg muss sodann nach Art. 8 Abs. 6 RFRL überwacht werden. Die Anforderungen sind in Art. 15f–15i VVWAL geregelt.

c)   Verfahren und Rechtsschutz

Zuständig für die Ausschaffung sind die *kantonalen Behörden* (Art. 69 Abs. 1 Ingress AIG); anwendbar ist *kantonales Verfahrensrecht*. Der Kanton nimmt die nötigen Abklärungen und Vollzugshandlungen vor. Dazu gehört insbesondere im Bedarfsfall die Identitätsabklärung. Dabei kann es zu Sprachprüfungen (sog. Lingua-Analyse) kommen, um unter Beizug von Experten die Herkunft anhand des gesprochenen Dialekts zu ermitteln. Der Bund leistet Unterstützung, indem er u.a. bei der Beschaffung der Reisedokumente mitwirkt oder die Reise organisiert (vgl. Art. 71 AIG, VVWAL). Dabei kann das EJPD mit Frontex zusammenarbeiten (Art. 71 Abs. 2 AIG). Oft geht es darum, bei der zuständigen Vertretung des Zielstaates, meist des Heimatstaates, einen Pass oder häufiger ein Dokument für die einmalige Einreise, ein sog. Laissezpasser, zu erwirken. Zuständige Behörde des Bundes ist das SEM (Art. 1 VVWAL). Dieses organisiert insbesondere die Ausschaffung auf dem Luftweg und betreibt dafür *swissREPAT*, einen Flughafendienst für das Ein- und Ausreisemanagement an den interkontinentalen Flughäfen Zürich und Genf-Cointrin (Art. 11 VVWAL); organisationsrechtlich handelt es sich um eine Diensteinheit des SEM. swissREPAT organisiert auch bei selbständig Zurückreisenden das gesamte «Setting» der Rückreise auf dem Luftweg, d.h. die Überprüfung der Reisevoraussetzungen, die Festlegung der Vollzugsstufe (dazu Art. 28 Abs. 1 ZAV), die Organisation und Koordination der Begleitung usw. (vgl. Art. 11 VVWAL). Zu beurteilen ist dabei auch die *medizinische Transportfähigkeit*. Die medizinischen Fachpersonen dürfen die medizinischen Daten an die für die Ausschaffung zuständigen Personen weitergeben (Art. 71b AIG; Art. 15p ff. VVWAL). Zuständig für die Ausschaffung bleiben jedoch auch in diesen Fällen die Kantone (Art. 71 Ingress AIG). Der Kanton, der beim SEM ein Gesuch um Vollzugsunterstützung einreicht, ist verpflichtet, mit der betroffenen Person ein Ausreisegespräch zu führen (Art. 2a VVWAL). Diese wird dabei insbesondere über ihre Pflicht zur Ausreise und zur Beschaffung der nötigen Dokumente informiert. Das SEM und die Kantone wirken überdies bei *internationalen Rückführungseinsätzen* mit, namentlich bei im Rahmen der Schengen-Zusammenarbeit gemeinsam mit weiteren Schengen-Mitgliedstaaten organisierten Sondertransporten per Flugzeug (Sonderflügen) oder Schiff. Sie haben unter anderem auch das notwendige Personal zur Verfügung zu stellen (Art. 71a AIG). Die Überwachung von Ausschaffungen und internationalen Rückführungseinsätzen (Art. 71a[bis] AIG) hat der Bundesrat detailliert in

Art. 15b ff., 15f ff. VVWAL geregelt. Kontrolliert wird die Durchführung der Rückkehr durch ein spezifisches elektronisches Verwaltungssystem (eRetour).

Die Ausschaffung ist ein *Realakt*. Dagegen kann in der Regel kein Rechtsmittel ergriffen werden. Einzelne Kantone sehen aber solche vor.

8.   Zwangsmassnahmen

a)   Vorbemerkungen

Das Ausländer- und Integrationsgesetz kennt ein ganzes *Bündel von Zwangsmassnahmen,* um den Vollzug von Weg- und Ausweisungen sicherzustellen. Sie berühren die Freiheit der ausländischen Person und unterscheiden sich durch ihre freiheitsbeschränkende Intensität. Die verschiedenen Zwangsmassnahmen haben unterschiedliche Funktionen. In jedem Fall sind vor Anordnung einer Zwangsmassnahme mit Blick auf den *Verhältnismässigkeitsgrundsatz* mildere Mittel wie die Rückkehrhilfe zu prüfen. Dies gilt auch im Verhältnis zwischen den Zwangsmassnahmen. So gehen die Ein- und Ausgrenzung als Freiheitsbeschränkungen der Haft als Freiheitsentzug grundsätzlich vor. Speziell ist, dass sich Zwangsmassnahmen auch gegen Minderjährige zwischen 15 und 18 Jahren richten können; insbesondere können diese in Haft genommen werden (vgl. Art. 80 Abs. 4 Satz 2 AIG), was verschiedentlich von der Lehre und von Institutionen der Zivilgesellschaft kritisiert wird und mit Blick auf das Verhältnismässigkeitsprinzip nur als allerletzte Massnahme zulässig erscheint. Für Kinder unter 15 Jahren gilt hingegen ein Verbot ausländerrechtlicher Haft.

b)   Verpflichtungen

Nicht im Abschnitt über Zwangsmassnahmen aufgeführt sind die *Verpflichtungen nach Art. 64e AIG.* Es handelt sich dabei dessen ungeachtet um Zwangsmassnahmen. Nach der Eröffnung einer

Wegweisungsverfügung, d.h., bevor diese rechtskräftig ist, kann die zuständige Behörde die ausländische Person verpflichten, sich regelmässig bei einer Behörde zu melden, angemessene finanzielle Sicherheiten zu leisten oder Reisedokumente zu hinterlegen. Diese Verpflichtungen stellen das mildeste Mittel dar, um den Vollzug der Wegweisungen sicherzustellen.

c)   Ein- und Ausgrenzung

aa)   Regelung

Mit der Ein- und der Ausgrenzung nach Art. 74 AIG soll die Bewegungsfreiheit ausländischer Personen eingeschränkt werden. Sie dürfen ein zugewiesenes Gebiet nicht verlassen oder ein bestimmtes Gebiet nicht betreten. Die Betroffenen können dadurch besser überwacht und aufgegriffen werden. Ziel bildet letztlich, dass Entfernungsmassnahmen wie Weg- und Ausweisungen vollzogen werden können. Die Ein- und die Ausgrenzung beschränken die Freiheit, entziehen sie aber nicht. Art. 5 Abs. 1 EMRK ist somit nicht berührt. Umgekehrt dürfen diese Zwangsmassnahmen nicht so ausgestaltet werden, dass sie einem Freiheitsentzug gleichkommen. Zu beurteilen ist der Einzelfall. Die Ein- und die Ausgrenzung, denen verschiedene Funktionen zukommen, sind mildere Massnahmen als die Vorbereitungs-, Ausschaffungs- oder Durchsetzungshaft (nach Art. 75 ff. AIG).

Ein- und Ausgrenzung kommen *in drei Fällen* zur Anwendung:

– Die ausländische Person hat keine Kurzaufenthalts-, Aufenthalts- oder Niederlassungsbewilligung und (kumulativ) stört oder gefährdet die öffentliche Sicherheit und Ordnung (Art. 74 Abs. 1 Bst. a AIG). Betroffen sind demnach illegal anwesende ausländische Personen, Asylsuchende bei Unterbringung in besonderen Zentren (dazu Art. 74 Abs. 1bis AIG, Art. 24a Abs. 1 AsylG), vorläufig Aufgenommene (vgl. Art. 83 ff. AIG) sowie Personen mit bewilligungsfreiem Aufenthalt (vgl. Art. 10 Abs. 1 AIG). Diese Massnahmen dienen migrationsrechtsfremd insbesondere der

Bekämpfung des widerrechtlichen Betäubungsmittelhandels, indem Asylbewerber von der Drogenszene ferngehalten werden sollen; es genügt der Verdacht der Begehung einer Straftat im Drogenmilieu.

– Es liegt ein rechtskräftiger Weg- oder Ausweisungsentscheid vor und die betroffene Person hat die Ausreisefrist nicht eingehalten oder wird diese aufgrund konkreter Anzeichen wohl nicht einhalten (Art. 74 Abs. 1 Bst. b AIG). Da es sich bei dieser Regelung um die Durchsetzung von Entfernungsmassnahmen handelt, muss die Ausreise tatsächlich möglich sein, andernfalls die Zwangsmassnahme unverhältnismässig wäre. Dies bezieht sich sowohl auf die zwangsweise Ausschaffung als auch auf die Förderung der freiwilligen Rückkehr.

– Die Ausschaffung wurde aufgeschoben (vgl. Art. 69 Abs. 3 AIG), weshalb sich hier zur besseren Kontrolle der ausländischen Person eine Eingrenzung aufdrängen kann (Art. 74 Abs. 1 Bst. c AIG).

Überdies muss die Massnahme *verhältnismässig* sein. Namentlich hat die Grösse des Rayons eindeutig bestimmt zu sein, beispielsweise eine ganze Stadt oder nur ein Quartier oder ein bestimmtes Gemeindegebiet. Auch die Geltungsdauer muss klar definiert sein. Aus besonderen Gründen wie für Arzt- oder Behördenbesuche müssen sodann Ausnahmen möglich bleiben.

bb)   Verfahren und Rechtsschutz

Zuständig ist der *Kanton,* dem der Vollzug der Weg- oder Ausweisung obliegt, für Bundeszentren der Standortkanton und beim Verbot, ein bestimmtes Gebiet zu betreten, der Kanton, in dem sich dieses Gebiet befindet (Art. 74 Abs. 2 AIG). Die Anordnung kann mit Beschwerde beim Richter angefochten werden. Diese hat keine aufschiebende Wirkung (Art. 74 Abs. 3 AIG). Allfällige innerkantonale Rechtsmittel richten sich nach kantonalem Recht. Letztinstanzlich kann das Bundesgericht mit Beschwerde in öffentlich-rechtlichen Angelegenheiten (Art. 82 ff. BGG) angerufen werden. Die Beschwerde an den EGMR ist nur zulässig, wenn die Ein- oder Ausgrenzung über die Wirkungen einer Freiheitsbeschränkung hinaus auf einen Freiheitsentzug hinausläuft.

d) Ausländerrechtliche Administrativhaft

aa) Vorbemerkungen

Das Ausländerrecht kennt unterschiedliche Arten von Freiheitsentzügen. Dabei haben die hauptsächlichen Haftformen der Vorbereitungs-, Ausschaffungs- und Durchsetzungshaft *verschiedene Funktionen* und schliessen sich grundsätzlich gegenseitig aus. Die Vorbereitungshaft sichert ein absehbares Wegweisungsverfahren, die Ausschaffungshaft dient der Sicherstellung des Vollzugs eines bereits vorliegenden erstinstanzlichen Weg-, Ausweisungs- oder Landesverweisungsentscheids und die Durchsetzungshaft sanktioniert die nicht fristgerechte freiwillige Ausreise nach einem rechtskräftigen Weg- oder Ausweisungsentscheid, falls dessen Vollzug am Verhalten des Betroffenen scheitert.

Die genannten Haftarten entziehen der ausländischen Person die Freiheit. Dieser *Freiheitsentzug* beurteilt sich nach Art. 5 EMRK. Der Freiheitsentzug darf nur auf die gesetzlich vorgeschriebene Weise, d.h. konkret gestützt auf eine ausreichend bestimmte generell-abstrakte Regelung in einem rechtlich korrekten Verfahren gemäss dem innerstaatlichen Recht und gemäss Art. 5 Abs. 2 und 4 EMRK sowie unter Beachtung des Verhältnismässigkeitsprinzips, entzogen werden. Überdies muss einer der in Art. 5 Abs. 1 Bst. a–f EMRK abschliessend aufgezählten Haftgründe vorliegen. Andernfalls ist der Freiheitsentzug unzulässig und aufzuheben. Die Vorbereitungs- und die Ausschaffungshaft können sich auf Art. 5 Abs. 1 Bst. f EMRK stützen. Die Konformität der Durchsetzungshaft mit der EMRK ist umstritten; das Bundesgericht stützt sie auf Art. 5 Abs. 1 Bst. b in Verbindung mit Bst. f EMRK, was von der Lehre kritisiert wird, weil sie nicht primär dem Vollzug dient und für eine

Beugehaft vom Freiheitseingriff und der Dauer her zu einschneidend erscheint. Das Gesetz kennt in den Art. 79–81 AIG zudem besondere Anforderungen an die Haftdauer, -anordnung und -überprüfung sowie an die Haftbedingungen.

Ausländerrechtliche Haft ist scharf von polizeilichem sowie strafrechtlichem und -prozessualem Freiheitsentzug und von der fürsorgerischer Unterbringung (nach Art. 426 ff. ZGB) abzugrenzen, gelten dafür doch unterschiedliche Voraussetzungen und Vollzugsregeln.

bb)   Kurzfristige Festhaltung

Die *kurzfristige Festhaltung* gemäss Art. 73 AIG erfolgt zur Eröffnung von Verfügungen oder zur Abklärung der Identität (Art. 73 Abs. 1 Bst. a und b AIG). Festgehalten werden können nur Personen ohne Kurzaufenthalts-, Aufenthalts- oder Niederlassungsbewilligung. Diesbezüglich gilt, was bereits zu Art. 74 Abs. 1 Bst. a AIG ausgeführt wurde (s. vorne § 10.8.c.aa, S. 231). Die ausländische Person darf lediglich für die Dauer der erforderlichen Mitwirkung, Befragung oder des Transports, welche kurz zu halten ist, höchstens aber drei Tage erreichen darf, festgehalten werden (Art. 73 Abs. 2 AIG). Sie muss gemäss Art. 31 Abs. 2 BV und Art. 5 Abs. 2 EMRK ausreichend informiert werden und die Möglichkeit haben, Hilfe anzufordern (Art. 73 Abs. 3 AIG). Bei einer voraussichtlichen Dauer von mehr als 24 Stunden muss sie Gelegenheit erhalten, persönliche Angelegenheiten zu erledigen bzw. erledigen zu lassen (Art. 73 Abs. 4 AIG). Auf Gesuch hin hat die zuständige richterliche Behörde die Rechtmässigkeit der Festhaltung nachträglich zu überprüfen (Art. 73 Abs. 5 AIG). Wird nach der kurzfristigen Festhaltung eine andere Administrativhaft angeordnet, wird die Dauer der Festhaltung nicht an deren Dauer angerechnet (Art. 73 Abs. 6 AIG). Da sich allerdings die Frist für die richterliche Haftprüfung von 96 Stunden (vgl. Art. 80 Abs. 2 AIG) ab der ausländerrechtlich motivierten Anhaltung rechnet, beginnt sie mit dem Augenblick der Festnahme zu laufen.

cc)   Vorbereitungshaft

Die *Vorbereitungshaft* nach Art. 75 AIG kann angeordnet werden, um die Durchführung eines Wegweisungsverfahrens oder eines strafrechtlichen Verfahrens, in dem eine Landesverweisung droht, sicherzustellen. Sie dient der Abklärung der Aufenthaltsberechtigung und der Sicherstellung der Durchführung des Wegweisungsverfahrens und erfolgt vor Abschluss der genannten erstinstanzlichen Verfahren, d.h. während der Vorbereitung des Entscheids über die Aufenthaltsberechtigung (Art. 75 Abs. 1 Ingress a.E. AIG). Insofern soll damit gewährleistet werden, dass es überhaupt zu einem Entscheid über die Wegweisung kommt, und es soll auch der Vollzug der allfälligen Wegweisung sichergestellt werden. Zu beachten ist allerdings, dass eine Vorbereitungshaft nur zulässig ist, wenn die Ausschaffung rechtlich und tatsächlich noch möglich ist. Andernfalls fehlt der Haftzweck.

Damit die Vorbereitungshaft angeordnet werden kann, müssen zudem *zwei weitere Voraussetzungen* erfüllt sein. *Erstens* kann sie nur gegenüber Personen ohne Kurzaufenthalts-, Aufenthalts- oder Niederlassungsbewilligung angeordnet werden. Diesbezüglich kann auf die Ausführungen zu Art. 74 Abs. 1 Bst. a AIG verwiesen werden. *Zweitens* muss zumindest einer der in Art. 75 Abs. 1 Bst. a–i AIG aufgeführten Haftgründe gegeben sein: grobe Verletzung von Mitwirkungspflichten (Bst. a), Verstoss gegen die Ein- oder Ausgrenzung (Bst. b) oder gegen ein Einreiseverbot (Bst. c), Stellung eines Asylgesuchs trotz rechtskräftigem Widerruf oder Nichtverlängerung der Bewilligung (Bst. d) oder nach einer rechtskräftigen Ausweisung im Sinne von Art. 68 AIG (Bst. e), Stellung eines Asylgesuchs nach längerem illegalem Aufenthalt, um den Vollzug einer Weg- oder Ausweisung zu vermeiden (Bst. f), strafrechtlich relevante Bedrohung oder Gefährdung Dritter an Leib und Leben (Bst. g), die Verurteilung wegen eines Verbrechens (Bst. h) sowie die nach Erkenntnissen des fedpol bzw. des NDB gegebene Gefährdung der inneren oder äusseren Sicherheit der Schweiz (Bst. i).

Die *Dauer der Vorbereitungshaft* ist auf sechs Monate beschränkt. Eine Verlängerung ist trotz der Möglichkeit, die auf sechs Monate begrenzte Gesamthaftdauer von Vorbereitungs-, Ausschaffungs- und Durchsetzungshaft zu verlängern (Art. 79 AIG), nicht vorgesehen, da die besondere ausdrückliche Beschränkung der Dauer bei der Vorbereitungshaft der allgemeineren Bestimmung von Art. 79 AIG vorgeht. Ist die Vorbereitungshaft angeordnet, muss der materielle Entscheid ohne Verzögerung gefällt werden, andernfalls die betroffene Person aus der Haft zu entlassen ist (Art. 75 Abs. 2 AIG).

dd)   Ausschaffungshaft

Die Ausschaffungshaft nach Art. 76 AIG dient der *Sicherung des Vollzugs* eines Aus- oder Wegweisungsentscheids und der strafrechtlichen Landesverweisung. Der Entscheid muss erstinstanzlich eröffnet, aber noch nicht zwingend rechtskräftig sein; im Unterschied zur Vorbereitungshaft genügt also, dass die Entfernungsmassnahme bereits durch die zuständige Behörde erstinstanzlich angeordnet worden ist, was allerdings auch mindestens zutreffen muss. Daraus folgt, dass hängige Rechtsmittelverfahren die Anordnung der Ausschaffungshaft nicht hindern. Die Ausschaffung muss absehbar, d.h. tatsächlich und rechtlich möglich sein, andernfalls die Haft unzulässig ist. Eine längerfristige oder ungewisse Dauer der Undurchführbarkeit des Vollzugs der Entfernungsmassnahme, bspw. wegen einer andauernden sanitarischen Situation wie 2020 bei der Covid-19-Pandemie, schliesst Ausschaffungshaft also aus. Im Gegensatz zur Vorbereitungshaft ist nicht vorausgesetzt, dass die ausländische Person über keine Anwesenheitsbewilligung verfügt; eine solche muss aber zumindest erstinstanzlich aufgehoben worden oder sonstwie weggefallen sein, was die ebenfalls zumindest erstinstanzliche Entfernungsmassnahme erst rechtfertigt.

Die Ausschaffungshaft kann nur verfügt werden, wenn einer der folgenden *Haftgründe* vorliegt: Sicherstellung des Übergangs von der Vorbereitungs- in die Ausschaffungshaft (Art. 76 Abs. 1 Bst. a AIG), Bestehen diverser Gründe der Vorbereitungshaft (Art. 76 Abs. 1

Bst. b Ziff. 1 AIG), Untertauchensgefahr (Art. 76 Abs. 1 Bst. b Ziff. 3 und 4 AIG), Eröffnung des Wegweisungsentscheids in einem Bundeszentrum, wobei in diesem speziellen Fall der Vollzug der Wegweisung absehbar sein muss (Art. 76 Abs. 1 Bst. b Ziff. 5 AIG) und die Haft nicht mehr als 30 Tage dauern darf (Art. 76 Abs. 2 AIG). Im Verfahren nach Art. 76 Abs. 1 Bst. b Ziff. 5 gilt zudem kein Fristenstillstand (Art. 112 Abs. 2 AIG). Die Hafttage sind an die Höchstdauer von Art. 79 AIG anzurechnen (Art. 76 Abs. 3 AIG). Art. 76 Abs. 4 AIG hält mit Art. 5 Abs. 1 Bst. f EMRK das für die Ausschaffungshaft allgemein geltende *Beschleunigungsgebot* fest; danach müssen die Behörden regelmässig auf den Wegweisungsvollzug hinarbeiten, ansonsten die Haft unzulässig wird. Nach der Rechtsprechung haben die Behörden zumindest jeweils innert einer Frist von zwei Monaten Handlungen zur Vollzugsvorbereitung vorzunehmen, ausser es gebe zwingende objektive Gründe, die das verhindern.

Hauptsächlicher Haftgrund ist die *Untertauchensgefahr*. Eine solche liegt v.a. dann vor, wenn die ausländische Person bereits einmal untergetaucht ist, sich nicht an behördliche Vorgaben oder Anordnungen hält oder aufgrund ihres Verhaltens anderweitig darauf zu schliessen ist, dass sie sich dem Vollzug der Entfernungsmassnahme entziehen würde. Gemäss der bundesgerichtlichen Rechtsprechung kann auch strafbares Verhalten für Untertauchensgefahr sprechen, was genau genommen mit dem erforderlichen migrationsrechtlichen Zweck ausländerrechtlicher Haft kaum vereinbar erscheint. Betroffen sind dabei u.a. Kleindealer (sog. «Ameisendealer» oder auch «Chügelischlucker»).

Art. 77 AIG regelt die sogenannte *kleine Ausschaffungshaft*. Damit soll verhindert werden, dass ausländische Personen untertauchen, nachdem die Behörde deren Papiere (Art. 77 Abs. 1 Bst. c AIG) beschafft haben. Der Weg- oder Ausweisungsentscheid muss rechtskräftig und vollstreckbar (Art. 77 Abs. 1 Bst. a AIG) und die angesetzte Ausreisefrist muss verstrichen sein (Art. 77 Abs. 1 Bst. b AIG). Zur Organisation der Ausreise sind, unter Berücksichtigung des Beschleunigungsgebots (Art. 77 Abs. 3 AIG), maximal 60 Tage vorgesehen (Art. 77 Abs. 2 AIG), was eher lang erscheint.

ee)   Durchsetzungshaft

Die Durchsetzungshaft nach Art. 78 AIG hat den Charakter einer *Beugehaft,* bezweckt sie doch, eine durch das Gesetz vorgeschriebene Verpflichtung im Rahmen eines Entfernungsverfahrens zu erzwingen. Die Durchsetzungshaft soll somit die ausreisepflichtige ausländische Person dann zu einer Verhaltensänderung bewegen, wenn der Vollzug der rechtskräftigen Weg- oder Ausweisung nur noch mit ihrer Kooperation möglich ist, ansonsten die Ausschaffung scheitern und namentlich eine Ausschaffungshaft infolge Zielverfehlung aufzuheben wäre. Die gesetzlichen kumulativen *vier Voraussetzungen* sind (Art. 78 Abs. 1 AIG): Erstens ist die ausländische Person nicht innert der ihr angesetzten Frist (Art. 69 Abs. 1 Bst. a AIG) ausgereist; zweitens kann die rechtskräftige Weg-, Ausweisung oder Landesverweisung aufgrund des persönlichen Verhaltens der betroffenen Person, namentlich wegen der Verweigerung der freiwilligen Ausreise, wenn die zwangsweise Rückführung in den Heimatstaat ausgeschlossen ist, bzw. wegen verweigerter Mitwirkung bei der Beschaffung der notwendigen Papiere, nicht vollzogen werden; drittens ist die Anordnung der grundsätzlich vorrangigen Ausschaffungshaft nicht zulässig und viertens führt eine andere mildere Massnahme nicht zum Ziel. Die Durchsetzungshaft kann für einen Monat angeordnet und ohne Verhaltensänderung der Person mit richterlicher Zustimmung vor Ablauf der zuvor genehmigten Haftdauer jeweils um zwei Monate verlängert werden (Art. 78 Abs. 2 AIG), was grundsätzlich nur in wenigen Fällen noch zulässig ist, weil der Haftzweck meist nicht mehr erfüllt wird. Zuständig ist die für den Vollzug der Weg- oder Ausweisung zuständige kantonale Behörde. Ist die ausländische Person bereits in Haft (Art. 75, 76, 77 AIG), so kann sie in Haft belassen werden, wenn die genannten Voraussetzungen von Art. 78 Abs. 1 AIG erfüllt sind (Art. 78 Abs. 3 AIG).

Die Durchsetzungshaft hat eigene, *spezielle Verfahrensregeln*. Ihre erstmalige Anordnung ist spätestens innert 96 Stunden, die Verlängerung auf Gesuch der ausländischen Person hin innert acht Arbeitstagen richterlich in einer mündlichen Verhandlung auf Rechtmässigkeit zu überprüfen (vgl. Art. 80 Abs. 2 und 4 AIG). Stellt die ausländische Person kein Gesuch, genügt ein schriftliches Verfahren. Die Haftbedingungen richten sich nach Art. 81 AIG (Art. 78 Abs. 5 AIG; dazu unten § 10.8.d.hh, S. 242). Die Haft wird beendet, wenn die freiwillige Ausreise trotz Beachtens der Mitwirkungspflicht oder wegen objektiven, in ihrer Dauer zeitlich noch nicht absehbaren technischen Hindernissen (z.B. keine Flüge während der Covid-19-Pandemie) nicht möglich ist, die ausländische Person die Schweiz weisungsgemäss verlassen hat oder die Ausschaffungshaft angeordnet oder einem Haftentlassungsgesuch entsprochen wird (Art. 78 Abs. 6 Bst. a–d AIG). Die Haft wird auch beendet, wenn der Haftzweck verfehlt wird.

ff)   Haftdauer

Art. 79 AIG verlangt, dass für die Vorbereitungs-, die Ausschaffungs- und die Durchsetzungshaft die maximale zusammengerechnete Haftdauer von sechs Monaten seit der *tatsächlichen Festhaltung*, also nicht seit der Haftanordnung, nicht überschritten wird. Sie kann mit Zustimmung der kantonalen richterlichen Behörde höchstens um zwölf Monate verlängert werden. Insgesamt gilt also ein Maximum von 18 Monaten. Bei Minderjährigen im Alter von 15 bis 18 Jahren ist nur eine Verlängerung um sechs Monate, d.h. eine Höchstdauer von zwölf Monaten, zulässig; zudem wirkt sich das Verhältnismässigkeitsprinzip angesichts des jugendlichen Alters strenger aus. Für Kinder unter 15 Jahren ist Haft ohnehin ganz untersagt. Einzelne Haftarten kennen eigenständige Zeiträume, so die Vorbereitungshaft sechs Monate (Art. 75 Abs. 1 AIG), die Ausschaffungshaft nach Art. 77 Abs. 1 AIG 60 Tage sowie die Ausschaffungshaft in Bundeszentren nach Art. 76 Abs. 1 Bst. b Ziff. 5 in Verbindung mit Abs. 2 AIG 30 Tage. Diese gelten absolut und können nicht verlängert werden.

gg)   Verfahren und Rechtsschutz

Für die verschiedenen Haftformen gelten, mit Ausnahme der Durchsetzungshaft (s. soeben ee, S. 238) und der Dublin-Haft (s. hinten e sowie § 16.8., S. 243 und 312), weitgehend einheitliche Verfahrensregeln. Zuständig für die Haftanordnung ist primär die *kantonale Behörde,* der auch der Vollzug der Weg- oder Ausweisung obliegt, bzw. in den die Zentren des Bundes betreffenden Fällen die nach kantonalem Recht zuständige Behörde des Standortkantons (Art. 80 Abs. 1 und 1bis AIG). Nach Art. 80 Abs. 2 AIG sind die Rechtmässigkeit und die Angemessenheit der Haft spätestens nach 96 Stunden durch eine richterliche Behörde aufgrund einer mündlichen Verhandlung zu überprüfen; als Ausnahme genügen bei der kleinen Ausschaffungshaft und im besonderen Fall der Haft nach Art. 76 Abs. 1 Bst. b Ziff. 5 AIG ein schriftliches Verfahren, wobei bei letzterem ein jederzeit möglicher schriftlicher Antrag vorausgesetzt wird (Art. 80 Abs. 2bis AIG). Sowohl bei der erstmaligen Anordnung als auch bei der Haftverlängerung kann die richterliche Behörde nur dann auf eine mündliche Verhandlung verzichten, wenn die Ausschaffung voraussichtlich innert acht Tagen möglich erscheint und die betroffene Person schriftlich zugestimmt hat (Art. 80 Abs. 3 AIG); wird die Entfernungsmassnahme nicht innert dieser Frist vollzogen, ist eine mündliche Verhandlung spätestens zwölf Tage nach der Haftanordnung nachzuholen.

Das *Prüfprogramm* des Haftrichters umfasst den Haftzweck, den Haftgrund, das Beschleunigungsgebot, die Durchführbarkeit der Ausschaffung, die Haftbedingungen und die Verhältnismässigkeit der Massnahme, wozu auch die familiären Verhältnisse und die Umstände des Haftvollzugs gehören (Art. 80 Abs. 4 AIG). Nach der bundesgerichtlichen Rechtsprechung darf der Haftrichter die Rechtmässigkeit der Entfernungsmassnahme selbst im Zwangsmassnahmenverfahren nur auf offensichtliche Rechtswidrigkeit bzw. Willkür hin überprüfen; abgesehen davon ist er daran gebunden. Einen Monat nach der Haftüberprüfung kann die inhaftierte Person ein Haftentlassungsgesuch einreichen. An ein solches sind keine strengen formellen Anforderungen zu stellen; jede als Freilassungsbegehren zu verstehende Äusserung genügt. Der Richter hat darüber innert acht Arbeitstagen aufgrund einer mündlichen Verhandlung zu entscheiden. Ein erneutes Haftentlassungsgesuch kann bei der Vorbereitungshaft nach einem Monat, bei der Ausschaffungshaft nach zwei Monaten gestellt werden (Art. 80 Abs. 5 AIG).

Allfällige innerkantonale Rechtsmittel richten sich nach kantonalem Recht. Letztinstanzlich kann das Bundesgericht mit Beschwerde in öffentlich-rechtlichen Angelegenheiten (Art. 82 ff. BGG) angerufen werden. Selbst nach der Haftentlassung geht das Bundesgericht regelmässig von einem Feststellungsinteresse an der Überprüfung der Rechtmässigkeit der Haft aus, was sich auch auf allfällige Haftentschädigungsansprüche auswirken kann. Im Zusammenhang mit Freiheitsentzügen ist die Beschwerde an den EGMR zulässig, wenn die Verletzung eines einschlägigen Menschenrechts, insbesondere von Art. 5 EMRK, geltend gemacht wird.

Bei den Zwangsmassnahmen sind nicht nur die Rechtsmittel-, sondern auch die behördlichen Fristen *Gültigkeitsfristen*. Die Missachtung der behördlichen Fristen führt insbesondere zur Rechtswidrigkeit der Haft und grundsätzlich zur Haftentlassung, es sei denn überwiegende Sicherheitsgründe stünden dem entgegen, in welchem Fall die Rechtswidrigkeit der Haft immerhin festzustellen ist.

Nach einer Haftentlassung ist die *erneute Inhaftierung* nur bei einer massgeblichen Änderung der Umstände zulässig. Bei mehrfacher Inhaftierung im gleichen Verfahren sind die Haftzeiten zur Berechnung der maximal zulässigen Gesamtdauer zusammenzurechnen. Ist diese erreicht, ist eine Haft nicht mehr rechtmässig. Ergibt sich eine völlig neue Grundlage für Zwangsmassnahmen, namentlich durch eine neue Wegweisung nach einer zwischenzeitlichen Aus- und erneuten Einreise, ist auch Haft wieder zulässig und die Haftdauer berechnet sich neu.

hh)   Vollzug und Haftbedingungen

Die Haft *beginnt* mit der *Festhaltung* gestützt auf eine entsprechende Anordnung der für die ausländerrechtliche Administrativhaft zuständigen Stelle, in der Regel der Ausländerbehörde. Ihr kann eine polizeiliche Anhaltung vorangehen, die sich auf kantonales Polizeirecht stützt oder auch für höchstens 24 Stunden auf dem Zwangsanwendungsgesetz beruhen kann, sofern ein Zusammenhang zu einer Bundesaufgabe besteht (vgl. Art. 6 Bst. a und Art. 19 ZAG). Die polizeiliche Anhaltung ist nicht auf die ausländerrechtliche Haftdauer anzurechnen, solange keine solche verfügt wurde. Die Überführung in ausländerrechtliche Haft löst nicht nur die massgebliche Haftdauer aus, sondern auch die daran anknüpfenden Verfahrensfristen.

Die Haft wird *beendet* (Art. 80 Abs. 6 AIG), wenn der Haftgrund entfällt oder wenn triftige Gründe dafür sprechen, dass der Vollzug der Weg- oder Ausweisung rechtlich oder tatsächlich nicht durchführbar ist, wenn einem Haftentlassungsgesuch entsprochen wird oder wenn die inhaftierte Person in den Straf- oder Massnahmenvollzug übertritt, welcher der Ausschaffung vorgeht.

Für den Vollzug der Vorbereitungs-, Ausschaffungs- und Durchsetzungshaft sind die ausländischen Personen in *geeigneten Hafteinrichtungen* und selbst bei Engpässen zumindest gesondert von Personen in Untersuchungshaft oder im Strafvollzug unterzubringen (Art. 81 Abs. 2 AIG, Art. 18 RFRL). Die *Haftbedingungen* müssen weniger einschneidend sein als bei strafprozessualem oder -rechtlichem Freiheitsentzug, was jedoch nicht immer vollständig Beachtung findet. Dies führt regelmässig zu Kritik und Diskussionen. Gemäss dem EuGH darf die Haft in Anwendung der auch für die Schweiz verbindlichen Rückführungsrichtlinie nicht in einer Gefängnisumgebung vollzogen werden. Den Bedürfnissen von Schutzbedürftigen, unbegleiteten Minderjährigen und Familien mit Minderjährigen ist bei der Ausgestaltung der Haft Rechnung zu tragen. Je nachdem sind allfällige für Drittstaats- oder Dublin-

Überstellungen (vgl. Art. 81 Abs. 4 AIG) sowie für Minderjährige (vgl. dazu insb. die KRK) geltende internationale Bestimmungen für die Haftbedingungen zu berücksichtigen. Die Kantone müssen die Benachrichtigung einer Person in der Schweiz und den mündlichen und schriftlichen Kontakt mit Rechtsvertretern, Familienangehörigen und Konsularbehörden sicherstellen und gewährleisten (Art. 81 Abs. 1 AIG). Kinder von den Eltern zu trennen, indem diese in Haft genommen und die Kinder in Pflege gegeben werden, ist grundsätzlich unverhältnismässig und daher untersagt.

e) Dublin-Haft

Die *Haft im Dublin-Verfahren* richtet sich ausschliesslich nach Art. 76a, Art. 80a und Art. 81 Abs. 4 Bst. b AIG. Nach der Dublin-Zusammenarbeit ist im Dublin-Raum für ein Asylgesuch nur ein Staat zuständig. Zur Sicherstellung der Wegweisung in diesen Staat kann die zuständige Behörde die ausländische Person in Haft nehmen, wenn Haftgründe nach Art. 76a Abs. 2 AIG vorliegen, die ausländische Person durch die Verwirklichung der Haftgründe ein Verhalten an den Tag legt, dass sie sich der Durchführung der Wegweisung entziehen will, sich keine weniger einschneidenden Massnahmen anwenden lassen und die Haft insgesamt verhältnismässig ist (Art. 76a Abs. 1 Bst. a–c AIG). Die in Art. 76a Abs. 2 AIG aufgeführten Haftgründe decken sich im Wesentlichen mit denjenigen der Vorbereitungs- und der Ausschaffungshaft. Die Dauer der Haft variiert. Sie dauert maximal sieben Wochen während der Vorbereitung des Entscheids über die Zuständigkeit für das Asylgesuch (Übernahmegesuch, Wartefrist, Antwort bzw. stillschweigende Annahme, Abfassung des Entscheids und Eröffnung), fünf Wochen während des Remonstrationsverfahrens und sechs Wochen für den Vollzug (Art. 76a Abs. 3 Bst. a–c AIG). Dabei dürften Art. 76a Abs. 3 Bst. a und b AIG der Dublin-Verordnung (DVO) widersprechen. Art. 76a Abs. 4 AIG sieht bei Renitenz eine zusätzliche Haftdauer von drei Monaten vor, die ebenfalls im Widerspruch zur Dublin-Verordnung stehen dürfte. Wird im Rahmen des Dublin-Verfahrens die Schweiz zuständig (Art. 3 Abs. 2 UAbs. 3 DVO) oder tritt sie selbst ein (Art. 17 Abs. 1 DVO), ist die Dauer der Dublin-Haft an die Haftdauer nach Art. 79 AIG anzurechnen (Art. 76a Abs. 5 AIG).

Für die *Haftanordnung* zuständig ist primär der Standortkanton des Bundeszentrums mit Ausnahme von Sonderfällen (vgl. Art. 80a Abs. 1 AIG). Die Rechtmässigkeit und Angemessenheit der Haft wird auf Antrag der inhaftierten Person durch eine richterliche Behörde in einem schriftlichen Verfahren überprüft, was jederzeit beantragt werden kann (Art. 80a Abs. 3 AIG). Die inhaftierte Person kann auch jederzeit ein Haftentlassungsgesuch einreichen. Darüber muss die richterliche Behörde innert acht Arbeitstagen in einem schriftlichen Verfahren entscheiden (Art. 80a Abs. 4 AIG). Die Haftanordnung gegenüber Kindern und Jugendlichen unter 15 Jahren ist ausgeschlossen und bei unbegleiteten minderjährigen Asylsuchenden muss die Vertrauensperson (dazu Art. 64a Abs. 3bis AIG, Art. 17 Abs. 3 AsylG) vorgängig informiert werden (Art. 80a Abs. 5 und 6 AIG). Die Haft endet bei fehlendem Haftgrund, wenn der Vollzug der Weg- oder Ausweisung aus rechtlichen oder tatsächlichen Gründen undurchführbar ist, einem Haftentlassungsgesuch entsprochen wird oder die inhaftierte Person eine freiheitsentziehende Strafe oder Massnahme antritt (Art. 80a Abs. 7 AIG). Wie bei Art. 80 Abs. 4 AIG hat der Richter beim Prüfprogramm auch die familiären Verhältnisse und die Umstände des Haftvollzugs zu berücksichtigen. Die Haftbedingungen richten sich nach Art. 28 Abs. 4 DVO (Art. 81 Abs. 4 Bst. b AIG; s. zur Dublin-Haft auch § 16.8., S. 312).

9.　Vollzugshindernisse

a)　Vorbemerkungen

Wer sich ohne Berechtigung in der Schweiz aufhält, wird mit einer Verfügung in der Regel weggewiesen (Wegweisungsverfügung). In gewissen Fällen muss der zwangsweise Wegweisungsvollzug durch

Ausschaffung ins Auge gefasst werden. Der Wegweisungsvollzug ist das *staatliche Zwangsmittel,* mit dem die Wegweisungsverfügung durchgesetzt wird. Der Vollzug von Entfernungsmassnahmen kann jedoch aus bestimmten Gründen, die als *Wegweisungsvollzugshindernisse* oder einfach Vollzugshindernisse bezeichnet werden, scheitern. Die Hindernisse vereiteln nur den Vollzug, nicht aber die Wegweisung. Diejenige Instanz, welche den Vollzug der Wegweisung anordnet, ist auf Antrag und von Amts wegen verpflichtet, sämtliche Vollzugshindernisse zu prüfen. Das Gesetz kennt drei Hindernisse, welche den Vollzug hindern: Unmöglichkeit, Unzulässigkeit und Unzumutbarkeit (s. dazu auch § 14.2.b, S. 289).

Das Kapitel über die vorläufige Aufnahme hat mit dem Mantelerlass PMT und vor allem mit dem Beschluss der Bundesversammlung vom 17. Dezember 2021 (BBl 2021 2999), mit welchem Einschränkungen für Reisen ins Ausland und Anpassungen des Status der vorläufigen Aufnahme ins Ausländer- und Integrationsgesetz implementiert wurden, Änderungen erfahren. Mit dem Inkrafttreten des Mantelerlasses PMT bildet die Hinderung des Vollzugs einer Ausweisung keinen Grund mehr für die vorläufige Aufnahme (Art. 83 Abs. 1 und 9 AIG). Art. 21 Abs. 3 zweiter Satz, Art. 31 Abs. 3 erster Satz, Art. 85 Abs. 3, 4, 7, 8, Art. 85a Abs. 1, 2 Einleitungsteil und Art. 3bis, Art. 85b, Art. 85c und Art. 120 Abs. 1 Bst. f AIG (Ziff. I) sowie Art. 61 Abs. 1 und 2 AsylG (Ziff. II) der Änderungen vom 17. Dezember 2021 wurden auf den 1. Juni 2024 in Kraft gesetzt; die übrigen Änderungen (für das vorliegende Kapitel relevante: Art. 84 Abs. 4 und 5 sowie Art. 84a AIG) werden zu einem späteren Zeitpunkt in Kraft gesetzt (AS 2024 188 8/8). Letztere sollen trotzdem bereits dargestellt werden.

b) Anordnung der vorläufigen Aufnahme

Trifft eines der genannten Hindernisse im konkreten Fall zu, verfügt das SEM die vorläufige Aufnahme (Art. 83 Abs. 1 AIG); diese ist *Ersatzmassnahme bzw. Erfüllungssurrogat* für den undurchführbaren Wegweisungsvollzug. Die Bezeichnung ist irreführend. Zwar trifft es zu, dass der Status vom Konzept her auf eine vorübergehende Anwesenheit ausgerichtet ist, die beendet wird, sobald das Vollzugshindernis wegfällt, womit die weiterhin geltende Entfernungsmassnahme vollzogen werden kann; in der Realität bleiben vorläufig Aufgenommene aber langfristig bis dauernd in der Schweiz, da es kurzfristig selten zu einem Wegfall des Hindernisses kommt.

c) Arten von Vollzugshindernissen

Das Gesetz konkretisiert in Art. 83 Abs. 2–5bis AIG die drei vorgenannten Hindernisse, welche auch in dieser Reihenfolge abzuarbeiten sind:

– *Unzulässigkeit* (Art. 83 Abs. 3 AIG): Der Vollzug ist nicht zulässig, wenn völkerrechtliche Verpflichtungen der Schweiz einer Weiterreise der ausländischen Person in den Heimat-, Herkunfts- oder in einen Drittstaat entgegenstehen. Ein Hindernis liegt demzufolge vor, wenn die Ausschaffung unzulässig ist. Damit wird insbesondere die völkerrechtliche Pflicht des Non-Refoulements ins nationale Recht übertragen. Die zu beachtenden völkerrechtlichen Verpflichtungen finden sich vor allem in Art. 3, 4 und 8 EMRK, den parallelen Bestimmungen des UNO-Pakts II, Art. 33 FK und Art. 3 Abs. 1 FoK, aber beispielsweise auch im Fehlen eines fairen Verfahrens nach Art. 6 EMRK im Heimatstaat.

– *Unzumutbarkeit* (Art. 83 Abs. 4 AIG): Der Vollzug ist dann unzumutbar, wenn die ausländische Person in Situationen wie Krieg, Bürgerkrieg, allgemeiner Gewalt oder medizinischer Notlage im Heimat- oder Herkunftsstaat konkret gefährdet ist; diese Aufzählung ist nicht abschliessend, und es sind immer die individuellen Umstände zu berücksichtigen. Die Ausschaffung ist völkerrechtlich nicht verboten, aber aus humanitären Gründen unzumutbar. Nach Art. 83 Abs. 5 AIG hat der Bundesrat die Staaten bzw. Gebiete zu bezeichnen, welche eine zumutbare Rückkehr erlauben, wozu auch EU- und EFTA-Staaten gehören, was auf eine Nachbildung der asylrechtlichen «safe country»-Regelung hinausläuft (Art. 6a Abs. 2 AsylG). Ausländischen Personen ist als im Einzelfall allerdings widerlegbare Regelvermutung eine Rückkehr in diese bezeichneten Staaten grundsätzlich zumutbar. Der Bundesrat hat die Bezeichnung nach Art. 83 Abs. 5 AIG periodisch zu überprüfen (Art. 83 Abs. 5bis AIG). Die Unzumutbarkeit ist grundsätzlich bereits beim Widerruf der Anwesenheitsbewilligung zu prüfen.

– *Unmöglichkeit* (Art. 83 Abs. 2 AIG): Der Vollzug ist nicht möglich, wenn die ausländische Person weder in den Heimat- oder in den Herkunftsstaat noch in einen Drittstaat ausreisen oder dorthin gebracht werden kann. Die Unmöglichkeit bezieht sich auf technische oder rechtliche Gründe und liegt nur dann vor, wenn die betreffenden Gründe nicht im Einflussbereich der ausländischen Person liegen. Beispiele sind die Unmöglichkeit der Beschaffung von Reisepapieren oder die Weigerung eines Staates, eigene Angehörige zurückzunehmen, trotz zumutbarer Mitwirkung der betroffenen Person. Besteht die Möglichkeit, dass die ausländische Person selbständig zurückreisen kann, ist die vorläufige Aufnahme trotz Unmöglichkeit des behördlichen Vollzugs im Sinne von Art. 83 Abs. 2 AIG ausgeschlossen (Art. 83 Abs. 7 Bst. c AIG). Die Schweiz ist bemüht, solche Konstellationen mit Rückübernahmeabkommen oder Migrationspartnerschaften (vgl. Art. 100 AIG) zu vermeiden.

d) Ausschluss der vorläufigen Aufnahme

Die vorläufige Aufnahme im Falle von Unmöglich- und Unzumutbarkeit ist ausgeschlossen:

– bei einer Verurteilung zu einer längerfristigen Freiheitsstrafe im In- oder Ausland bzw. Anordnung einer strafrechtlichen Massnahme (Art. 83 Abs. 7 Bst. a AIG);

– bei erheblichem bzw. wiederholtem Verstoss gegen die öffentliche Sicherheit und Ordnung in der Schweiz und im Ausland oder Gefährdung dieser oder der inneren oder äusseren Sicherheit (Art. 83 Abs. 7 Bst. b AIG);

- im bereits erwähnten Fall der durch eigenes Verhalten der ausländischen Person selbst verursachten Unmöglichkeit des Wegweisungsvollzugs (Art. 83 Abs. 7 Bst. c AIG);
- bei rechtskräftiger obligatorischer oder nicht obligatorischer Landesverweisung (Art. 83 Abs. 9 AIG).

e) Beendigung der vorläufigen Aufnahme

Von Gesetzes wegen *erlischt die vorläufige Aufnahme* in folgenden Fällen (Art. 84 Abs. 4 Bst. a–e AIG):

- Stellung eines Asylgesuchs in einem anderen Staat und keine Verpflichtung der Schweiz aufgrund internationaler Verpflichtungen (v.a. Dublin-Assoziierungsabkommen) zur Rückübernahme der betroffenen Person;

- Erhalt einer Aufenthaltsbewilligung in der Schweiz (insbesondere durch Heirat [gemäss Art. 42 ff. AIG] oder als Härtefallbewilligung [nach Art. 30 Abs. 1 Bst. b AIG]) oder einer Aufenthaltsberechtigung in einem anderen Staat;

- Unerlaubte Reise in den Heimat- oder Herkunftsstaat, es sei denn die vorläufig aufgenommene Person macht glaubhaft, dass die Reise aufgrund Zwangs (z.B. Besuch der schwer erkrankten Mutter) erfolgte; für vorläufig aufgenommene Flüchtlinge gilt diese Bestimmung nicht (Art. 84 Abs. 5 AIG);

- Unerlaubter mehr als zwei Monate dauernder Aufenthalt in einem anderen Staat als dem Heimat- oder Herkunftsstaat unter gleichzeitig fehlender internationalrechtlicher Verpflichtung der Schweiz zur Rückübernahme der betroffenen Person; auch diese Bestimmung gilt nicht für vorläufig aufgenommene Flüchtlinge (Art. 84 Abs. 5 AIG). Unerlaubter Aufenthalt meint einen Aufenthalt, der ohne gültiges Reisedokument oder ohne Rückreisevisum erfolgt ist; zu beachten ist die Übergangsbestimmung;

- Bei Abmeldung und Ausreise (kumulativ).

Die genannten Erlöschensgründe stellen im Wesentlichen eine Heraufstufung von Art. 26a VVWAL und Konkretisierung von aArt. 84 Abs. 4 AIG dar. Das anwendbare Recht für unerlaubte Reisen ins Ausland bestimmt sich nach der Übergangsbestimmung von Art. 126e Abs. 2 AIG. Danach sind die neuen Bestimmungen nur für Reisen anwendbar, die nach dem Inkrafttreten der vorliegenden Änderung des Ausländer- und Integrationsgesetzes angetreten wurden.

Von Gesetzes wegen erlischt die vorläufige Aufnahme sodann bei einer rechtskräftigen obligatorischen oder fakultativen Landesverweisung und einer rechtskräftigen Ausweisung nach Art. 68 AIG (Art. 83 Abs. 9 AIG). Da für die Ausweisung nach Art. 68 AIG eine vorläufige Aufnahme gar nicht mehr verfügt werden kann (Art. 83 Abs. 1 AIG) und die meisten altrechtlich verfügten Ausweisungen vor dem Inkrafttreten neuen Rechts rechtskräftig geworden sind, dürfte Art. 83 Abs. 9 AIG in Bezug auf das Erlöschen unter Berücksichtigung der intertemporalrechtlichen Grundsätze kaum Bedeutung zukommen. In den anderen Fällen ist ein Entscheid des SEM notwendig. Sind die Voraussetzungen nach Art. 83 Abs. 2–4 AIG nicht mehr gegeben, hebt *das SEM die vorläufige Aufnahme auf* und ordnet den Vollzug der Wegweisung an. Liegen Gründe nach Art. 83 Abs. 7 AIG vor, kann das SEM auf Antrag der kantonalen Behörden, des fedpol oder des NDB ebenfalls die vorläufige Aufnahme wegen Unzumutbarkeit oder Unmöglichkeit des Vollzuges (Art. 83 Abs. 2 und 4 AIG) aufheben und den Vollzug der Wegweisung anordnen. Das SEM hat periodisch zu prüfen, ob die Voraussetzungen nach Art. 83 Abs. 2–4 AIG noch erfüllt sind (Art. 84 Abs. 1 AIG).

Mit dem Inkrafttreten des Mantelerlasses PMT ist bei allen Bestimmungen über die vorläufige Aufnahme das Wort «Ausweisung» gestrichen worden. Der Gesetzgeber hat dabei das Kind mit dem Bade ausgeschüttet: Altrechtlich verfügte vorläufige Aufnahmen für Ausweisungen bleiben auch mit Inkrafttreten des Mantelerlasses bestehen (intertemporales Verwaltungsrecht). Solche Verfügungen erlöschen zwar von Gesetzes wegen, wenn die Voraussetzungen von Art. 84 Abs. 4 AIG gegeben sind. Liegen indessen die Voraussetzungen nach Art. 83 Abs. 2–4 AIG nicht mehr vor, bedarf es eines Entscheids des SEM (Art. 84 Abs. 2 AIG). In diesem Fall hebt dieses die vorläufige Aufnahme auf und müsste den *Vollzug der Ausweisung* anordnen, was es allerdings entsprechend dem klaren Wortlaut nicht mehr kann. Die Wegweisung ist nicht mit der Ausweisung austauschbar.

f)   Verfahren und Rechtsschutz

Zuständig für die vorläufige Aufnahme ist einzig das *SEM*. Gegen dessen Entscheid kann Beschwerde beim *Bundesverwaltungsgericht* geführt werden. Die Kantone können grundsätzlich lediglich eine vorläufige Aufnahme vorschlagen. Die ausländische Person hat keinen Anspruch auf vorläufige Aufnahme (Art. 83 Abs. 6 AIG), und gegen deren Anordnung oder Verweigerung ist die Beschwerde in öffentlich-rechtlichen Angelegenheiten an das Bundesgericht ausgeschlossen (Art. 83 Bst. c Ziff. 3 BGG); soweit es sich, wie das in der Regel zutrifft, um einen Bundesentscheid handelt, ist auch die subsidiäre Verfassungsbeschwerde unzulässig (vgl. Art. 113 BGG). Diese steht jedoch allenfalls gegen kantonale Entscheide über Vollzugshindernisse bei der Wegweisung offen.

g)   Rechtsstellung

aa)   Vorläufig aufgenommene Flüchtlinge

Personen, deren Flüchtlingseigenschaft anerkannt ist, die aber wegen eines Asylausschlussgrundes (Art. 53 ff. AsylG) kein Asyl erhalten (Art. 49 AsylG e contrario), werden als Flüchtlinge vorläufig aufgenommen (Art. 83 Abs. 8 AIG). Sind sie gleichzeitig staatenlos, haben sie Anspruch auf eine Aufenthaltsbewilligung (Art. 31 Abs. 1 AIG). Die vorläufig aufgenommenen Flüchtlinge erhalten vom Aufenthaltskanton einen Ausweis F (Art. 85 Abs. 1 AIG), der auf zwölf

Monate befristet ist und unter Vorbehalt von Art. 84 AIG verlängert wird und ihre Rechtsstellung festhält (Art. 41 Abs. 2 AIG). Ihnen kommen die folgenden wesentlichen Rechte aus der Flüchtlingskonvention zu, da sie völkerrechtlich, trotz nationaler Verweigerung des Asyls, immer noch Flüchtlinge sind:

– *Aufenthaltsberechtigung* im Sinne eines vorübergehenden Status als zeitlich beschränkte Ersatzmassnahme, welche die Anwesenheit regelt, solange der Wegweisungsvollzug nicht zulässig, nicht zumutbar oder nicht möglich erscheint.

– *Freizügigkeit* innerhalb der Schweiz wird nur beschränkt gewährt (Art. 26 FK i.V.m. Art. 85b Abs. 5 i.V.m. Art. 37 Abs. 2 AIG). Während die Vorauflage und das Bundesverwaltungsgericht bisher zu Recht die Auffassung vertreten haben, dass vorläufig aufgenommene Flüchtlinge in Bezug auf die Freizügigkeit ausländischen Personen mit Niederlassungsbewilligungen gleichzustellen sind, vertreten der Bundesrat und ihm folgend das Parlament demgegenüber die Meinung, dass eine korrekte Umsetzung von Art. 26 FK eine Gleichstellung der vorläufig aufgenommenen Flüchtlinge mit Personen mit Aufenthaltsbewilligungen darstelle. Aus der Formulierung von Art. 23 FK, wonach Flüchtlinge wie «Einheimische» zu behandeln seien, ergibt sich indes nicht, dass «Ausländer» nach Art. 26 FK Personen mit Aufenthaltsbewilligung sind. Art. 85b Abs. 5 i.V.m. Art. 37 Abs. 2 AIG ist FK-widrig.

– In der ganzen Schweiz (Art. 17 ff. FK i.V.m. Art. 61 Abs. 1 AsylG und Art. 85a Abs. 1 AIG) *zulässige Erwerbstätigkeit*. Bei unselbständiger Erwerbstätigkeit müssen die Voraussetzungen von Art. 22 AIG erfüllt sein, wobei Aufnahme, Beendigung und Stellenwechsel vom Arbeitgeber zu melden sind (Art. 61 Abs. 2 AsylG i.V.m. Art. 85a Abs. 1–3 AIG). Bei selbständiger Erwerbstätigkeit muss die Meldung durch die betreffende Person erfolgen (Art. 85a Abs. 3bis AIG).

- Gestützt auf Art. 27 und 28 FK besteht ein Anspruch auf die Ausstellung von *Identitätsausweisen und Reisepapieren* (Näheres in
  der RDV). Bei Reisen in den Heimat- oder Herkunftsstaat wird
  allerdings die Flüchtlingseigenschaft aberkannt, wenn die Reise
  nicht unter Zwang erfolgte (vgl. Art. 63 Abs. 1bis AsylG sowie hinten § 13.2.c.dd und § 32.2.a, S. 277 und 418; zum Reiseverbot für
  vorläufig aufgenommene Flüchtlinge siehe Art. 59d Abs. 3 und
  59e Abs. 4 AIG je i.V.m. Art. 59c AIG; zur Sanktionierung siehe
  unten § 10.9.h).

- Ausrichtung und Festsetzung von *Sozialhilfe* ist Sache der Kantone, wofür diese vom Bund abgegolten werden (Art. 87 AIG).
  Bezüglich Sozialhilfestandards gilt Gleichstellung mit Flüchtlin-
  gen, denen Asyl gewährt wurde, und damit aufgrund des Prin-
  zips der Inländergleichbehandlung nach Art. 23 FK auch mit
  Schweizerinnen und Schweizern (Art. 86 Abs. 1bis AIG). Diese
  Gleichstellung gilt auch für staatenlose Personen sowie Flücht-
  linge und staatenlose Personen, die mit einer rechtskräftigen
  Landesverweisung (Art. 66a oder Art. 66a[bis] StGB; Art. 49a oder
  Art. 49a[bis] MStG) oder einer rechtskräftigen Ausweisung nach
  Art. 68 AIG belegt sind (Art. 86 Abs. 1bis Bst. c bzw. b und d AIG).

- Es besteht *kein Anspruch auf Familiennachzug*. Ehegatten, eingetragene Partner (vgl. Art. 88a AIG) und ledige Kinder unter
  18 Jahren können frühestens drei Jahre nach Anordnung der
  vorläufigen Aufnahme nachgezogen und in diese eingeschlossen werden, wenn sie in einer bedarfsgerechten Wohnung mit
  der vorläufig aufgenommenen Person zusammenwohnen, keine
  Sozialhilfe beziehen, sich in der am Wohnort gesprochenen
  Sprache verständigen können, wofür grundsätzlich die Anmeldung zu einem Sprachkurs genügt (Art. 85c Abs. 1 Bst. a–d AIG),
  wovon allerdings Minderjährige dispensiert sind (vgl. Art. 85c
  Abs. 2 AIG), und wenn sie keine Ergänzungsleistungen beziehen
  (Art. 85c Abs. 1 Bst. e AIG). Die dreijährige Wartefrist steht im
  Widerspruch zu einem Entscheid des BVGer und des EGMR,
  wonach die strikte und automatische Anwendung einer Warte-

frist von mehr als zwei Jahren als unvereinbar mit dem Recht auf Achtung des Familienlebens eingestuft wurde. Neu hat das SEM deshalb bereits kurz vor Ablauf einer zweijährigen Frist seit der Anordnung der vorläufigen Aufnahme den Einzelfall zu prüfen. Die Motion Friedli 24.3511 «Kein Familiennachzug für vorläufig Aufgenommene» vom 30. Mai 2024 will ein weiteres Mal den Familiennachzug für vorläufig Aufgenommene streichen (im gleichen Sinn Motion 24.3057 vom 28. Februar 2024).

bb)   Vorläufig aufgenommene Personen

Vorläufig aufgenommenen ausländischen Personen ohne Flüchtlings-eigenschaft nach der Flüchtlingskonvention kommen die Rechte daraus nicht zu. Die in diesem Sinn vorläufig aufgenommenen ausländischen Personen erhalten vom Aufenthaltskanton einen Ausweis F (Art. 85 Abs. 1 AIG), der auf zwölf Monate befristet ist und unter Vorbehalt von Art. 84 AIG verlängert wird und ihre Rechtsstellung festhält (Art. 41 Abs. 2 AIG). Ihre Rechtsstellung ist in wesentlichen Punkten schlechter als diejenige von vorläufig aufgenommenen Flüchtlingen:

– *Aufenthaltsberechtigung* wie vorläufig aufgenommene Flüchtlinge.
– *Keine Freizügigkeit* innerhalb der Schweiz, aber Freizügigkeit innerhalb des Kantons (Art. 85 Abs. 5 AIG). Grundsätzlich besteht kein Anspruch auf Kantonswechsel. Ein solcher wird indessen bewilligt erstens zum Schutz der Einheit der Familie oder zweitens bei einer schwerwiegenden Gefährdung der Gesundheit der vorläufig aufgenommenen Person oder anderer Personen (Art. 85b Abs. 2 Bst. a und b AIG). Übt eine vorläufig aufgenommene Person in einem anderen Kanton eine unbefristete Erwerbstätigkeit aus oder absolviert sie eine berufliche Grundbildung, so wird ihr drittens der Kantonswechsel in diesen Kanton bewilligt, wenn sie zum einen weder für sich noch für ihre Familienangehörigen Sozialhilfe bezieht und zum anderen das Arbeitsverhältnis seit mindestens zwölf Monaten besteht oder ein Verbleib im Wohnkanton aufgrund des Arbeitsweges oder

der Arbeitszeiten nicht zumutbar ist (Art. 85b Abs. 3 AIG). Der Kantonswechsel wird nicht bewilligt, wenn Gründe nach Art. 83 Abs. 7 Bst. a oder b AIG vorliegen (Art. 85b Abs. 4 AIG). Ein Kantonswechsel muss beim SEM beantragt werden; dieses hört den betroffenen Kanton an (Art. 85b Abs. 1 AIG).

- Eine *Erwerbstätigkeit* ist in der ganzen Schweiz (Art. 85a Abs. 1 AIG) zulässig. Bei unselbständiger Erwerbstätigkeit müssen die Voraussetzungen von Art. 22 AIG erfüllt sein. Aufnahme, Beendigung und Stellenwechsel sind vom Arbeitgeber zu melden (Art. 85a Abs. 1–3 AIG).

- *Kein Anspruch auf Identitäts- und Reisepapiere* (Art. 59 Abs. 1 und 2 AIG); Reisen in den Heimat- oder Herkunftsstaat sind verboten; das SEM kann eine Reise dorthin bewilligen zur Vorbereitung einer selbständigen und definitiven Ausreise (Art. 59d AIG); Reisen in andere Staaten sind ebenfalls verboten; das SEM kann eine Reise zur Durchführung eines Asyl- oder Wegweisungsverfahrens oder aus persönlichen bzw. wichtigen Gründen bewilligen (Art. 59e AIG). In diesen Fällen können Reisedokumente und Rückreisevisa ausgestellt werden (Art. 59 Abs. 4 und 5 AIG). Der Bundesrat regelt die Einzelheiten (Art. 59 Abs. 6 AIG). Ein Verstoss gegen die Verbote wird über die mögliche Regularisierung nach Art. 84*a* Abs. 2 und 3 AIG (unten § 10.9.h) sanktioniert.

- Die Ausrichtung und Festsetzung von *Sozialhilfe* ist Sache der Kantone, wofür diese vom Bund abgegolten werden (Art. 87 AIG), und richtet sich nach den Bestimmungen von Art. 80a–84 AsylG für Asylsuchende. Im Vordergrund stehen Sachleistungen (Art. 86 Abs. 1 AIG). Der Ansatz für die Unterstützung liegt unter demjenigen für Einheimische (Art. 86 Abs. 1 letzter Satz AIG) und auch für anerkannte Flüchtlinge.

- Die Regelung des Familiennachzugs entspricht derjenigen für vorläufig aufgenommene Flüchtlinge.

h)   Regularisierung

Aus der vorläufigen Aufnahme ergibt sich auch nach einem bestimmten Zeitablauf bisher grundsätzlich *kein Recht auf eine Aufenthaltsbewilligung*. Immerhin hat der EGMR auch schon vereinzelt aus Art. 8 EMRK einen Anspruch auf Verbesserung eines prekären Status abgeleitet. Die Schweizer Rechtsprechung ist insofern noch zurückhaltend. Allerdings scheint die Zeit nach der neuesten Rechtsprechung nun reif für eine Weiterentwicklung der Praxis, insbesondere indem nach einer langjährigen vorläufigen Aufnahme mit erfolgreicher Integration vor allem bei Kindern ein Anspruch auf Aufenthaltsbewilligung anerkannt wird. Bis zu einer definitiven Praxisänderung bildet Grundlage für eine Regularisierung, abgesehen von Bewilligungsrechten und -möglichkeiten aufgrund von Heirat und registrierter Partnerschaft (vgl. insb. Art. 42 ff. AIG und Art. 3 Anhang I FZA), nur die im Ermessen der zuständigen kantonalen Behörden stehende *Härtefallbewilligung* nach Art. 84a Abs. 1 AIG. Da die noch nicht in Kraft getretene (Stand Herbst 2024) Regelung von Art. 84a Abs. 1 AIG im Wesentlichen aArt. 84 Abs. 5 AIG entspricht, dürften die Voraussetzungen und Verfahren wohl weiterhin weitgehend denjenigen einer humanitären Bewilligung nach Art. 30 Abs. 1 Bst. b AIG (vgl. Art. 31 VZAE) entsprechen, ausser dass die Härtefallbewilligung frühestens nach fünf Jahren Aufenthalt in der Schweiz erteilt werden kann. Ein entsprechendes Gesuch ist unter Berücksichtigung der Integration, der familiären Verhältnisse und der Zumutbarkeit einer Rückkehr in den Heimat- oder Herkunftsstaat zudem vertieft zu prüfen, wodurch das Ermessen der kantonalen Behörde etwas eingeschränkt wird (Art. 84a Abs. 1 AIG). Diese Frist wird bei Verletzung der Reiseverbote auf 10 Jahre ausgedehnt (Art. 84a Abs. 2 und 3 AIG). Eine kollektive Regularisierung sieht das Gesetz nicht vor.

10. Erfolglose Entfernungsmassnahmen

a) Vorbemerkungen

Ausländische Personen, deren Anwesenheitsberechtigung von Gesetzes wegen erlischt, denen diese widerrufen oder nicht verlängert wurde, müssen die Schweiz verlassen, entweder selbständig mit oder ohne Entfernungsmassnahme oder mit behördlicher Hilfe bzw. Zwang. Bei gewissen ausländischen Personen ist der Vollzug der Weg- oder Ausweisung nicht möglich, nicht zulässig oder nicht zumutbar, weshalb sie trotzdem während einer gewissen Zeit («vorläufig») in der Schweiz bleiben können (Art. 83 AIG). Das Gesetz suggeriert, dass grundsätzlich nur ausländische Personen, die eine Anwesenheitsberechtigung aufweisen, in der Schweiz weilen. Diejenigen, die keine solche haben, sind entweder freiwillig ausgereist oder konnten mit den entsprechenden Zwangsmassnahmen ausgeschafft oder von der Schweiz ferngehalten werden. Vereinzelt finden sich allerdings in den ausländerrechtlichen Erlassen Hinweise dafür, dass es noch eine *dritte Gruppe ausländischer Personen* gibt, beispielsweise bei der Regelung der Durchsetzungshaft (vgl. Art. 78 AIG) oder der Ermöglichung einer Grundausbildung von papierlosen Jugendlichen (vgl. Art. 30a VZAE). Es sind Personen, bei denen die im Gesetz vorgesehenen Massnahmen zum Wegweisungsvollzug ergebnislos geblieben sind. Gemeint sind hier nur solche Menschen, die sich einmal mit einer Anwesenheitsberechtigung in der Schweiz aufhalten durften, also nicht ausländische Personen, die von vornherein illegal in die Schweiz eingereist und hiergeblieben sind. Beide Gruppen werden freilich zu den Sans-Papiers gezählt, weshalb generell auf die entsprechenden Ausführungen verwiesen werden kann (dazu vorne § 6.2.f und § 6.3.d, S. 110 und 118). Sie unterscheiden sich aber genau genommen dadurch, dass diejenigen Personen, deren Entfernungsmassnahme sich nicht vollziehen lässt, den Migrationsbehörden bekannt sind («sekundäre Sans-Papiers»), währenddem diese von den rechtswidrig eingereisten oder irregulär in der Schweiz verbliebenen «eigentlichen» Papierlosen keine Kenntnis haben («primäre Sans-Papiers»).

b)   Gescheiterte Ausschaffung

In erster Linie handelt es sich im vorliegenden Zusammenhang um Personen, die im Verfahren des Vollzugs der Entfernungsmassnahme *untertauchen* oder bei denen eine Rückführung daran *scheitert,* dass das Herkunftsland eine zwangsweise Rückführung ihrer Staatsangehörigen nicht akzeptiert, die Betroffenen aber nicht zur freiwilligen Rückkehr bereit sind. Im Unterschied zu den Vollzugshindernissen ist nicht die Wegweisung, sondern nur die Ausschaffung undurchführbar. Für die zweitgenannte Konstellation kann allenfalls der Abschluss internationaler Verträge nach Art. 100 AIG (Rückübernahmeabkommen bzw. Migrationspartnerschaften) Abhilfe bieten. Im Übrigen befinden sich diese Personen in einem *prekären,* weitgehend auf ihre Grund- und Menschenrechte beschränkten *Status.* Sie haben keine Aufenthalts- und keine Erwerbsberechtigung und allfällige staatliche Unterstützungsleistungen beschränken sich grundsätzlich auf die Nothilfe (nach Art. 12 BV). Dieses Minimum ist aber garantiert und darf nicht vorbehalten werden. Die Betroffenen werden denn mitunter auch als «Langzeitnothilfebezüger» bezeichnet. Einzelne Kantone übergeben ihnen ein Dokument, das bezeugt, dass ihre Anwesenheit den Behörden bekannt ist, womit sie sich bei allfälligen Kontrollen oder sonstiger Gelegenheit ausweisen können. Dafür werden manchmal untechnisch die nicht im Gesetz vorgesehenen Bezeichnungen «Anwesenheitsbestätigung», «Duldung» oder «Toleranz» verwendet.

Das Ausländer- und Integrationsgesetz sowie das Asylgesetz halten einige wenige *Instrumente* zur Lösung solcher Situationen bereit, die weitgehend der Rechtsstellung der eigentlichen Papierlosen entsprechen:

–   Eine Regularisierung fällt, erneut abgesehen von Bewilligungsrechten und -möglichkeiten aufgrund von Heirat und registrierter Partnerschaft (vgl. insb. Art. 42 ff. i.V.m. Art. 51 AIG und Art. 3 Anhang I FZA), nur gemäss der *Härtefallregelungen* nach Art. 30 Abs. 1 Bst. b AIG und nach Art. 14 Abs. 2 AsylG in Betracht. In beiden Fällen handelt es sich um Ermessensbewilligungen. Die Voraussetzungen dafür finden sich in den beiden Bestimmungen sowie in Art. 31 VZAE.

- Um Personen mit rechtswidrigem Aufenthalt eine *berufliche Grundausbildung* zu ermöglichen, kann diesen unter bestimmten Voraussetzungen für die Dauer der Ausbildung eine Aufenthaltsbewilligung erteilt werden (Art. 30a Abs. 1 VZAE). Das kann allerdings mit einem nicht unerheblichen Risiko für die betroffene Person und ihre Angehörigen verbunden sein.

- Der *Dauer des irregulären Aufenthalts* kommt kein besonderes Gewicht zu, weshalb eine Legalisierung der rechtswidrigen Anwesenheit gestützt auf den Schutz des Privatlebens gemäss Art. 8 EMRK bislang wenig erfolgversprechend erscheint. Der EGMR hat in seinem Entscheid *Ghadamian* nun allerdings den illegalen Aufenthalt berücksichtigt.

c) Unvollziehbare Landesverweisung und Ausweisung

Eine besondere Gruppe bilden die *Personen mit Flüchtlingseigenschaft und staatenlose Personen, die des Landes verwiesen oder ausgewiesen wurden.* Die Erteilung von Asyl (Art. 53 Bst. c AsylG) oder einer ausländerrechtlichen Bewilligung (vgl. Art. 61 Abs. 1 Bst. d und e AIG) sowie die vorläufige Aufnahme (Art. 83 Abs. 9 AIG) sind ausgeschlossen. Der internationale Rückschiebungsschutz bzw. bei staatenlosen Personen das Fehlen eines Heimatlandes verhindern meist gleichzeitig eine Ausschaffung, ausser es sei eine solche in einen Drittstaat möglich. Das Gesetz erlaubt immerhin in Umsetzung internationaler Verpflichtungen die Erwerbstätigkeit (Art. 31 Abs. 3 AIG, Art. 61 und 64 Abs. 1 Bst. e AsylG) und sieht die Auszahlung von Sozialhilfe wie für Flüchtlinge mit Asyl bzw. Einheimische vor (Art. 86 Abs. 1bis Bst. b und d AIG). Regularisierungen dürften in der Regel frühestens nach Ablauf der Dauer der Landesverweisung in Betracht fallen.

schaffungshaft); 139 I 206 (Ausschaffungshaft und Beschleunigungsgebot); 125 II 217, BGer 2C_312/2020 und 2C_386/2020 (Ausschaffungshaft und Undurchführbarkeit der Wegweisung); BGE 147 II 49, 140 II 409, 134 I 92 und 134 II 201 (Durchsetzungshaft); 148 II 169 (Dublin-Renitenzhaft); 143 II 361 und 142 I 135 (Dublin-Haft); 143 I 437 (Dublin-Haft und Familientrennung); 149 II 6, 146 II 201 und 122 II 299 (Haftbedingungen); 137 I 23 (Haftüberprüfung); BGer 2C_371/2020 (Anforderungen an ein Haftentlassungsgesuch); BGE 141 I 49, 138 II 513, 137 II 305, BVGE 2013/27, 2011/25 und 2011/49 (Voraussetzungen der vorläufigen Aufnahme); 2017 VI/2 und 2007/9 (Beendigung der vorläufigen Aufnahme); BGer 2C_819/2016 (zum Entzug der aufschiebenden Wirkung im Rahmen der Wegweisungsverfügung nach Art. 64 Abs. 3 AIG); Urteil F-3116/2023 (gerichtliche Zuständigkeit bei Ausweisungen nach Art. 68 AIG); F-2739/2022 (Nachzugsfrist bei vorläufig aufgenommenen Personen); BGE 150 I 93 und BGer 2C_157/2023 (Umwandlung des Status der vorläufigen Aufnahme in eine Aufenthaltsbewilligung).

3. Teil   Flüchtlingsrecht

§ 11   Grundlagen

Der Asylbereich ist in der öffentlichen Wahrnehmung sehr präsent und wird oft mit der illegalen Migration von Personen gleichgesetzt und verwechselt. Dabei stellen bei Weitem nicht alle Personen, die illegal in die Schweiz einreisen, einen Asylantrag, und es kommen umgekehrt auch nicht alle Personen, die einen Asylantrag stellen, auf irregulären Wegen in die Schweiz. Dieses Kapitel widmet sich den *Dimensionen des Flüchtlingsrechts* und erläutert die wichtigsten Grundlagen, Rechte und Abläufe.

Dabei beschränkt sich die Darstellung nicht auf die Situation von Flüchtlingen im völkerrechtlichen Sinn, sondern umfasst die gesamten Normen des Asylbereichs und nimmt entsprechende Abgrenzungen zu nicht umfassten Personengruppen vor.

Das heute geltende *Asylrecht* beruht auf der von der Schweiz mitverhandelten Flüchtlingskonvention von 1951, die den Flüchtlingsbegriff definiert. Daneben sind weitere Personengruppen, die gewaltsam vertrieben wurden, schutzbedürftig, so dass sich unterschiedliche Schutzkonzepte ergeben, die auch unterschiedliche Rechtsfolgen haben. Ob eine Person in der Schweiz nach einem Asylgesuch Schutz erhält, entscheidet das Staatssekretariat für Migration (SEM). Dieses prüft bei allen Personen, die nicht aufgrund des Kriegs in der Ukraine vorübergehenden Schutz («Schutzstatus S») erhalten, zunächst im sog. Dublin-Verfahren die Zuständigkeit der Schweiz und für den Fall, dass die Schweiz zuständig ist oder wird, die Voraussetzungen für die Schutzzuerkennung im Asylverfahren. Während der Prüfung ist der Aufenthalt in der Schweiz erlaubt. Im Schutz- bzw. Asylverfahren erhält die asylsuchende Person, wenn sie nicht darauf verzichtet, unentgeltliche Beratung und Rechtsvertretung. Nach einer Ablehnung des Asylgesuchs kann die

Person dagegen Rechtsmittel einlegen. Erhält die Person kein Asyl, wird sie aus der Schweiz weggewiesen. Wenn dem Vollzug der Wegweisung Hindernisse entgegenstehen, kann dieser zugunsten einer vorläufigen Aufnahme ausgesetzt werden. Während und nach dem Asylverfahren haben bedürftige Personen abhängig von Stand und Ausgang des Verfahrens Anspruch auf Sozial- oder Nothilfe.

Das *Asylverfahren* folgt einem standardisierten Ablauf, um Qualität und Chancengleichheit zu sichern sowie den administrativen Umgang zu erleichtern. Das Asylgesetz enthält zu einem grossen Teil prozessuale Bestimmungen, auf die hier nicht in allen Einzelheiten eingegangen werden kann. Ergänzend verweist das Gesetz auf die Verfahrensregeln des Verwaltungsverfahrensrechts des Bundes (VwVG; vgl. Art. 6 AsylG).

§ 12 Völker- und Verfassungsrecht

1. Recht auf Asyl

Das Recht auf Schutz vor Verfolgung an einem sicheren Ort lässt sich bereits aus dem griechischen Begriff «asylos» ableiten. Dieser bezeichnet einen ursprünglich sakralen Ort wie einen Tempelbezirk, der dem Zugriff der weltlichen Herrschaft entzogen ist und somit eine sichere Zufluchtsstätte darstellt, was bis heute im sog. Kirchenasyl durchscheint. Mit dem Begriff «Asyl» ist in der heutigen Bedeutung das durch einen verfolgungssicheren Staat gewährte *Recht auf Schutz und Aufenthalt* gemeint. Dies spiegelt sich auch in der für das moderne Asylrecht prägenden Formulierung des Art. 14 AEMR von 1948 wider. Dort heisst es: «Jeder Mensch hat das Recht, in anderen Ländern vor Verfolgung Asyl zu suchen und zu geniessen.» Damit ist Asyl auch mehr als ein Gastrecht, denn es bietet ein Recht darauf, den Verfolgungsschutz «zu geniessen», also sich ein neues Leben abseits der Verfolgungssituation aufzubauen. Wissenschaftlich gab und gibt es viele Debatten um den genauen Inhalt

des Rechts auf Asyl, insbesondere um die Frage, ob die Flüchtlingseigenschaft ein subjektives Recht auf Zugang zu den Rechten aus
der Flüchtlingseigenschaft begründet oder lediglich eine staatliche
Verpflichtung zur völkerrechtskonformen Umsetzung auslöst. Dies
macht insbesondere für den Umfang und Zugang zu Rechtsschutz
einen nicht unerheblichen Unterschied, da im ersten Fall nur das
Recht, nicht in die Gefahr ausgeschafft zu werden, unmittelbar
durchsetzbar ist, während im Fall der Anerkennung eines subjektiven Rechts auch eine Durchsetzung des Status möglich ist. Im
Kontext der Europäischen Union hat der Europäische Gerichtshof
(EuGH) anerkannt, dass Art. 18 GRC, der das Recht auf Asyl vorsieht, ein subjektives Recht auf die Zuerkennung des Status enthält.
Die Schweiz verneint ein solches Recht auf der Basis des Völkerrechts und sieht es lediglich auf der Grundlage des nationalen Asylgesetzes als gewährleistet an; damit kann eine Person, die völkerrechtlich Flüchtling ist, aber unter die Asylausschlussgründe gemäss
Art. 53–55 AsylG fällt, den Zugang zu einer Aufenthaltsbewilligung
bisher nicht gestützt auf das Völkerrecht durchsetzen. Insoweit ist
der personelle Anwendungsbereich des Asylrechts im schweizerischen Recht nicht deckungsgleich mit dem völkerrechtlichen Anwendungsbereich der Flüchtlingsdefinition.

2. Flüchtlingskonvention

Auf der Grundlage früherer Flüchtlingsschutzabkommen, die regelmässig einen persönlich und geographisch eng begrenzten Anwendungsbereich hatten, erarbeitete eine Delegiertenkonferenz unter
Beteiligung der Schweiz das *Abkommen über die Rechtsstellung der
Flüchtlinge,* das besser bekannt ist als (Genfer) «Flüchtlingskonvention» (FK). Dieses Abkommen vom 28.7.1951 trat am 22.4.1954
in Kraft und galt zunächst nur für Flüchtlinge, die «auf Grund von
Ereignissen, die vor dem 1. Januar 1951 eingetreten sind» nicht in
ihr Herkunftsland zurückkehren konnten oder aufgrund einer drohenden Gefahr, verfolgt zu werden, nicht dorthin zurückkehren
wollten. Durch eine Erklärung gemäss Art. 1 B FK konnten die Ver-

tragsstaaten den Anwendungsbereich auf Ereignisse in Europa beschränken. Erst mit dem sog. New-Yorker-Protokoll vom 31.1.1967, das ein eigenständiger völkerrechtlicher Vertrag ist und inhaltlich vollumfänglich auf die Flüchtlingskonvention verweist, wurde die zeitliche und räumliche Beschränkung aufgehoben. Mit Inkrafttreten dieses Protokolls am 4.10.1967 wurde aus dem im Wesentlichen europäischen Recht des Flüchtlingsschutzes der Flüchtlingskonvention eine *Grundlage des internationalen Flüchtlingsschutzes*. 149 Staaten sind einem oder beiden Abkommen beigetreten. Die Flüchtlingskonvention stellt das zentrale Element des Flüchtlingsschutzes im Völkerrecht dar. Kern dieses Schutzes ist das flüchtlingsrechtliche *Rückschiebungsverbot*, das auch «Refoulement-Verbot» oder «Non-Refoulement-Gebot» genannt wird, d.h. die Untersagung, einen direkten oder indirekten Beitrag zu einer unfreiwilligen Rückkehr der schutzsuchenden Person in eine Verfolgungsgefahr zu leisten (Art. 33 Abs. 1 FK). Das Rückschiebungsverbot der Flüchtlingskonvention kann, anders als das Rückschiebungsverbot aus der EMRK und dem UNO-Pakt II, unter bestimmten Voraussetzungen eingeschränkt werden (vgl. Art. 33 Abs. 2 FK und § 10.2.a, S. 200). Dem UN-Hochkommissariat für Flüchtlinge (UNHCR), das seinen Sitz in Genf hat, kommt die Aufgabe zu, die Einhaltung der Konvention zu überwachen; es ist gleichzeitig durch die Durchführung von Asylverfahren in über 50 Staaten die weltgrösste Asylbehörde. Daneben obliegen dem UNHCR weitere Aufgaben im Flüchtlingsschutz und im internationalen humanitären Schutz. Das UNHCR ist zudem auch für den Schutz von staatenlosen Personen zuständig und übernimmt Aufgaben beim Schutz von Binnenvertriebenen in Abstimmung mit den Vertragsstaaten.

Die Flüchtlingskonvention sieht keine Instanz vor, die im Streitfall mit einem Rechtsmittel für einen verbindlichen Entscheid angerufen werden kann. Auch das UNHCR verfügt nicht über Weisungsbefugnisse, sondern kann nur Empfehlungen aussprechen. Damit ist die letztinstanzliche Entscheidung häufig nationalen und allenfalls regionalen Instanzen vorbehalten, so dass es zwischen den Vertragsstaaten zu teilweise *unterschiedlichen Auslegungen* und nationalen Unterschieden in der Praxis kommt.

3. Menschenrechte

Weitere *menschenrechtliche Vorgaben* spielen eine bedeutende Rolle für den Schutz von Flüchtlingen und anderen schutzbedürftigen Personen. Insbesondere die Antifolterkonvention (FoK) und die Kinderrechtskonvention (KRK) sind hier zu nennen. Zudem sind durch spezifische menschenrechtliche Verträge oder eine Kombination verschiedener menschenrechtlicher Verträge bestimmte Gruppen besonders geschützt; dies gilt beispielsweise für Frauen (CEDAW und Istanbul Konvention), Menschenhandelsopfer (Palermo-Protokoll und EMK) und Menschen mit Behinderungen (BRK). Darüber hinaus werden auch bestimmte Rechte wie politische und bürgerliche Rechte (UNO-Pakt II), wirtschaftliche, soziale und kulturelle Rechte (UNO-Pakt I) oder durch die Diskriminierungsverbote verschiedener Abkommen beispielsweise die sexuelle Orientierung und geschlechtliche Identität durch völkerrechtliche Vorgaben besonders geschützt.

In Europa und damit auch in der Schweiz spielt die *Europäische Menschenrechtskonvention* (EMRK) eine sehr wichtige Rolle im Flüchtlingsschutz. Insbesondere das absolut geltende menschenrechtliche Refoulementverbot, das sich aus dem Folterverbot von Art. 3 EMRK ableitet, ist im Asylbereich von zentraler Bedeutung. Dieses gilt jedenfalls als regionales *zwingendes Völkerrecht*. Die Tragweite lässt sich etwa am Beispiel der Türkei zeigen, welche die geographische Beschränkung der Geltung der Flüchtlingskonvention auf Europa nie aufgehoben hat und daher nicht verpflichtet ist, Flüchtlingen aus Nahost die Rechte der Flüchtlingskonvention zuzugestehen. An das Refoulementverbot von Art. 3 EMRK ist sie als Signatarstaat der Menschenrechtskonvention aber gebunden. Weiter erlangt auch das Recht auf Privat- und Familienleben nach Art. 8 EMRK im Asylbereich grosse Bedeutung. Auf der Ebene der

EU bilden der Flüchtlingsschutz der Flüchtlingskonvention und der Refoulementschutz des Art. 3 EMRK die Grundlage für den europäischen Flüchtlingsbegriff. Dieser hat unter der Bezeichnung «internationaler Schutz» Eingang in die Konstruktion des Gemeinsamen Europäischen Asylsystems (GEAS) gefunden, an dem die Schweiz über die Dublin-Assoziierungsabkommen (DAA) partiell teilnimmt. Der «internationale Schutz» setzt sich zusammen aus dem Flüchtlingsschutz der Flüchtlingskonvention und dem in Art. 15–19 der sog. Qualifikationsrichtlinie (QRL) niedergelegten «subsidiären Schutz». Voraussetzung für den subsidiären Schutz ist ein «ernsthafter Schaden», dessen Definition in Art. 15 QRL sich unmittelbar an Art. 3 EMRK anlehnt und zudem explizit Bürgerkriegsflüchtlinge umfasst. Dieser gegenüber der Flüchtlingskonvention erweiterte Schutzbegriff spielt bei der Anwendung der Dublin-Verordnung auch für die Schweiz eine wichtige Rolle.

4. Bundesverfassung

Die vielbeschworene *humanitäre Tradition* der Schweiz stellt sich im Flüchtlingsbereich bei genauerem Hinsehen zu einem grossen Teil als ein Mythos heraus, der historisch begründet ist. In der aktuellen Realität ist eher eine Zurückhaltung bei der Gewährung von Schutz und insbesondere beim Zugang zu Rechten zu erkennen. Dies spiegelt sich auch in rechtlichen Vorgaben. So ist etwa ein Recht auf Asyl in der Bundesverfassung nicht verbürgt. Diese enthält in Art. 25 Abs. 3 BV lediglich das Recht von Flüchtlingen, nicht in einen Staat ausgeschafft oder ausgeliefert zu werden, in dem ihnen Verfolgung droht. Damit setzt die Bundesverfassung sowohl den Flüchtlingsbegriff voraus als auch das wichtigste Recht von Flüchtlingen, nämlich das Refoulementverbot, direkt um. Viele weitere Bestimmungen der Bundesverfassung, wie namentlich die Grundrechte, sind auf Flüchtlinge anwendbar und schützen sie während der Verfahrensdauer und nach einer Asylentscheidung. Besonders relevant für den Asylbereich sind das Recht auf ein rechtsstaatliches Verfahren und auf gerichtlichen Rechtsschutz (Art. 29 und 29a BV), der Verhältnismässigkeitsgrundsatz (Art. 5 Abs. 2 und Art. 36 Abs. 3 BV) sowie der Schutz der Menschenwürde (Art. 7 BV) und das Recht auf Hilfe in Notlagen (Art. 12 BV). Daneben spielen der verfassungsrechtliche Grundsatz der Beachtung des Völkerrechts (siehe insb. Art. 5 Abs. 4 BV und Art. 190 BV) sowie die absolute Geltung des zwingenden Völkerrechts eine wichtige Rolle für das Flüchtlingsrecht. So sind Volksinitiativen bei Verstoss gegen zwingendes Völkerrecht für ungültig zu erklären (Art. 139 Abs. 3 BV), und das zwingende Völkerrecht darf auch durch Total- und Teilrevisionen nicht verletzt werden (Art. 193 Abs. 4 und Art. 194 Abs. 2 BV). Gestützt auf diese Gewährleistungen der Bundesverfassung ergibt sich für den innerstaatlichen Flüchtlingsschutz die Notwendigkeit, die völkerrechtlichen Grundlagen zu beachten, ein rechtsstaatliches Asylverfahren mit effektiver Rechtsschutzmöglichkeit durchzuführen und allen Personen des Asylbereichs ein menschenwürdiges Leben in der Schweiz zu ermöglichen, solange sie das Hoheitsgebiet nicht verlassen haben.

Nach Art. 121 Abs. 1 BV ist die *Gewährung von Asyl* Sache des Bundes. Nachdem dieser das Flüchtlingsrecht lange Zeit nur rudimentär im Rahmen des Bundesgesetzes über Aufenthalt und Niederlassung der Ausländer (ANAG) geregelt und den Kantonen etliche Kompetenzen überlassen hatte, zog er mit dem ersten Asylgesetz von 1979 das Asylwesen weitgehend an sich. Auf Grundlage des mehrfach revidierten geltenden Asylgesetzes von 1998 liegen heute alle wesentlichen Entscheidkompetenzen beim Bund. Die Kantone sind für den Vollzug der Konsequenzen der Entscheidungen des Bundes zuständig.

§ 13 Flüchtlingsbegriff

1. Einleitung

Art. 1 A Abs. 2 FK definiert als Flüchtling jede Person, die «aus der begründeten Furcht vor Verfolgung wegen ihrer Rasse, Religion, Nationalität, Zugehörigkeit zu einer bestimmten sozialen Gruppe oder wegen ihrer politischen Überzeugung sich ausserhalb des Landes befindet, dessen Staatsangehörigkeit sie besitzt, und den Schutz dieses Landes nicht in Anspruch nehmen kann oder wegen dieser Befürchtungen nicht in Anspruch nehmen will; oder die sich als staatenlose infolge solcher Ereignisse ausserhalb des Landes befindet, in welchem sie ihren gewöhnlichen Aufenthalt hatte, und nicht dorthin zurückkehren kann oder wegen der erwähnten Befürchtungen nicht dorthin zurückkehren will.» In dieser Definition sind die fünf Einschlussgründe der Flüchtlingskonvention enthalten. Daneben enthält Art. 1 FK noch Ausschluss- und Beendigungsgründe. Damit soll der Tatsache Rechnung getragen werden, dass Flüchtlingsschutz grundsätzlich nur Personen gewährt wird, die schutzwürdig sind, und nur so lange greift, als kein anderweitiger Schutz vorhanden ist. Der daraus resultierende *Flüchtlingsbegriff* ist ein unbestimmter Rechtsbegriff und unterliegt sowohl international als auch national einer gewissen Dynamik bei der Auslegung.

2. Konventionsflüchtlinge

a) Einschlussgründe

aa) Vorbemerkungen

Aus der Definition der Flüchtlingskonvention ergeben sich fünf Merkmale, die kumulativ vorliegen müssen, damit eine Person Flüchtling ist (sog. *Einschlussgründe*):

- Die Person muss sich ausserhalb des Landes, dessen Staatsangehörigkeit sie besitzt, aufhalten,

- eine begründete Furcht haben,
- verfolgt zu werden,
- wogegen kein staatlicher Schutz im Herkunftsland besteht,
- und die Gefahr, verfolgt zu werden, oder der fehlende staatliche Schutz müssen an einen Verfolgungsgrund anknüpfen.

Art. 3 AsylG übernimmt grundsätzlich diese *Flüchtlingsdefinition*. Trotz Unterschieden im Wortlaut handelt es sich im Wesentlichen um denselben Flüchtlingsbegriff. Art. 3 Abs. 2 Satz 2 AsylG stellt klar, dass die sog. frauenspezifischen Fluchtgründe zu beachten sind. Auf die landesrechtliche Flüchtlingsdefinition wird unter dem Titel der Asylvoraussetzungen zurückzukommen sein (s. § 14.1.a, S. 284).

Ob eine Person Flüchtling ist, muss aufgrund einer Prognoseentscheidung ermittelt werden, bei der zu fragen ist, welche Gefahren der Person bei einer angenommenen Rückkehr drohen würden.

bb) Verlassen des Herkunftslandes

Eine Person, die ihr Heimatland nicht verlassen hat, ist nicht Flüchtling. Sie muss sich also zwingend, gemessen an ihrer Staatsangehörigkeit oder, bei staatenlosen Personen, an ihrem gewöhnlichen Aufenthalt, *im Ausland aufhalten*.

cc) Verfolgungsgründe

Nicht jede Person, die gewaltsam vertrieben wurde oder vor Gewalt flieht, ist bereits Flüchtling. Charakteristisch für die Flüchtlingsdefinition ist vor allem, dass die Verfolgung an einen sog. Verfolgungsgrund anknüpfen muss. Auf der Grundlage der Kategorien der Verfolgung durch Nazideutschland haben die Vertragsstaaten *fünf Verfolgungsgründe* vereinbart, die unabänderliche oder unverzichtbare Persönlichkeitsmerkmale darstellen und daher besonderen Schutzes bedürfen. Diese Merkmale sind Rasse, Religion, Nationalität, Zugehörigkeit zu einer bestimmten sozialen Gruppe und politische Überzeugung. Nach einhelliger Meinung meinen Rasse und Nationalität in der heutigen Zeit vor allem ethnische Zugehörigkeit. Am wenigsten klar erscheint der Verfolgungsgrund der Zugehörigkeit zu einer bestimmten sozialen Gruppe. Unter diesem Merkmal ist beispielsweise die geschlechtsspezifische Verfolgung eingeordnet; darunter fallen neben Frauen, die aufgrund ihrer Geschlechtszugehörigkeit verfolgt werden, auch Homosexuelle und andere aufgrund ihrer sexuellen Orientierung oder geschlechtlichen Identität verfolgte Personen. Es sind aber auch verfolgte Kinder, Familien, die Reflexverfolgung ausgesetzt sind, oder weitere Gruppen wie Opfer von Menschenhandel oder Menschen mit Behinderungen diesem Verfolgungsgrund zuzuordnen.

Der Flüchtlingsbegriff ist *menschenrechtlich auszulegen*. Das bedeutet, dass die Kategorien von Personen, die menschenrechtlich, namentlich durch internationale Menschenrechtsverträge, über spezifischen Schutz oder über besonders geschützte Rechte verfügen, bei der Auslegung des Flüchtlingsbegriffs besonders in den Blick genommen werden müssen. Dies gilt insbesondere für die Frage, ob und ab welchem Schweregrad und mit welcher Wahrscheinlichkeit eine drohende Menschenrechtsverletzung als Gefahr, verfolgt zu werden, zu beurteilen ist.

dd)   Verfolgungsgefahr

Beim Kriterium der Verfolgungsgefahr hat es in den letzten Jahrzehnten erhebliche *Veränderungen der Auslegung* des Flüchtlingsbegriffs in der Schweiz gegeben. Mit dem Wechsel zur sog. «Schutztheorie» im Jahr 2006 und der damit verbundenen Anerkennung der nichtstaatlichen und geschlechtsspezifischen Verfolgung als flüchtlingsrelevant, hat die Schweiz das Erfordernis staatlich hervorgerufener Verfolgungsgefahr aufgegeben. Dies stellt eine zentrale Weiterentwicklung und Aktualisierung des Flüchtlingsbegriffs dar. Dadurch sind neben den «klassischen» politischen Dissidenten auch Frauen, denen gesellschaftlicher Ausschluss, Gewalt oder Beschneidung droht, oder Opfer von Clanverfolgung aufgrund ethnischer Zugehörigkeit als Flüchtlinge sichtbar geworden. Der Flüchtlingsbegriff der aktuellen Zeit ist sozusagen jünger und weiblicher geworden. Im Wesentlichen muss die Verfolgungsgefahr sich individuell auf eine Person auswirken und eine gewisse Intensität aufweisen. Umstritten ist, wieweit zusätzlich eine individuelle Zielgerichtetheit erforderlich ist, wenn die Person im Fall einer Rückkehr in einer durch die Verfolgungsgründe geschützten Eigenschaft individuell getroffen würde. Im Unterschied zur Rechtsprechung anderer Länder und zur Dogmatik der Schutztheorie, die auf die Wirkung der Massnahme abstellen, geht die Praxis in der Schweiz von der Notwendigkeit einer individuell zielgerichteten Verfolgung aus. Hinsichtlich der Intensität erreicht bspw. das Verbot für Frauen, Velo oder Auto zu fahren, für sich allein noch nicht den erforderlichen Schweregrad, kann aber kumulativ mit anderen Massnahmen in der Summe Verfolgung darstellen.

Nicht jeder intensive Eingriff stellt eine Verfolgungshandlung dar, Insbesondere gilt eine übliche Strafverfolgung wegen klassischer Kriminalität nicht als Verfolgung, wohl aber eine übertrieben harte, d.h. unmenschliche, Sanktionierung beispielsweise durch die Todesstrafe oder eine Strafverfolgung allein in Anknüpfung an einen der Verfolgungsgründe.

ee)   Fehlender staatlicher Schutz

Durch die Weiterentwicklung des Flüchtlingsbegriffs ist das Kriterium der *Verfügbarkeit staatlichen Schutzes* stärker in den Mittelpunkt gerückt, da bei nichtstaatlicher Verfolgung die Frage, ob der Herkunftsstaat gegen die drohende Menschenrechtsverletzung effektiv schützt, von zentraler Bedeutung ist. Besteht ein solcher Schutz, ist grundsätzlich kein Bedarf für internationalen Schutz gegeben und die Person kann auf den Schutz durch den Heimat- oder Herkunftsstaat verwiesen werden. Voraussetzung ist, dass der Staat grundsätzlich schutzfähig und -willig ist und im konkreten Einzelfall die Person auch Zugang zu diesem Schutz hätte. Die Prüfung besteht also aus generellen und individuellen Elementen. Der erforderliche Schutz ist dabei staatlicher Schutz und nur in aussergewöhnlichen Fällen können nichtstaatliche Akteure oder internationale Organisationen ebenfalls Schutz sicherstellen. Erforderlich ist, dass sie Hoheitsgewalt wie ein staatlicher Akteur dauerhaft ausüben und Sicherheit gewährleisten können.

Der internationale Flüchtlingsschutz soll generell nur dann den staatlichen Schutz ersetzen, wenn im Herkunftsstaat kein Schutz verfügbar ist. Daraus hat sich in der Rechtsprechung das Konzept des sog. *internen Schutzes* entwickelt, das früher auch als innerstaatliche Fluchtalternative bezeichnet wurde. Es besagt, dass Flüchtlingsschutz auch dann verweigert werden kann, wenn der Person in einem anderen Teil des Herkunftslandes keine Gefahr, verfolgt zu werden, droht und sie diesen Teil des Landes vom Aufnahmeland aus sicher und legal erreichen kann. Sie muss darüber hinaus die Möglichkeit haben, sich dort legal niederzulassen. Zudem muss sichergestellt sein, dass die Person an diesem Ort so in das gesellschaftliche Leben integriert ist, dass sie sich nicht aufgrund der Lebensbedingungen gezwungen sehen könnte, an den Ort der Verfolgungsgefahr zurückzukehren.

ff)   Verknüpfungserfordernis

Zwischen der Gefahr, verfolgt zu werden, oder der Abwesenheit des staatlichen Schutzes und den Verfolgungsgründen muss eine kausale Verbindung bestehen (sog. Nexus). Besteht eine solche Verknüpfung nicht, fehlt es an einer zentralen Voraussetzung für die Flüchtlingseigenschaft. Fehlt lediglich diese kausale Verbindung, ist die Person aber aufgrund anderer Schutzkonzepte schutzbedürftig, so kann sie sich auf die menschenrechtlichen Refoulementverbote berufen.

gg)   Rechtsfolgen

Wer die Flüchtlingseigenschaften erfüllt, untersteht der Flüchtlingskonvention und kann sich grundsätzlich, unter Vorbehalt von Ausschluss- und Beendigungsgründen, auf die darin gewährleisteten *Flüchtlingsrechte* berufen. Die Flüchtlingskonvention vermittelt einen rechtlichen *Minimalstandard*. Es steht den Signatarstaaten also grundsätzlich frei, grosszügiger zu sein. Einschränkungen sind demgegenüber nur im Rahmen der in der Flüchtlingskonvention selbst aufgeführten Gründe zulässig.

b) Ausschlussgründe

aa) Vorbemerkungen

Die *Ausschlussgründe der Flüchtlingskonvention* umfassen zwei Kategorien. Einerseits sollen Personen keinen Schutz durch den Aufenthaltsstaat erhalten müssen, wenn sie bereits in einem anderen Staat oder aufgrund besonderer völkerrechtlicher Bestimmungen Schutz erhalten haben (Art. 1 D, der aktuell ausschliesslich palästinensische Flüchtlinge betrifft [s. u. 3.a, S. 278], und E FK). Andererseits sollen Personen, die nicht schutzwürdig sind, keine Flüchtlinge sein und sich nicht auf die Rechte aus der Flüchtlingskonvention berufen können (Art. 1 F FK). Alle Ausschlussgründe beziehen sich auf Personen, die ansonsten die Voraussetzungen für die Flüchtlingseigenschaft erfüllen würden, bei denen also die Einschlussgründe vorliegen.

bb) Tatbestände

Im Hinblick auf den Ausschluss wegen Schutzunwürdigkeit stand für die Delegierten, welche die Flüchtlingskonvention verhandelt haben, die *Glaubwürdigkeit des Schutzsystems* im Vordergrund. Art. 1 F FK regelt, dass Personen, die Kriegsverbrechen, Verbrechen gegen die Menschlichkeit oder Verbrechen gegen den Frieden (heute: «Verbrechen der Aggression») nach dem Römer Status des Internationalen Strafgerichtshofs begangen haben, genauso wenig Flüchtlinge sind wie Personen, die schwere Verbrechen ausserhalb des Aufnahmelandes begangen haben oder die gegen die Ziele und Grundsätze der Vereinten Nationen verstossen. Letztgenannter Grund für einen Ausschluss wird in der Praxis in jüngster Zeit verstärkt dafür genutzt, Terrorverdächtige und Personen, die diese mutmasslich unterstützt haben, vom Flüchtlingsschutz auszuschliessen.

Im schweizerischen Recht erfolgt die Prüfung der völkerrechtlichen Ausschlussgründe direkt auf Grundlage der in der Flüchtlingskonvention enthaltenen Flüchtlingsdefinition. Das bedeutet, dass, wie völkerrechtlich vorgesehen, eine Person nicht Flüchtling ist, die einen der Ausschlussgründe erfüllt. Dazu ist es nicht notwendig, dass die Erfüllung eines der Tatbestände bewiesen ist. Es genügt nach dem Wortlaut von Art. 1 F FK, dass die zuständige Behörde «*ernsthafte Gründe* für den Verdacht», einer der Ausschlussgründe sei erfüllt, darlegen kann. Dieses Beweismass trägt dem Umstand Rechnung, dass die Ausschlussgründe in der Regel Sachverhalte umfassen, die nicht in der Schweiz verwirklicht wurden, so dass eine Beweisführung in einem strafrechtlichen Sinn erheblichen Schwierigkeiten begegnen würde. Daher ist ein formeller Beweis nicht gefordert. Werden die Ausschlussgründe nach der Anerkennung bekannt oder begeht eine Person Handlungen nach der Anerkennung, die den Ausschluss rechtfertigen, ist dies ein Grund für die Aberkennung der Flüchtlingseigenschaft.

cc)   Rechtsfolgen

Ist ein Flüchtlingsausschlussgrund erfüllt, entfällt die Flüchtlingseigenschaft und die betroffene Person kann sich nicht auf die Flüchtlingsrechte der Flüchtlingskonvention berufen. Angesichts des *Ausnahmecharakters* und der schwerwiegenden Folgen, die ein Ausschluss aus der Flüchtlingseigenschaft hat, sind die Ausschlussklauseln restriktiv auszulegen. Die Ausschlussgründe sind in der Flüchtlingskonvention abschliessend festgelegt; weitere Gründe, die den Ausschluss rechtfertigen, dürfen daher von den Vertragsstaaten nicht hinzugefügt werden. Verfolgte Personen, welche die Ausschlussgründe nicht erfüllen, aber beispielsweise einen Asylausschlussgrund setzen oder gegen die eine strafrechtliche Landesverweisung rechtskräftig geworden ist, bleiben daher Flüchtlinge im völkerrechtlichen Sinn und müssen Zugang zu bestimmten in der Flüchtlingskonvention vorgesehenen Rechten erhalten.

## c)	Beendigungsgründe

### aa)	Vorbemerkungen

Flüchtlingsschutz ist Schutz, der den nicht vorhandenen Schutz des Herkunftslandes ersetzt. Daher ist die Flüchtlingseigenschaft *auf den Zeitraum begrenzt,* in dem für die betroffene Person kein Schutz im Herkunftsland besteht. Hat die Person wieder Zugang zum Schutz des Herkunftslandes oder zum Schutz eines anderen Staates, endet die Flüchtlingseigenschaft.

### bb)	Tatbestände

Es sind zwei Konstellationen zu unterscheiden. Zum einen kann die Person selbst Handlungen vornehmen, welche die Flüchtlingseigenschaft beenden, und zum anderen können sich die Verhältnisse im Herkunftsland so ändern, dass der Schutz im Aufnahmestaat nicht mehr notwendig ist. Art. 1 C FK regelt diese Fallkonstellationen abschliessend. Wie bei den Ausschlussgründen sind die Vertragsstaaten der Flüchtlingskonvention also nicht befugt, neben den völkerrechtlichen Beendigungsgründen weitere Beendigungsgründe hinzuzufügen. Die Beendigungsgründe der Flüchtlingskonvention sind in Art. 63 Abs. 1 Bst. b AsylG als *Widerrufsgründe* im schweizerischen Recht umgesetzt.

Die Flüchtlingseigenschaft endet aufgrund der Handlungen einer Person, wenn diese sich dem *Schutz des Herkunftslandes* wieder unterstellt, insbesondere wenn sie dorthin zurückreist und sich dort niederlässt oder wenn sie sich vom Herkunftsstaat einen Pass ausstellen lässt. Flüchtlinge dürfen daher nicht dazu angehalten werden, sich mit den heimatlichen Behörden, namentlich zur Passbeschaffung, in Kontakt zu setzen, da dies den Verlust der Flüchtlingseigenschaft zur Folge hätte. Dem trägt die Flüchtlingskonvention auch insofern Rechnung, als sie in Art. 27 und 28 FK vorsieht, dass Flüchtlingen vom Aufnahmestaat ein Identitätsausweis und nach Anerkennung ein Reisedokument auszustellen ist.

Ebenfalls nicht mehr Flüchtlinge sind Personen, die eine verlorene Staatsangehörigkeit erneut oder eine *neue Staatsangehörigkeit* annehmen. Diesbezüglich regelt Art. 64 Abs. 3 AsylG für den Fall der Einbürgerung in der Schweiz, dass mit der Einbürgerung die Flüchtlingseigenschaft und das Asyl erlöschen.

cc)   Rückkehrmöglichkeit

Die Flüchtlingseigenschaft endet, wenn die Situation im Herkunftsland sich so verändert hat, dass die Person dorthin zurückkehren und sich legal wiederansiedeln kann. Dies ist der Fall, wenn sich die Verhältnisse dort dauerhaft so geändert haben, dass die begründete Furcht, verfolgt zu werden, weggefallen ist und die Strukturen im Herkunftsland Schutz und ein «normales» Leben wieder ermöglichen. Die *Veränderung der Umstände* muss erheblich und nicht nur vorübergehend sein. Der Prüfungsmassstab bezieht sich also nicht nur auf die Gefahrenprognose, sondern auch auf die Änderung der Umstände im Herkunftsstaat. Diese muss grundlegend oder tiefgreifend und nachhaltig sein. Es genügt also nicht, dass beispielsweise ein Konflikt beendet ist, sondern es müssen entsprechende Schutzstrukturen im Herkunftsland bestehen. Zu prüfen ist, ob die Person es nicht mehr ablehnen kann, den Schutz des Herkunftsstaates in Anspruch zu nehmen. Insoweit bildet «die Fähigkeit des Herkunftslands [...], Schutz vor Verfolgungshandlungen sicherzustellen, einen entscheidenden Gesichtspunkt für die Beurteilung», ob der Schutzstatus aus völkerrechtlicher Sicht erloschen ist und daher aberkannt werden kann.

Eine *Ausnahme* von der Anwendung der Beendigungsgründe aufgrund einer geänderten Situation besteht dann, wenn die betroffene Person besonders schwere Verfolgung erlitten hat. In diesen Fällen ist es ihr auch dann nicht zuzumuten, in das Herkunftsland zurückzukehren, wenn die Situation sich dauerhaft geändert hat (vgl. Art. 1 C 5 Satz 2 FK).

Eine *verfrühte Beendigung* birgt das Risiko, dass die Person bei einer Rückkehr erneut fliehen muss. Im weltweiten Fluchtkontext ist in den letzten Jahren insbesondere bei Rückkehrprogrammen nach Afghanistan festzustellen, dass zurückgekehrte Personen wieder fliehen müssen. Im Kontext der Schweiz hat im Jahr 2013 die zwangsweise Rückführung von zwei Tamilen nach Sri Lanka, die nach ihrer Ankunft umgehend verhaftet und mutmasslich misshandelt wurden, die Risiken einer verfrühten Annahme einer nicht mehr bestehenden Verfolgungsgefahr aufgezeigt und intensive Diskussionen sowie eine aufwändige Rückholaktion nach sich gezogen.

dd) Heimatreisen

Besonders umstritten ist im Kontext der Beendigung der Umgang mit *Heimatreisen* von Flüchtlingen. Nach Art. 1 C 4 FK ist für die Beendigung erforderlich, dass die Person freiwillig in das Herkunftsland «zurückgekehrt ist und sich dort niedergelassen hat». In völkerrechtlich kaum zu rechtfertigender Weise hat die Rechtsprechung für einen Widerruf wegen Beendigung teilweise sehr kurze Aufenthalte im Heimatland genügen lassen. Diese Praxis ist seit 1.6.2019 auch von Art. 63 Abs. 1bis AsylG für den Fall einer Heimatreise unabhängig von ihrer Dauer in das Asylgesetz übernommen und festgeschrieben worden. Die Folge des Verlusts der Flüchtlingseigenschaft kann die Person nur abwenden, wenn sie «glaubhaft macht, dass die Reise in den Heimat- oder Herkunftsstaat aufgrund eines Zwangs erfolgte». Damit enthält das schweizerische Recht praktisch einen in der Flüchtlingskonvention *nicht vorgesehenen Beendigungsgrund,* soweit bei Heimatreisen auf das Erfordernis des Niederlassens gemäss Art. 1 C 4 FK ganz verzichtet wird.

ee) Rechtsfolgen

Die Beendigung bewirkt, dass sich die Person *nicht mehr auf die Flüchtlingsrechte aus der Flüchtlingskonvention berufen kann.* Wegen dieser Wirkung sowie der mit der Anwendung der Beendigungsklauseln verbundenen Unsicherheit und potenziellen negativen

Rückwirkung auf den Integrationsprozess sind diese restriktiv auszulegen. Eine dauernde Überprüfung des Schutzbedarfs und des damit verbundenen Status sollte daher ebenfalls unterbleiben.

3.   Weitere Flüchtlingskategorien

a)   Palästinensische Flüchtlinge

Eine Kategorie von Flüchtlingen, die im Völkerrecht einen besonderen Status hat, sind *palästinensische Flüchtlinge,* für die die *UNRWA (United Nations Relief and Works Agency for Palestine Refugees in the Near East),* eine speziell zu ihrem Schutz und ihrer Unterstützung im Nahen Osten geschaffene UN-Organisation, zuständig ist. Die UNRWA wurde nach dem israelisch-arabischen Konflikt von 1948 im Dezember 1949 gegründet und nahm am 1.5.1950 die Arbeit auf. Sie hat die Aufgabe, in ihrem Einsatzgebiet alle durch den Konflikt betroffenen palästinensischen Flüchtlinge und deren Nachkommen zu schützen. Palästinensische Flüchtlinge, die sich nicht im Nahen Osten aufhalten, sind ipso facto ohne weitere Prüfung als Flüchtlinge zu schützen, es sei denn, sie könnten in den Schutzbereich der UNRWA zurückkehren (Art. 1 D FK). Aktuell ist die UNRWA für knapp 6 Millionen Personen zuständig. Nach dem Angriff der Hamas vom 7.10.2023 gerieten Mitarbeitende der UNRWA in Verdacht, die Hamas unterstützt zu haben, was einen massiven Vertrauensverlust für die Organisation nach sich zog und zu einer starken Reduktion der zur Verfügung stehenden Finanzmittel geführt hat. UNRWA ist aktuell nicht in der Lage, Flüchtlinge unter dem Mandat der Organisation zu schützen. Somit sind palästinensische Flüchtlinge im Fall einer Asylantragstellung als Flüchtlinge anzuerkennen, es sei denn, die antragstellende Person wäre wegen der Verwirklichung von Ausschlussgründen nach Art. 1 F FK von der Flüchtlingseigenschaft ausgeschlossen. Dies gilt, bis feststeht, dass die UNRWA in der Lage ist, die beschriebenen Aufgaben wieder wahrzunehmen.

b)   Gewaltvertriebene

Ein besonderer Status kann sodann *Kriegs- und Bürgerkriegsvertriebenen* zukommen. Diese sind zwar von der Flüchtlingsdefinition der Flüchtlingskonvention nicht ausdrücklich erfasst; sie können aber unter individuellen Gesichtspunkten Flüchtlinge sein und sind völkerrechtlich dadurch besonders geschützt, dass sie genauso wie Personen, die vor genereller Gewalt fliehen, unter das Mandat des UNHCR fallen. Opfer generalisierter Gewalt inklusive Kriegs- und Bürgerkriegsvertriebene, Opfer massiver Menschenrechtsverletzungen und anderer Ereignisse, welche die öffentliche Ordnung erheblich stören, sind insbesondere in der afrikanischen Flüchtlingskonvention der OAU von 1968 und in der Erklärung von Cartagena von 1984, welche die regionale Grundlage für den Flüchtlingsschutz in Lateinamerika bildet, ausdrücklich als Flüchtlinge anerkannt und haben somit dieselben Rechte. Im Kontext der EU sind diese Personen als solche anerkannt, denen internationaler Schutz gewährt wird und deren Status damit weitgehend demjenigen von Flüchtlingen angeglichen ist. In der Schweiz ist eine Schutzgewährung für Gewaltvertriebene, die nicht (zusätzlich) individuell verfolgt werden, bisher lediglich über den vorübergehenden Schutz (Ausweis S) oder eine vorläufige Aufnahme (Ausweis F) möglich. Beide Schutzformen vermitteln für mindestens fünf Jahre eine erheblich schlechtere Rechtsstellung als diejenige, die bei anerkannten Flüchtlingen mit Asyl gegeben ist; insbesondere erhalten diese Personen keine Aufenthaltsbewilligung.

4.   Binnenvertriebene

Nicht unter den Flüchtlingsbegriff fallen sog. *Binnenvertriebene,* also Personen, die gewaltsam innerhalb ihres Landes vertrieben werden. Sie fliehen zwar in der Regel ebenfalls vor verfolgungsrelevanten Handlungen, verlassen aber ihren Herkunfts- bzw. Heimatstaat nicht und erfüllen somit die erste Voraussetzung für die Flüchtlingseigenschaft nicht. Binnenvertriebene machen den grössten Teil aller Gewaltvertriebenen aus; im Jahr 2023 waren etwa 60 % aller Personen unter dem Mandat des UNHCR Personen, die innerhalb ihres Herkunftslandes vertrieben wurden. Zum Schutz von Binnenvertriebenen gibt es keine international verbindliche Vereinbarung. Grundprinzipien des Schutzes von Binnenvertriebenen sind aber in den 1998 von der Menschenrechtskommission der Vereinten Nationen angenommenen «*Guiding principles on internal displacement*» zusammengefasst und festgehalten (UN-Dok. E/CN.4/1998/53/Add.2, 11.2.1998). Diese Prinzipien definieren auch Personen als Binnenvertriebene, die aufgrund natur- oder menschengemachter Katastrophen fliehen.

Die Guiding Principles orientieren sich an den *verschiedenen Phasen der Vertreibung* und sind vier Grundprinzipien verpflichtet. Namentlich sind dies das Recht auf gleichen Zugang zu Rechten, das Prinzip der Nicht-Diskriminierung, das Recht, nicht an Leib und Leben geschädigt zu werden, und die grundsätzliche Verantwortung des Herkunftsstaates für die vertriebenen Personen. Nähere Hinweise für die Anwendung gibt das Amt der Vereinten Nationen für die Koordinierung humanitärer Angelegenheiten (OCHA) in einem Handbuch.

5. Klima- und Katastrophenvertriebene

a) Sachverhalte

Eine Kategorie von Personen, die in den letzten Jahren einige Aufmerksamkeit in der Diskussion über Vertreibung gefunden hat, sind *Klima- und Katastrophenvertriebene.* Durch die Zunahme und bessere Sichtbarkeit von Katastrophen aufgrund der sich erweiternden Globalisierung des Zugangs zu Informationen ist das Bewusstsein für die Bedürfnisse von Personen gestiegen, die ihren gewöhnlichen Aufenthaltsort beispielsweise wegen Überflutungen, Stürmen, Dürre, Gletscherschmelzen und Erdbeben verlassen müssen. Meist bleiben diese Personen innerhalb der Grenzen ihres Heimat- oder Herkunftsstaates; manche fliehen aber auch über die Grenzen dieses Staates hinaus. Es besteht wissenschaftlich weitgehende Einigkeit, dass diese Phänomene zunehmen werden. Sie sind dann von internationaler Relevanz, wenn sie von einer Schwere sind, welche die Möglichkeiten der betroffenen Gemeinschaft oder Gesellschaft übersteigt. Ob diese Phänomene durch den menschengemachten Klimawandel mit verursacht sind, spielt für den notwendigen Schutz keine massgebliche Rolle. Für den Schutzbedarf ist vielmehr insbesondere entscheidend, ob es sich um unmittelbar auftretende Katastrophen handelt oder um langsamer entstehende, aber regelmässig längerfristig wirkende Katastrophen. Zur ersten Kategorie gehören beispielsweise Überflutungen, Stürme, Erdrutsche, Erdbeben, Tsunamis oder Vulkanausbrüche. Die zweite Kategorie umfasst hingegen Phänomene wie Dürre, zunehmende Verwüstungen, steigende Meeresspiegel und abschmelzende Dauerfrostböden.

b)   Schutzkonzept

Die Vertreibung und der daraus resultierende Schutzbedarf hängen in solchen Fällen damit zusammen, dass die Personen mit einer Naturkatastrophensituation konfrontiert und aus persönlichen Gründen, die auch auf generellen Faktoren beruhen können, nicht in der Lage sind, mit den Folgen der Katastrophe ohne Hilfe umzugehen. Sie haben in der Regel keinen mit Flüchtlingen oder anderen Gewaltvertriebenen vergleichbaren Schutzbedarf, es sei denn, das Gebiet, aus dem sie wegen der Katastrophe fliehen mussten, ist dauerhaft oder längerfristig unbewohnbar geworden, wie beispielsweise 1986 nach der Kernschmelze in Tschernobyl oder 2011 nach der Katastrophe im Reaktor in Fukushima als Folge des damaligen Tsunami. Oft ist in solchen Fällen kein international koordinierter Schutzmechanismus erforderlich, sondern lediglich die unmittelbare Unterstützung des nationalen Katastrophenschutzes. In anderen Situationen, insbesondere bei Erdbeben oder Flutkatastrophen in Ländern mit schwacher Infrastruktur, ist hingegen *international koordinierte Hilfe* notwendig, um die Strukturen wiederaufzubauen und die Rückkehr an die kurzfristig unbewohnbaren Orte zu ermöglichen. In bestimmten von Katastrophen betroffenen Gebieten, wie bei sich wiederholenden Überschwemmungen, kann auch eine dauerhafte Umsiedlung notwendig sein. Die Lösung ist jeweils in enger Abstimmung mit den Regierungen sowie nationalen und lokalen Behörden unter Einbezug der lokalen Bevölkerung und Wirtschaft zu planen und umzusetzen, um einen nachhaltigen Wiederaufbau zu ermöglichen und dauerhafte Hilfsabhängigkeit zu vermeiden. In diesen Fällen ist insbesondere eine gut abgestimmte Koordination notwendig, welche die Verteilung zentral organisiert und dadurch die Effizienz der bereitgestellten Hilfe erheblich steigern kann.

Dafür wurden auf der Ebene der Vereinten Nationen mit der Res. 46/182 im Dezember 1991 die Grundlagen geschaffen. In der Folge erfuhren diese mit der *Humanitarian Reform Agenda 2005* eine wesentliche Anpassung. Ziel der Reform-Agenda ist es, die Voraussehbarkeit, die Verantwortung und die Zusammenarbeit bei der Katastrophenhilfe zu erhöhen. Ein für die Hilfe für Katastrophenvertriebene zentrales Element ist der sog. *Cluster Approach,* mit dem die verfügbare Hilfe in den zentralen Sektoren der humanitären Hilfe, insbesondere beim Zugang zu Nahrung und Wasser, bei der Gesundheitsversorgung und bei der Logistik, zwischen den beteiligten humanitären Hilfsorganisationen in Verantwortlichkeitsbereiche aufgeteilt und abgestimmt wird.

Seit Oktober 2015 liegen für den Schutz vor und die Hilfe im Fall von «Disaster Displacement» die von 109 Staatendelegationen gebilligten Empfehlungen der von der Schweiz mitinitiierten sog. «Nansen Initiative» vor. Die anlässlich der globalen Konsultationen gegründete «*Platform on Disaster Displacement*» soll diese Empfehlungen umsetzen, die sich konkret auf die Situation von Personen beziehen, die ihren gewöhnlichen Aufenthaltsort aufgrund einer Katastrophe oder eines unmittelbaren oder vorhersehbaren Naturereignisses verlassen müssen. Sowohl die Plattform als auch viele anderen Organisationen inklusive UNHCR verwenden für diese Form der Vertreibung aufgrund von Naturereignissen bewusst nicht den

Begriff «Klimaflüchtlinge», da dieser den Phänomenen und dem Schutzbedarf der Personen in der Regel nicht gerecht wird und im Völkerrecht nicht existiert. Benutzt wird daher die Umschreibung «Disaster and climate-related displacement». Die Plattform setzt sich daher für situationsangepasste Lösungen ein, die abhängig vom lokalen Kontext sind, aber unabhängig von der Frage bleiben, ob die vertriebenen Personen über internationale Grenzen geflohen sind.

Der sich daraus ergebende Schutzbegriff ist ein anderer als bei Gewaltvertriebenen. Schutz bezieht sich in diesen Fällen auf jegliche staatliche Aktion, die das Ziel hat, Katastrophenvertriebene in der konkreten Situation oder im Vorfeld zu schützen. Dabei kommt es nicht auf die Frage der rechtlichen Verpflichtung an, sondern auf die Ausrichtung der Massnahme auf den umfassenden Schutz von Personen, die von der Vertreibung betroffen sind. Je nach individueller Rechtsstellung sind insbesondere die menschenrechtlichen Verträge, das humanitäre Völkerrecht oder das Flüchtlingsrecht heranzuziehen. Zwar kann das Flüchtlingsrecht gerade aufgrund der prekären Situation von Flüchtlingslagern, die sich in vielen Ländern in von Dürre oder Überschwemmungen betroffenen Gebieten befinden, eine wichtige Rolle für den Zugang zu und für den Inhalt des Schutzes spielen. Es ist aber nicht unmittelbar anwendbar, sondern bietet lediglich analoge Lösungsansätze an. Allerdings können klimabedingte Gefahren einer Wegweisung entgegenstehen, wenn bei einer allfälligen Rückkehr das Recht auf Leben dadurch gefährdet wäre, dass der Herkunftsstaat unbewohnbar ist oder in absehbarer Zukunft wird.

Leitentscheide: EGMR 14038/88 Soering c. Vereinigtes Königreich (Art. 3 EMRK als Ausschaffungsverbot); 37201/06 Saadi c. Italien (absolute Wirkung von Art. 3 EMRK); 8319/07 und 11449/07 Sufi und Elmi c. Vereinigtes Königreich (nichtstaatliche Verfolgungsakteure und interner Schutz); 27765/09 Hirsi Jamaa u.a. c. Italien (Informationspflichten, Verbot der Massenausweisung); 41738/10 Paposhvili c. Belgien (Krankheit als Ausschaffungshinder-

nis); 29836/20 M.A.M. c. Schweiz (religiöse Konversion als Aus-
schaffungshindernis); 47287/15 Ilias und Ahmed c. Ungarn (Dritt-
staatenverfahren); 8675/15 und 8697/15 N.D. und N.T. c. Spanien
(Verbot der Kollektivausweisung); 59793/17 M.A. u.a. c. Litauen
und 40503/17 u.a.; M.K. u.a. c. Polen (flüchtlingsrechtliches Refoulementverbot); 56390/21 M.I. c. Schweiz (Verfolgung wegen
Homosexualität); EuGH C-71/11 und C-99/11 Y und Z (religiöse Verfolgung); C-199/12–C-201/12 X, Y und Z (Verfolgung wegen Homosexualität); C-621/21 WS, C-646/21 K und L, C-608/22 und 609/22
AH und FN (alle zu geschlechtsspezifischer Verfolgung); C-151/22
SA (politische Überzeugung); C-285/12 Diakité; C-125/22 X und Y
(subsidiärer Schutz); C-181/16 Gnandi (umfassender Rechtsschutz);
C-585/16 Alheto, C-349/20 NB und AB sowie C-294/22 SW (palästinensische Flüchtlinge); C-391/16, C-77/17 und C-78/17 M (Ausschlussgründe); C-8/22 «XXX» (Aberkennung der Flüchtlingseigenschaft); C-556/17 Torubarov (Recht auf Flüchtlingsstatus);
C-72/22 PPU «M.A.» (Zugang zum Asylverfahren); UNMRA, Tei-
tiota c. New Zealand, UN Doc. CCPR/C/127/D/2728/2016 (Rückschiebungsverbote bei Klimavertreibung).

§ 14 Schutzkonzepte

1. Asyl

a) Asylvoraussetzungen

aa) Gesetzliche Regelung

Die Schweiz gewährt Personen auf Gesuch hin Asyl, welche die
Flüchtlingseigenschaft nach der Flüchtlingskonvention erfüllen,
wenn keine Asylausschlussgründe vorliegen (Art. 2 und 49 AsylG).
Die *Asylgewährung* überführt den völkerrechtlichen Flüchtlingsbegriff in das Schweizer Recht. Die *Definition* ist angelehnt an Art. 1
A Abs. 2 FK und soll nach der Rechtsprechung so interpretiert
werden, *wie der Flüchtlingsbegriff der Flüchtlingskonvention*. Dem-

gemäss definiert Art. 3 Abs. 1 AsylG Flüchtlinge als «Personen, die in ihrem Heimatstaat oder im Land, in dem sie zuletzt wohnten, wegen ihrer Rasse, Religion, Nationalität, Zugehörigkeit zu einer bestimmten sozialen Gruppe oder wegen ihrer politischen Anschauungen ernsthaften Nachteilen ausgesetzt sind oder begründete Furcht haben, solchen Nachteilen ausgesetzt zu werden».

Art. 3 Abs. 2 AsylG stellt klar, dass neben Massnahmen, die in Leib, Leben oder Freiheit eingreifen, auch solche, die einen unerträglichen psychischen Druck bewirken, als ernsthafte Nachteile anzusehen sind und dass frauenspezifischen Fluchtgründen Rechnung zu tragen ist.

bb)   Frauenspezifische Fluchtgründe

Die Betonung der frauenspezifischen Fluchtgründe stellt keine Erweiterung des Flüchtlingsbegriffs dar. Vielmehr verdeutlicht die ausdrückliche Aufnahme in das Asylgesetz, dass die *Verfolgung von Frauen* in vielen Fällen anderer Art ist als die Verfolgung von Männern. Der Flüchtlingsbegriff wird dadurch konkretisiert und Art. 3 Abs. 2 AsylG enthält den Auftrag an das SEM und das Bundesverwaltungsgericht, die Elemente der Flüchtlingsdefinition mit besonderer Rücksicht auf alle spezifischen Gesichtspunkte auszulegen, die sich aus einer Geschlechterperspektive ergeben.

cc)   Gesetzlicher Flüchtlingsausschluss

Etwas seltsam muten die in Art. 3 Abs. 3 und 4 AsylG enthaltenen nationalen Flüchtlingsausschliessungsgründe der Wehrdienstverweigerung und Desertion bzw. des Verhaltens nach Ausreise aus dem Heimat- oder Herkunftsstaat (sog. subjektiver Nachfluchtgrund) an. Da diese Tatbestände nach der Flüchtlingskonvention keinen Ausschlussgrund setzen und die Konvention ausdrücklich vorbehalten wird, kommt ihnen grundsätzlich *keine eigene rechtliche Tragweite* zu. Sie vermögen die Flüchtlingseigenschaft mithin nicht zu beseitigen. Die beiden Bestimmungen stehen überdies in einem gewissen Widerspruch zu den nachfolgend beschriebenen

Asylausschlussgründen und wurden auch schon als «symbolische Gesetzgebung» bezeichnet, mit denen der Gesetzgeber weitgehend wirkungslos seinen Unmut über gewisse Sachverhalte ausdrücken wollte.

b) Asylausschluss

aa) Vorbemerkungen

Die Asylausschlussgründe finden sich in Art. 53–55 AsylG und umfassen die *Asylunwürdigkeit* (Art. 53 AsylG), den Ausschluss von der Asylgewährung, wenn die Person erst durch ihre Ausreise aus dem Heimat- oder Herkunftsstaat oder wegen ihres Verhaltens nach der Ausreise Flüchtling im Sinne von Artikel 3 AsylG wurde (*subjektive Nachfluchtgründe;* Art. 54 AsylG) und mögliche Notstandssituationen aufgrund eines internationalen Konflikts, an dem die Schweiz nicht beteiligt ist, oder wegen eines ausserordentlich grossen Zustroms von Asylsuchenden (Art. 55 AsylG).

bb) Asylunwürdigkeit

Asylunwürdig gemäss Art. 53 AsylG sind schutzsuchende Personen, die *verwerfliche Handlungen* begangen haben, wozu nach der Rechtsprechung *Verbrechen* gemäss Art. 10 Abs. 2 StGB zählen, also Straftaten, die mit einer Freiheitsstrafe von mehr als drei Jahren bedroht sind. Asylunwürdigkeit liegt weiter vor, wenn die Asylsuchenden *die innere oder äussere Sicherheit der Schweiz verletzt oder gefährdet* haben, was allerdings in der Regel bereits zum Ausschluss der Flüchtlingseigenschaft führt, oder wenn gegen sie eine obligatorische oder fakultative *Landesverweisung* ausgesprochen wurde.

cc) Subjektive Nachfluchtgründe

Bei Nachfluchtgründen tritt die Verfolgungssituation bei einem Aufenthalt der Asylsuchenden in einem anderen Land als dem potenziellen Verfolgerstaat ein. *Objektive Nachfluchtgründe* entziehen sich dem Einfluss der Asylsuchenden; typisches Beispiel ist der Regimewechsel, der dazu führt, dass eine Verfolgungssituation entsteht, die neu eine Rückkehr in den Heimat- oder Herkunftsstaat verunmöglicht. Objektive Nachfluchtgründe schliessen die Asylerteilung nicht aus. *Subjektive Nachfluchtgründe* werden hingegen dem *Verhalten der Asylsuchenden* zugeschrieben. Beispiele sind die religiöse Konversion oder die Aufnahme oppositionspolitischer Tätigkeiten im Ausland, die eine massgebliche Verfolgungslage erst schaffen. Mit dem Asylausschlussgrund von Art. 54 AsylG will der schweizerische Gesetzgeber verhindern, dass durch solche Verhaltensweisen eine Pflicht zur Asylgewährung entsteht.

dd)   Rechtsfolgen

Liegt einer der Ausschlussgründe vor, wird der Person auch dann kein Asyl gewährt, wenn sie die Flüchtlingseigenschaft erfüllt. Vielmehr ist eine *Wegweisungsverfügung* zu erlassen, die sich gemäss Art. 44 AsylG nach den Vorschriften des Ausländer- und Integrationsgesetzes richtet (vgl. Art. 83 ff. AIG). In der Praxis sind der Ausschluss infolge Asylunwürdigkeit wegen Begehung einer Straftat und insbesondere die subjektiven Nachfluchtgründe von besonderer Bedeutung. Beide Normen können dazu führen, dass Personen, die Flüchtlinge im völkerrechtlichen Sinn sind, in der Schweiz kein Asyl erhalten, sondern lediglich als Flüchtlinge vorläufig aufgenommen werden. Das bedeutet, dass diese Personen nach dem Asylverfahren keine Aufenthaltsbewilligung (Ausweis B) erhalten, sondern lediglich die Anwesenheit gemäss Art. 83 Abs. 8 AIG über eine vorläufige Aufnahme (Ausweis F) geregelt wird.

Damit nimmt das Asylgesetz eine *Differenzierung zwischen verschiedenen Kategorien von Flüchtlingen* aufgrund von Gründen vor, die in der Flüchtlingskonvention nicht vorgesehen sind. Die Rechtsprechung sieht diese unterschiedliche Behandlung nicht als problematisch an, da die Flüchtlingskonvention nicht vorschreibt, dass Flüchtlingen ein legaler Aufenthalt gewährt werden muss. Diese Auffassung übersieht die fehlende Rechtfertigung für die unterschiedliche Behandlung und die mit der Verweigerung der

Bewilligung verbundenen Nachteile beim Zugang zu den Flüchtlingsrechten in der Praxis. Die Ausgestaltung des Rechtsrahmens und die Differenzierung zwischen verschiedenen Kategorien von Flüchtlingen ist im Völkerrecht gerade nicht vorgesehen. Wenn die Person die Flüchtlingseigenschaft erfüllt und nicht unter die Ausnahmen vom Refoulementverbot fällt (vgl. § 10.2.a, S. 200), muss sie aus völkerrechtlicher Sicht genauso behandelt werden wie andere Flüchtlinge auch. Da in modernen westlichen Gesellschaften die Aufenthaltsbewilligung der wichtigste Schlüssel zum Zugang zu Rechten ist, müsste aus Sicht des Flüchtlingsrechts eine solche gewährt werden. Hinzu kommt, dass die Betroffenen beim subjektiven Nachfluchtgrund häufig gerade auch in der Schweiz anerkannte Grundrechte wie die Religions- oder die Meinungsfreiheit (Art. 15 und 16 BV) wahrnehmen. Art. 54 AsylG bedeutet diesfalls einen Grundrechtseingriff, dessen Verhältnismässigkeit und damit Vereinbarkeit mit Art. 36 BV kaum erkennbar erscheint.

2. Subsidiärer Schutz

a) Vorbemerkungen

Nicht nur Flüchtlinge haben Anrecht auf völkerrechtlichen Schutz. Vielmehr gibt es weitere Normen des Völkerrechts und der Bundesverfassung, die den Wegweisungsvollzug verbieten, namentlich Art. 3 und 8 EMRK sowie Art. 25 BV. Damit sind *familiäre oder humanitäre Gründe* angesprochen, die gegen den Wegweisungsvollzug sprechen. Solche Gründe für den Schutz sind weltweit anerkannt und das in solchen Fällen in der Regel bestehende Rückschiebungsverbot zieht die Notwendigkeit nach sich, die Anwesenheit dieser Personen zu regeln. Zudem kann es *praktische Gründe* geben, aus denen die Wegweisung nicht vollzogen werden kann.

Solche Schutzkonzepte werden generell als *komplementäre* oder *subsidiäre* oder mitunter auch als *temporäre Schutzformen* bezeichnet. Sie kommen nur zur Anwendung, wenn der Person kein Flüchtlingsschutz zu gewähren ist. Die Schweiz hat einen solchen Schutzbedarf schon früh anerkannt und dafür zwei Instrumente geschaffen, erstens die Gewährung vorübergehenden Schutzes (*Schutzstatus S* gemäss Art. 4 und 66 ff. AsylG, Näheres dazu in § 15.2., S. 295) und zweitens die Möglichkeit, den Vollzug der Wegweisung zugunsten einer *vorläufigen Aufnahme* auszusetzen (Näheres dazu auch in § 10.9.b., S. 245).

b) Vorläufige Aufnahme

aa) Gesetzliche Regelung

Die vorläufige Aufnahme als *Ersatzmassnahme zum Wegweisungsvollzug* kommt im Asylbereich zur Anwendung, wenn dieser unmöglich, unzulässig oder unzumutbar ist (Art. 44 AsylG i.V.m. Art. 83 Abs. 1 AIG). Sie setzt also eine Wegweisungsverfügung voraus und ist im Ausländer- und Integrationsgesetz geregelt. Nicht nur Asylsuchende, sondern auch Personen, die kein Asylgesuch gestellt haben, können eine vorläufige Aufnahme erhalten. In Asylverfahren wirkt die vorläufige Aufnahme als subsidiäre Schutzform bei Bedrohungssituationen, in denen kein Asyl gewährt wird. Die verschiedenen Varianten der vorläufigen Aufnahme sind an bestimmten praktischen Kategorien ausgerichtet. Einerseits sollen Personen eine vorläufige Aufnahme erhalten, deren Wegweisung unzulässig ist (Art. 83 Abs. 3 AIG). Dieser Absatz nimmt den insbesondere völkerrechtlichen Schutzbedarf in den Blick und regelt diesen im Einklang mit den Rückschiebungsverboten. Daneben sollen Personen eine vorläufige Aufnahme erhalten, deren Wegweisung unzumutbar ist (Art. 83 Abs. 4 AIG). Dies ist insbesondere der Fall, wenn die betroffenen Personen «in Situationen wie Krieg, Bürgerkrieg, allgemeiner Gewalt und medizinischer Notlage im Heimat- oder Herkunftsstaat konkret gefährdet sind». Die meisten der genannten Situationen sind nach der Rechtsprechung des EGMR inzwischen auch vom Rückschiebungsverbot von Art. 3 EMRK erfasst. Zudem regelt Art. 83 Abs. 2 AIG die Unmöglichkeit des Wegweisungsvollzugs. Dessen Voraussetzungen liegen aber selten vor, da nicht nur der Vollzug der Wegweisung, sondern auch

die selbstorganisierte Ausreise unmöglich sein muss und die Unmöglichkeit nicht durch das Verhalten der Person verursacht worden sein darf (Art. 83 Abs. 7 Bst. c AIG). Es sind daher nur wenige
Konstellationen denkbar, in denen die Unmöglichkeit des Wegweisungsvollzugs zu einer vorläufigen Aufnahme führt. Liegen die
Voraussetzungen für eine vorläufige Aufnahme vor, steht die Verfügung der vorläufigen Aufnahme nicht im Ermessen des SEM,
sondern diese ist anzuordnen.

bb)   Ausschlusstatbestände

Die Anordnung der vorläufigen Aufnahme erfolgt nicht, wenn einer
der *Ausschlussgründe des Art. 83 Abs. 7 AIG* vorliegt. Diese umfassen, neben der soeben angesprochenen Verursachung der Unmöglichkeit, die Verurteilung zu einer längerfristigen Freiheitsstrafe im
In- oder Ausland, die Anordnung einer strafrechtlichen Massnahme
gemäss Art. 59–61 oder 64 StGB sowie erhebliche Verstösse gegen
die öffentliche Sicherheit oder Ordnung und die Gefährdung der
inneren oder äusseren Sicherheit der Schweiz. Werden diese Tatbestände nach einer vorläufigen Aufnahme erfüllt, kann dies zu
deren Aufhebung führen.

Ist gegen eine Person eine strafrechtliche *Landesverweisung* rechtskräftig ausgesprochen worden, darf gemäss Art. 83 Abs. 9 AIG weder Asyl gewährt noch die vorläufige Aufnahme verfügt werden.

cc)   Beendigung

Liegen die Voraussetzungen für die vorläufige Aufnahme nicht
mehr vor, ist diese aufzuheben (Art. 84 Abs. 2 AIG). Die *Aufhebung*
muss allerdings die rechtsstaatlichen Grundsätze beachten und dabei insbesondere verhältnismässig sein.

Eine bestehende vorläufige Aufnahme *erlischt,* wenn eine Landesverweisung rechtskräftig geworden ist, wenn die Person definitiv
ausreist oder wenn sie sich mehr als zwei Monate unbewilligt im
Ausland aufhält.

Zudem erlischt die vorläufige Aufnahme, wenn die Person eine *Aufenthaltsbewilligung* erhält. Dies kann insbesondere der Fall sein, wenn die Person eine sog. *Härtefallbewilligung* nach Art. 84a AIG erhält. Gesuche um eine solche Bewilligung von Personen, «die sich seit mehr als fünf Jahren in der Schweiz aufhalten, werden unter Berücksichtigung der Integration, der familiären Verhältnisse und der Zumutbarkeit einer Rückkehr in den Herkunftsstaat vertieft geprüft». Das Gesuch ist als Härtefallgesuch generell nach den in Art. 30 AIG und Art. 31 VZAE niedergelegten Kriterien zu prüfen (vgl. S. 106), wobei die besondere Rechtsstellung vorläufig aufgenommener Personen angemessen berücksichtigt werden muss. Eine Regularisierung durch Erteilung einer Bewilligung kann auch aufgrund von *Heirat* erfolgen (insb. gemäss Art. 42–44 AIG, Art. 13 BV und Art. 8 EMRK).

c)   Vergleich mit EU-Recht

Für die in Art. 83 Abs. 3 und 4 AIG erfassten Situationen hat die EU im Jahr 2004 den sog. europarechtlichen *subsidiären Schutz* geschaffen, um dem langfristigen Schutzbedarf der davon betroffenen Personen Rechnung zu tragen. Bestehen dessen Voraussetzungen, erhalten die Personen, wenn keine Ausschlussgründe vorliegen, unter anderem eine Aufenthaltsbewilligung und Zugang zu einem rechtmässigen Aufenthalt gemäss Art. 24 QRL. Verschiedene Reformvorschläge, die zum Ziel hatten, den Schutzbedarf bei der vorläufigen Aufnahme stärker in den Vordergrund zu stellen, konnten sich bisher nicht durchsetzen.

3.   Schutzentscheid

a)   Vorbemerkung

Die Prüfung eines Asylgesuchs in der Schweiz ist im *Asylgesetz* geregelt, während Fragen des Wegweisungsvollzugs zu denen auch die vorläufige Aufnahme gehört, im *Ausländer- und Integrationsgesetz* verortet sind.

b)   Prüfprogramm

In einem ersten Schritt wird das Eintreten auf das Gesuch geprüft. Liegt als Grund für ein *Nichteintreten* insbesondere die Zuständigkeit eines anderen Staates vor, tritt das SEM auf das Gesuch nicht ein und erlässt einen entsprechenden Entscheid. Es verfügt die Wegweisung und prüft im Anschluss das Bestehen von Wegweisungsvollzugshindernissen.

Andernfalls prüft das SEM, ob Asylgründe vorliegen (sog. materielle Prüfung). Mit der *materiellen Prüfung* soll die Frage beantwortet werden, ob die Person die Einschlussgründe der Flüchtlingseigenschaft erfüllt. Dazu wird die behauptete individuelle Sachlage im Lichte der vorhandenen Herkunftsländerinformationen auf ihre flüchtlingsrechtliche Relevanz und Glaubhaftigkeit geprüft. Zudem sind die völkerrechtlichen Ausschlussgründe und die Erlöschensgründe zu beachten.

c)   Entscheid in der Sache

Ist die Flüchtlingseigenschaft erfüllt und liegen keine Ausschluss- oder Erlöschensgründe vor, ist *Asyl* zu gewähren (Art. 49 AsylG).

Sind die Vorbringen nicht flüchtlingsrelevant oder in wesentlichen Punkten nicht glaubhaft, *lehnt das SEM das Asylgesuch* ohne Anerkennung der Flüchtlingseigenschaft *ab*, verfügt die *Wegweisung* aus der Schweiz und geht zur Prüfung der *Wegweisungsvollzugshindernisse* über. Mit diesem Schritt endet die Prüfung unter dem Asylgesetz und die Frage der Wegweisung ist überwiegend nach dem Ausländer- und Integrationsgesetz zu beurteilen.

Gemäss Art. 44 f. AsylG ist der *Entscheid über die Wegweisung in Asylverfahren* Bestandteil der durch das SEM zu treffenden Verfügung. Trotzdem bildet diese einen separaten Teil der Entscheidung und richtet sich durch Verweis inhaltlich weitgehend nach dem Ausländer- und Integrationsgesetz. Die Person wird aus der Schweiz weggewiesen, wenn das SEM das Asylgesuch ablehnt.

Im Wegweisungsverfahren ist vor allem das Bestehen von Wegweisungsvollzugshindernissen zu prüfen. Erfüllt die Person die Flüchtlingseigenschaft, bewirkt dies ein Vollzugshindernis und sie wird *als Flüchtling vorläufig aufgenommen* (Art. 83 Abs. 8 AIG). In anderen Fällen darf der Wegweisungsvollzug nicht angeordnet werden, wenn dieser *unmöglich, unzulässig und zumutbar* ist.

Besteht ein solches Wegweisungsvollzugshindernis, ist sie als ausländische Person vorläufig aufzunehmen, es sei denn der Wegweisungsvollzug ist lediglich unmöglich oder unzumutbar und es besteht ein Ausschlussgrund gemäss Art. 83 Abs. 7 AIG. Diesfalls wird der Wegweisungsvollzug, andernfalls die vorläufige Aufnahme angeordnet.

Nur wenn keine Wegweisungsvollzugshindernisse bestehen, kann eine Ausreiseaufforderung erfolgen und eine Ausreisefrist gesetzt sowie mögliche Zwangsmassnahmen für den Fall angedroht werden, dass die Person nicht ausreist.

Besonderheiten bestehen bei einer *rechtskräftigen Landesverweisung*. Wenn eine Landesverweisung rechtskräftig geworden ist, wird keine vorläufige Aufnahme verfügt. Die rechtskräftige Landesverweisung stellt zudem einen Asylausschlussgrund dar. Bereits gewährtes Asyl oder eine vorläufige Aufnahme erlöschen, wenn eine Landesverweisung rechtskräftig wird (Art. 83 Abs. 9 AIG). Die Rechtsstellung richtet sich dennoch nach dem festgestellten Schutzbedarf und ist kantonal zu regeln.

d)   Nichteintreten

Nach Art. 31a AsylG gibt es verschiedene Gründe, auf ein Asylgesuch mit summarischer Begründung (vgl. Art. 37a AsylG) nicht einzutreten. Im Vordergrund stehen hier Fälle, in denen aufgrund der *Dublin-Verordnung* ein anderer Vertragsstaat für das Asylgesuch zuständig ist, in welchem Fall das SEM einen Nichteintretensentscheid trifft. Daneben spielen in der Praxis vor allem Nichteintretensentscheide wegen Schutzgewährung in einem *sicheren*

Drittstaat eine so wichtige Rolle, dass sie inzwischen auch in der kommentierten Asylstatistik des SEM zu finden sind. Die Liste der sicheren Drittstaaten ist quasi deckungsgleich mit den Dublin-Staaten. Häufig stellt sich erst im Laufe eines eingeleiteten Dublin-Verfahrens heraus, dass die Person in einem anderen Dublin-Staat bereits Schutz erhalten hat. In diesen Fällen findet die Rückführung auf der Grundlage bilateraler Rückübernahmeabkommen der Schweiz mit diesen sicheren Drittstaaten statt. Voraussetzung für die Rückführung ist ein Nichteintretensentscheid mit Wegweisung, der nur ergehen darf, wenn keine Wegweisungsvollzugshindernisse bestehen und die Rückübernahmebereitschaft des anderen Staates feststeht. Ist dies nicht der Fall, muss das SEM auf das Verfahren eintreten und eine inhaltliche Prüfung des Gesuchs vornehmen. Ein Nichteintretensentscheid ergeht auch, wenn sich ergibt, dass die ausländische Person gar kein Schutzgesuch stellt, also namentlich völlig ungeeignete Gründe geltend macht wie das Anliegen, in der Schweiz arbeiten oder sich medizinisch behandeln lassen zu wollen (vgl. Art. 31a Abs. 3 AsylG).

e)   **Abschreibung**

Etwa 10 % aller Entscheidungen im Asylbereich ergehen ohne Verfügung, da die Verfahren abgeschrieben werden. Die Fallkonstellationen sind sehr unterschiedlich, da *Abschreibungen* unter anderem vorgesehen sind, wenn das Gesuch den formellen Voraussetzungen nicht entspricht, aber auch, wenn das Gesuch zurückgezogen wurde oder die Personen auf das Verfahren verzichten. Zudem können wiederholt gleich begründete Wiedererwägungs- oder Mehrfachgesuche abgeschrieben werden. Durch eine Abschreibung entsteht keine Ausreisepflicht. Ist die Person nicht ausreisepflichtig, hält sich aber nach der Abschreibung des Gesuchs illegal auf, übernimmt der zuständige Kanton die Aufenthaltsregelung bzw. den Erlass der Wegweisungsverfügung in Anwendung des Ausländer- und Integrationsgesetzes.

4. Schutzpflichten

a) Vorbemerkungen

Grundsätzlich ist nach der Flüchtlingskonvention der Staat, der *Hoheitsgewalt* ausübt, verantwortlich für den Schutz einer Person, welche die Flüchtlingseigenschaft erfüllt. Auch beim Schutz vor Wegweisung in eine Gefahrenlage ist die ausgeübte Hoheitsgewalt der entscheidende Faktor, welcher die Verantwortung für den Schutz der Rechte der betroffenen Person auslöst. In der Praxis gibt es aufgrund dieser sehr nationalstaatlich organisierten Schutzverantwortung grosse Schwierigkeiten, die in der Präambel der Flüchtlingskonvention vorgesehene internationale Kooperation im internationalen Flüchtlingsschutz zu organisieren. Nicht nur die Diskussionen um die globalen Migrations- und Flüchtlingspakte sowie die Schwierigkeiten der Verteilung der Verantwortung innerhalb des Dublin-Systems zeigen, dass viele Staaten nicht bereit sind, in diesem Bereich verbindliche Zusagen zur Verantwortungsübernahme abzugeben. Die immer wieder diskutierte Auslagerung von Asylverfahren ist unter anderem aus diesen praktischen Erwägungen unrealistisch, wenn damit eine Verantwortungsverlagerung für eine grössere Zahl von Asylverfahren intendiert ist. Dies zeigen – neben den Erfahrungen aus dem Dublin-System – auch die Erfahrungen der USA und Australiens mit solchen Verfahren. In keinem dieser Fälle ist die Schutzverantwortung für eine grössere Zahl von Asylverfahren auf andere Staaten übertragen worden und die damit verbundenen Massnahmen führten regelmässig zu unrechtmässigen Freiheitsentziehungen und weiteren Menschenrechtsverletzungen.

b) Umfang der Schutzpflichten

Übt ein Staat effektive Hoheitsgewalt aus, ist er insbesondere verpflichtet, die umfassende *Einhaltung der Rückschiebungsverbote* zu gewährleisten. Daneben muss er unter anderem potenziell schutzsuchende Personen auch über mögliche Anträge, die eine Wegweisung verhindern könnten, informieren. So hat der EGMR im Jahr 2012 Italien wegen sog. Push-backs nach Libyen verurteilt und dabei klargestellt, dass die Besatzung des Schiffs der italienischen Grenzwache die aus Seenot geretteten Personen über die Rückführung nach Libyen und die Möglichkeit, mit einem Asylantrag ein vorläufiges Bleiberecht in Italien zu erhalten, hätte informieren müssen.

Mit zunehmender Bindung der schutzsuchenden Person an einen Staat nehmen dessen Verantwortlichkeiten zu. Die Rechte aus der Flüchtlingskonvention knüpfen zum Teil an die rechtliche Qualität der Bindung an (sog. «levels of attachment»). Insbesondere der rechtmässige Aufenthalt löst eine Vielzahl von Rechten aus, wie etwa den Zugang zum Arbeitsmarkt und das Recht auf Unterkunft und Sozialhilfe. Es ist umstritten, ob schon der Aufenthalt während des Asylverfahrens rechtmässig im Sinne der Konvention ist. Wäre dies der Fall, müsste die Schweiz während des Asylverfahrens den Zugang zu selbständiger und unselbständiger Arbeit ohne weitere statusspezifische Einschränkungen gewähren. Spätestens ab dem Moment, ab dem ein Staat eine Person als Flüchtling anerkannt hat, ist dieser Staat auch für die Umsetzung der an den rechtmässigen Aufenthalt anknüpfenden Flüchtlingsrechte verantwortlich.

c) Verantwortungsübergang

aa) Vorbemerkungen

Wenn Flüchtlinge sich in ein anderes Land begeben, stellt sich die Frage nach der Verantwortlichkeit neu. Im Dublin-System ist diesbezüglich vereinbart, dass der *schutzzuerkennende Staat* primär verantwortlich bleibt und andere Staaten nur verantwortlich werden, wenn dieser Staat nicht gegen die Gefahr unmenschlicher oder erniedrigender Behandlung schützt und daher eine Überstellung unzulässig ist. Auf diese Regelungen wird im Übrigen nachfolgend speziell eingegangen (siehe § 16.3, S. 306).

bb) Zweitasyl

Eine besondere *Möglichkeit des Verantwortungsübergangs* ist das *Zweitasyl* gemäss Art. 50 AsylG. Damit ist die Möglichkeit geregelt, Flüchtlingen, die in einem anderen Staat als Flüchtlinge anerkannt worden sind, in der Schweiz Asyl zu gewähren. Das Zweitasyl bezweckt, die Verantwortung auf den Staat zu übertragen, in dem sich die Person über längere Zeit rechtmässig aufgehalten hat. Es setzt die Regelungen der Europäischen Vereinbarung über den Übergang der Verantwortung für Flüchtlinge (EATRR) um, die in der Schweiz seit 1986 in Kraft ist. Die Vereinbarung ist als self-executing anzusehen und somit direkt anwendbar. Sie setzt für den Übergang der Verantwortung einen zweijährigen rechtmässigen Aufenthalt voraus. Die Rechtsprechung lässt den gemäss Art. 42 AsylG rechtmässigen Aufenthalt in der Schweiz im Asylverfahren dafür in schwer nachvollziehbarer Weise nicht ausreichen, auch wenn das Verfahren länger als zwei Jahre in Anspruch nimmt. Fälle des Zweitasyls sind in der Praxis sehr selten.

Leitentscheide: BVGE 2011/50, 2010/57 und 2010/9 (begründete Furcht vor Verfolgung); 2010/28 (psychischer Druck als Verfolgung); 2014/32, 2013/21, 2013/11 und 2013/12 (Kollektivverfolgung); 2014/28 (religiöse Fluchtgründe); 2014/27 (frauenspezifische Fluchtgründe); 2013/25 (Fluchtgrund Strafverfolgung); 2015/3 und 2020 VI/3 (Flüchtlingseigenschaft bei Wehrdienstverweigerung und Desertion); 2011/51 und EMARK 2006 18 (Schutztheorie); BVGE 2011/51 (interner Schutz); 2019 VI/2 und 2013/23 (Asylwiderruf wegen Gefährdung der öffentlichen Sicherheit und Ordnung); 2017 VI/11 (Asylwiderruf wegen Heimatreise); 2010/17 (Asylwiderruf wegen Unterschutzstellung unter Heimatstaat); 2019 VI/1 und 2014/40 (Zweitasyl); 2018 VI/5 und 2010/43 (Asylunwürdigkeit); 2012/26, 2009/29 und 2009/28 (subjektive Nachfluchtgründe); 2020 VI/9 (Aufhebung der vorläufigen Aufnahme); 2011/8 und 2010/56 (Drittstaatsvorbehalt); BVGer D-559/2020 (Überstellung an schutzgewährenden Drittstaat); BVGE 2021 VI/2 (Nichteintreten wegen Untertauchens eines Asylsuchenden).

§ 15 Kollektive Schutzformen

1. Einleitung

Die Flüchtlingskonvention schreibt keine individuellen Asylverfahren vor und auch für den Schutz anderer Flüchtlinge und Gewaltvertriebener ist kein individuelles Verfahren notwendig, wenn Schutz gewährt wird. Nur gegen die Ablehnung des Schutzes sind ein Rechtsmittel und somit auch ein individuelles Verfahren erforderlich. Die allermeisten Flüchtlinge werden weltweit auf der Basis von Gruppenentscheidungen (sog. Prima-facie-Anerkennungen) in den Nachbarländern von Konfliktländern von den Staaten oder vom UNHCR anerkannt. Lediglich in den industrialisierten Staaten sind individuelle Asylverfahren die Regel. *Bestimmte Formen kollektiver Schutzgewährung* sind aber auch in der Schweiz vorgesehen. Dieses Kapitel beschreibt in dieser Hinsicht den Schutzstatus S (Gewährung vorübergehenden Schutzes), das Asyl für Gruppen und Relocation-Programme.

2. Vorübergehender Schutz – Schutzstatus S

Die Gewährung vorübergehenden Schutzes in Gestalt des *Schutzstatus S* stellt eine kollektive Schutzform dar. Diese ist in Art. 4 und Art. 66 ff. AsylG geregelt. Die vorübergehende Schutzgewährung ist anders als die vorläufige Aufnahme nicht lediglich Ersatzmassnahme für den unzumutbaren Wegweisungsvollzug. Vielmehr wird ein vorübergehender Status für eine durch Allgemeinverfügung des Bundesrates zu definierende Gruppe geschaffen (Art. 66 AsylG). Den schutzbedürftigen Personen wird «für die Dauer einer schweren allgemeinen Gefährdung, insbesondere während eines Krieges oder Bürgerkrieges sowie in Situationen allgemeiner Gewalt,» vorübergehender Schutz in der Schweiz gewährt (Art. 4 AsylG). Zur Entlastung der Asylbehörden werden die individuellen Asylverfahren für diese Gruppe sistiert (Art. 69 Abs. 3 AsylG). Die Wiederaufnahme des Asylverfahrens kann frühestens nach fünf Jahren beantragt werden (Art. 70 AsylG). Zugang zum individuellen Asylverfahren erhalten somit lediglich Personen, die nicht unter die Voraussetzungen der Gruppendefinition fallen. Der Schutz ist für Massenfluchtsituationen in internationalen oder innerstaatlichen Konflikten konzipiert, für die bei Einführung des Status im Jahr 1998 noch nicht sicher feststand, ob sie aus völkerrechtlicher Sicht verpflichtend zu einem rechtmässigen Aufenthalt führen. Der Status war also, unter dem Eindruck der Massenflucht aus dem ehemaligen Jugoslawien, als humanitäre Öffnung des Systems zum besseren, d.h. über eine vorläufige Aufnahme hinausgehenden, temporären Schutz von Bürgerkriegsflüchtlingen gedacht.

Eine wichtige Komponente des Schutzstatus S ist der Fokus auf eine allfällige Rückkehr nach Ende des Konflikts (Art. 76 AsylG). Besteht nach fünf Jahren weiterhin Schutzbedarf, erhalten die betroffenen Personen eine Aufenthaltsbewilligung für die weitere Dauer des Konflikts (Art. 74 Abs. 2 AsylG). In den ersten fünf Jahren orientiert sich die Rechtsstellung im Wesentlichen an der Rechtsstellung von vorläufig aufgenommenen Personen. Beim Familienschutz gelten für Personen mit Schutzstatus S bessere Zusammenführungsmöglichkeiten, da es der Familie ermöglicht werden soll, für die Dauer des Konflikts zusammenzuleben (Art. 71 AsylG).

Der Schutzstatus S kam mit Allgemeinverfügung des Bundesrates vom 11. März 2022 (BRB-Ukraine) erstmals zur Anwendung. Die definierte Gruppe umfasst folgende Personen:

– «a. schutzsuchende ukrainische Staatsbürgerinnen und -bürger und ihre Familienangehörige (Partnerinnen und Partner, minderjährige Kinder und andere enge Verwandte, welche zum Zeitpunkt der Flucht ganz oder teilweise unterstützt wurden), welche vor dem 24. Februar 2022 in der Ukraine wohnhaft waren;

– b. schutzsuchende Personen anderer Nationalität und staatenlose Personen sowie ihre Familienangehörige gemäss Definition in Buchstabe a, welche vor dem 24. Februar 2022 einen internationalen oder nationalen Schutzstatus in der Ukraine hatten;

– c. Schutzsuchende anderer Nationalität und staatenlose Personen sowie ihre Familienangehörige gemäss Definition in Buchstabe a, welche mit einer gültigen Kurzaufenthalts- oder Aufenthaltsbewilligung belegen können, dass sie über eine gültige Aufenthaltsberechtigung in der Ukraine verfügen und nicht in Sicherheit und dauerhaft in ihre Heimatländer zurückkehren können.»

Diese Definition orientiert sich am Durchführungsbeschluss 382/2022 des Rates der Europäischen Union, mit dem die 2001 verabschiedete europäische Richtlinie zum vorübergehenden Schutz in Massenfluchtsituationen (RL 2001/55/EG) für aus der Ukraine geflüchtete Personen aktiviert wurde. Allerdings verzichtet die Schweiz anders als die EU-Staaten nicht auf eine Rückführung, wenn die Person bereits in einem anderen Schengen-Staat Schutz erhalten hat. Mit dem verwendeten erweiterten Familienbegriff, der Anerkennung von schutzzuerkennenden Entscheidungen der Ukraine und der Möglichkeit, Drittstaatsangehörigen, die in der Ukraine gelebt haben, vorübergehenden Schutz zu gewähren, enthält die Definition Elemente, die der Sondersituation nach Beginn des russischen Angriffskriegs zusätzlich Rechnung tragen. Die Beschwerdefrist beträgt im Falle einer Ablehnung 30 Tage (Art. 108 Abs. 6 AsylG). Ausgeschlossen von der Schutzgewährung sind Personen mit doppelter Staatsbürgerschaft oder in binationalen Beziehungen aus den sog. EU/EFTA+-Staaten sowie Personen, die bereits in einem anderen EU/EFTA+-Staat Schutz erhalten haben und diesen Schutz auch wieder in Anspruch nehmen können. Bei der Prüfung, ob Drittstaatsangehörige in ihren Heimat- oder Herkunftsstaat zurückkehren können, finden im Wesentlichen dieselben Massstäbe Anwendung wie bei der Prüfung der Wegweisungsvollzugshindernisse (s. § 10.9., S. 245). Reicht eine Person, deren Gesuch abgelehnt wurde, weil sie nicht unter die Definition der Allgemeinverfügung fällt, ein Asylgesuch ein, wird dieses Gesuch im regulären Asylverfahren geprüft. Zur Entlastung der Bundesasylzentren werden Personen, die den Schutzstatus S beantragen, nach der Registrierung direkt den Kantonen zugewiesen, was teilweise zu Schwierigkeiten beim Zugang zu Beratung und Rechtsvertretung führt. Die private Unterbringung sowie die Arbeitsmarktintegration von schutzberechtigten Personen werden ermöglicht und gefördert. Die Schweiz hat in den ersten beiden Jahren der Geltung der Allgemeinverfügung etwa 75'000 Personen vorübergehenden Schutz gewährt.

Leitentscheide: BVGer E-3584/2022 vom 9.3.2023 (Beschwerdefrist); E-3638/2022 vom 5.12.2022 und D-2207/2022 vom 28.9.2023 (Subsidiaritätsprinzip); E-2810/2022 vom 17. August 2022 (Abgrenzung Bst. a und Bst. c der Allgemeinverfügung); E-4672/2022 vom 17.5.2023 und E-3358/2022 vom 8.3.2023 (Abgrenzung zum Asylverfahren); D-2430/2022 vom 5.9.2023 (Rechtsschutz).

3.   Gruppenasyl und Resettlement

Art. 56 AsylG ermöglicht die Schutzgewährung für Gruppen und stellt die Grundlage für die Aufnahme von Flüchtlingen im Rahmen des *Resettlement,* die zum Teil als Kontingentsflüchtlinge bezeichnet werden, dar. Auch andere kleine Gruppen ausserhalb organisierter Programme können so aufgenommen werden. Entscheidungen über die Aufnahme kleinerer Gruppen bis 100 Personen kann das EJPD in eigener Kompetenz treffen. Bei grösseren Gruppen ist ein Entscheid des Bundesrates gesetzlich vorgesehen. Im Rahmen der Gruppenaufnahme hat sich die Schweiz in der Vergangenheit regelmässig an Resettlement-Programmen beteiligt. In der kollektiven Erinnerung sind insbesondere die Aufnahmen von Flüchtlingen aus Ungarn im Jahr 1956 und aus der damaligen Tschechoslowakei im Jahr 1968 präsent; es gab aber auch vorher und danach immer wieder kollektive Aufnahmen von Flüchtlingsgruppen etwa aus Tibet, Indochina, Chile, dem Irak, dem Sudan, Tunesien, Ex-Jugoslawien und Syrien. Seit 2013 beteiligt sich die Schweiz mit Kontingenten an den Resettlement-Programmen des UNHCR, die eine Umsiedlung besonders schutzbedürftiger Personen aus Konfliktregionen zum Ziel haben. Die konkrete Auswahl der Personen, die im Rahmen einer solchen Aufnahme in die Schweiz kommen, liegt gemäss Art. 56 Abs. 2 AsylG beim SEM.

Vor Ort, meist in den Nachbarländern eines Landes, dessen Staatsangehörige in grosser Anzahl auf der Flucht sind, stellt das UNHCR fest, ob die Personen Flüchtlinge sind und ob die *Weiterwanderung in ein Drittland* wie die Schweiz notwendig ist. Das UNHCR orientiert sich bei der Auswahl an der Schutzbedürftigkeit der Personen beziehungsweise an der fehlenden Sicherheit im Erstaufnahmeland und hat zu den Kriterien und Verfahren für das Resettlement ein Handbuch herausgegeben, das die Prozesse und Aktivitäten in diesem Bereich transparent macht. Die Konfliktregion, aus der Personen aufgenommen werden, bestimmt hingegen das Resettlement-Partnerland, so dass häufig Plätze für besonders medial präsente Konflikte wie beispielsweise in Syrien in wesentlich grösserer Anzahl verfügbar sind als für weniger beachtete Konfliktregionen wie etwa Sudan und Somalia.

Resettlement-Flüchtlinge haben aufgrund der am besonderen Schutzbedarf ausgerichteten Kriterien oft einen erhöhten Bedarf an *Integrationsförderung.* In der Schweiz werden daher die Bundespauschalen für Resettlement-Flüchtlinge für sieben Jahre unabhängig von der Sozialhilfebedürftigkeit bezahlt (Art. 88 Abs. 3bis i.V.m. Art. 24a AsylV 2), während für Personen, denen Asyl gewährt wird, die Pauschalen für längstens fünf Jahre ausgerichtet werden (Art. 24 Abs. 1 AsylV 2).

Der Bundesrat hat auf der Grundlage der Evaluation des zwischen 2013 und 2015 durchgeführten Resettlement-Pilotprojekts und dem Konzept einer Arbeitsgruppe aus Gemeinden, Städten, Kantonen und Bund beschlossen, sich weiter am Resettlement-Programm des UNHCR zu beteiligen. Um die Planung zu vereinfachen, verabschiedet der Bundesrat alle zwei Jahre ein Resettlement-Programm innerhalb der Bandbreite von 1'500 bis 2'000 Flüchtlingen. Für die Jahre 2024/25 hat er die Aufnahme von maximal 1'600 besonders schutzbedürftigen Personen über das Resettlement beschlossen.

Der weltweite *Resettlement-Bedarf* übersteigt die Anzahl der international insgesamt verfügbaren Plätze jedoch bei Weitem und das UNHCR ruft die Staaten regelmässig zu einer Ausweitung der Programme und Erhöhung der verfügbaren Plätze auf.

4. Relocation

Im Unterschied zum Resettlement bezeichnet der Begriff «Relocation» die *Umsiedlung asylsuchender Personen innerhalb des Dublin-Raums* gestützt auf eine vom Dublin-Recht abweichende Vereinbarung der Mitgliedstaaten oder einen Beschluss des Europäischen Rates. Neben kleineren Programmen, beispielsweise zur Unterstützung Maltas im Zuge des «arabischen Frühlings», gab es bisher nur ein grösseres Relocation-Programm. Dieses beruhte auf zwei Beschlüssen des Europäisches Rates vom 14.9.2015 (Beschluss [EU] 2015/1523) und vom 22.9.2015 (Beschluss [EU] 2015/1601) zur Umsiedlung von insgesamt 160'000 schutzbedürftigen Personen aus Italien und Griechenland zur Unterstützung dieser beiden Staaten aufgrund der hohen Anzahl schutzsuchender Personen, die dort ankamen. Voraussetzung für die auf der Staatsangehörigkeit beruhende Verteilung war, dass europaweit eine Schutzquote von 75 % oder mehr für Staatsangehörige dieser Staaten erfüllt war. Dies betraf im Umsiedlungszeitraum (2015–2018) Staatsangehörige der Länder Eritrea, Syrien und zeitweise Irak. Die Programme waren sehr umstritten und erst eine Entscheidung des EuGH vom 6.9.2017 gegen die Slowakei und Ungarn brachte Klarheit über die Europarechtskonformität der Beschlüsse des Rates. Der Bundesrat hat am 18.9.2015 entschieden, dass die Schweiz sich am ersten europäischen Umverteilungsprogramm (Relocation-Programm) von insgesamt 40'000 schutzbedürftigen Personen auf freiwilliger Basis beteiligt. Im Rahmen dieses Programms reisten zwischen Mai 2016 und März 2018 1'500 Personen, die sich zuvor in Italien und Griechenland aufgehalten hatten, in die Schweiz ein und durchliefen ein reguläres Asylverfahren.

Leitentscheide: EuGH C-643/15 und C-647/15 Slowakei und Ungarn (Verpflichtung der EU-Staaten zur Beteiligung an den Relocation-Programmen); C-715/17, C-718/17 und C-719/17 Polen, Ungarn und Tschechische Republik (Vertragsverletzung wegen Nicht-Beteiligung an den Relocation-Programmen); BVGE 2017 VI/7 (Überstellung in Umsiedlungsstaat im Rahmen des Relocation-Programms).

§ 16 Dublin-Verfahren

1. Einleitung

Ein sog. Dublin-Verfahren beginnt, wenn eine Person das erste Mal ein *Asylgesuch im Dublin-Raum* stellt. Mit diesem Verfahren wird festgelegt, welcher Staat für die Prüfung des Asylgesuchs zuständig ist. Zum Dublin-Raum gehören neben den 27 Mitgliedstaaten der Europäischen Union Island, Liechtenstein, Norwegen und die Schweiz. Das Vereinigte Königreich ist mit dem Brexit auch aus dem System der gemeinsamen Zuständigkeitsbestimmung ausgeschieden. Die Zuständigkeit bestimmt sich nach der Dublin-Verordnung, die für die Schweiz über das Dublin-Assoziierungsabkommen mit der Europäischen Union (DAA) gilt. Die Dublin-Verordnung ist nicht anwendbar, wenn die Person bereits in einem Dublin-Staat internationalen Schutz, d.h. Asyl oder europarechtlichen subsidiären Schutz, erhalten hat. Nicht zuständige Staaten haben die Möglichkeit, auf gestellte Asylgesuche aufgrund der Zuständigkeitsprüfung nicht einzutreten.

Wird in der Schweiz ein Asylgesuch gestellt oder stellt sich heraus, dass eine illegal eingereiste Person in einem anderen Dublin-Land ein Asylgesuch gestellt hat, wird eine *Zuständigkeitsprüfung* durchgeführt. Ist ein anderer Staat möglicherweise zuständig, prüft die Schweiz vorab, ob sie selbst auf das Verfahren eintritt. Erfolgt kein

Selbsteintritt, wird das zwischenstaatliche Dublin-Verfahren eingeleitet und der als zuständig identifizierte Staat um Übernahme der
Zuständigkeit ersucht. Nur wenn dieser der Zuständigkeit zustimmt
und die Überstellung möglich und zulässig ist, ergeht ein Dublin-
Entscheid. Zur Unterstützung bei der Zuständigkeitsbestimmung
werden Daten aus der Eurodac-Datenbank herangezogen. Zur Sicherung der Überstellung kann die Person unter bestimmten Voraussetzungen inhaftiert werden. In den letzten Jahren waren etwas mehr als 20 % aller Asylentscheide Dublin-Entscheide. In der
Mehrzahl der Fälle führt die Prüfung der Zuständigkeit also zur
Feststellung, dass kein anderer Staat identifiziert werden kann, der
die Zuständigkeit übernimmt. Ergeht kein Dublin-Entscheid, findet das nationale Asylverfahren statt, es sei denn, es ergibt sich ein
anderer Grund für ein Nichteintreten oder ein solcher für die Abschreibung des Gesuchs.

2.   Prüfung der Zuständigkeit

Die Prüfung der Zuständigkeit beginnt, wenn eine Person im
Dublin-Raum erstmals ein *Asylgesuch* stellt. Dieser Zeitpunkt ist
der Bestimmung der Zuständigkeit zugrunde zu legen. Lediglich
bei unbegleiteten Minderjährigen ist auf das letzte Asylgesuch abzustellen und generell dem Kindeswohl der Vorrang einzuräumen.
Dieses spricht in aller Regel gegen eine Überstellung in einen anderen Dublin-Staat, es sei denn, dort hielten sich Eltern, Geschwister
oder aufnahmebereite Verwandte auf (Art. 8 DVO).

Die *Kriterien* sind in der von der Dublin-Verordnung vorgegebenen
Reihenfolge zu prüfen, da bei Einschlägigkeit eines Kriteriums die
nachrangigen Kriterien nicht mehr zur Anwendung kommen können.

Die Kriterien teilen sich in zwei Kategorien auf:
- Zuerst sind die Kriterien, die sich an der *Familieneinheit* orientieren (Art. 9–11 DVO), zu prüfen. Zusätzlich zu diesen Kriterien
  enthält Art. 16 DVO eine praktisch verbindliche Möglichkeit,

Familienangehörige im Falle gegenseitiger Abhängigkeit zusammenzuführen bzw. nicht zu trennen. Damit Familienkriterien zum Tragen kommen, müssen die betroffenen Personen deren Anwendung zustimmen.

– Sind diese Kriterien nicht einschlägig, richtet sich die Zuständigkeit nach der *Verantwortung für Aufenthalt und Einreise* in den Dublin-Raum (Art. 12 bis 15 DVO). In der Praxis spielen vor allem die Ausstellung eines Aufenthaltstitels (Art. 12 Abs. 1 DVO) oder Visums (Art. 12 Abs. 2 DVO) sowie die irreguläre Einreise über eine Aussengrenze des Dublin-Raums (Art. 13 Abs. 1 DVO) eine Rolle für die Zuständigkeitsbestimmung. Die Kriterien sind nur in einem ersten Dublin-Verfahren zu prüfen, bei Dublin-Mehrfachgesuchen in der Regel jedoch nicht mehr. Eine neue Prüfung der Zuständigkeitskriterien erfolgt auch, wenn sich bei der Prüfung herausstellt, dass die ursprüngliche Zuständigkeit erloschen ist. Dies ist der Fall, wenn die Person den Dublin-Raum für mehr als drei Monate oder aufgrund einer Rückkehrentscheidung nachweislich verlassen hat. Ein nach einer Ausschaffung gestelltes Gesuch gilt als neues Gesuch im Sinne der Verordnung. Durch die Erteilung einer, auch nur kurzzeitigen, vom Asylgesuch unabhängigen Bewilligung wird der Staat, der die Bewilligung erteilt, zum zuständigen Staat.

3. Verfahren

a) Verfahrensarten

Die Übernahme der Zuständigkeit durch den Staat selbst, in dem sich die Person befindet, setzt kein *formelles Dublin-Verfahren* voraus. Die Schweiz kann also, wenn sie keinen zuständigen Staat identifiziert oder selbst eintritt, ohne formellen Entscheid die inhaltliche Prüfung des Asylgesuchs beginnen.

In allen anderen Fällen sind Verfahrensschritte vorgeschrieben, mit denen die Übernahme der Zuständigkeit durch einen anderen Staat als den Aufenthaltsstaat erfolgt. Art. 26b AsylG regelt diesbezüglich, dass das Dublin-Verfahren ab der Stellung des Übernahmegesuchs bis zur Überstellung oder dem Entscheid zur Übernahme ins nationale Verfahren dauert.

Zu unterscheiden sind zwei Konstellationen, nämlich die *Aufnahmeverfahren* (Art. 21 und 22 DVO), die zur Anwendung kommen, wenn die Person in der Schweiz ihr erstes Asylgesuch gestellt hat, und die *Wiederaufnahmeverfahren* (Art. 23–25 DVO), wenn die Person bereits in einem anderen Dublin-Staat ein Asylgesuch gestellt hat. Ein Wiederaufnahmeverfahren kann auch zur Anwendung kommen, wenn die Person in der Schweiz kein Asylgesuch stellt (sog. Aufgriffsfall gemäss Art. 24 DVO; für die allfällige Wegweisung gilt in diesen Fällen Art. 64a AIG).

b)   Verfahrensablauf

Für diese Verfahren gelten in der Verordnung festgelegte *Höchstfristen,* nach deren Ablauf die Zuständigkeit automatisch auf den zur Einhaltung der Fristen verpflichteten Staat übergeht. Zunächst muss der Aufenthaltsstaat, der das Dublin-Verfahren durchführt, eine Anfrage stellen. Diese Frist beträgt, unabhängig von der Verfahrensart, zwei Monate, wenn Eurodac-Daten vorliegen, der Person also schon in einem anderen Staat die Fingerabdrücke abgenommen wurden, und drei Monate, wenn keine solche Daten vorliegen (Art. 21 Abs. 1, Art. 23 Abs. 2 und Art. 24 Abs. 3 DVO). Wird die Anfrage nicht rechtzeitig gestellt, wird die Schweiz nach Ablauf der Frist automatisch für das Asylgesuch zuständig.

Das Übernahmeersuchen löst die *Antwortfrist* aus. Deren Länge ist davon abhängig, ob es sich um ein Aufnahme- oder ein Wiederaufnahmeverfahren handelt, ob Eurodac-Daten vorliegen und ob ein dringliches Ersuchen gestellt wurde, beispielsweise weil sich die Person in Haft befindet. In Haft beträgt die Antwortfrist generell höchstens zwei Wochen (Art. 28 Abs. 3 DVO). Dieselbe Frist gilt in Wiederaufnahmeverfahren mit Eurodac-Daten (Art. 25 Abs. 1

DVO). In Wiederaufnahmeverfahren ohne Eurodac-Daten und in dringlichen Aufnahmeverfahren ohne Haft beträgt die Antwortfrist höchstens einen Monat (Art. 25 Abs. 1 und Art. 22 Abs. 6 DVO). In regulären Aufnahmeverfahren beträgt die Antwortfrist zwei Monate (Art. 22 Abs. 1 DVO). Antwortet der ersuchte Staat nicht innerhalb der geltenden Frist, wird seine Zustimmung fingiert und die Zuständigkeit geht auf diesen Staat über (Art. 22 Abs. 7, Art. 25 Abs. 2 und Art. 28 Abs. 3 DVO).

Verweigert der ersuchte Staat seine Zustimmung, kann innerhalb von drei Wochen eine neuerliche Prüfung des Ersuchens verlangt werden (sog. *Remonstrationsverfahren*). Antwortet der ersuchte Staat auf dieses Ersuchen innerhalb von zwei Wochen nicht oder negativ, wird die Schweiz für das Asylverfahren zuständig und muss die inhaltliche Prüfung des Asylgesuchs übernehmen.

Hat der ersuchte Staat zugestimmt oder wurde dessen Zustimmung wegen Schweigens fingiert, muss das SEM gemäss Art. 37 Abs. 1 AsylG innerhalb von drei Arbeitstagen einen *Wegweisungsentscheid im Dublin-Verfahren* eröffnen.

4. Ausnahmebestimmungen

a) Überstellungsverbote

Ist ein anderer Staat nach Ansicht der Schweiz nach den Kriterien für das Asylverfahren zuständig, muss geprüft werden, ob die Überstellung durchgeführt werden kann. Dies betrifft insbesondere Fälle, in denen im zuständigen Staat eine *Gefahr der Verletzung des Folterverbots* des Art. 3 EMRK droht. Diese Gefahr kann nach der Rechtsprechung namentlich dann bestehen, wenn die Person keinen Zugang zum Asylverfahren hätte, wenn die Lebensbedingungen die Gefahr extremer materieller Not hervorrufen würden oder wenn im Zielstaat eine willkürliche, also nicht gerechtfertigte, Inhaftierung oder Übergriffe auf Leib oder Leben drohen. Daneben sind auch unter gravierenden Umständen drohende Gesundheitsgefahren als Überstellungsverbot anerkannt. Liegt ein solcher Fall vor, übernimmt die Schweiz wegen des Überstellungsverbots die Zuständigkeit für das Asylverfahren. In diesen Fällen und bei Vorliegen sog. systemischer Mängel nach Art. 3 Abs. 2 DVO ist sie dazu sogar verpflichtet.

b)   Selbsteintritt

In anderen Fällen ergibt sich die *Möglichkeit der Verantwortungsübernahme* aus Art. 29a Abs. 3 AsylV 1, der seine Entsprechung in Art. 17 Abs. 1 DVO findet. Das dort geregelte sog. Selbsteintrittsrecht ermöglicht es der Schweiz, jedes bei ihr gestellte Asylgesuch aus humanitären, politischen oder familiären Gründen selbst zu prüfen. In der Praxis wird das Selbsteintrittsrecht nur selten ausgeübt, wenn die Zuständigkeitsübernahme nicht wegen einer möglichen Verletzung des Folterverbots verpflichtend ist. Für bestimmte Länder kann wegen der dort herrschenden Zustände nach der Rechtsprechung des Bundesverwaltungsgerichts die Vermutung der Sicherheit des jeweiligen Staates nicht aufrechterhalten werden. Entsprechende Urteile hat das Gericht unter anderem zu Bulgarien, Griechenland und Ungarn gefällt. Bei anderen Ländern wie Italien ist eine vertiefte Einzelfallprüfung vorzunehmen, wenn die betroffenen Personen besonders schutzbedürftig sind.

c)   Humanitäre Klausel

Neben dem nach der Rechtsprechung des EuGH im fast freien Ermessen stehenden Selbsteintrittsrecht sieht die *humanitäre Klausel* des Art. 17 Abs. 2 DVO auch die Möglichkeit vor, dass ein Mitgliedstaat «aus humanitären Gründen, die sich insbesondere aus dem familiären oder kulturellen Kontext ergeben», die *Zuständigkeit übernehmen* kann. Die Klausel ist insbesondere bei Familienzusammenführungen anwendbar, für die nach den normalen Kriterien keine Übernahmeverpflichtung vorgesehen ist.

5. Überstellung

Liegt kein Überstellungsverbot vor, das zu einem Selbsteintritt führt, und hat der ersuchte Staat zugestimmt, ist die Schweiz verpflichtet, die *Überstellung* innerhalb von sechs Monaten nach der Zustimmung des ersuchten Staates durchzuführen. Läuft diese Frist ab, wird die Schweiz automatisch für die inhaltliche Prüfung zuständig. Die Überstellungsfrist verlängert sich auf bis zu 18 Monate, wenn die betroffene Person untertaucht und die Schweiz dies dem ersuchten Staat vor Ablauf der Überstellungsfrist mitteilt.

6. Rechtsschutz

Alle Aspekte des Dublin-Verfahrens können im Rahmen einer *Beschwerde* gerügt werden. Die betroffene Person kann sich auf die Nichteinhaltung von Fristen genauso berufen wie auf einen fehlerhaften Verfahrensablauf oder das Bestehen eines Überstellungsverbotes. Auch gegen eine Fristverlängerung wegen Untertauchens ist die Beschwerde möglich. Eine solche ist in allen Fällen auf die Durchführung des Asylverfahrens in der Schweiz gerichtet. Wird mit einer Beschwerde geltend gemacht, dass die Schweiz das Selbsteintrittsrecht hätte anwenden müssen, ist die Kognition des Bundesverwaltungsgerichts beschränkt. Es kann nur die Einhaltung des rechtlichen Rahmens der Ermessensausübung überprüfen, darf aber nicht die Erwägungen des SEM durch eigene Erwägungen ersetzen.

Die Beschwerde ist nach der Eröffnung des Dublin-Entscheids innerhalb von fünf Arbeitstagen zu erheben. Sie hat *keine automatische aufschiebende Wirkung*. Gemäss Art. 107a Abs. 3 AsylG muss das Bundesverwaltungsgericht innerhalb von fünf Tagen über Anträge auf aufschiebende Wirkung entscheiden. Hält es diese Frist nicht ein, kann nach dem Wortlaut von Art. 107a Abs. 3 AsylG die Überstellung vollzogen werden. Dies widerspricht dem Wortlaut des der Regelung zugrundeliegenden Art. 27 Abs. 3 Bst. c DVO, der vorsieht, dass die Überstellung vor einer gerichtlichen Entscheidung über die aufschiebende Wirkung nicht vollzogen werden darf. Wird die aufschiebende Wirkung gewährt und die Beschwerde später abgewiesen, läuft die Überstellungsfrist erst ab der gerichtlichen Entscheidung. Bei einer Rückverweisung durch das Bundesverwaltungsgericht an das SEM gilt eine besondere Beschleunigungsverpflichtung für den Entscheid, da das Dublin-Verfahren auf eine schnelle und effiziente Zuständigkeitsbestimmung ausgerichtet ist.

Werden für Überstellungen in bestimmte Länder Garantien benötigt, weil beispielsweise nicht von vornherein sichergestellt ist, dass eine Familie nicht getrennt wird, müssen diese *Garantien als Rechtmässigkeitsvoraussetzung* bereits im Entscheidzeitpunkt vorliegen. Für Überstellungen sieht die Verordnung zudem vor, dass bestimmte Gesundheitsdaten vor einer Überstellung übermittelt werden müssen, wenn dies für die Kontinuität einer medizinischen Behandlung erforderlich ist. Überstellungen müssen gemäss Art. 29 DVO «in humaner Weise und unter uneingeschränkter Wahrung der Grundrechte und der Menschenwürde durchgeführt werden».

7. Eurodac

Die *Eurodac-Datenbank* wurde geschaffen, um die Dublin-Staaten bei der Zuständigkeitsbestimmung zu unterstützen. In dieser Datenbank werden *Fingerabdruckdaten* gespeichert, die für die Zuständigkeitsbestimmung notwendig sind. Die Datenbank umfasst Fingerabdrücke von Asylsuchenden (Kategorie 1), die für zehn Jahre gespeichert werden, und Fingerabdruckdaten von Personen, die beim irregulären Überschreiten einer Aussengrenze aufgegriffen werden (Kategorie 2), deren Daten für 18 Monate gespeichert werden. Zum Abgleich mit der Datenbank können auch Fingerabdrücke von Personen abgenommen werden, die sich illegal im Hoheitsgebiet eines Dublin-Staates aufhalten (Kategorie 3). Diese Daten dürfen in der Eurodac-Datenbank nicht gespeichert werden, da sie bei der Zuständigkeitsbestimmung nur für den Datenabgleich in Aufgriffsfällen benötigt werden. Sie müssen daher nach erfolgtem Abgleich gelöscht werden. Gefahrenabwehr- und Strafverfolgungsbehörden der Mitgliedstaaten und Europol haben in bestimmten Fällen seit 2015 ebenfalls Zugriff auf Eurodac-Daten.

8. Haft

Personen, die einem Dublin-Verfahren unterliegen, können gestützt auf Art. 76a AIG vom für den Wegweisungsvollzug zuständigen Kanton in Administrativhaft genommen werden. Diese *Dublin-Haft* unterliegt speziellen Vorgaben gemäss Art. 28 DVO, die nach der Rechtsprechung des Bundesgerichts verbindlich sind. Die Haft darf nur angeordnet werden, wenn im Einzelfall eine erhebliche Fluchtgefahr besteht, die Haft verhältnismässig ist und keine sog. Alternativen zur Haft, also mildere Mittel, verfügbar sind. Insbesondere bei der Inhaftierung von Personen mit besonderen Schutzbedürfnissen ist eine Dublin-Haft in aller Regel nicht gerechtfertigt. Gegen Kinder unter 15 Jahren darf gemäss Art. 80a AIG keine Haft angeordnet werden. Konkrete Anzeichen für eine Fluchtgefahr sind in Art. 76a Abs. 2 AIG abschliessend aufgezählt; deren Vorliegen allein reicht aber nicht für eine Inhaftierung aus, da die Fluchtgefahr erheblich sein muss.

Gemäss Art. 28 Abs. 3 DVO ist die Haft auf sechs Wochen vor und weitere sechs Wochen nach Rechtskraft des Entscheids beschränkt. Die teilweise über diese Zeiträume hinausgehenden Fristen von Art. 76a Abs. 3 und 4 AIG sind entsprechend völkerrechtskonform auszulegen, da die Haft einen erheblichen Eingriff in die persönliche Freiheit darstellt und diesbezüglich keine Lücke in der Dublin-Verordnung vorliegt. Daher kann eine *längere Haftdauer* trotz des klaren Wortlauts und gesetzgeberischen Willens nicht durch eine darüber hinausgehende nationale Regel gerechtfertigt werden.

Eine *Haftüberprüfung* findet nur auf Gesuch der betroffenen Person statt. Für die erstmalige Überprüfung ist der Person bei bestehender Bedürftigkeit die unentgeltliche Rechtspflege zu gewähren. Eine spezifische Frist für die Entscheidung ist nicht vorgesehen; das zuständige kantonale Gericht muss allerdings gemäss Art. 5 Abs. 4 EMRK über die Beschwerde innerhalb «kurzer Frist» entscheiden. Das Bundesgericht weist im Kontext der Frage, ob die richterliche Haftüberprüfung im Einzelfall rechtzeitig erfolgte, insbesondere auf die für die Überprüfung der ausländerrechtlichen Administrativhaft geltende Frist von 96 Stunden gemäss Art. 80 Abs. 2 AIG hin (s. zur Dublin-Haft auch § 10.7.e, S. 243).

9.   Reform der Zuständigkeitsprüfung

Nach dem DAA ist die Schweiz verpflichtet, allfällige Reformen des Systems, die auf EU-Ebene beschlossen werden, entweder umzusetzen oder die Zusammenarbeit, die gleichzeitig auch die Schengen-Assoziierung betrifft, zu beenden. Auf Vorschlag der EU-Kommission haben der Rat und das Parlament in langen Verhandlungen im Mai 2024 eine weitreichende Reform des Gemeinsamen Europäischen Asylsystems (GEAS) beschlossen, die auch Änderungen bei der Zuständigkeitsprüfung mit sich bringt. Die Reform ist im Juni 2024 in Kraft getreten und die neuen Verordnungen sind ab 12. Juni 2026 anzuwenden. Aus dem aus zehn Rechtsakten bestehenden Paket sind für die Schweiz die Änderungen des Dublin-Systems (darunter jene die DVO ersetzenden Teile der neuen Asyl- und Migrationsmanagementverordnung [AMMVO], die Ausnahmeregelungen der sog. KrisenVO für Dublin-Verfahren nach der DVO und die Neufassung der Eurodac-Verordnung) sowie die Einführung des Screening (Überprüfung) und des Rückkehrgrenzverfahrens als Schengen-Weiterentwicklungen besonders relevant. Der Bundesrat hat im August 2024 die Übernahme dieser der Schweiz als Weiterentwicklungen des Dublin-/Eurodac- bzw. des Schengen-Besitzstands notifizierten Verordnungen beschlossen. Die Umsetzung dieser Verordnungen erfordert Anpassungen im Ausländer- und Integrationsgesetz, im Asylgesetz und im Bundesgesetz über die polizeilichen Informationssysteme des Bundes, deren Prozess zeitgleich mit der Übernahmeentscheidung in Gang gesetzt wurde.

Konkret sieht die neue Eurodac-VO im Wesentlichen neue und ausgeweitete Speichersachverhalte und Zugriffsrechte vor. Die Regelungen der Screening-VO gehen wohl in der Praxis kaum über das bisher bereits angewandte Verfahren zur Registrierung und Erstbefragung von Asylsuchenden hinaus. Die Neuregelungen zu den Rückkehrgrenzverfahren betreffen ausschliesslich Massnahmen vor der Einreise in den Schengen-Raum und sind somit für die Schweiz lediglich für die internationalen Flughäfen relevant. Am weitreichendsten sind die Konsequenzen der Änderungen am Zuständigkeitsbestimmungssystem durch die AMMVO. Mit der Neuregelung werden die Wiederaufnahmeverfahren durch eine Wiederaufnahmemitteilung ersetzt, durch die ohne weiteres Verfahren eine Überstellung möglich werden soll. Die Verbindlichkeit der Verfahrensfristen und der Rechtschutz werden eingeschränkt. Minderjährige sollen unter dem Vorbehalt der Kindeswohlprüfung weitgehend wie erwachsene Asylsuchende behandelt werden und den Asylsuchenden werden weitreichende Mitwirkungspflichten auferlegt. Gleichzeitig werden die Informations- und Beteiligungsrechte der betroffenen Personen partiell gestärkt. Auch ein neues Zuständigkeitskriterium wird nach der Zuständigkeit wegen Erteilung eines Aufenthaltstitels eingefügt; es regelt die Anknüpfung der Zuständigkeit an von einem Mitgliedstaat ausgestellte Zeugnisse und Befähigungsnachweise. Das neugeschaffene Kriterium der Einreise umfasst neu auch die Situation der Ausschiffung nach einem Seenotrettungseinsatz, in diesem Fall ist – sofern kein vorrangiges Kriterium vorliegt – der Staat der Einreise zuständig. Wird die Zuständigkeit durch eine Übernahme im Rahmen von Relocation auf einen anderen Dublin-Staat verlagert, ist dieser Staat bei einer Weiterwanderung der betroffenen Person zur Rückübernahme verpflichtet. Die EU-Kommission hat in einem Durchführungsplan im Juni 2024 die zentralen Bausteine für die Umsetzung der Reform benannt, um die Mitgliedstaaten bei den jeweiligen nationalen Umsetzungsprozessen im Hinblick auf die Einführung des neuen Systems im Jahr 2026 zu unterstützen.

Leitentscheide: EGMR 14165/16 SH.D. et al. c. Griechenland; 26456/14 M.G. und E.T. c. Schweiz; 29217/12 Tarakhel c. Schweiz; 30696/09 M.S.S. c. Belgien und Griechenland; CAT 742/2016 A.N. c. Schweiz; EuGH C-411/10 und C-493/10 N.S. und M.E.; C 4/11 Puid; C-578/16 PPU C.K. u.a.; C-163/17 Jawo; C-392/22 X (Überstellungshindernis wegen Gefahr der Kettenabschiebung bzw. Menschenrechtsverletzung); C-63/15 Ghezelbash (Recht auf richtige Zuständigkeitsbestimmung); C-647/16 Hassan (Verfahrensablauf); C-556/21 E.N., S.S. und J.Y. (aufschiebende Wirkung); C-60/16 Khir Amayry (Dublin-Haft); C-323/21, C-324/21 und C-325/21 B, F und K (Fristen in Mehrstaatenkonstellationen); BVGE 2019 VI/4 und 2018 VI/2 (Fristen im Dublin-Verfahren); 2017 VI/9 (direkte Anwendbarkeit der DVO); 2017 VI/10, 2015/9, 2013/24, 2011/9 und 2010/45 (Selbsteintritt); 2021 VI/I, 2016/2, 2015/4 und 2012/27 (Dublin und Menschenrechte); BVGer E-6348/2023 vom 24.11.2023 (Kassation wegen fehlenden persönlichen Gesprächs); F-221/2024 vom 23.2.2024 (Anfragefristen in einer Mehrstaatenkonstellation); BGE 148 II 169 (Dublin-Haft).

§ 17 Asylverfahren

1. Phasen- und Triagemodell

Für das seit dem 1.3.2019 durchgeführte *«neue» Asylverfahren* wurden sechs Asylregionen festgelegt: Westschweiz, Süd- und Zentralschweiz, Ostschweiz, Nordwestschweiz sowie die Kantone Bern und Zürich. In jeder Region sind Bundesasylzentren (BAZ) eingerichtet, von denen jeweils eines die «Verfahrensfunktion» innehat. Zusätzlich befinden sich weitere Bundesasylzentren mit «Warte- und Ausreisefunktion» in den Regionen. Die Kapazität der Bundesunterbringungen beträgt schweizweit 5'000 Plätze. Ziel ist es, möglichst viele Fälle abzuschliessen, solange sich die Personen noch in einem Zentrum des Bundes befinden.

Das seit 1.3.2019 geltende Asylverfahren beruht zur Beschleunigung der Asylverfahren auf der Einteilung des Asylverfahrens in verschiedene Phasen und auf dem *Prinzip der doppelten Triage*. Asylgesuche werden also, sofern die formellen Voraussetzungen vorliegen und die Person um Schutz vor Verfolgung nachsucht, in Kategorien aufgeteilt, um sie schneller und effizienter bearbeiten zu können. Der Ablauf folgt klar festgelegten Schritten mit getakteten Zeiträumen.

Für die Prüfung von Asylgesuchen ist das SEM zuständig (vgl. Art. 6a Abs. 1 AsylG). Dieses prüft jedes gestellte Asylgesuch nach dem *Verfahrensschema,* welches sich aus den Anforderungen des Asyl- sowie des Ausländer- und Integrationsgesetzes, ergänzt durch die dazugehörigen Verordnungen, ergibt.

2. Verfahrensarten

Das AsylG sieht *drei hauptsächliche Verfahrensarten vor:* das Dublin-Verfahren für die Fälle, bei denen eine Dublin-Überstellung in Frage kommt (Art. 26b AsylG; dazu § 16, S. 304), das sog. beschleunigte Verfahren als Regelverfahren für die materielle Prüfung eines Asylgesuchs (Art. 26c AsylG) sowie das sog. erweiterte Verfahren für Fälle, die einen grösseren Aufwand erfordern bzw. längere Zeit andauern (Art. 26d AsylG). Das Modell für das Asylverfahren beruht auf der Annahme, dass etwa 40 % der Verfahren Dublin-Verfahren und 60 % «nationale», also Verfahren mit inhaltlicher Prüfung, sind. Es soll erreicht werden, dass 72 % aller Asylverfahren, d.h. die Dublin-Verfahren und etwas über die Hälfte der nationalen Verfahren, in den Zentren des Bundes abgeschlossen werden. Die restlichen Verfahren finden im erweiterten Verfahren statt, zu dessen Durchführung die Asylsuchenden auf die Kantone verteilt werden. Der Aufenthalt in den Zentren des Bundes ist auf 140 Tage begrenzt. Auf weitere besondere Verfahrensformen wird weiter hinten eingegangen (s. 8., S. 324).

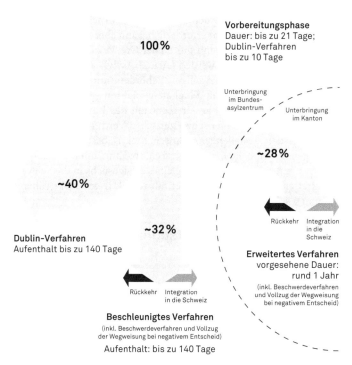

Abb. 2: Übersicht über Asylverfahren

3. Asylgesuch

Das Asylverfahren in der Schweiz beginnt mit der Einreichung eines *Asylgesuchs*. Als Asylgesuch gilt gemäss Art. 18 AsylG «jede Äusserung, mit der eine Person zu erkennen gibt, dass sie die Schweiz um Schutz vor Verfolgung nachsucht». Das Gesuch kann also mündlich, schriftlich oder nonverbal gestellt werden, und ein sinngemässes *Schutzbegehren* genügt. Grundsätzlich können alle von Menschenhand zugefügten oder befürchteten Nachteile die

Grundlage für ein Asylgesuch bilden. Die ausdrückliche Nennung des Wortes «Asyl» ist nicht erforderlich, kann aber der Klarstellung dienen. Ein Asylgesuch kann nur an der Grenze oder auf dem Gebiet der Schweiz gestellt werden (Art. 21 AsylG). Gesuchstellende Personen sind von den jeweiligen Behörden, mit Ausnahme von Gesuchen, für die das sog. Flughafenverfahren (Art. 22 f. AsylG) zur Anwendung gelangt, an ein Zentrum des Bundes zu weisen. Die Möglichkeit, auf einer schweizerischen Vertretung im Ausland ein Asylgesuch zu stellen (sog. Botschaftsasyl), besteht nicht mehr. Hingegen ist es möglich, im Ausland ein sog. humanitäres Visum zu erhalten, um zwecks Einreichung eines Asylgesuchs in die Schweiz einzureisen. Ein solches wird aber nur restriktiv gewährt (Näheres dazu in § 4.2.c.ee, S. 70).

4. Ausschliesslichkeitsprinzip

a) Regelung

Nach Art. 14 Abs. 1 AsylG gilt die sog. *Ausschliesslichkeit des Asylverfahrens*. Danach kann ab Einreichung des Asylgesuchs bis zur Ausreise nach einer rechtskräftig angeordneten Wegweisung, nach einem Rückzug des Asylgesuchs oder bis zur Anordnung einer Ersatzmassnahme bei nicht durchführbarem Vollzug eine asylsuchende Person kein Verfahren um Erteilung einer ausländerrechtlichen Aufenthaltsbewilligung einleiten, ausser es bestehe ein Anspruch auf deren Erteilung. Damit sollen die parallele Einreichung eines Schutzbegehrens und eines ausländerrechtlichen Gesuchs verhindert und eine prozessuale *Doppelspurigkeit vermieden* werden. Hängige Verfahren um ausländerrechtliche Bewilligungen werden mit der Einreichung eines Asylgesuchs gegenstandslos (Art. 14 Abs. 5 AsylG). Bereits bestehende ausländerrechtliche Bewilligungen bleiben jedoch gültig und können auch verlängert werden (Art. 14 Abs. 6 AsylG). Ein Anspruch, der eine Ausnahme rechtfertigt, kann namentlich durch Heirat gestützt auf entsprechende Rechtsgrundlagen (insb. Art. 42 oder 43 AIG oder

Art. 13 BV bzw. Art. 8 EMRK) entstehen. Diesfalls ist es nicht zulässig, von der asylsuchenden Person vor Erteilung der Bewilligung den Rückzug des Asylgesuchs zu verlangen.

b)   Asylrechtlicher Härtefall

Eine weitere Ausnahme vom Ausschliesslichkeitsgrundsatz bildet der sog. *asylrechtliche Härtefall* nach Art. 14 Abs. 2–4 AsylG. Die Erteilung einer entsprechenden Bewilligung setzt voraus, dass die betroffene Person sich seit Einreichung des Asylgesuchs mindestens fünf Jahre in der Schweiz aufhält, ihr Aufenthaltsort den Behörden immer bekannt war, wegen *fortgeschrittener Integration* ein schwerwiegender persönlicher Härtefall vorliegt und es keine Widerrufsgründe nach Art. 62 Abs. 1 AIG gibt. Profitieren können alle Personen im Asylverfahren, also insbesondere Asylsuchende, deren Verfahren sehr lange dauert, aber auch erfolglose Schutzsuchende nach negativem Asylentscheid. Inhaltlich richtet sich der Härtefall im Wesentlichen analog wie im Anwendungsfall von Art. 30 Abs. 1 Bst. b AIG nach den Vorgaben von Art. 31 VZAE. Asylrechtliche Härtefallbewilligungen werden von den Behörden in der Regel nur zurückhaltend gewährt.

Die *Härtefallbewilligung* setzt die Bereitschaft des Kantons voraus, eine solche zu erteilen. Die asylsuchende Person kann zwar ein entsprechendes Gesuch stellen, hat aber im kantonalen Verfahren keine Parteistellung und damit auch *keine Rechtsmittelmöglichkeit,* wenn der Kanton dem Gesuch nicht stattgibt. Diese Rechtslage widerspricht Art. 29a BV, untersteht nach der bundesgerichtlichen Rechtsprechung aber dem Anwendungsgebot von Art. 190 BV. Der kantonale Entscheid über den Härtefall unterliegt dem Zustimmungserfordernis durch das SEM. Der Kanton muss seine Bereitschaft zur Bewilligungserteilung sofort dem SEM melden. Im *Zustimmungsverfahren* hat die betroffene Person *Parteistellung* und kann gegebenenfalls auch beim Bundesverwaltungsgericht Beschwerde führen. Dieses überprüft den asylrechtlichen Härtefall mit gleicher (d.h. voller) Kognition wie den ausländerrechtlichen.

5.   Vorbereitungsphase

Nach der Ankunft, der formalen Antragstellung und Registrierung des Gesuchs beginnt die *Vorbereitungsphase* gemäss Art. 26 AsylG, die maximal 21 Tage dauern soll. In dieser Zeit werden alle Vorbereitungen für die Anhörung zu den Asylgründen getroffen. Dies umfasst insbesondere die Registrierung, inklusive Erhebung der Personalien, die Abnahme der Fingerabdrücke sowie die Aufnahme von Gesichtsbildern, eine unentgeltliche Beratung über das Asylverfahren und die Zuweisung einer unentgeltlichen Rechtsvertretung. Darüber hinaus findet die Erstbefragung in Anwesenheit der Rechtsvertretung statt, die Fragen zur Identität, zum Reiseweg und summarisch zu den Fluchtgründen umfasst.

Die unentgeltliche Beratung und Rechtsvertretung in der Asylregion wird von der vom Bund mandatierten NGO («Leistungserbringerin») zur Verfügung gestellt. Diese stellt sicher, dass die Person über die unentgeltliche Rechtsvertretung informiert ist. Über 99 % der Asylsuchenden nehmen die Möglichkeit der zugewiesenen Rechtsvertretung in Anspruch.

Steht vor der Erstbefragung schon fest, dass möglicherweise ein Dublin-Fall vorliegt, wird statt der Erstbefragung ein persönliches Gespräch nach Art. 5 DVO durchgeführt. Dieses Gespräch umfasst Informationen zum Dublin-Verfahren, gesundheitliche Abklärungen und bietet die Möglichkeit für die asylsuchende Person, sich zu Fragen der Zuständigkeitsbestimmung zu äussern und allfällige Gründe für einen Selbsteintritt vorzubringen.

Gestützt auf die sich daraus ergebenden Erkenntnisse wird in einem *ersten Triage-Schritt* festgelegt, ob ein Dublin-Verfahren oder ein materielles Asylverfahren durchgeführt wird. In Dublin-Verfahren beträgt die Vorbereitungsphase maximal 10 Tage. Wird ein Dublin-Verfahren eingeleitet, soll das SEM innerhalb der Vorbereitungsphase das Übernahmeersuchen an den für zuständig gehaltenen Staat stellen.

Wird kein Dublin-Verfahren eingeleitet oder scheitert dieses, folgt am Ende der Vorbereitungsphase eine *Anhörung* zu den Fluchtgründen. Nach der Anhörung findet eine *zweite Triage* statt, um festzustellen, ob das Verfahren innerhalb von 8–10 Arbeitstagen entschieden werden kann («beschleunigtes Verfahren») oder ob weitere Abklärungen notwendig sind und eine schnelle Entscheidung daher nicht möglich ist. In letzterem Fall wird die Person einem Kanton zugewiesen und es kommt zum sog. erweiterten Verfahren, in dem nur noch Soll-Bestimmungen, aber keine festen Verfahrensfristen für die Entscheidung mehr gibt. Dieses Verfahren gelangt auch zur Anwendung, wenn die Anhörung aus bestimmten Gründen nicht innerhalb der vorgegebenen Fristen stattfinden kann.

6. Bundesasylzentren

a) Arten von Zentren

Die *Zentren des Bundes* sind zusammen mit der Aufteilung der Schweiz in Asylregionen, dem Triagemodell sowie der unentgeltlichen Beratung und Rechtsvertretung das *Herzstück des neuen Asylverfahrens*. Der Bund führt hauptsächlich zwei Arten von Zentren. In die *Bundesasylzentren mit Verfahrensfunktion* (BAZmV) werden im Wesentlichen diejenigen Asylsuchenden aufgenommen, für die ein Asylverfahren mit ihrer Beteiligung durchgeführt wird. In den *Bundesasylzentren ohne Verfahrensfunktion* (BAZoV) sollen sich die Personen, bei denen ein Dublin-Verfahren läuft, aufhalten sowie diejenigen, deren Asylgesuch sich in der Beschwerde- oder Vollzugsphase befindet. Ein Übersichtsplan über die Zentren findet sich auf der Website des SEM (sem.admin.ch). In diesen Zentren soll die grosse Mehrzahl aller Verfahren unter Einschluss des Vollzugs allfälliger Wegweisungsentscheide abgewickelt werden. Kantone, in denen sich kein Zentrum des Bundes mit Verfahrensfunktion befindet, sollen sich stärker auf die Aufgabe der Integration konzentrieren können. Die so entstandenen unterschiedlichen Aufgaben der Kantone werden bei der Verteilung von Asylsuchenden «angemessen berücksichtigt» (vgl. Art. 27 Abs. 1bis AsylG).

Gemäss Art. 24 AsylG werden die Zentren vom Bund errichtet und vom SEM geführt. In die Errichtung respektive Planung wurden und werden *Kantone und Gemeinden frühzeitig einbezogen.* Durch diese Vorgehensweise liess sich für das neue Verfahren erreichen, dass in allen Asylregionen die Zentren bzw. deren Standorte weitgehend einvernehmlich zwischen Bund, Kantonen und Gemeinden beschlossen werden konnten.

Schliesslich sieht das Gesetz sog. *besondere Zentren* für renitente und gewaltbereite Asylsuchende vor (vgl. Art. 24a AsylG), deren Bedarf aber fraglich ist und deren grundrechtskonforme Umsetzung sich als schwierig erweist.

Der Betrieb der Bundeszentren ist in einer Verordnung des EJPD näher geregelt (VO EJPD).

b)   Funktion der Zentren

Die wesentlichen Funktionen der Zentren des Bundes sind in Art. 24 Abs. 3 AsylG beschrieben. Diese Funktionen gelten gemäss Art. 13 AsylV 1 *für alle Zentren des Bundes,* also auch für die besonderen Zentren gemäss Art. 24a AsylG, sowie für kantonale oder kommunale Zentren, die als Zentren des Bundes genutzt werden (vgl. Art. 24d AsylG). In den Zentren sollen die Dublin-Verfahren (nach Art. 26b AsylG) und die beschleunigten Verfahren (gemäss Art. 26c AsylG) durchgeführt und abgeschlossen werden. Bei einem allfälligen vollziehbaren Wegweisungsentscheid soll die Ausreise aus dem Zentrum des Bundes erfolgen. Bei einer Zuteilung ins erweiterte Verfahren (vgl. Art. 26d AsylG) oder einer Schutzgewährung während des Aufenthalts im Zentrum des Bundes erfolgt eine Zuweisung an einen Kanton.

Zur *Beschleunigung* der Verfahren müssen sich die asylsuchenden Personen gemäss Art. 14 Abs. 2 AsylV 1 in den Zentren des Bundes zur Verfügung der Behörden halten. Daher dürfen sie in diesem Zeitraum beispielsweise auch keiner Erwerbstätigkeit nachgehen. Die Höchstdauer des Aufenthalts in diesen Zentren beträgt 140 Tage; danach ist die Person einem Kanton zuzuweisen. Art. 24 Abs. 5 AsylG regelt die Möglichkeit, die Aufenthaltsdauer angemessen zu verlängern, wenn dadurch das Verfahren rasch abgeschlossen werden oder der Vollzug der Wegweisung erfolgen kann. Fraglich ist, ob durch diese Präzisierung ein Rechtsanspruch der asylsuchenden Person entsteht, einem Kanton zugewiesen zu werden, wenn keine dieser Fallkonstellationen vorliegt.

Schon die *Unterbringung für 140 Tage* in einer oft praktisch geschlossenen Unterkunft ist verfassungs- und völkerrechtlich bedenklich, da die Verhältnisse einer Freiheitsentziehung nahekommen. Allerdings hat das Bundesverwaltungsgericht mit einer sehr knappen und wenig überzeugenden Begründung selbst bei einem als Sanktion verhängten Aufenthalt in einem besonderen Zentrum gemäss Art. 24a AsylG keine Freiheitsentziehung angenommen, obwohl dieses Zentrum sehr rigide Ausgangsregelungen hatte. In der Praxis spielt die im Jahr 2012 für dringlich erklärte Möglichkeit der Unterbringung in besonderen Zentren jedoch kaum eine Rolle.

Aufgrund der Verhältnisse in den Zentren gemäss Art. 24 AsylG und der strengen Vorgaben der VO EJPD erscheinen die Zentren des Bundes für Aufenthalte von Familien mit Kindern und von unbegleiteten Minderjährigen mit Blick auf die Kinderrechtskonvention wenig geeignet. Deren Aufenthalt sowie derjenige anderer Personen mit besonderen Schutzbedürfnissen sollten daher gänzlich vermieden werden. Jedenfalls sind aber für diese Personen *besondere Unterstützungsmassnahmen* notwendig und teilweise auch vorgesehen.

7. Materielles Verfahren

a) Glaubhaftmachung des Asylgrunds

Unabhängig davon, ob das Verfahren im beschleunigten oder im erweiterten Verfahren durchgeführt wird, prüft das SEM, wenn es auf das Gesuch eintritt, ob die Voraussetzungen für die Asylgewährung oder eine vorläufige Aufnahme vorliegen. Die asylsuchende Person muss die *drohende Gefahr im Einzelfall* glaubhaft machen (Art. 7 AsylG). In der Praxis beruhen die allermeisten Ablehnungen von Asylgesuchen auf der fehlenden Glaubhaftmachung der drohenden Verfolgung im Einzelfall.

Eine individuelle Glaubhaftmachung ist nicht notwendig, wenn eine Situation der *Kollektivverfolgung* vorliegt. Eine solche ist gegeben, wenn eine relativ grosse Anzahl Personen, die einer bestimmten Gruppe angehören, asylrelevante Verfolgung befürchten muss und die Massnahmen in gezielter Art und Weise auf die Gruppe gerichtet sind. Die Verfolungsmassnahmen müssen dabei eine hohe Intensität aufweisen, so dass gleichsam für alle Gruppenmitglieder eine beachtliche Wahrscheinlichkeit einer konkreten Gefahr bei einer allfälligen Rückkehr besteht. Aufgrund der hohen Anforderungen an das Bestehen einer Kollektivverfolgung wird eine solche jedoch nur sehr selten angenommen, selbst wenn viele Mitglieder einer Gruppe von Verfolgung bedroht sind.

Durch die starke Betonung der Glaubhaftmachung einer individuellen Betroffenheit und eine extensive Auslegung der *Mitwirkungspflichten* geht in den Asylverfahren teilweise unter, dass es sich um ein Verwaltungsverfahren handelt. Grundsätzlich gilt daher Art. 12 VwVG, wonach die Behörde den Sachverhalt von Amts wegen feststellt und *umfangreiche Ermittlungspflichten* hat. Insgesamt ist die Frage der Darlegungs- und Beweislast in Asylverfahren zentral. Daneben ist eine umfassende Auswertung der verfügbaren Herkunftsländerinformationen (sog. Country of Origin Information, COI) für die Entscheidungsfindung unerlässlich. Damit sind auch die wichtigsten Voraussetzungen für den Entscheid und die häufigsten Fehlerquellen benannt. Zur Abklärung der Identität kommt es in Zweifelsfällen zu Sprachprüfungen (sog. Lingua-Analyse), um unter Beizug der entsprechenden Expertise die Herkunft anhand des gesprochenen Dialekts zu ermitteln.

b)   Anhörung

Da oft die Auskünfte der asylsuchenden Person die einzige oder jedenfalls die wichtigste Quelle für die Entscheidfindung sind, kommt der Anhörung zu den Asylgründen gemäss Art. 29 AsylG eine *zentrale Funktion* zu. Sie wird, mit wenigen Ausnahmen, in Anwesenheit der zugewiesenen Rechtsvertretung durchgeführt. Diese hat wiederum ein Fragerecht, darf aber nicht für die asylsuchende Person sprechen, da diese in der Anhörung persönlich handeln muss (vgl. Art. 29 Abs. 2 AsylG i.V.m. Art. 11 Abs. 1 VwVG). Die asylsuchende Person darf sich auch von einer selbstgewählten Rechtsvertretung oder einer dolmetschenden Person begleiten lassen. Auch andere Personen werden in der Regel zugelassen, wenn die asylsuchende Person dies wünscht, es sei denn, die begleitende Person ist selbst asylsuchend und deswegen von einer Teilnahme ausgeschlossen. Die genaue Rolle und Aufgabe der Rechtsvertretung in der Anhörung ist nicht normiert. Sie muss so ausgestaltet sein, dass eine effektive Anhörung der asylsuchenden Person und eine effektive Rechtsvertretung ermöglicht werden.

Trotz einer langen *Frageliste* zu persönlichen Verhältnissen und Reiseweg, die in der Anhörung abgearbeitet wird, steht die Feststellung eines allfälligen Schutzbedarfs im Zentrum der Anhörung. Neben dem Zweck der Sachverhaltsabklärung dient die Anhörung auch der Absicherung des Mitwirkungsrechts der asylsuchenden Person.

Findet keine Anhörung statt, obwohl die Behörde ein materielles Asylverfahren durchführt, liegt eine *Verletzung des Rechts auf rechtliches Gehör* vor. In der Regel muss in diesen Fällen das SEM die Anhörung nachholen. Die Anhörungen finden mit wenigen Ausnahmen in den Zentren des Bundes statt. Art. 29 Abs. 1bis AsylG regelt die Pflicht des SEM, «nötigenfalls» Dolmetschende beizuziehen, und sichert somit auch das Recht auf eine Anhörung in einer der asylsuchenden Person geläufigen Sprache ab. In der Praxis finden fast alle Anhörungen mit Dolmetschenden statt.

Über die Anhörung wird ein *Protokoll* erstellt. Die asylsuchende Person bestätigt im Zuge einer Rückübersetzung des Protokolls durch eine auf jeder Seite anzubringende Unterschrift den Inhalt der Anhörung. Dieser Inhalt kann in der Regel in einer allfälligen Beschwerde nur unter sehr speziellen Umständen erfolgreich als falsch gerügt werden.

Das Setting der Anhörung trägt *Sondersituationen* Rechnung. Für bestimmte Gruppen, insbesondere für Frauen und Kinder, gelten besondere Verfahrensbestimmungen, die dafür sorgen sollen, dass den oft vorhandenen besonderen Schutzbedürfnissen ausreichend Rechnung getragen wird (vgl. dazu insb. Art. 17 AsylG). In diesem Kontext regelt Art. 5 AsylV 1 einen Anspruch auf getrennte Prüfung und Anhörung zu den Asylvorbringen für Ehepaare, bei eingetragener Partnerschaft und für Familien. Art. 6 AsylV 1 gewährleistet einen Anspruch auf ein gleichgeschlechtliches Befragungs- und Anhörungssetting bei konkreten Hinweisen auf geschlechtsspezifische Verfolgung. Das Bundesverwaltungsgericht hat zudem klare Vorgaben für besondere Vorkehrungen bei der Anhörung von Opfern von Menschenhandel und für die Anhörung von Minderjährigen aufgestellt. Auch bei körperlichen Beeinträchtigungen der asylsuchenden Person, beispielsweise bei seh- oder hörbehinderten Menschen, sowie bei traumatisierten Personen muss ein entsprechendes Setting für die Anhörung gewählt werden.

c) **Unbegleitete minderjährige Asylsuchende (UMA)**

Nach Art. 17 Abs. 2bis AsylG werden Asylgesuche von *unbegleiteten Minderjährigen prioritär behandelt;* ihre Interessen sind durch eine *Vertrauensperson* wahrzunehmen (Art. 17 Abs. 3 AsylG), zumindest solange ihnen nicht von der zuständigen Behörde, d.h. der KESB, eine Beistandschaft oder ein Vormund nach Zivilrecht bestellt wird. Bestehen Hinweise, dass eine angeblich minderjährige Person bereits das Mündigkeitsalter erreicht hat, kann das SEM ein Altersgutachten veranlassen (Art. 17 Abs. 3bis AsylG). Angewandt wird dabei eine gemischte Methode mit verschiedenen Komponenten, welche die theoretisch grösstmögliche Wahrscheinlichkeit für die Altersbestimmung mit sich bringt; ein wissenschaftlich sicheres Ergebnis ist auch mit dieser Methode allerdings nicht möglich.

d) Asylentscheid

Die Asylgesuchsprüfung mündet jeweils in einem Asylentscheid, welcher die rechtliche Situation der Gesuchstellenden *anhand der gesamten formellen und materiellen Elemente* klärt. Der Asylentscheid ist von massgeblicher Bedeutung für den allfälligen weiteren Verbleib in der Schweiz, den rechtlichen Status, die Rechte und Pflichten sowie die Beschwerdemöglichkeiten der betroffenen Person.

8. Sonderverfahren

a) Flughafenverfahren

Ein besonderes Verfahren gilt gemäss Art. 22 f. AsylG für Asylgesuche an schweizerischen Flughäfen, wobei dieses Verfahren grundsätzlich nur an den *Flughäfen Genf-Cointrin und Zürich-Kloten* Anwendung findet. Diesfalls erhebt die zuständige Behörde am Flughafen, in der Regel die Kantonspolizei, die Personalien, Fingerabdrücke und Fotografien sowie allfällige weitere biometrische Daten und führt die Erstbefragung durch. In der Folge prüft das SEM die Zuständigkeit der Schweiz nach den Regeln der Dublin-Verordnung. Ergibt sich nicht sofort, dass die Voraussetzungen einer Einreise erfüllt sind, wird eine solche, ausser in Härtefällen, vorläufig verweigert. Das SEM weist den Betroffenen einen Aufenthaltsort und eine Unterkunft zu, die der Flughafenbetreiber unter

Kostenübernahme des Bundes in der Regel im *Transitbereich* bereitstellt. Der Entscheid über die Einreise und den Aufenthaltsort hat nach vorgängig gewährtem rechtlichem Gehör innert zwei Tagen nach Gesuchseinreichung zu erfolgen. Die Asylsuchenden erhalten unentgeltliche Beratung und Rechtsvertretung. Die Festhaltung darf längstens 60 Tage dauern. Liegt ein rechtskräftiger Wegweisungsentscheid vor, kann die betroffene Person in ein Ausschaffungsgefängnis überführt werden. Andernfalls ist sie spätestens nach Ablauf der 60-Tage-Frist einem Kanton oder einem Bundeszentrum zuzuweisen. Im Übrigen verläuft das Verfahren weitgehend nach den normalen Phasen. Wird die Einreise verweigert, hat hinsichtlich des Asylgesuchs innert 20 Tagen ein Nichteintretens- oder Abweisungsentscheid zu ergehen, andernfalls ist die betroffene Person einem Kanton oder einem Bundeszentrum zuzuweisen.

b) Summarisches Verfahren

Nach Art. 40 AsylG können Asylgesuche *ohne weitere Abklärungen und mit summarischer Begründung abgelehnt* werden, wenn bei der Anhörung *offenkundig* wird, dass die Asylsuchenden ihre Flüchtlingseigenschaft weder beweisen noch glaubhaft machen können und ihrer Wegweisung keine Gründe entgegenstehen. Es hat jedoch ein Verfahren mit Anhörung und materiellem Entscheid stattzufinden, sofern nicht ein Tatbestand von Art. 31a Abs. 1–3 AsylG erfüllt ist. Das summarische Verfahren gelangt insbesondere bei Personen aus sog. sicheren Heimat- oder Herkunftsstaaten («safe countries») zur Anwendung. Gemäss Art. 6a Abs. 2 AsylG führt der Bundesrat eine entsprechende Liste, die im Anhang 2 zur AsylV 1 publiziert ist. Darauf befinden sich nicht nur alle EU- und EFTA-Staaten, sondern auch, hier nicht abschliessend aufgezählt, weitere Länder Europas wie Serbien und Nordmazedonien oder Länder Afrikas und Asiens wie Senegal, Ghana, Indien und die Mongolei. Auch das summarische Verfahren entbindet nicht von einer individuellen Prüfung allfälliger Gefahren bei Rückkehr.

c)   Prioritäre Verfahren

Nach Art. 37b AsylG legt das SEM eine *Behandlungsstrategie* für
prioritär zu behandelnde Asylgesuche fest. Im Zuge der Umsetzung
des neuen Asylverfahrens wurde die Behandlungsstrategie des SEM
an die Reform angepasst und gilt lediglich für Zeiten, in denen nicht
alle Gesuche wie vorgesehen behandelt werden können. Prioritär
sind nach der Behandlungsstrategie zunächst Dublin-Verfahren,
dann beschleunigte Verfahren für Personen aus Herkunftsländern
mit niedriger Schutzquote, gefolgt von beschleunigten Verfahren
für Personen aus Herkunftsländern mit hoher Schutzquote. Erst
danach sind erweiterte Verfahren zu prüfen. Zum 1. März 2024 hat
das SEM – nach einer dreimonatigen Testphase in Zürich – zudem
einen Fokus auf die Behandlung von Asylgesuchen von Personen
aus den Maghreb-Staaten (Tunesien, Algerien und Marokko) gerichtet. Diese Verfahren sollen unter dem Label «24-Stunden-
Verfahren» prioritär an die Hand genommen werden. Angesichts
der geltenden Verfahrensfristen kann das Asylverfahren auch in
diesen Fällen nicht innerhalb von 24 Stunden entschieden werden.
Durch die Fokussierung auf die Maghreb-Staaten ist aber ein Be-
schleunigungseffekt bei der Prüfung von Asylgesuchen von Personen aus diesen Ländern eingetreten. Die Behandlungsstrategie und
Informationen zum «24-Stunden-Verfahren» finden sich auf der
Website des SEM (sem.admin.ch).

9.   Verfahrensfristen

Bei den *Bearbeitungs- und Behandlungsfristen* im Asylverfahren für
das SEM (insb. Art. 37 AsylG) und das Bundesverwaltungsgericht
(Art. 109 AsylG) handelt es sich grundsätzlich um Ordnungsfristen,
von denen die Behörden je nach Kapazitäten und Komplexität des
Falles auch abweichen können. Gegen die Nichteinhaltung kann
nur wegen Rechtsverzögerung oder -verweigerung Beschwerde
geführt werden (vgl. Art. 29 Abs. 1 BV und Art. 6 AsylG i.V.m.
Art. 46a VwVG). Die gesetzlich vorgesehenen asylverfahrensrecht-

lichen *Rechtsmittelfristen* (Art. 108 AsylG) sind hingegen von den asylsuchenden Personen zwingend einzuhalten. Wird eine solche Beschwerdefrist verpasst, kommt allenfalls nur noch in Ausnahmefällen unverschuldeter Nichteinhaltung eine Wiederherstellung der Frist in Frage (Art. 6 AsylG i.V.m. Art. 24 VwVG). Andernfalls wird die Entscheidung rechtskräftig und kann lediglich mit ausserordentlichen Rechtsmitteln (vgl. dazu § 21.1.b, S. 350) angefochten werden.

Im Übrigen wird dem Ordnungscharakter der Behördenfristen dadurch Rechnung getragen, dass die gesetzliche Höchstdauer von 140 Tagen für den Aufenthalt in einem Bundesasylzentrum die vorgesehene maximale Dauer des beschleunigten Verfahrens übersteigt. In Dublin-Verfahren ist durch die Regelungen zur Vorbereitungsphase und zur Entscheidzustellung nach Zustimmung ebenfalls sichergestellt, dass es in aller Regel zeitlich möglich ist, die Person innerhalb der verbindlich geltenden Überstellungsfrist (Art. 29 DVO) aus dem Bundesasylzentrum in den zuständigen Staat zu überstellen. Gegen die Überschreitung der Höchstaufenthaltsdauer kann gegebenenfalls Beschwerde mit dem Ziel der Zuweisung an einen Kanton geführt werden.

10. Ergänzende Regelungen

Das Asylgesetz enthält verschiedene weitere *prozessuale Bestimmungen* wie solche über das Beweisverfahren (Art. 11 AsylG), die Verfahrenssprache (Art. 16 AsylG) oder die Eröffnung von Verfügungen und Mitteilungen (Art. 12–13 AsylG). Insbesondere enthält Art. 9 AsylG eine gesetzliche Grundlage für die Durchsuchung asylsuchender Personen und ihres Besitzes durch die Behörden, wobei ausdrücklich bestimmt wird, dass die Durchsuchung von einer Person gleichen Geschlechts durchgeführt werden muss. Art. 10 AsylG sieht überdies die Regeln für Sicherstellung und Einziehung von Dokumenten, namentlich von Reisepapieren und Identitätsausweisen, vor.

Leitentscheide: EGMR 76424/14 und 76435/14 Danelyan c. Schweiz; BGE 137 I 128; BGer 2C_821/2021 zPb.; BVGE 2018 VI/1 und 2009/40 (asylrechtlicher Härtefall); EGMR 19776/92 Amuur c. Frankreich und BGE 123 II 193 (Flughafenverfahren); 138 II 513 und BVGE 2014/29 (Asyl- und Auslieferungsverfahren); BGE 138 I 246, 137 I 351, 128 II 200 sowie BVGE 2013/37 und 2009/40 (Ausschliesslichkeit des Asylverfahrens); 2020 VII/2 und 2020 VII/4 (asylrechtlicher Härtefall inkl. Kognition und Zustimmungsverfahren); 2015/10 (rechtliches Gehör und Untersuchungsgrundsatz); 2011/28 und 2009/50 (Mitwirkungspflicht); 2019 I/6; 2018 VI/3 (Altersbestimmung) und 2021 VI/3 (Abklärungspflichten bei UMA); 2020 VI/10 (Unterbringung in besonderen Zentren); 2020 VI/5 (Triage beim Verfahrenstyp); BVGer D-2337/2021 (LINGUA-Analyse).

§ 18 Asylrechtlicher Status

1. Asylsuchende

Eine Person, die ein erstes Asylgesuch in der Schweiz gestellt hat, darf sich gemäss Art. 42 AsylG *bis zum Abschluss des Verfahrens in der Schweiz aufhalten.* Dies gilt während der gesamten Dauer des Asylverfahrens, so dass eine ausländerrechtliche Wegweisungsverfügung während des Verfahrens rechtswidrig ist. Art. 42 AsylG hindert aber nicht den Erlass einer strafrechtlichen Landesverweisung oder einer Ausweisungsverfügung. Der Person wird von den zuständigen kantonalen Behörden ein *Ausweis N* ausgestellt. Dieser ist auf sechs Monate befristet und verlängerbar und gilt bis zur rechtskräftigen Entscheidung. Danach erhält die Person entweder einen anderen Status oder muss die Schweiz verlassen. Aus der Gültigkeitsdauer lässt sich daher kein Anwesenheitsrecht ableiten und der Ausweis berechtigt nicht zum Grenzübertritt. Er bescheinigt lediglich die Einreichung eines Asylgesuchs und gilt als Ausweispapier gegenüber den Behörden (vgl. dazu Art. 30 AsylV 1). Solange sich die Person in einem BAZ aufhält, wird lediglich eine Bescheinigung über den dortigen Aufenthalt ausgestellt, die aber rechtlich dieselbe Wirkung hat wie ein Ausweis N.

Bei der Unterbringung in einem Zentrum des Bundes (vgl. Art. 5 VO EJPD) und bei der Kantonszuweisung ist der Grundsatz der *Einheit der Familie* zu wahren. Die Einheit der Familie stellt den einzigen Grund dar, gegen die Kantonszuweisung Beschwerde zu erheben (vgl. Art. 27 Abs. 3 AsylG); der gesetzliche Ausschluss anderer Beschwerdegründe erscheint mit Blick auf Art. 29a BV zwar fragwürdig, ist aber wegen Art. 190 BV von den rechtsanwendenden Behörden zu befolgen.

Während des laufenden Asylverfahrens ist die Anordnung von Administrativhaft nach der Rechtsprechung des Bundesgerichts «offensichtlich rechtswidrig», es sei denn, es liegen die Voraussetzungen für eine *Vorbereitungshaft* (s. dazu § 10.7.d.cc, S. 235) vor.

Die asylsuchende Person darf während des Verfahrens auch nicht dazu angehalten oder unter Zwang dazu gebracht werden, mit einem potenziellen *Verfolgerstaat in Kontakt* zu treten und an der eigenen Ausreise mitzuwirken.

Theoretisch dürfen Asylsuchende nach der Kantonszuweisung gemäss Art. 43 AsylG einer *Erwerbstätigkeit* nachgehen. Sie haben nach dem Aufenthalt in den Zentren des Bundes Zugang zum Arbeitsmarkt unter den Bedingungen des Ausländer- und Integrationsgesetzes (vgl. insb. Art. 30 Abs. 1 Bst. l AIG). Praktisch erweist es sich für Asylsuchende allerdings als sehr schwierig, Arbeit zu finden, so dass die meisten Asylsuchenden auf *Sozialhilfe* angewiesen sind.

2.　Flüchtlinge

a)　Geltung der Flüchtlingsrechte

Grundsätzlich bestimmt sich die *Rechtsstellung von Flüchtlingen* nach dem Ausländer- und Integrationsgesetz. Das Asylgesetz und die Flüchtlingskonvention enthalten aber teilweise darüber hinausgehende Rechte für Flüchtlinge. Anerkannte Flüchtlinge mit vorläufiger Aufnahme oder mit Asyl gelten gegenüber den Schweizer Behörden als Flüchtlinge mit allen Rechten, die ihnen aus der Flüchtlingskonvention sowie den speziellen Rechten nach dem Asylgesetz zustehen. Selbst bei einer rechtskräftigen Landesverweisung bleiben bestimmte Rechte aus der Flüchtlingskonvention erhalten. Personen, die lediglich eine ausländerrechtliche vorläufige Aufnahme erhalten haben, können sich hingegen nicht auf die Flüchtlingsrechte berufen.

Anerkannte Flüchtlinge gelten gegenüber den Schweizer Behörden und Gerichten solange als Flüchtlinge, bis die Flüchtlingseigenschaft formal aufgehoben wird. Das Vorliegen der Voraussetzungen für einen Widerruf oder das Bestehen eines Erlöschensgrundes reichen für die Aberkennung der Flüchtlingsrechte nicht aus, solange die Flüchtlingseigenschaft nicht *rechtskräftig aberkannt* worden ist.

b)　Arten von Flüchtlingsrechten

Gemäss Art. 12 Abs. 1 FK ergibt sich die personenrechtliche Stellung von Flüchtlingen aus dem *Recht des Aufnahmelandes*. Vorerworbene Rechte sollen gemäss Art. 12 Abs. 2 FK zwar grundsätzlich anerkannt werden, stehen allerdings unter dem Vorbehalt, dass sie auch im Aufnahmestaat hätten rechtmässig erworben werden können (sog. Ordre-public-Vorbehalt). Der bedeutendste Anwendungsfall für diesen Ordre-public-Vorbehalt in der Schweiz ist die Nichtanerkennung von Rechten, die sich aus polygamen Ehen ergeben. Flüchtlinge verfügen insbesondere über die folgenden Rechte:

−　Wem Asyl gewährt wird, dem ist eine *Aufenthaltsbewilligung* durch den dafür zuständigen Zuweisungskanton zu erteilen. Für den Zugang zur Niederlassungsbewilligung gelten die allgemeinen Regeln des Ausländer- und Integrationsgesetzes (vgl. Art. 60 AsylG i.V.m. Art. 41 AsylV 1).

- Das Bundesverwaltungsgericht hat das *Freizügigkeitsrecht* innerhalb des Aufnahmestaates gemäss Art. 26 FK als self-executing anerkannt und die Beschwerde eines vorläufig aufgenommenen Flüchtlings gutgeheissen, der aus anderen als familiären Gründen den Kanton wechseln wollte.

- Personen, die die Flüchtlingseigenschaft erfüllen, haben ein Recht auf Ausstellung eines *Reiseausweises für Flüchtlinge* (vgl. Art. 59 Abs. 2 Bst. a i.V.m. Art. 3 RDV sowie Art. 28 FK).

- Ein wesentlicher und völkerrechtlich problematischer Unterschied zwischen Flüchtlingen mit Asyl und Flüchtlingen mit vorläufiger Aufnahme besteht beim *Recht auf Familienzusammenführung*. Flüchtlinge mit Asyl haben gemäss Art. 51 AsylG ein Recht auf Nachzug der Kernfamilie (Ehegatten und minderjährige Kinder) und Einbezug von in der Schweiz geborenen Kindern ins Asyl (sog. Familienasyl), wenn keine besonderen Gründe dagegensprechen. Wurden die anspruchsberechtigten Personen durch die Flucht getrennt und befinden sich diese im Ausland, ist ihnen auf Gesuch hin die Einreise in die Schweiz zu bewilligen. Im Übrigen besteht wegen des Bewilligungsanspruchs nach Art. 60 AsylG ein Anspruch auf Familiennachzug gemäss Art. 8 EMRK bzw. Art. 13 BV. Das Familienasyl steht nach der Rechtsprechung allerdings nur originär anerkannten Flüchtlingen zu; wer selbst ein abgeleitetes Asyl erhalten hat, kann seine Angehörigen nicht darin einbeziehen. Für vorläufig aufgenommene Flüchtlinge gelten demgegenüber die wesentlich strengeren Voraussetzungen von Art. 85c AIG mit insbesondere einer Wartefrist von drei Jahren, die sich nach einem Entscheid des EGMR, der die Frist als zu lange gerügt hat, auf zwei Jahre reduziert hat. Nach der Rechtsprechung haben Personen mit einer vorläufigen Aufnahmekein gefestigtes Aufenthaltsrecht, das es gemäss der Praxis des Bundesgerichts «erlaubt, sich auf den konventions- bzw. verfassungsrechtlich garantierten Schutz seines Familienlebens zu berufen». Eine völkerrechtskonforme Auslegung des Anwesenheitsrechts von Flüchtlingen würde es hingegen nahelegen, bereits bei Vorliegen der Flüchtlingseigenschaft von einem gefestigten Aufenthaltsrecht im Sinne der bundesgerichtlichen Rechtsprechung auszugehen, jedenfalls solange kein Ausweisungsgrund nach Art. 32 FK und keine Ausnahmen vom Refoulementverbot gemäss Art. 33 Abs. 2 FK vorliegen.

– Der Zugang zur *Erwerbstätigkeit* sowie der Stellen- und Berufswechsel sind gemäss Art. 61 Abs. 1 AsylG ohne Rücksicht auf die Arbeitsmarktlage für anerkannte Flüchtlinge möglich, wenn die orts- und branchenüblichen Lohn- und Arbeitsbedingungen gemäss Art. 22 AIG eingehalten sind (vgl. dazu auch Art. 65 VZAE). Die Aufnahme und die Beendigung sowie ein Stellenwechsel müssen gemäss Art. 61 Abs. 2 AsylG der zuständigen Stelle im Kanton gemeldet werden. Eine vorgängige Bewilligung ist seit dem 1.1.2018 nicht mehr notwendig. Die Meldepflicht gilt gemäss Art. 61 Abs. 3 AsylG bis zur Erteilung einer Niederlassungsbewilligung. Anders als beim Familiennachzug gilt die Regelung für alle anerkannten Flüchtlinge ohne Differenzierung, ob sie Asyl oder eine vorläufige Aufnahme erhalten haben. Flüchtlinge mit einer rechtskräftigen Landesverweisung erhalten ebenfalls vollen Zugang zum Arbeitsmarkt.

Ganz generell haben Flüchtlinge mit einer vorläufigen Aufnahme und Flüchtlinge mit einer rechtskräftigen Landesverweisung aber eine schlechtere Rechtsstellung als Flüchtlinge mit Asyl. Dies ist, solange sie wegen der begangenen Straftat nicht unter die Ausnahmen vom flüchtlingsrechtlichen Refoulementverbot (vgl. Art. 5 Abs. 2 AsylG und Art. 33 Abs. 2 FK) fallen oder auf sie ein Ausschlussgrund nach der Flüchtlingskonvention anwendbar ist, völkerrechtlich mit Blick auf das *Diskriminierungsverbot* des Art. 3 FK zumindest nicht unbedenklich.

Leitentscheide: EGMR 3295/06 Agraw c. Schweiz (Kantonszuweisung von vorläufig Aufgenommenen); EGMR 13258/18 B.F. u.a. c. Schweiz (Frist für Familiennachzug zu schutzberechtigten Personen); BGE 139 I 330 (Familienleben von Flüchtlingen); 138 I 246 (Arbeitsverbot von Asylsuchenden); BVGE 2020 VI/6, 2020 VI/7, 2019 VI/3, 2018 VI/6, 2017 VI/4, 2017 VII/4, 2015/40, 2015/29, 2012/32 und 2012/5; BVGer E-1813/2019 (Familienasyl und -zusammenführung); BVGE 2021 VI/1 (Familienleben im Dublin-Verfahren); 2012/2 (Freizügigkeitsrecht von Flüchtlingen); BVGer F-2739/2022 (Frist für Familiennachzug).

§ 19 Unentgeltliche Beratung und Rechtsvertretung

1.   Einleitung

Art. 102f Abs. 1 AsylG sieht den Anspruch von Asylsuchenden auf unentgeltliche Beratung und Rechtsvertretung in den Bundesasylzentren vor, der den besonderen Bedingungen der seit dem 1.3.2019 geltenden Regelungen für das Asylverfahren Rechnung trägt. Angesichts der durch die umfassenden Massnahmen zur Beschleunigung geschaffenen besonderen Verfahrens- und Unterbringungssituation gilt der Anspruch unabhängig von der Bedürftigkeit, den Erfolgsaussichten und der Notwendigkeit der Beratung und Rechtsvertretung. Die unentgeltliche Beratung und Rechtsvertretung steht allen Asylsuchenden im Dublin-Verfahren sowie im beschleunigten und im erweiterten Verfahren zur Verfügung, sofern sie nicht darauf verzichten. Die Gewährleistung unentgeltlicher Beratung und Rechtsvertretung dient in erster Linie der Wahrung der *Fairness und Rechtsstaatlichkeit der Asylverfahren*. Der Anspruch umfasst überdies die Rechtsvertretung im Beschwerdeverfahren in den Zentren des Bundes, wenn die zugewiesene Rechtsvertretung das Mandat nicht wegen Aussichtslosigkeit niederlegt (vgl. Art. 102h Abs. 4 AsylG).

Der Anspruch wurde ursprünglich auch als «flankierende Massnahme» zur intendierten Beschleunigung der Asylverfahren verstanden, kann aber generell als Ausgleich dafür gelten, dass Asylsuchende regelmässig hilfsbedürftig sind, die hiesige Rechtslage und Kultur und oft auch die Sprache nicht kennen und deshalb Unterstützung benötigen. Er soll zudem dazu beitragen, die *Mitwirkung der asylsuchenden Personen im Verfahren* effizient und effektiv zu gestalten.

Für das seit dem 1.3.2019 geltende Verfahren hat das SEM nach einer Ausschreibung nach WTO-Kriterien im Oktober 2018 die Mandate für die sechs Asylregionen an je eine *Leistungserbringerin* vergeben. Diese stellen die Personen, welche die Beratung und Rechtsvertretung übernehmen, im Arbeitsverhältnis an und weisen sie den Asylsuchenden zu. Die Mandatsvergabe erfolgte an verschiedene langjährig im Bereich des Rechtsschutzes für Asylsuchende in der Schweiz tätige NGOs. Durch die Vergabe nach Asylregion stellt sich die Frage nach einer schweizweit einheitlichen Leistungserbringung und nach einheitlichen Standards für die Qualitätssicherung der Beratung und Rechtsvertretung. Auch können sich dadurch regionale Dynamiken ergeben, die das Ziel einer schweizweit einheitlichen Entscheidungspraxis gefährden können. Aktuell kommt die Aufgabe der Qualitätssicherung und des Informationsaustausches gemäss Art. 52a Abs. 1 und Art. 52k AsylV 1 sowie Art. 102i AsylG den Leistungserbringerinnen, den zugelassenen Rechtsberatungsstellen und dem SEM gemeinsam zu. Die Rechtsschutzmandate wurden im Frühjahr 2024 neu ausgeschrieben.

Die Leistungserbringerinnen werden vom SEM für die Leistungen entschädigt. Die *Entschädigung* umfasst insbesondere Verwaltungs- und Personalkosten, die Bereitstellung der Büros und deren Infrastruktur sowie Beiträge für eine unabhängige Übersetzung. Neben der pauschalen Abgeltung der Aufgaben der Leistungserbringerin ist es gemäss Art. 102k Abs. 2 AsylG auch möglich, «ausnahmsweise» Beiträge nach Aufwand festzusetzen, «insbesondere zur Abgeltung einmalig anfallender Kosten». Dieselbe Regelung besteht für die Entschädigung der Rechtsvertretung im erweiterten Verfahren, die generell «durch Vereinbarung und auf Grundlage von kostengünstigen Lösungen» pauschal abgegolten wird (Art. 102l Abs. 2 AsylG).

2. Beratung

Art. 102g AsylG und Art. 52b Abs. 1 AsylV 1 regeln Rolle und Aufgaben der *Beratung* über das Asylverfahren. Diese muss für die Asylsuchenden verfügbar sein und *Informationen über die Rechte und Pflichten im Asylverfahren* vermitteln. Sie ist als Ergänzung zur Verpflichtung des SEM gemäss Art. 26 Abs. 3 AsylG zu verstehen, diese Informationen zur Verfügung zu stellen. Zur Beratung sind Personen zugelassen, die sich beruflich mit der Beratung von Asylsuchenden befassen; eine juristische Ausbildung ist nicht zwingend vorgeschrieben (vgl. Art. 102i Abs. 3 AsylG).

Die Beratung steht den asylsuchenden Personen ab dem ersten Tag *während des gesamten Aufenthalts in den Bundesasylzentren* zur Verfügung. In der Praxis wird dieser Zugang durch eine Verweisung auf die Beratung bei der Fingerabdruckabnahme sichergestellt. Die Schwelle zur Inanspruchnahme der Beratung soll möglichst niedrig sein, da eine gute Erreichbarkeit zum Vertrauensaufbau und zur Entlastung der Rechtsvertretung von Aufgaben, die nicht unmittelbar mit dem laufenden individuellen Asylverfahren zusammenhängen, entscheidend beitragen kann. Der Zugang zu einer solchen unabhängigen Beratung in Asylverfahren ist auch völker- und assoziationsrechtlich verpflichtend. Konzeptionell soll die Beratung auf Fragen in Bezug auf das eigentliche Asylverfahren beschränkt sein. Diese Ausrichtung der Beratung soll den Fokus der asylsuchenden Personen auf das anstehende Verfahren schärfen. Sinnvoll sind Beratungsleistungen, die allgemeine Informationen zum Verfahren mit einer individuellen, personenorientierten Komponente verbinden. Dafür ist es insbesondere notwendig, in jedem Beratungsgespräch abzuklären, in welcher psychischen und physischen

Verfassung sich die beratene Person befindet. Hat diese akute gesundheitliche Probleme oder andere Sorgen, die sie vom Asylverfahren ablenken, erreichen die Informationen die Person in aller Regel nicht oder werden nicht wie erforderlich verarbeitet oder umgesetzt. Der Beratung kommt daher in der Praxis auch eine Triage-Funktion zu, um den beratenen Personen für das weitere Vorgehen Hilfestellung zu geben. Durch die unterschiedlichen und häufig komplexen individuellen Situationen, in denen sich asylsuchende Personen befinden, ist es für die Beratung oft notwendig, auch Auskunft und Vorgehenshinweise zu Sachverhalten zu geben, die nicht unmittelbar mit dem Asylverfahren zu tun haben.

3. Rechtsvertretung

a) Bestellung und Dauer

Die *Zuweisung der Rechtsvertretung* soll *unmittelbar nach Eintritt* in ein Zentrum des Bundes erfolgen und liegt gemäss Art. 102i AsylG organisatorisch in den Händen der Leistungserbringerin. Als Rechtsvertretung sind zugelassen Rechtsanwälte und -anwältinnen sowie Personen mit universitärem juristischem Hochschulabschluss, die sich beruflich mit der Beratung und Vertretung von Asylsuchenden befassen (Art. 102i Abs. 4 AsylG). Die Rechtsvertretung steht ab Beginn der Vorbereitungsphase zur Verfügung, um so einen umfassenden Rechtsschutz sicherzustellen. Die Aufgaben der Rechtsvertretung richten sich nach Art. 102k Abs. 1 Bst. b–f AsylG und sind teilweise auch in Art. 20c und 52d AsylV 1 beschrieben. Ein Wechsel der zugewiesenen Rechtsvertretung soll nur möglich sein, wenn gewichtige Gründe vorliegen, beispielsweise wenn in einem Fall geschlechtsspezifische Verfolgungsgründe geltend gemacht werden und die asylsuchende Person daher von einer Person gleichen Geschlechts vertreten werden möchte und sollte. In der Praxis führen vor allem Probleme mit der Taktung der Verfahren, Krankheitsfälle und die Arbeitszeiten der verschiedenen beteiligten Personen auf allen Seiten zu solchen sog. Handwechseln.

Ab dem Zeitpunkt der Zuweisung dauert die Rechtsvertretung im beschleunigten Verfahren und im Dublin-Verfahren, unter Vorbehalt einer Niederlegung gemäss Art. 102h Abs. 4 AsylG, *bis zur Rechtskraft des Entscheids*. Die Rechtsvertretung steht damit auch für das Beschwerdeverfahren grundsätzlich kostenfrei zur Verfügung. Daher kann in Beschwerdeverfahren, die von der Rechtsvertretung in den Zentren des Bundes geführt werden, aufgrund der Pauschalabgeltung über die Leistungserbringerin keine Parteientschädigung, sondern lediglich eine Befreiung von den Verfahrenskosten gewährt werden.

Hat die asylsuchende Person auf die Zuweisung einer Rechtsvertretung *verzichtet* oder diese das Mandat wegen mangelnder Erfolgsaussichten niedergelegt, greifen die *generellen Regeln zur unentgeltlichen Rechtspflege und Verbeiständung* gemäss Art. 102m Abs. 4 AsylG (i.V.m. Art. 29 Abs. 3 BV). Dasselbe gilt auch für die Rechtsvertretung im erweiterten Verfahren, da in diesen Verfahren die unentgeltlich zur Verfügung stehende Tätigkeit der Rechtsvertretung mit dem Entscheid grundsätzlich endet.

b) Aufgaben

Die *Mitwirkung* der Rechtsvertretung ist grundsätzlich *bei allen Verfahrensschritten* notwendig, bei denen das SEM mit der asylsuchenden Person in Kontakt tritt. Art. 102j AsylG stellt klar, dass Verfahrensschritte in den Zentren des Bundes, die ohne Beteiligung der Rechtsvertretung stattfinden, keine Rechtswirkung entfalten und daher neu angesetzt werden müssen, es sei denn, es liegen besondere Konstellationen vor. Die Rechtsvertretung ist also zur Teilnahme an den Verfahrensschritten berechtigt und verpflichtet. Sie begleitet die betroffene Person in alle Gespräche mit dem SEM und bereitet die asylsuchende Person insbesondere auf die Erstbefragung und die Anhörung vor. Dies erfordert eine Vielzahl von Terminen mit der asylsuchenden Person und sichert die effektive Rechtsvertretung auf der praktischen Ebene ab.

Eine Besonderheit des Verfahrens besteht darin, dass das SEM geplante ablehnende Entscheide nicht der asylsuchenden Person direkt zustellt, sondern der Rechtsvertretung in den beschleunigten Verfahren einen «*Entscheidentwurf*» zukommen lässt, zu dem sich die asylsuchende Person vorab innerhalb von 24 Stunden nochmals äussern kann. Die Rechtsvertretung hat zudem die Aufgabe, die ergangenen Entscheide den asylsuchenden Personen zu erläutern und mit ihnen die Erfolgsaussichten einer allfälligen Beschwerde zu erörtern, was auch zu einer Entlastung der Betreuungspersonen in den Zentren führt. Dabei ist die Rechtsvertretung *anwaltlichen Grundsätzen verpflichtet*, hat also eine echte Chancenberatung zu leisten. Während des gesamten Aufenthalts in einem Zentrum des Bundes ist die Rechtsvertretung auch als Vertrauensperson für unbegleitete minderjährige Asylsuchende tätig.

c)   Im erweiterten Verfahren

Wird nach der Anhörung das erweiterte Verfahren durchgeführt, bestehen *zwei Möglichkeiten:* Entweder können sich asylsuchende Personen während ihres Aufenthalts im Kanton kostenlos an eine vom SEM für die Beratung und Rechtsvertretung im erweiterten Verfahren zugelassene Rechtsberatungsstelle (vgl. Art. 102i AsylG) wenden oder die zugewiesene Rechtsvertretung kann auch nach der Zuweisung beibehalten werden. Letztere Möglichkeit soll gemäss Art. 52f Abs. 3 AsylV 1 die Ausnahme sein. Im ersten Fall ist die Rechtsvertretung verpflichtet, die zugelassene Rechtsberatungsstelle im Kanton über den bisherigen Verfahrensstand zu informieren (Art. 102k Abs. 1 Bst. f AsylG). Zudem muss auch der asylsuchenden Person das weitere Vorgehen und die rechtliche Situation erläutert werden. Die Rechtsvertretung durch eine zugelassene Rechtsberatungsstelle im erweiterten Verfahren ist auf entscheidrelevante Schritte beschränkt; bei diesen handelt es sich gemäss Art. 52h AsylV 1 um «zusätzliche Anhörungen zu den Asylgründen, die Gewährung des rechtlichen Gehörs sowie Eingaben, welche massgeblich zur Feststellung des Sachverhalts beitragen». Die Teilnahme der Rechtsvertretung an den entscheidrelevanten Schritten ist auch im erweiterten Verfahren erforderlich und verpflichtend, wenn keine aussergewöhnlichen Umstände vorliegen (vgl. Art. 52i AsylV 1). Art. 52h AsylV 1 nennt die Entscheideröffnung und ein Beratungsgespräch über eine allfällige Beschwerdeerhebung anders als Art. 102k AsylG nicht als entscheidrelevante Schritte. Diese sollten aber aus Gleichbehandlungsgründen und zur Glaubwürdigkeit des Verfahrens auch im erweiterten Verfahren zu den verpflichtenden Aufgaben der Rechtsvertretung gehören und abgegolten werden. Allein die längere Beschwerdefrist von 30 Tagen für Beschwerden nach Entscheiden in erweiterten Verfahren kann das Beratungsgespräch durch eine Rechtsvertretung, die den Fall begleitet hat, nicht ersetzen.

> **Leitentscheide:** BVGE 2019 VI/5 (Honorar einer bei einer Hilfsorganisation angestellten amtlichen Rechtsbeiständin); 2017 VI/8 (unentgeltliche Rechtspflege im Asylverfahren); 2020 VI/5 (Triage im Asylverfahren); 2021 VI/2 (keine Legitimation des Rechtsvertreters, anstelle des untergetauchten Asylsuchenden Beschwerde zu führen).

§ 20 Wegweisung

1. Grundsatz

Lehnt das SEM das Asylgesuch ab oder tritt es auf das Gesuch nicht ein, verfügt es die Wegweisung, da nach den Vorgaben des Art. 44 AsylG eine *Wegweisungsverfügung* «in der Regel» zu ergehen hat, wenn der Person kein Asyl gewährt wird. Die Weg- oder Ausweisung anerkannter Flüchtlinge richtet sich nach dem Ausländer- und Integrationsgesetz, vermag aber den Rückschiebungsschutz grundsätzlich nicht zu beseitigen (vgl. Art. 65 AsylG), womit es diesfalls in der Regel zu einer vorläufigen Aufnahme wegen Unzulässigkeit des Vollzugs kommt.

2. Ausnahmen

Eine Wegweisung wird gemäss Art. 32 Abs. 1 AsylV 1 nur dann nicht verfügt, wenn die Person entweder bereits zum Verlassen der Schweiz verpflichtet wurde oder wenn sie ein anderweitiges, d.h. ausländerrechtliches, Aufenthaltsrecht hat. Die *rechtskräftige Verpflichtung*, die Schweiz zu verlassen, kann beispielsweise bestehen, wenn gegenüber der Person eine Auslieferungsverfügung oder eine Ausweisungsverfügung ergangen ist oder eine Landesverweisung rechtskräftig geworden ist. Liegt eine Ausweisungsverfügung oder eine rechtskräftige Landesverweisung vor, kann die zuständige kantonale Behörde beim SEM eine Stellungnahme zu allfälligen Wegweisungsvollzugshindernissen einholen (Art. 32 Abs. 2 AsylV 1).

Ein *Aufenthaltsrecht in der Schweiz* besteht, wenn die Person im «Besitze einer gültigen Aufenthalts- oder Niederlassungsbewilligung» ist. Nach der Rechtsprechung ist dieser Begriff weit auszulegen und umfasst auch Fälle, in denen eine Person Anspruch auf eine Bewilligung hat. In einem solchen Fall wird die Wegweisung nicht verfügt.

Erforderlich sind unter Umständen *umfassende Abklärungen.* So sind beispielsweise bei gemischtnationalen Ehen genaue Ermittlungen zu allen potenziell von der Verfügung betroffenen Personen vorzunehmen, um festzustellen, ob das Recht auf Familienleben durch eine Wegweisungsverfügung verletzt wäre. Dabei sind unter Umständen auch die Rechte der Kinder aus einer früheren Beziehung umfassend in die Abwägung miteinzubeziehen. Es muss allerdings ein Anspruch auf die Bewilligung bestehen, da sich aus dem Prinzip der Ausschliesslichkeit des Asylverfahrens nach Art. 14 Abs. 1 AsylG ergibt, dass nur bei Bestehen eines solchen Anspruchs eine Bewilligung erteilt werden darf (dazu vorne § 17.4., S. 318).

In der Praxis müssen das SEM und das Bundesverwaltungsgericht eine solche Prüfung jedoch nur vornehmen, wenn sie nicht schon durch eine kantonale Instanz erfolgt ist oder erfolgen könnte. Eine

Wegweisungsverfügung unterbleibt unter dem Aspekt des *Familien-lebens* zudem nur dann, wenn sich ein Anspruch auf eine Bewilligung aus Art. 8 EMRK bzw. Art 13 BV ergibt. Dabei ist zu prüfen, ob der Person gestützt darauf ein Anspruch auf ein Aufenthaltsrecht zustehen könnte, den sie bereits geltend gemacht hat, und ob seitens der zuständigen kantonalen Behörden noch keine formelle oder materielle Entscheidung über das Gesuch ergangen ist. Dabei muss aufgrund der Vorgaben von Art. 6 Abs. 4 RFRL sichergestellt sein, dass das SEM oder der Kanton den möglichen Anspruch auf eine Bewilligung umfassend geprüft hat und eine Beschwerdemöglichkeit bestand oder besteht, bevor eine Wegweisungsverfügung rechtskräftig wird.

Über ein Gesuch um eine Bewilligung, auf die kein Anspruch besteht, ist mittels einer *Härtefallprüfung* zu entscheiden, was nicht Gegenstand der Prüfung der Rechtmässigkeit der Wegweisungsverfügung bildet bzw. in einem davon unabhängigen Bewilligungsverfahren zu erfolgen hat.

3. Vorläufige Aufnahme

Liegen Wegweisungsvollzugshindernisse vor oder erfüllt die Person die Flüchtlingseigenschaft, ist aber von der Asylgewährung ausgeschlossen, und bestehen keine Gründe für den Ausschluss von der vorläufigen Aufnahme gemäss Art. 83 Abs. 7 oder 9 AIG, wird die vorläufige Aufnahme angeordnet. Vorweg ist gemäss Art. 44 AsylG die Wegweisung anzuordnen, bevor geprüft wird, ob die Person vorläufig aufzunehmen ist. Die vorläufige Aufnahme wird gemäss Art. 45 Abs. 1 Bst. e AsylG als *Ersatzmassnahme anstelle des Vollzugs* verfügt; dabei ist nach Art. 45 Abs. 1 Bst. d AsylG auch der Staat anzugeben, in den die asylsuchende Person nicht zurückgeführt werden darf.

Nach bisheriger vorherrschender Auffassung handelt es sich bei der vorläufigen Aufnahme nicht um einen Schutzstatus, sondern lediglich um ein Surrogat für eine nicht durchführbare Wegweisung. Dieses Verständnis erscheint mit Blick darauf, dass mit der Aufnahme Rechte und Pflichten verbunden sind und inzwischen Art. 50 AIG unter bestimmten Voraussetzungen sogar einen Anspruch auf Verlängerung der vorläufigen Aufnahme vorsieht, zunehmend fragwürdig. Hinzu kommt, dass gemäss Art. 45 Abs. 1 Bst. b AsylG bei einer Wegweisungsverfügung mit Anordnung einer vorläufigen Aufnahme keine Ausreisefrist festzusetzen ist. Damit erteilt die Schweiz diesen Personen «aus humanitären oder sonstigen Gründen» eine «sonstige Aufenthaltsberechtigung» im Sinne von Art. 6 Abs. 4 RFRL. Diese Bestimmung sieht vor, dass im Fall einer humanitären Aufnahme *keine Rückkehrentscheidung* getroffen wird, da ein solcher Aufenthalt als rechtmässig einzustufen ist. Insofern ist die humanitäre Aufnahme als Schutzstatus anzusehen. Daran anschliessend stellt sich die generellere Frage, ob die vorläufige Aufnahme, die gerade keinen rechtmässigen Aufenthalt begründen soll, in ihrer Ausgestaltung gegen das gemäss der Schengen-Assoziierung auch von der Schweiz anzuwendende Schengen-Recht im Bereich der Rückkehr verstösst. Da der Wegweisungsverfügung grundsätzlich der Charakter einer Rückkehrentscheidung zukommt, müsste sich ein allfälliger Entscheid, der den Vollzug nicht anordnet, auf die Ablehnung des Asylgesuchs beschränken und die vorläufige Aufnahme ohne Wegweisung verfügen. Die Regelung und die Rechtsnatur der vorläufigen Aufnahme müssten daher auch aus diesem Grund überdacht werden.

Im Übrigen werden die Wegweisungsvollzugshindernisse und die vorläufige Aufnahme an anderer Stelle in diesem Buch eingehend beschrieben (dazu vorne § 10.9., S. 245, und § 14.2.b, S. 289).

4. Wegweisungsvollzug

a) Vollzugsanordnung

Ergeht eine *Wegweisungsverfügung ohne vorläufige Aufnahme*, ist die Verpflichtung auszusprechen, dass die Person die Schweiz zu verlassen hat. Für den Fall der Nichtbefolgung werden Zwangsmittel angedroht. Die Wegweisungsverfügung bezeichnet den für den Vollzug der Wegweisung zuständigen Kanton (vgl. Art. 45 Abs. 1 Bst. a, c und f AsylG). Die Verfügung muss zudem eine Rechtsmittelbelehrung enthalten, in der das zulässige ordentliche Rechtsmittel, die Beschwerdeinstanz und die Beschwerdefrist angegeben sind, und mit einem Informationsmerkblatt versehen sein (Art. 45 Abs. 4 AsylG). Der Entscheid ist mit Erläuterungen in einer für die betroffene Person verständlichen Sprache zu versehen.

b) Ausreise und Ausreisefrist

Der betroffenen Person muss zunächst die Möglichkeit gegeben werden, der Anordnung der Wegweisung seitens der Behörden Folge zu leisten. Das bedeutet, dass die selbst organisierte («freiwillige») Ausreise vorrangig ist. Zuständig für die Umsetzung ist der in der Wegweisungsverfügung bezeichnete Kanton, der nach Verteilschlüssel gemäss Art. 27 AsylG in Verbindung mit Art. 21 AsylV 1 bestimmt wird. Mit der Wegweisungsverfügung ist eine *angemessene Ausreisefrist* anzusetzen, die in der Regel zwischen 7 und 30 Tagen beträgt, aber bei Bestehen individueller Gründe auch länger oder kürzer sein kann. Das Gesetz regelt diesbezüglich einige Fallkonstellationen genauer (vgl. Art. 45 Abs. 1 Bst. b sowie Abs. 2–3 AsylG). Aufgrund der Rechtsschutzgarantie kommt eine sofortige Vollziehung einer Wegweisungsverfügung nicht in Betracht. Während der laufenden Beschwerdefrist darf eine Wegweisungsentscheidung nicht vollzogen werden und die Rückkehrentscheidung darf noch keine Wirkungen haben, damit die Person den Rechtsschutz auch effektiv geltend machen kann. Die Praxis des SEM, im Fall einer Beschwerde die Ausreisefrist auf den Tag nach der Rechtskraft der Beschwerdeentscheidung zu setzen, widerspricht den Regeln der RFRL und § 45 Abs. 2 AsylG. Diese für Rückkehrentscheidungen nach der Rückführungsrichtlinie geltenden Rechtsschutzmassstäbe, die aufgrund der Schengen-Assoziierung auch für die Schweiz verbindlich sind, hat der EuGH in den letzten Jahren präzisiert. Nach der Rechtsprechung des Bundesverwaltungsgerichts zur Schengen-Assoziierung darf von den Vorgaben des EuGH im Lichte des Ziels der Einheitlichkeit der Rechtsanwendung im Schengen-Raum nur in begründeten Ausnahmefällen abgewichen werden.

c) Ausschaffung

Gemäss Art. 46 AsylG obliegt der *Vollzug der Wegweisung* in Asyl-verfahren den Kantonen, die einander dabei nach Art. 48 AsylG un-bürokratisch Amtshilfe leisten sollen. Der Vollzug kommt erst nach Rechtskraft des Entscheids und nach Ablauf der Ausreisefrist in Frage. Erweist sich der Vollzug als unmöglich im Sinne des Art. 83 Abs. 2 AIG, muss die zuständige kantonale Behörde beim SEM eine vorläufige Aufnahme beantragen.

Das SEM hat die Aufgabe, den Wegweisungsvollzug zu überwachen, und erstellt mit den Kantonen zusammen ein *Wegweisungsvollzugs-monitoring*. Entzieht sich die Person einer Ausschaffung, ermög-licht Art. 47 AsylG die Veranlassung einer polizeilichen Ausschrei-bung durch das SEM oder die Kantone im Polizeifahndungssystem RIPOL. Voraussetzung ist, dass der Aufenthaltsort tatsächlich un-bekannt ist bzw. von der Person verheimlicht wird.

Der tatsächliche Vollzug der Wegweisung richtet sich nach dem Ausländer- und Integrationsgesetz und weist keine asylspezifischen Besonderheiten auf (vgl. dazu vorne § 10.7., S. 225).

Leitentscheide: BGE 140 II 74 und BVGE 2015/18 (Wegwei-sungsvollzug im Dublin-Verfahren); BGE 139 II 65 und 135 II 110 (Ausweisung anerkannter Flüchtlinge); BGer 6B_348/2020 und 6B_423/2019 (Landesverweisung eines anerkannten Flüchtlings); BVGE 2018 VI/4, 2016/27, 2014/26, 2014/28 und 2014/13 (Wegwei-sungsvollzug und -hindernisse); EuGH C-484/22 (keine Rückkehr-entscheidung bei fehlender Aussicht auf Vollzug).

§ 21 Rechtsschutz

1. National

a) Beschwerde

aa) Zulässigkeit

Tritt das SEM auf ein Asylgesuch nicht ein oder lehnt es das Gesuch ab, kann die betroffene Person dagegen gemäss Art. 105 AsylG *Beschwerde beim Bundesverwaltungsgericht* erheben. Eine Beschwerde bezüglich der Anerkennung der Flüchtlingseigenschaft oder der Gewährung von Asyl kann auch eingereicht werden, wenn die Person vorläufig aufgenommen wird. Die Anfechtung von Zwischenverfügungen ist nur ausnahmsweise zulässig, nämlich gegen den Zuweisungsentscheid, wenn die Verletzung der Familieneinheit geltend gemacht wird (vgl. Art. 27 Abs. 3 AsylG), sowie gegen vorsorgliche Massnahmen und gegen Sistierungsverfügungen, wenn damit ein nicht wieder gutzumachender Nachteil verbunden ist (Art. 107 AsylG). Keine Beschwerdemöglichkeit gibt es gegen die Sistierung des Asylverfahrens im Falle der Gewährung vorübergehenden Schutzes (Art. 69 Abs. 3 AsylG); dieser Ausschluss der Beschwerdemöglichkeit wird damit begründet, dass die Person durch die Entscheidung (vorübergehenden) Schutz erhält.

Das *Bundesverwaltungsgericht* entscheidet *endgültig* über das Asylgesuch, da Entscheide auf dem Gebiet des Asyls mit der Ausnahme von Auslieferungsverfahren gemäss Art. 83 Bst. d Ziff. 1 BGG vom Weiterzug an das Bundesgericht ausgeschlossen sind. Dies gilt ebenfalls für damit verknüpfte Wegweisungsverfügungen, da diese ebenfalls als Entscheide auf dem Gebiet des Asyls im Sinne der Ausnahmebestimmung gelten.

bb) Fristen

Art. 108 AsylG regelt die geltenden *Beschwerdefristen*. Richtet sich die Beschwerde gegen einen Nichteintretensentscheid, gegen einen

Entscheid im Flughafenverfahren gemäss Art. 23 Abs. 1 AsylG oder einen «*safe country*»-Entscheid (gemäss Art. 40 i.V.m. Art. 6a Abs. 2 Bst. a AsylG) ist dieser innerhalb von fünf Arbeitstagen seit Eröffnung der Verfügung einzureichen. In materiellen Asylverfahren hängt die Dauer der Beschwerdefrist davon ab, ob der Entscheid getroffen wird, während sich die Person im beschleunigten Verfahren gemäss Art. 26c AsylG oder im erweiterten Verfahren gemäss Art. 26d AsylG befindet. Im ersten Fall beträgt die Beschwerdefrist sieben Arbeitstage; ergeht der Entscheid im erweiterten Verfahren, beträgt die Beschwerdefrist 30 Tage. Handelt es sich um eine selbständig anfechtbare Zwischenverfügung, beträgt die Beschwerdefrist im beschleunigten Verfahren fünf Tage bzw. im erweiterten Verfahren zehn Tage ab Eröffnung der Verfügung. In allen anderen Fällen gilt eine Beschwerdefrist von 30 Tagen.

cc)   Kognition

Nach Art. 106 AsylG kann mit einer Beschwerde *die Verletzung des Bundesrechts und die unrichtige oder unvollständige Sachverhaltsfeststellung* gerügt werden. Damit legt Art. 106 AsylG einen engeren Rahmen für die Überprüfung von Entscheiden fest als Art. 49 VwVG, der für Beschwerden in Verwaltungsverfahren eine umfassende Prüfung durch das zuständige Gericht vorsieht. Insbesondere ist das Bundesverwaltungsgericht im Asylbereich seit dem 1.2.2014 nicht mehr berechtigt, die Angemessenheit der Entscheidung zu überprüfen (sog. *Kognitionsbeschränkung*). Das bedeutet, dass das Gericht im Falle einer Ermessensausübung durch die Behörde nicht befugt ist, diese voll zu überprüfen. Die Beurteilung des Gerichts ist in diesen Fällen darauf beschränkt, festzustellen, ob sich das SEM bei der Entscheidung an die rechtlichen Grenzen der Ermessensausübung gehalten hat. Dies hat zu einer Vielzahl von Grundsatzentscheidungen des Bundesverwaltungsgerichts zur Klärung der Frage geführt, in welchen Fällen das SEM überhaupt Ermessen ausübt, welche Entscheidungen von der Kognitionsbeschränkung umfasst sind und welche rechtlichen Grenzen die Ermessenausübung hat.

Praktische Auswirkungen hat die Kognitionsbeschränkung insbesondere in Dublin-Verfahren, da die Ausübung des Selbsteintrittsrechts grundsätzlich im Ermessen des SEM steht. Weitere Fälle der Ermessensausübung sind etwa bei der Übernahme oder Auferlegung von Kosten gegeben. Kein Ermessen hat das SEM hingegen bei der Feststellung des Schutzbedarfs, da die Frage, ob eine Person Flüchtling ist oder nicht, rein rechtlicher Natur ist. Bei Vorliegen der Voraussetzungen der Flüchtlingseigenschaft, ist die Person als Flüchtling anzuerkennen, und auch bei der Asylgewährung besteht kein Ermessen.

Das Bundesverwaltungsgericht hat in diesem Zusammenhang festgehalten, dass dem SEM auch bei der Gewährung einer vorläufigen Aufnahme kein Ermessen zukommt. Diese ist vielmehr gemäss Art. 83 Abs. 1 AIG zu gewähren, wenn der Wegweisungsvollzug unzulässig, unzumutbar oder unmöglich ist und keine Ausschlussgründe gemäss Art. 83 Abs. 7 oder 9 AIG vorliegen. Das Gericht hat diesbezüglich zusätzlich klargestellt, dass Entscheidungen des SEM nach dem Ausländer- und Integrationsgesetz ohnehin nicht von der Kognitionsbeschränkung erfasst sind, da sich diese nur auf *Streitigkeiten auf dem Gebiet des Asyls* erstreckt.

Das Gericht kann *reformatorisch oder kassatorisch* entscheiden, also entweder selbst eine endgültige Entscheidung treffen oder den Fall zur Neubeurteilung an das SEM zurückweisen. Im Falle einer fehlerhaften Ermessensausübung auf dem Gebiet des Asyls muss das Gericht den Fall zurückweisen. Da das Bundesverwaltungsgericht in diesen Fragen mit der Ausnahme von Auslieferungsverfahren endgültig entscheidet (vgl. Art. 83 Bst. d Ziff. 1 BGG), wird bei einem ablehnenden Urteil der Entscheid des SEM sofort rechtskräftig.

b) Ausserordentliche Rechtsbehelfe

aa) Vorbemerkungen

Nach einer rechtskräftig gewordenen ablehnenden Entscheidung des SEM oder des Bundesverwaltungsgerichts stehen den betroffenen Personen keine ordentlichen Rechtsmittel mehr zur Verfügung. Gleichzeitig muss nach der Rechtsprechung auf eine solche Entscheidung zurückgekommen werden können, falls diese fehlerhaft war, um zu verhindern, dass aus verfahrensrechtlichen Gründen die Durchsetzung der staatsvertraglichen Garantien von *zwingenden Bestimmungen des Völkerrechts* wie der Refoulementverbote vereitelt wird. Für solche Konstellationen sind *ausserordentliche Rechtsbehelfe* vorgesehen. Dabei handelt es sich um das Wiedererwägungsgesuch, das Revisionsgesuch an das Bundesverwaltungsgericht und das Mehrfachgesuch. Welcher Rechtsbehelf einschlägig ist, hängt von der Verfahrenssituation und den geltend gemachten Gründen ab. Die Abgrenzung zwischen den einzelnen ausserordentlichen Rechtsbehelfen ist in der Praxis nicht immer einfach und wird auch nicht immer einheitlich gehandhabt.

bb)   Wiedererwägung und Mehrfachgesuch

Ein Wiedererwägungsgesuch liegt vor, wenn das Gesuch auf *neue Wegweisungsvollzugshindernisse* gerichtet ist, während mit einem Mehrfachgesuch die *Neubeurteilung der Flüchtlingseigenschaft* beantragt wird. Beide sind an das SEM zu richten.

In beiden Fällen ist Voraussetzung, dass die *ursprüngliche Verfügung fehlerfrei* war und neue Sachverhalte nachträglich entstanden sind. Wird ein Mehrfachgesuch vom SEM fälschlicherweise lediglich als Wiedererwägungsgesuch an die Hand genommen, kann das Bundesverwaltungsgericht die Sache zur Neubeurteilung der Flüchtlingseigenschaft an das SEM zurückweisen. Die Voraussetzungen für die Einreichung eines Wiedererwägungsgesuchs sind in Art. 111b AsylG und die Voraussetzungen für die Einreichung eines Mehrfachgesuchs in Art. 111c AsylG geregelt. In beiden Fällen ist das Gesuch *schriftlich und begründet* einzureichen. Wiedererwägungsgesuche müssen innerhalb von 30 Tagen nach Entdeckung des Wiedererwägungsgrundes eingereicht werden. In beiden Fällen können mehrfach gleich begründete Gesuche formlos abgeschrieben werden. Kein Mehrfachgesuch liegt vor, wenn das neue

Asylgesuch mehr als fünf Jahre nach Eintritt der Rechtskraft gestellt wird. In einem solchen Fall ist das Gesuch wie ein erstes Asylgesuch zu behandeln.

cc)   Revisionsgesuch

Ein Revisionsgesuch liegt demgegenüber vor, wenn geltend gemacht wird, dass bereits die *ursprüngliche Entscheidung fehlerhaft* war und diese nunmehr aufgrund neuer erheblicher Tatsachen oder Beweise überprüft werden soll. Voraussetzung für die Annahme ist, dass die neuen Vorbringen den ursprünglichen Entscheid als von Anfang an fehlerhaft erscheinen lassen. Dies gilt auch, wenn neue Beweismittel eingereicht werden, die sich auf bereits geltend gemachte Tatsachen beziehen, insbesondere wenn diese bisher als nicht glaubhaft eingeschätzt wurden. Erging der ursprüngliche Entscheid als Rechtsmittelentscheid des Bundesverwaltungsgerichts, ist das Revisionsgesuch an dieses zu richten. Hat die betroffene Person den ursprünglichen Entscheid hingegen nicht mit einer Beschwerde angefochten, muss das Revisionsgesuch dem SEM unterbreitet werden (vgl. Art. 45 ff. VGG und Art. 66 ff. VwVG).

dd)   Aufsichtsbeschwerde

Ausnahmsweise kann gegen ergangene oder ausstehende Entscheide des Bundesverwaltungsgerichts beim Bundesgericht als dessen Aufsichtsinstanz wegen systemischen Mängeln Aufsichtsbeschwerde erhoben werden. Das trifft insbesondere zu für Rechtsverweigerungen und -verzögerungen, die auf erheblichen organisatorischen Mängeln beruhen, die sich wiederum auf den Einzelfall auswirken. Das Bundesgericht weist gegebenenfalls das Bundesverwaltungsgericht an, für die Behebung des festgestellten Mangels zu sorgen und über den Einzelfall zeitgerecht bzw. prozessual korrekt zu entscheiden.

## 2.	International

Mit einer ablehnenden Gerichtsentscheidung durch das BVGer ist der innerstaatliche Rechtsweg ausgeschöpft, so dass nach einem Urteil des Bundesverwaltungsgerichts die formelle Voraussetzung für eine Beschwerde an eine internationale Beschwerdeinstanz erfüllt ist. In der Praxis sind insbesondere *Beschwerden an den EGMR* und *den Ausschuss gegen Folter der Vereinten Nationen (CAT)* relevant und haben in Einzelfällen zu Verurteilungen der Schweiz geführt. Namentlich der EGMR befasst sich bei der Prüfung des Rückschiebungsschutzes nach Art. 2 und 3 EMRK mit flüchtlingsrechtlichen Fragen und prüft dabei inzwischen recht eingehend die nationale Beurteilung der Verfolgungssituation. So rügte beispielweise der EGMR die Schweiz im Jahr 2014, dass der Sachverhalt aufgrund der als unglaubhaft angesehenen Vorbringen des Antragstellers nicht ausreichend ermittelt wurde, obwohl der Antragsteller objektive Hinweise auf eine drohende Gefahr der Auspeitschung bei Rückkehr vorgebracht hatte. Auch im Jahr 2019 wurde die Schweiz wegen mangelhafter Sachverhaltsaufklärung in einem Konversionsfall durch den EGMR verurteilt. Im vielleicht bedeutendsten asylrechtlichen Fall der letzten Jahre, an dem die Schweiz beteiligt war, wurde sie allerdings nicht vom EGMR verurteilt. Vielmehr befand der Gerichtshof 2014 im Urteil Tarakhel, dass die Schweiz verpflichtet ist, vor Überstellung einer Familie nach Italien im Rahmen des Dublin-Verfahrens individuelle Garantien einzuholen, dass die Familie gemeinsam an einem Ort untergebracht wird und der Zugang zur Schule für die Kinder gesichert ist. Prozessual anerkennt der EGMR Asylverfahren jedoch nicht als von den Garantien von Art. 6 EMRK erfasst; hingegen gilt der weniger weit gehende Schutz nach Art. 13 EMRK, wenn die Verletzung eines materiellen Menschenrechts geltend gemacht wird.

Leitentscheide: EGMR 6040/17 M.R. c. Schweiz; 52589/13 M.A. c. Schweiz; 32218/17 A.A. c. Schweiz; 29217/12 Tarakhel c. Schweiz (EGMR-Beschwerde gegen flüchtlingsrechtliche Wegweisung oder Überstellung); 25389/05 Gebremedhin c. Frankreich (Anwendbarkeit von Art. 13 EMRK); 3952/98 Maaouia c. Frankreich (Nichtgeltung von Art. 6 EMRK im Migrationsrecht); CAT 742/2016 A.N. c. Schweiz (Beschwerde an CAT gegen Dublin-Überstellung); BVGE 2015/42 (Verfahren bei geschlechtsspezifischer Verfolgung); 2017 VI/6 (Zweitgesuch); 2014/39 (Mehrfachgesuch und Wiedererwägung); 2021 VI/4, 2013/37 und BVGer D-4461/2023 vom 2.11.2023 (Revision); BGE 144 II 486, 136 II 380, 135 II 426 und BGer 12T_5/2012 (Aufsichtsbeschwerde gegen Bundesverwaltungsgericht im Asylbereich).

§ 22 Sozial- und Nothilfe

1.　Einleitung

a)　Grundsätze

Die Sozialhilfe in der Schweiz ist generell *kantonal geregelt* und daher teilweise unterschiedlich ausgestaltet (vgl. Art. 115 BV). Für die Festsetzung, Ausrichtung und mögliche Einschränkung der Leistungen an Personen aus dem Asylbereich gilt grundsätzlich kantonales Recht (Art. 82 Abs. 1 Satz 1 und Art. 80 AsylG i.V.m. Art. 3 AsylV 2). Für den *Asylbereich* enthalten die Normen des Asylgesetzes zudem spezielle Normen zur Sozial- und Nothilfe, die eine einheitliche Anwendung sicherstellen sollen. Art. 81 AsylG regelt, dass Personen aus dem Asylbereich Sozialhilfeleistungen erhalten, wenn sie sich gestützt auf das Asylgesetz in der Schweiz aufhalten und bedürftig sind. Damit muss unabhängig von der jeweiligen kantonalen Regelung das soziale Existenzminimum gewährleistet bleiben. Dieses liegt über der sich aus Art. 12 BV ergebenden Nothilfe, die das namentlich physische Existenzminimum auch für Personen sicherstellen soll, deren Asylantrag abgelehnt wurde. Alle Personen des Asylbereichs unterliegen überdies der Krankenversicherungspflicht (vgl. insb. Art. 80 Abs. 3 und Art. 82a AsylG).

Aus sozialhilferechtlicher Sicht müsste das Leistungsniveau an sich mit zunehmender Aufenthaltsdauer ansteigen. Nur so wäre die verfassungsrechtlich (vgl. Art. 5 Abs. 2, Art. 8 und 12 BV) und völkerrechtlich (vgl. Art. 9, 11 und 12 UNO-Pakt I) gebotene *Angemessenheit der Unterstützungsleistungen* gewährleistet. Eine solche Regelung ist aber für den Asylbereich nicht generell vorgesehen. Vielmehr richten sich die Leistungshöhe und die Ausgestaltung der Unterstützung nach dem Status der betroffenen Person. Dabei wird danach differenziert, ob sie asylsuchend, als Flüchtling anerkannt, vorläufig aufgenommen oder vollziehbar weggewiesen ist. Um eine einheitliche Anwendung zu fördern, bieten die Merkblätter der Schweizer Konferenz für Sozialhilfe (SKOS) eine nicht verbindliche Orientierung für die kantonalen Behörden.

b)   Bundesleistungen

Während des Aufenthalts in den *Bundesasylzentren* gewährleistet der *Bund* die Sozialhilfe. Die zu erbringenden Leistungen umfassen neben der Sozialhilfe oder Nothilfe auch die Betreuung sowie die adäquate Gesundheitsversorgung und den Grundschulunterricht für schulpflichtige Kinder. Zur Leistungserbringung arbeiten Bund und Standortkanton zusammen. Dies betrifft auch die Verpflichtungen aus dem Epidemiengesetz. Die Bestimmungen des Asylgesetzes gelten sinngemäss.

Für fürsorgeberechtigte Personen des Asylbereichs erstattet der Bund den Kantonen die Kosten im Rahmen von Pauschalen, die in der AsylV 2 festgelegt sind. Die *Pauschalabgeltungen* sind auf längstens fünf Jahre für Flüchtlinge mit Asyl und auf längstens sieben Jahre für vorläufig aufgenommene Personen ab der Einreise beschränkt. Die Pauschalabgeltungspflicht endet insbesondere dann trotz Bedürftigkeit vor diesem Zeitpunkt, wenn die Person vollziehbar weggewiesen wird oder definitiv ausreist. Für vollziehbar weggewiesene Asylsuchende richtet der Bund dem zuständigen Kanton gemäss Art. 28 und 29 AsylV 2 eine einmalige Nothilfe-pauschale aus.

2. Asylsuchende

Die Sozialhilfe für Asylsuchende deckt den *Grundbedarf* inklusive des Wohnbedarfs und etwaige Sonderbedarfe ab. Der Sozialhilfe-ansatz für Asylsuchende muss gemäss Art. 82 Abs. 3 AsylG un-ter dem Ansatz «für die einheimische Bevölkerung» liegen und soll «nach Möglichkeit in Form von Sachleistungen» ausgerichtet werden.

In der Praxis greifen die Kantone nur zum Teil auf Sachleistungen zurück und ergänzen diese in aller Regel durch Geldbeträge. Eine andere Vorgehensweise wäre praktisch wohl auch kaum umsetzbar wie die SODK festgehalten hat. Da die Arbeitsmarktintegration im Asylverfahren nicht gefördert wird und weitere erschwerende Fak-toren wie unzureichende Sprachkenntnisse einer Landessprache der Schweiz, die Nichtanerkennung der im Herkunftsland erworbenen Ausbildung, mangelnde Netzwerke oder der Gesundheitszustand hinzukommen, liegt die *Sozialhilfequote* bei Asylsuchenden weit über 90 %. Die Standards für ihre Unterbringung sind bisher in Recht und Praxis nicht umfassend geklärt. In der Praxis liegt der Ansatz der Sozialhilfe für Asylsuchende regelmässig deutlich unter demjenigen für die einheimische Bevölkerung. Die Nothilfe fällt nochmals, oft allerdings nur noch geringfügig, kleiner aus. Asylsu-chende stehen hinsichtlich der Sozialleistungen deutlich schlechter da als anerkannte Flüchtlinge und als Einheimische.

Während des Asylverfahrens werden *Kinderzulagen* für im Ausland lebende Kinder gemäss Art. 84 AsylG zurückbehalten und nur bei einer Anerkennung als Flüchtling oder bei Anordnung der vorläu-figen Aufnahme wegen Unzumutbarkeit oder Unzulässigkeit des Wegweisungsvollzugs ausbezahlt.

3.   Anerkannte Flüchtlinge

Gemäss Art. 58 AsylG richtet sich die Rechtsstellung *anerkannter Flüchtlinge* nach dem Ausländer- und Integrationsgesetz und der Flüchtlingskonvention. Der Anspruch auf *Sozialhilfe* bei Bedürftigkeit ergibt sich bundesgesetzlich aus Art. 81 AsylG. Nach Art. 3 Abs. 1 AsylV 2 ist bei «Flüchtlingen […] die Gleichbehandlung mit der einheimischen Bevölkerung zu gewährleisten». Art. 86 Abs. 1bis AIG stellt klar, dass dieser *Gleichbehandlungsgrundsatz* die Konsequenz der Zuerkennung des Flüchtlingsstatus ist und somit nicht nur für Flüchtlinge gilt, denen Asyl gewährt wurde, sondern auch für vorläufig aufgenommene Flüchtlinge und für Flüchtlinge mit einer rechtskräftigen Landesverweisung. Alle anerkannten Flüchtlinge sind unabhängig von ihrem Aufenthaltsstatus sozialhilferechtlich wie einheimische Personen zu behandeln.

Darüber hinaus ist gemäss Art. 82 Abs. 5 AsylG «der besonderen Lage von Flüchtlingen […] bei der Unterstützung Rechnung zu tragen; namentlich soll die berufliche, soziale und kulturelle Integration erleichtert werden». Die Formulierung betont die besondere *sozialhilferechtliche Stellung* von Flüchtlingen und knüpft an die Tatsache an, dass mit der Anerkennung der Flüchtlingseigenschaft feststeht, dass die Personen «sich in der Schweiz eine neue Existenz aufbauen müssen».

Flüchtlinge haben unter bestimmten Voraussetzungen Anspruch auf eine ordentliche *Rente* (Art. 1 Abs. 1 FlüB) sowie auf ausserordentliche Renten, wenn sie sich unmittelbar vor dem Beginn des Rentenbezugs fünf Jahre in der Schweiz aufgehalten haben (Art. 1 Abs. 2 FlüB), und auf Eingliederungsmassnahmen der Invalidenversicherung (Art. 2 FlüB).

4. Vorläufig Aufgenommene

Für *vorläufig aufgenommene Personen,* die nicht als Flüchtlinge anerkannt werden, gelten gemäss dem entsprechenden Verweis in Art. 86 Abs. 1 AIG die analogen fürsorgerechtlichen Bestimmungen *wie* für *asylsuchende Personen.* Dies wird aufgrund der durchschnittlichen Verweildauer vorläufig aufgenommener Personen in der Schweiz zum Teil hart kritisiert und ist immer wieder Grund für Forderungen nach einer Reform dieser Bestimmungen. Die Regelung steht aus rechtlicher Sicht jedenfalls in einem gewissen Spannungsverhältnis zum *Integrationsziel* von Art. 4 AIG. Personen, die wegen Unzulässigkeit oder Unzumutbarkeit des Wegweisungsvollzugs vorläufig aufgenommen wurden, erhalten immerhin Kinderzulagen für im Ausland lebende Kinder (Art. 84 AsylG).

5. Nothilfe

Art. 12 BV definiert das verfassungsrechtlich noch zulässige *absolute Minimum* der staatlichen Sozialhilfe. Art. 12 BV bestimmt: «Wer in Not gerät und nicht in der Lage ist, für sich zu sorgen, hat Anspruch auf Hilfe und Betreuung und auf die Mittel, die für ein menschenwürdiges Dasein unerlässlich sind.» Dieses Existenzminimum steht allen Personen zu, die sich in der Schweiz befinden. Im Asylbereich kommt Art. 12 BV zum Tragen, wenn der Person kein Aufenthaltsrecht zusteht oder sie ein solches verloren hat. Dies kann Personen mit einem Wegweisungsentscheid ins Herkunftsland und solche mit einem Nichteintretensentscheid sowie Fälle, in denen das Asylgesuch abgeschrieben wurde, betreffen. Neben Personen, deren Asylgesuch abgelehnt wurde, geht es insbesondere um solche, die ein ausserordentliches Rechtsmittel eingelegt haben, sowie um weitere, auf deren Asylgesuch nicht eingetreten wurde, beispielsweise weil sie in einem anderen Staat bereits als Flüchtling anerkannt sind oder weil ein anderer Dublin-Staat zuständig ist. Im Hinblick auf Dublin- und Drittstaatenfälle ist zumindest zweifelhaft, ob dies mit den Regeln der Dublin- und Schengen-

Assoziierung vereinbar ist, jedenfalls solange über den Schutzbedarf noch nicht entschieden wurde.

Die Beschränkung auf die Nothilfe gilt nur für ausländische Personen, die von der Sozialhilfe ausgeschlossen sind (sog. Sozialhilfestopp). Dieser *Sozialhilfestopp* steht seit dem 1.2.2014 mit dem Inkrafttreten von Art. 82 Abs. 2 AsylG in der geltenden Fassung nicht mehr im Ermessen der zuständigen Kantone, sondern ist verpflichtend.

6.   Sanktionen

Die Sozialhilfe ist «ganz oder teilweise abzulehnen, zu kürzen oder zu entziehen», wenn einer der in Art. 83 AsylG genannten Gründe vorliegt. Die *nicht abschliessende Liste der Gründe,* aus denen Sanktionen verhängt werden müssen, hat in den letzten Jahren stetige Erweiterungen erfahren. Eine Sanktion ist insbesondere auszusprechen, wenn die Person durch falsche Angaben oder auf andere Weise die Prüfung der Voraussetzungen für die Sozialhilfe verhindert oder erschwert. Daneben sind Sanktionen auch bei Missbrauch, bei selbst herbeigeführter Bedürftigkeit, bei fehlender oder ungenügender Mitwirkung sowie bei Straffälligkeit und bei einer Gefährdung der öffentlichen Sicherheit und Ordnung vorgesehen.

Die Sanktion besteht in der *Kürzung oder Ablehnung der Sozialhilfe* und ist verpflichtend vorgeschrieben. Den Kantonen ist es damit möglich, bis zur Grenze des Existenzminimums Einschränkungen auf kantonaler gesetzlicher Grundlage zu beschliessen. Die Sanktionsverpflichtung betrifft, mit der Ausnahme von Flüchtlingen, alle Personen des Asylbereichs. Die in Art. 83a AsylG vorgesehenen Voraussetzungen für die Ausrichtung der Nothilfe erscheinen demgegenüber bei verfassungskonformer Auslegung nur zulässig, soweit die betroffene Person nicht unter das absolute Existenzminimum fällt. Genau genommen kann von ihr nur verlangt werden, bei der Ermittlung der Voraussetzungen der Nothilfe mitzuwirken, und auch das nur, solange ein menschenwürdiges Dasein nicht offensichtlich in Frage gestellt ist.

Für *anerkannte Flüchtlinge* sind Sanktionen einzig insoweit erlaubt, als solche für die einheimische Bevölkerung in ähnlicher Weise möglich sind oder aufgrund der Natur der Verpflichtung nicht gleichermassen für Einheimische gelten. So können Flüchtlinge, die Sozialhilfe beziehen, bei einer Nicht-Teilnahme an einem angeordneten Integrations- oder Beschäftigungsprogramm gemäss Art. 10 Abs. 2 VIntA sanktioniert werden. Eine Verpflichtung zur Sanktionierung besteht in diesen Fällen allerdings nicht.

7. Rückerstattung

Art. 85 AsylG regelt die Rückerstattung rechtmässig erhaltener Sozialhilfeleistungen durch Personen des Asylbereichs. Während zu Unrecht erhaltene Sozialleistungen gemäss Art. 83 Abs. 2 AsylG vollumfänglich zurückzuerstatten sind, gilt für zu Recht erhaltene Sozialleistungen das *Prinzip der Zumutbarkeit* der Rückzahlung. Die Durchsetzung der Rückerstattungspflicht ist eine kantonale Aufgabe. Da der Bund den Kantonen gemäss Art. 88 Abs. 2 AsylG, nebst den Krankenpflegeversicherungs- und einem Beitrag an die Betreuungskosten, die Sozialhilfekosten durch eine Globalpauschale erstattet, ist die Rückerstattung an den Bund zu leisten.

Die früher erhobene Sonderabgabe auf das Erwerbseinkommen wurde mit Wirkung auf den 1.1.2018 abgeschafft. Die Rückerstattung erfolgt seither ausschliesslich über eine Sonderabgabe auf Vermögenswerte (Art. 86 AsylG), welche die Möglichkeit zur Vermögenswertabnahme (Art. 87 AsylG) einschliesst. Sie soll insbesondere dann zur Anwendung gelangen, wenn «jemand zu unverhofftem Vermögen kommt». Die *Sonderabgabe* ist gemäss Art. 10 Abs. 2 Bst. a AsylV 2 zeitlich auf zehn Jahre ab Einreise in die Schweiz befristet und auf einen Höchstbetrag von CHF 15'000 begrenzt. Sie endet, wenn die Person eine Aufenthaltsbewilligung, Asyl oder eine vorläufige Aufnahme als Flüchtling erhält (Art. 10 Abs. 2 Bst. b und c AsylV 2). Der Sonderabgabe unterliegen alle Personen des Asylbereichs bis zur Schutzgewährung als Flüchtling oder der Regularisierung des Aufenthalts oder bis zur Ausreise, wenn nicht vorher das zeitliche oder das wirtschaftliche Limit erreicht ist.

8. Besondere Bedürfnisse

Bei den Sozialhilfeleistungen an Personen des Asylbereichs sind sog. *besondere Bedürfnisse* zu berücksichtigen. Namentlich regelt Art. 82 Abs. 3bis AsylG, dass «den besonderen Bedürfnissen von unbegleiteten minderjährigen Asylsuchenden, Familien mit Kindern und betreuungsbedürftigen Personen […] bei der Unterbringung nach Möglichkeit Rechnung zu tragen» ist. Völkerrechtlich sind solche speziellen Bedürfnisse insbesondere bei Kindern (in Anwendung der KRK), beim Schutz der Familie (u.a. gemäss den UNO-Pakten I und II), beim Schutz und der Unterbringung von Menschenhandelsopfern (EMK) und bei Personen mit Behinderungen (BRK) vorgesehen. Ganz generell dürfte eine Unterbringung besonders schutzbedürftiger Personen in regulären Zentren des Bundes den völkerrechtlichen Standards nicht entsprechen. Um diesen zu genügen, wären in der Regel angemessene separate und geschützte Unterbringungsmöglichkeiten für Personen mit besonderen Schutzbedürfnissen erforderlich. Bei solchen Personen sind besondere Bedürfnisse namentlich auch sozialhilferechtlich zu berücksichtigen.

Leitentscheide: BGE 143 I 1 (Integrations- und Kinderzulagen); 131 I 166, 138 V 310 (Nothilfe).

4. Teil   Staatenlosigkeit

§ 23 Grundlagen

In Art. 1 StÜ sind *staatenlose Personen* als Personen definiert, die von keinem Staat aufgrund seiner Gesetzgebung als eigene Staatsangehörige betrachtet werden. In der Schweiz betrifft dies in der Regel nur zugewanderte Personen; lediglich aufgrund der Nichtigerklärung eines erworbenen Schweizer Bürgerrechts kann auch eine Person, die Schweizerin oder Schweizer ist, in der Schweiz staatenlos werden. Eine Entlassung aus dem Bürgerrecht gemäss Art. 37 ff. BüG und ein Entzug gemäss Art. 42 BüG sind hingegen nicht zulässig, wenn die Person dadurch staatenlos würde. Möglich ist Staatenlosigkeit allerdings bei hier geborenen Kindern von staatenlosen Personen, solange sie nicht (erleichtert) eingebürgert werden.

Staatenlosigkeit hat mannigfaltige Ursachen. Im europäischen Kontext sind die meisten Fälle von Staatenlosigkeit beim Zerfall der Sowjetunion und Jugoslawiens entstanden. Der Schutzbedarf von staatenlosen Personen ist demjenigen von Flüchtlingen ähnlich, da auch diese *keinen Staat der Staatsangehörigkeit* haben, der sie schützt. Anders als bei Flüchtlingen ist aber eine Verfolgungssituation nicht Voraussetzung für die Feststellung der Staatenlosigkeit; staatenlose Personen können also unter Umständen auch in den Staat des letzten gewöhnlichen Aufenthalts zurückkehren. Für staatenlose Personen gelten bestimmte völker- und verfassungsrechtliche Vorgaben, für die Umsetzung dieser sowie der gesetzlichen Vorschriften sind aber im Wesentlichen die Kantone zuständig.

§ 24 Völker- und Verfassungsrecht

1. Völkerrecht

Das gleichzeitig mit der Flüchtlingskonvention verhandelte *Staaten-losenübereinkommen von 1954* (StÜ) regelt die Definition und die Rechtsstellung von staatenlosen Personen. Durch das Mandat für Flüchtlinge, unter denen sich auch staatenlose Personen befinden können, und durch verschiedene Resolutionen der UN-General-versammlung (insbes. Res. 50/152 von 1995 und 61/137 aus dem Jahr 2006) ist das UNHCR die für Staatenlosigkeitsfragen zustän-dige internationale Organisation. Diese Aufgabe umfasst auch die weltweiten Bemühungen zur Verhinderung von Staatenlosigkeit. Sie beruht auf dem zweiten wichtigen völkerrechtlichen Instrument zum Schutz staatenloser Personen, dem Abkommen von 1961 zur Verminderung der Staatenlosigkeit (StVermÜ), dem die Schweiz bisher nicht beigetreten ist. Weltweit gibt es 3,9 Millionen staaten-lose Personen, die in Statistiken erfasst sind; die Gesamtzahl der staatenlosen Personen dürfte aber signifikant höher sein. Eine der wichtigsten internationalen Aufgaben ist daher das sog. Mapping von Staatenlosigkeit, also der Versuch, staatenlose Personen mög-lichst umfassend zu identifizieren und damit genauere Kenntnis über die wahre Dimension zu erhalten.

Neben dem Staatenlosenübereinkommen und dem Abkommen von 1961, das Regelungen zum Erwerb und zum Verlust der Staats-angehörigkeit enthält, ist auf völkerrechtlicher Ebene noch das von der Schweiz ebenfalls nicht unterzeichnete Europäische Staatsange-hörigkeitsübereinkommen (StAÜb) bedeutsam, in dem insbeson-dere ein *Recht auf eine Staatsangehörigkeit* enthalten ist. Darüber hinaus sind die Konvention des Europarates über die Vermeidung von Staatenlosigkeit in Zusammenhang mit Staatennachfolge von 2006, welche die Schweiz ebenfalls nicht unterzeichnet hat, und die Regelungen in verschiedenen Menschenrechtsverträgen mass-geblich. So enthalten beispielsweise Art. 7 KRK und Art. 24 Abs. 3

UNO-Pakt II ein Recht jedes Kindes auf eine Staatsangehörigkeit. Neben diesem speziellen Schutz sind staatenlose Personen natürlich auch durch die generellen von der Staatsangehörigkeit unabhängigen Menschenrechte geschützt. Der EGMR hat Staatsangehörigkeit mehrfach als Aspekt des Rechts auf Privatleben gemäss Art. 8 EMRK anerkannt und diesen zum Teil in Verbindung mit Art. 14 EMRK als Grund für das Recht auf die Zuerkennung einer Staatsangehörigkeit geprüft; dabei hat er aber verdeutlicht, dass nur die willkürliche oder diskriminierende Verweigerung einer Staatsangehörigkeit als Verletzung von Art. 8 EMRK gilt. Im Urteil Genovese hat der EGMR beispielsweise eine diskriminierende Verweigerung der Staatsangehörigkeit angenommen, weil der ausserehelich geborene Beschwerdeführer die maltesische Staatsbürgerschaft nicht über seinen Vater erhalten konnte.

2. Verfassungsrecht

Staatenlosigkeit ist in der Bundesverfassung nur in Art. 38 Abs. 3 Bst. b BV angesprochen. Dort ist niedergelegt, dass die Schweiz die *Einbürgerung staatenloser Kinder* erleichtert. Art. 23 BüG regelt diesen Fall genauer und legt fest, dass nach fünf Jahren Aufenthalts in der Schweiz ein Einbürgerungsgesuch gestellt werden kann.

Aus der grundsätzlichen Geltung des Abstammungsrechts (ius sanguinis) für die Verleihung des Bürgerrechts, aus der erleichterten Einbürgerung für Kinder gemäss Art. 38 Abs. 3 Bst. b BV und dem Scheitern einer Volksinitiative zur erleichterten Einbürgerung «junger, in der Schweiz aufgewachsener Ausländer sowie von Flüchtlingen und staatenlosen Personen» im Jahr 1983 leitet die überwiegende Lehrmeinung ein Verbot ab, staatenlose Erwachsene erleichtert einzubürgern. Es wäre daher wohl eine Verfassungsänderung notwendig, um die verfassungsrechtliche Grundlage für die Unterzeichnung des Übereinkommens zur Verminderung der Staatenlosigkeit (StVermÜ) und des Europäischen Staatsangehörigkeitsübereinkommens (StAÜb) zu schaffen.

Der generelle Grundrechtsschutz gilt, wie bei Flüchtlingen, auch für staatenlose Personen.

Leitentscheide: EGMR 53124/09 Genovese c. Malta (unrechtmässige Verweigerung der Staatsangehörigkeit wegen ausserehelicher Geburt); BGE 147 II 421 (Begriff und Anerkennung von Staatenlosigkeit); 115 V 4 (Beschränkung der Anerkennung auf «de jure»-staatenlose Personen); BVGE 2008/34 (Parallelität der Flüchtlingskonvention und des Staatenlosenübereinkommens); 2013/60 (Zumutbarkeit gewisser Anstrengungen zur Erlangung einer Staatsangehörigkeit); BVGer C-6841/2008 (weite Auslegung der Ausschlussgründe für palästinensische Flüchtlinge).

§ 25 Infrakonstitutionelles Landesrecht

1. Vorbemerkungen

Staatenlosen Personen stehen in der Schweiz mindestens die *Rechte aus dem Staatenlosenübereinkommen* (StÜ) zu. Sie erhalten eine Aufenthaltsbewilligung, sofern sie als staatenlos in der Schweiz anerkannt wurden.

Im Folgenden wird nur die Rechtsstellung als staatenlos anerkannter Personen beschrieben, da staatenlose Flüchtlinge unter Art. 58 ff. AsylG und staatenlose Flüchtlinge, die vorläufig aufgenommen werden, sowie staatenlose Personen, die nicht anerkannt werden, unter Art. 83 AIG fallen. Diese haben somit dieselbe Rechtsstellung wie die entsprechenden Gruppen, deren Rechtsstellung an anderer Stelle (s. § 10.9.g, S. 250, und § 18.2, S. 333) bereits dargelegt ist.

2.   Anerkennung der Staatenlosigkeit

Als staatenlos anerkennt die Schweiz nur Personen, die de jure, d.h. rechtlich, staatenlos sind; «de facto»-, also tatsächliche, Staatenlosigkeit gilt nicht als Staatenlosigkeit im Sinne des nationalen Rechts. Unter *«de jure»-staatenlosen Personen* sind nach Praxis des SEM und des Bundesverwaltungsgerichts diejenigen Personen zu verstehen, die kein Staat aufgrund seiner Gesetzgebung als seine Angehörigen betrachtet. Wer sich in zumutbarer Weise in einem anderen Staat einbürgern lassen könnte, gilt damit nicht als staatenlos. Bei anerkannter Flüchtlingseigenschaft oder bei vorläufiger Aufnahme ist ein solcher Einbürgerungsantrag im Staat, in den die Wegweisung nicht vollzogen werden kann, regelmässig unzumutbar. «De facto»-staatenlose Personen sind demgegenüber Personen, die zwar formell eine Staatsangehörigkeit besitzen, deren Heimatstaat sie aber faktisch nicht mehr anerkennt und sich weigert, ihnen Schutz zu gewähren. Wird Staatsangehörigkeit als Grundlage für den effektiven Zugang zu Rechten angesehen, greift die Auslegung der Schweiz in dieser Hinsicht zu kurz. Das UNHCR kritisiert daher, dass die in der Schweiz verwendete Definition nicht (mehr) den völkerrechtlichen Vorgaben entspricht, da der Begriff zu eng auf die juristisch nachweisbare Staatenlosigkeit beschränkt ist.

Zudem legt die Rechtsprechung in völkerrechtlich bedenklicher Weise den Ausschlussgrund von Art. 1 Abs. 2 Bst. i StÜ, der palästinensische Personen unter dem *Schutz durch die UNRWA* von der Anerkennung als staatenlose Personen ausschliesst, trotz seiner Parallelität zu Art. 1 D FK weiter aus als unter der Geltung der Flüchtlingskonvention. Sie geht davon aus, dass «Schutz oder Hilfe» durch die UNRWA immer schon dann gegeben sind, wenn diese im betreffenden Einsatzgebiet, aus dem die Person stammt, tätig ist und das Gebiet bei einer freiwilligen Ausreise erreichbar wäre. Ist die Rückkehr der staatenlosen Person in das ursprüngliche Herkunftsgebiet unzulässig, unmöglich oder unzumutbar, so kann sie auf ein anderes Einsatzgebiet der UNRWA allerdings nur verwiesen werden, wenn sie zu diesem Gebiet zumindest eine minimale Beziehung vor der Ausreise hatte.

3. Status

Bei Anerkennung der Staatenlosigkeit hat die Person nach Art. 31 AIG Anspruch auf eine *Aufenthaltsbewilligung* in dem Kanton, in dem sie sich rechtmässig aufhält. Die Rechtsstellung staatenloser Personen richtet sich nach dem Status von Personen mit einer Aufenthaltsbewilligung. In Übereinstimmung mit Art. 31 StÜ behält Art. 31 Abs. 2 AIG durch Analogieverweis auf Art. 83 Abs. 7 AIG Ausnahmen vor, wenn die Person die öffentliche Sicherheit oder Ordnung gefährdet. Diesfalls kommt es grundsätzlich, ausser es wurde eine Landesverweisung ausgesprochen (vgl. Art. 83 Abs. 9 AIG), in Analogie zu Art. 83 Abs. 8 AIG zu einer vorläufigen Aufnahme. Art. 31 Abs. 3 AIG, wonach auch vorläufig aufgenommene staatenlose Personen und staatenlose Personen mit Landesverweisung eine Erwerbstätigkeit ausüben dürfen, ermöglicht den Zugang zum Arbeitsmarkt für alle staatenlosen Personen.

4. Familienleben

Das Recht auf Familienleben von staatenlosen Personen ist nicht in besonderer Weise geschützt. Anders als für Flüchtlinge gibt es keine spezielle Norm für den Familiennachzug und das *Familienleben* von staatenlosen Personen. Die Voraussetzungen für eine Bewilligung und für den Familiennachzug richten sich daher grundsätzlich nach Art. 43 bzw. 44 AIG und den ergänzenden Bestimmungen. Da staatenlose Personen nach Art. 31 Abs. 1 AIG über einen Anspruch auf Aufenthaltsbewilligung verfügen, können sie jedoch aus Art. 13 BV bzw. Art. 8 EMRK ein Recht auf Familiennachzug ableiten.

5. Sozialhilfe

Gemäss Art. 3 Abs. 1 AsylV 2 richtet sich der Zugang zur Sozialhilfe nach kantonalem Recht. Dabei muss allerdings gleichermassen wie bei anerkannten Flüchtlingen in Übereinstimmung mit Art. 23 StÜ die *Gleichbehandlung mit der einheimischen Bevölkerung* gewährleistet werden (vgl. Art. 86 Abs. 1bis Bst. c und d AIG).

6. Verfahren und Rechtsschutz

Das Verfahren zur Anerkennung der Staatenlosigkeit richtet sich, da es gesetzlich nicht speziell geregelt ist, nach dem *Verwaltungsverfahrensgesetz* (VwVG). Voraussetzung für die Prüfung ist ein Gesuch beim gemäss Art. 14 Abs. 3 OV-EJPD zuständigen SEM. Das Verfahren ist als *Feststellungsverfahren* ausgestaltet. Trotz des gemäss Art. 12 VwVG geltenden Untersuchungsgrundsatzes und anders als völkerrechtlich empfohlen ist im Verfahren die gesuchstellende Person weitgehend beweispflichtig, da in der Praxis die Regelung zur Mitwirkungspflicht faktisch als Beweislastregelung für individuelle Umstände angewendet wird.

Notwendig ist ein *schutzwürdiges Feststellungsinteresse;* ein solches Interesse ist inzwischen auch bei staatenlosen Erwachsenen, die, beispielsweise wegen einer Asylgewährung, eine Aufenthaltsbewilligung in der Schweiz haben, grundsätzlich anerkannt. Während des Verfahrens ist ein möglicher Wegweisungsvollzug sistiert.

Beschwerdeinstanz ist das *Bundesverwaltungsgericht*. Für den Zugang zu unentgeltlicher Rechtspflege gilt Art. 29 Abs. 3 BV. Angesichts der regelmässig hohen Komplexität der Verfahren ist die Notwendigkeit der amtlichen Verbeiständung wohl in der Regel zu bejahen. Anders als in Asylverfahren ist der Zugang zum Bundesgericht nicht durch Art. 83 BGG ausgeschlossen.

Für die Erteilung der ausländerrechtlichen Bewilligungen an anerkannte staatenlose Personen ist der Kanton zuständig. Es gelten die entsprechenden prozessualen Kompetenzen und Verfahrensregeln. Soweit ein *Anspruch auf Bewilligung* besteht, kann letztinstanzlich das Bundesgericht angerufen werden (vgl. Art. 83 Bst. c Ziff. 2 BGG e contrario).

> Leitentscheide: BVGE 2021 VII/8 (Voraussetzung eines Rechtsschutzinteresses, Praxisänderung; nicht missbräuchlicher Verzicht auf Erwerb einer Staatsangehörigkeit); BGer 2C_415/2020 (Unzumutbarkeit eines Einbürgerungsgesuchs im Herkunftsstaat bei vorläufiger Aufnahme); 2C_330/2020 und 2C_587/2021 (Anerkennung der Staatenlosigkeit bei palästinensischen Flüchtlingen aus Syrien); 2C_661/2015 (Zugang zum Bundesgericht und Untersuchungspflicht bei Gesuchen um Anerkennung der Staatenlosigkeit).

1. Schweizer Staatsangehörigkeit

Die Staatsangehörigkeit vermittelt eine besondere Beziehung zu einem Staat. Die gängige *Definition der Staatsangehörigkeit* stammt vom Internationalen Gerichtshof (IGH) in Den Haag (Nottebohm Case): «Nationality is a legal bond having as its basis a social fact of attachment, a genuine connection of existence, interests and sentiments, together with the existence of reciprocal rights and duties.» In einer etwas formelleren Sichtweise dient die Staatsangehörigkeit der (rechtlichen) Zuordnung eines Menschen zu einem bestimmten Staat.

In der Schweiz gilt das *Bürgerrecht* sowohl als *rechtlicher Status,* der die Zugehörigkeit zur Schweiz bestimmt, als auch als *Persönlichkeitsrecht,* das mit staatsbürgerlichen Rechten und Pflichten verbunden ist. Dazu gehören die politischen Rechte (Art. 39 und 136 BV), die Niederlassungsfreiheit (Art. 24 BV), die Wirtschaftsfreiheit (Art. 27 BV), der diplomatische Schutz, die Militär- und Ersatzdienstpflicht für Schweizer Männer (Art. 59 BV) sowie die Rechte und Pflichten von Auslandschweizern (vgl. Art. 40 BV). Als wohl weltweit einzigartige Besonderheit ist das Schweizer Bürgerrecht *dreiteilig.* Wer über die schweizerische Staatsangehörigkeit verfügt, ist gleichzeitig Bürger eines Kantons und einer Gemeinde (Art. 37 Abs. 1 BV). An das Kantons- und Gemeindebürgerrecht dürfen mit Ausnahme von Rechtsverhältnissen in Korporationen und Bürgergemeinden keine Bevorzugungen und Benachteiligungen anknüpfen (Art. 37 Abs. 2 BV).

Die Staatsangehörigkeit hängt nicht von der Existenz eines *Identitätsausweises* wie eines Passes oder einer Identitätskarte ab. Solche Papiere bestätigen zwar die Identität und das Schweizer Bürgerrecht des Trägers. Dieses besteht aber auch, wenn ein Ausweis fehlt oder abgelaufen ist, und die fälschliche Ausstellung eines solchen verschafft das Bürgerrecht nicht, wenn es nie erworben wurde. Die Ausstellung eines schweizerischen Identitätsausweises kann jedoch zum gutgläubigen Irrtum über den Besitz des Schweizer Bürgerrechts beitragen und damit eine erleichterte Einbürgerung nach Art. 22 BüG ermöglichen (dazu § 27.2.f.ff, S. 395). Überdies kann die Wahrnehmung von Rechten wie etwa des Ausreiserechts oder von Mobilitätsschritten wie der Grenzüberschreitung das Vorlegen eines Identitätspapiers voraussetzen.

2. Völker- und Verfassungsrecht

a) Völkerrecht

Die Regelung der Staatsangehörigkeit zählt zum *«domaine réservé»* der Staaten. Das Völkerrecht weist jedem Staat einzig eine gewisse Verantwortung für seine Staatsangehörigen zu. Er muss sie auf seinem Staatsgebiet zulassen und untersteht einem Verbot der willkürlichen Exilierung (vgl. Art. 12 Abs. 4 UNO-Pakt II). Das Völkerrecht schreibt hingegen nicht vor, wann ein Staat das Bürgerrecht zu erteilen hat. Es gibt gestützt darauf also grundsätzlich *keinen Anspruch auf Erwerb einer bestimmten Staatsangehörigkeit*. Einzelne Abkommen verpflichten die Signatarstaaten aber, einen solchen Erwerb vorzusehen, so insbesondere bei Kindern (Art. 7 Abs. 1 und Art. 8 Abs. 1 KRK, Art. 24 Abs. 3 UNO-Pakt II), oder zumindest zu fördern, namentlich bei anerkannten Flüchtlingen (Art. 34 FK) und bei staatenlosen Personen (Art. 32 StÜ). Frauen sind sodann bei der Staatsangehörigkeit gleich zu behandeln wie Männer (Art. 9 CEDAW) und Behinderte dürfen im Zusammenhang mit dem Erwerb, dem Verlust und dem Wechsel der Staatsangehörigkeit nicht diskriminiert werden (Art. 18 Abs. 1 Bst. a BRK). Wie das Bundesgericht zumindest für die Flüchtlingskonvention entschieden hat, sind solche Verpflichtungen, sofern sie nicht unmittelbar in die Gesetzgebung Eingang gefunden haben, wenigstens *im Einzelfall* bei Entscheiden im Zusammenhang mit dem Bürgerrecht als Auslegungs- und Beurteilungshilfe beizuziehen, selbst soweit sie keinen eigentlichen Anspruch auf Erteilung des Bürgerrechts vermitteln.

Erstmals in einem bisher singulär gebliebenen Urteil von 2011 anerkannte der EGMR aufgrund der besonderen Umstände des Einzelfalls, dass die Verweigerung der Staatsangehörigkeit einen Eingriff in den Schutz des Familienlebens (Art. 8 i.V.m. Art. 14 EMRK) darstellen kann. Seither überprüfte er die Verweigerung, den Entzug bzw. die Aberkennung sowie das staatliche Festhalten an der Staatsangehörigkeit verschiedentlich auf Vereinbarkeit mit dem Schutz des Privatlebens (Art. 8 EMRK), wobei er einem, allerdings nicht einheitlich angewandten, zweistufigen Ansatz folgt. Im Wesentlichen prüft der EGMR in einem ersten Schritt, ob die konkreten Auswirkungen des behördlichen Entscheids für die betroffene Person als derart schwerwiegend zu werten sind, dass von einem Eingriff in das Privatleben auszugehen ist. In einem zweiten Schritt wird die Rechtmässigkeit im Sinne einer Art Willkürprüfung beurteilt, d.h. es wird geprüft, ob das nationale Recht sowie die Verfahrensgarantien unter Einschluss einer richterlichen Überprüfung eingehalten wurden und ob die nationale Behörde gewissenhaft und ohne Verzug gehandelt hat.

Nicht ratifiziert hat die Schweiz bisher das Übereinkommen zur Verminderung der Staatenlosigkeit (StVermÜ), wohl aber das weniger weit gehende zur Verringerung der Fälle von Staatenlosigkeit (StÜ).

b)   Verfassungsrecht

Nach Art. 38 Abs. 1 BV regelt der Bund den Erwerb und Verlust durch Abstammung, Heirat und Adoption sowie den Verlust aus anderen Gründen und die Wiedereinbürgerung. Es handelt sich um eine *umfassende und abschliessende Bundeskompetenz,* was bedeutet, dass die Kantone und Gemeinden insoweit von der Regelung des Erwerbs und Verlusts des Schweizer Bürgerrechts ausgeschlossen sind. Die entsprechenden Bestimmungen für das Schweizer Bürgerrecht finden sich im Bürgerrechtsgesetz (BüG). Ergänzend ist die Weitergabe des Kantons- und Gemeindebürgerrechts durch familienrechtliche Vorgänge im Zivilgesetzbuch geregelt. Insbesondere behält jeder Ehegatte bei der Heirat sein Kantons- und Gemeindebürgerrecht (Art. 161 ZGB) und richten sich diese Bürgerrechte bei minderjährigen Kindern nach den Wirkungen des Kindesverhältnisses (Art. 267b ZGB) bzw. nach dem Elternteil, dessen Namen das Kind trägt (Art. 271 ZGB). Im Übrigen folgen der Erwerb und der Verlust des Kantons- und Gemeindebürgerrechts weitestgehend der schweizerischen Staatsangehörigkeit; sind also im Bestand, mit Ausnahme des Ehrenbürgerrechts (dazu hinten § 27.2.h, S. 397), daran gebunden (vgl. bspw. Art. 3 Abs. 3 und Art. 8 BüG).

Nach Art. 38 Abs. 2 BV erlässt der *Bund Mindestvorschriften über die Einbürgerung von Ausländerinnen und Ausländern* durch die Kantone und erteilt die *Einbürgerungsbewilligung*. Diese Bestimmung überlässt die *Kompetenz zur ordentlichen Einbürgerung* den *Kantonen*, zielt aber auf eine gewisse Gleichbehandlung der Gesuchstellenden über die Kantonsgrenzen hinaus. Nachdem der Begriff der Mindestvorschriften früher umstritten war, besteht heute weitgehend Einigkeit, dass es sich um eine *Grundsatzkompetenz* handelt. Der Bund kann daher auch Maximalvorschriften erlassen, was er insbesondere in Art. 18 Abs. 1 BüG getan hat, wonach die kantonale Gesetzgebung eine Mindestaufenthaltsdauer von zwei bis fünf Jahren vorzusehen hat. Mit der Einbürgerungsbewilligung bestätigt der Bund, dass seine Einbürgerungsvoraussetzungen erfüllt sind, für die eigentliche Erteilung der ordentlichen Einbürgerung bleiben aber die Kantone zuständig. Diese haben auch die allfälligen zusätzlichen kantonalen und kommunalen Erfordernisse zu prüfen. Die Kantone müssen zwar ein Gemeindebürgerrecht einrichten; sie sind aber von der Bundesverfassung her frei, welche Kompetenzen sie an die Gemeinden weitergeben wollen. Sie können sogar vorsehen, selbst über die Erteilung des Gemeindebürgerrechts zu entscheiden.

Gemäss Art. 38 Abs. 3 BV *erleichtert* der Bund die Einbürgerung von *Personen der dritten Ausländergeneration* (Bst. a) sowie von *staatenlosen Kindern* (Bst. b). Die Umsetzung dieser Kompetenzen findet sich im Bürgerrechtsgesetz.

Entscheide im Zusammenhang mit dem Bürgerrecht ergehen nicht im rechtsfreien Raum. Nebst den gesetzlichen Voraussetzungen sind insbesondere die *Grundrechte* und *verfassungsmässigen Prinzipien* einzuhalten. Das Bundesgericht bezeichnet namentlich die *ordentliche Einbürgerung als individuell-konkreten Hoheitsakt;* den früheren Zusatz «mit politischer Komponente» verwendet es praktisch nicht mehr. Dabei sind die Grundrechte zu wahren, vor allem das Rechtsgleichheitsgebot (Art. 8 Abs. 1 BV), das Diskriminierungsverbot (Art. 8 Abs. 2 BV), das Willkürverbot (Art. 9 BV), die Wahrung der Privatsphäre (Art. 13 BV) sowie die Verfahrensfairness, der Anspruch auf rechtliches Gehör und weitere prozessuale Verfassungsrechte (Art. 29 und 29a BV).

3.   Grundsätze des Staatsangehörigkeitsrechts

Prägendes Element des Schweizer Bürgerrechts ist das Prinzip des ius sanguinis, d.h. der Übertragung des Bürgerrechts über die Abstammung und nicht über die Geburt auf Schweizer Boden (ius soli), wie es etwa in den USA gilt. Das früher ebenfalls bedeutsame Prinzip der Einheit des Bürgerrechts der Familie wurde durch den Prozess der Geschlechtergleichstellung und die Möglichkeit individueller Einbürgerungs- oder Verlustverfahren aufgeweicht. Insbesondere führt Heirat mit einem Schweizer Partner nicht automatisch zur Einbürgerung, sondern ermöglicht lediglich unter bestimmten Voraussetzungen die erleichterte Einbürgerung.

Die im Ausländerrecht wichtige Unterscheidung von erstem und zweitem Kreis hat im Staatsangehörigkeitsrecht keine Bedeutung. Es gibt nur Schweizerinnen und Schweizer einerseits und ausländische Personen andererseits, wobei die einschlägigen Rechtsregeln für jeweils alle gleich gelten.

Die Schweiz lässt seit 1992 die *doppelte oder mehrfache Staats-*
angehörigkeit zu. Wer das Schweizer Bürgerrecht erwirbt, muss aus
Sicht der Schweiz eine andere Staatsangehörigkeit also nicht aufgeben, und wer eine solche erwirbt, verliert das Schweizer Bürgerrecht nicht. Nicht alle fremden Staaten lassen allerdings nach ihrer
Rechtslage die mehrfache Staatsangehörigkeit zu, weshalb eine Einbürgerung in der Schweiz zum Verlust einer ausländischen Staatsangehörigkeit führen kann. Darauf ist bei eventuellen Einbürge-
rungsvorhaben Acht zu geben.

Die Bürgerrechtsgesetzgebung verfolgt weitgehend das Ziel, *Staa-*
tenlosigkeit zu vermeiden. Davon weicht das Gesetz aber teilweise
ab, namentlich bei der Nichtigerklärung der Einbürgerung.

Bei *Zuständigkeit des Bundes* ist schliesslich gemäss Art. 14 Abs. 1
und 2 OV-EJPD das SEM zur selbständigen Erledigung aller Ge-
schäfte über das Schweizer Bürgerrecht ermächtigt und überdies
berechtigt, im Bereich des Bürgerrechts gegen letztinstanzliche kantonale Entscheide beim Bundesgericht Beschwerde zu erheben, wo
ein solcher Rechtsmittelweg offensteht.

Leitentscheide: IGH Nottebohm Case (Liechtenstein c. Guate-
mala) 6.4.1955 Reports/Recueil 1955 4 (völkerrechtliche Definition der Staatsangehörigkeit); EGMR 53124/09 Genovese c. Malta
(Anspruch auf Staatsangehörigkeit gestützt auf Familienleben);
31414/96 Karassev c. Finnland und 42387/13 K2 c. UK (Vorenthal-
ten der Staatsangehörigkeit und Privatleben); 52273/16 Ghoumid et
al. c. Frankreich, 76136/12 Ramadan c. Malta, 74411/16 Said Abdul
Salam Mubarak c. Dänemark und 43936/18 Usmanov c. Russland
(Entzug der Staatsangehörigkeit und Privatleben); 46343/99 Rie-
ner c. Bulgarien und 44230/06 Petropavlovskis c. Lettland (Festhalten an Staatsangehörigkeit und Privatleben); BGer 1D_7/2019
und 1D_7/2017 (Tragweite der Flüchtlingskonvention); BGE 135 II 1
(landesrechtliche Abgrenzung der ausländischen von der schweizerischen Staatsangehörigkeit); 146 I 83 (bundesstaatliche Kompetenzverteilung im Einbürgerungsrecht).

§ 27 Erwerb des Bürgerrechts

1. Erwerb von Gesetzes wegen

a) Vorbemerkungen

Der gesetzliche Erwerb der schweizerischen Staatsangehörigkeit setzt keinen behördlichen Entscheid über die Erteilung der Nationalität voraus. Diese entsteht *automatisch,* wenn die entsprechenden im Bürgerrechtsgesetz genannten Voraussetzungen erfüllt sind.

b) Tatbestände

Beim gesetzlichen Erwerb durch *Abstammung* gelangt das Prinzip des ius sanguinis zu seiner vollen Entfaltung. Mit der *Geburt* erhält das Schweizer Bürgerrecht das Kind verheirateter Eltern, bei denen zumindest die Mutter oder der Vater Schweizerin oder Schweizer ist (Art. 1 Abs. 1 Bst. a BüG). Dasselbe gilt für das Kind einer Schweizerin, die nicht mit dem Vater verheiratet ist (Art. 1 Abs. 1 Bst. b BüG). Das minderjährige ausländische Kind eines nicht mit der Mutter verheirateten Schweizers erwirbt das Schweizer Bürgerrecht mit der Begründung des Kindesverhältnisses zum Vater (Art. 1 Abs. 2 BüG), also namentlich durch Anerkennung durch den Vater oder durch gerichtlich erkannte Vaterschaft; hat das minderjährige Kind diesfalls bereits eigene Kinder, erhalten diese auch die schweizerische Nationalität (Art. 1 Abs. 3 BüG). Mit der schweizerischen Staatsangehörigkeit erwirbt das Kind ebenfalls das *Kantons- und Gemeindebürgerrecht* des schweizerischen Elternteils (Art. 2 Abs. 1 BüG); verfügen beide Eltern über das Schweizer Bürgerrecht, richtet sich das kantonale und kommunale Bürgerrecht nach demjenigen Elternteil, dessen Namen das Kind trägt (Art. 2 Abs. 2 BüG, Art. 271 ZGB). Mit der Adoption eines minderjährigen ausländischen Kindes durch eine Person schweizerischer Nationalität erhält das Kind die drei Bürgerrechte der adoptierenden Person (Art. 4 BüG). Dafür genügt, dass das Adoptionsgesuch vor dem 18. Geburtstag eingereicht wird (vgl. Art. 268 Abs. 4 ZGB). Die Adoption einer volljährigen Person hat keine Auswirkungen auf das Bürgerrecht.

Einen Einbruch in das Prinzip des ius sanguinis ergibt sich bei der Regelung zum Bürgerrechtserwerb eines *minderjährigen Findelkindes unbekannter Abstammung*. Dieses erhält das *Bürgerrecht des Kantons,* auf dessen Gebiet es aufgefunden wurde, und damit die Schweizer Staatsangehörigkeit, wobei der Kanton über das zu erteilende Gemeindebürgerrecht entscheidet; die Bürgerrechte erlöschen, wenn die Abstammung des Findelkindes nachträglich festgestellt wird, sofern es noch immer minderjährig ist und nicht staatenlos wird (Art. 3 BüG). Diese Rechtslage gilt insbesondere bei Neugeborenen, die in sog. Babyklappen abgegeben werden.

c) Verfahren und Rechtsschutz

Grundsätzlich genügt die gehörige *Anmeldung* des massgeblichen familiären Verhältnisses *beim Zivilstandsregister* für die rechtsgültige Feststellung der schweizerischen Staatsangehörigkeit, ausser wenn dafür ein behördlicher Entscheid erforderlich ist, wie das bei der Adoption, der Gutheissung einer Vaterschaftsklage oder beim Findelkind zutrifft. Auch bei *Geburt im Ausland* empfiehlt sich die *Anmeldung* bei einer schweizerischen Behörde im Aus- oder Inland, bei längerem Aufenthalt im Ausland typischerweise bei der schweizerischen Vertretung. Bei mehrfacher Staatsangehörigkeit des Kindes muss dies vor Vollendung des 25. Lebensjahres erfolgen oder sich das Kind innert gleicher Frist selbst melden oder schriftlich erklären, das Schweizer Bürgerrecht beibehalten zu wollen; andernfalls verlieren die betroffene Person und mit ihr ihre allfälligen eigenen Kinder die schweizerische Nationalität (Art. 7 Abs. 1 und 2 BüG). Als ausreichende Meldung gilt insbesondere jede Mitteilung von Eltern, Verwandten oder Bekannten im Hinblick auf die Eintragung in die heimatlichen Register, auf die Immatrikulation bei der schweizerischen Vertretung im Ausland oder die Ausstellung von Ausweisschriften (vgl. Art. 7 Abs. 3 BüG). Wird die Frist entgegen dem eigenen Willen verpasst, kann die massgebliche Meldung oder

Erklärung auch noch innert eines Jahres nach Wegfall des Hinderungsgrundes abgegeben werden (Art. 7 Abs. 4 BüG). Wenn das Schweizer Bürgerrecht nach Art. 7 BüG verloren geht, kann innert zehn Jahren oder bei dreijährigem Aufenthalt in der Schweiz auch später ein Gesuch um Wiedereinbürgerung gestellt werden (vgl. Art. 27 BüG).

Besteht *Unklarheit* über den Bestand des Schweizer Bürgerrechts, so entscheidet auf Antrag oder von Amts wegen in einem *Feststellungsverfahren* darüber die zuständige Behörde des Kantons, dessen Bürgerrecht mit in Frage steht. Auch das SEM ist dabei antragsberechtigt (Art. 43 BüG). Gegen den Feststellungsentscheid stehen die kantonalen Rechtsmittel nach kantonalem Recht offen. Letzte kantonale Instanz muss ein Gericht sein (Art. 29a BV, Art. 86 Abs. 2 BGG). Gegen dessen Entscheid kann gemäss Art. 82 ff. BGG Beschwerde in öffentlich-rechtlichen Angelegenheiten beim Bundesgericht geführt werden.

2. Erwerb durch behördlichen Beschluss

a) Überblick

Wird das Schweizer Bürgerrecht nicht automatisch gestützt auf das Gesetz erworben, braucht es dafür einen *behördlichen rechtsgestaltenden Entscheid.* Es gibt drei Formen einer solchen Einbürgerung: die gewöhnliche *ordentliche Einbürgerung,* die *erleichterte Einbürgerung* bei vom Gesetzgeber anerkannten privilegierenden Voraussetzungen und die *Wiedereinbürgerung* für Personen, die früher bereits einmal die Schweizer Staatsangehörigkeit besessen und später verloren haben, nun aber wieder erwerben möchten.

b) Urteilsunfähige, Kinder und Familien

Nach Art. 34 Abs. 1 BüG kann das Gesuch um Einbürgerung von *Minderjährigen,* also von Kindern unter 18 Jahren (vgl. Art. 32 BüG), nur vom gesetzlichen Vertreter eingereicht werden. Da es sich bei der Einbürgerung um ein relativ höchstpersönliches Recht handelt, ist aber die Gesuchstellung durch einen urteilsfähigen Minderjährigen selbst nicht ausgeschlossen. Der Sinn der Bestimmung ist aus historischer Sicht, dass auch der gesetzliche Vertreter, in der Regel der sorgeberechtigte Elternteil, dazu legitimiert ist und es nicht zusätzlich noch die Zustimmung der Kindes- und Erwachsenenschutzbehörde (KESB) braucht. Ab dem Alter von 16 Jahren müssen minderjährige Urteilsfähige jedenfalls ihren eigenen Einbürgerungswillen schriftlich erklären (Art. 31 BüG). Erwachsene oder minderjährige *Urteilsunfähige* können ihr Einbürgerungsgesuch hingegen nur über die gesetzliche Vertretung stellen. In der Regel werden minderjährige Kinder in die Einbürgerung der mütterlichen Bewerberin oder des väterlichen Bewerbers einbezogen, wenn sie mit dieser oder diesem zusammenleben. Bei Kindern ab zwölf Jahren sind die erforderlichen materiellen Voraussetzungen (gemäss Art. 11 und 12 BüG) eigenständig und altersgerecht zu prüfen (Art. 30 BüG). Es ist aber nicht zwingend, dass alle Familienangehörigen zusammen ein Gesuch stellen. Insbesondere kann sich ein Gesuch nur auf einen Elternteil oder nur auf die Kinder oder nur auf eines der Kinder erstrecken. Auch ein allfälliger späterer Rückzug kann sich auf einen Teil der vom Gesuch erfassten Familienangehörigen beschränken. Das Gesuch einer geistig behinderten Person darf nicht abgewiesen werden, weil sie keinen Einbürgerungswillen bilden kann; vielmehr ist auf den aufgrund der Lebensverhältnisse mutmasslichen Einbürgerungswillen abzustellen.

c)   Gebühren

Die Behörden des Bundes, des Kantons und der Gemeinde können für das Einbürgerungsverfahren *kostendeckende Gebühren* und dafür unter Umständen auch *Vorauszahlungen* erheben (Art. 35 BüG, Art. 24 ff. BüV). Die Gebühren des Bundes bewegen sich zwischen CHF 50 und CHF 500 (vgl. Art. 25 BüV). Die kantonalen und kommunalen Gebühren richten sich nach dem kantonalen und allenfalls kommunalen Recht, haben aber das Kostendeckungs- und das

Äquivalenzprinzip, d.h. die Verhältnismässigkeit im Verhältnis zum konkreten Aufwand im Einzelfall, zu wahren. Die früheren exorbitanten Einbürgerungsgebühren sind nicht mehr zulässig. Kosten von insgesamt CHF 2'000 bis CHF 3'000 sind aber durchaus noch möglich.

d)   Allgemeine Verfahrensregeln

Die Parteien sind zur *Mitwirkung* im Einbürgerungsverfahren verpflichtet, d.h. sie müssen vollständige Angaben über die wesentlichen Tatsachen unter Einschluss nachträglicher Änderungen der Verhältnisse machen (Art. 21 BüV). Der *Kanton* führt in seinem Zuständigkeitsbereich oder im Auftrag des SEM *Erhebungen* zu den massgeblichen Verhältnissen durch (Art. 34 BüG, Art. 13 und 17 ff. BüV). Soweit kantonale Einbürgerungsbehörden oder Schweizer Vertretungen im Ausland Erhebungsberichte erstellen müssen, haben sie das in der Regel innerhalb von zwölf Monaten zu tun (Art. 22 BüV). Das SEM entscheidet regelmässig über die Erteilung einer Einbürgerungsbewilligung für eine ordentliche Einbürgerung innert acht Monaten nach Eingang der Gesuchsunterlagen und über die erleichterte Einbürgerung oder die Wiedereinbürgerung innert zwölf Monaten nach Eingang des Erhebungsberichts (Art. 22 und 23 BüV). Diese Fristen sind *Ordnungs-* und nicht Gültigkeits*fristen*.

e)   Ordentliche Einbürgerung

aa)   Vorbemerkungen

Bei der *ordentlichen Einbürgerung* handelt es sich um die *Grundform* der behördlichen Verleihung des Bürgerrechts, die dann zur Anwendung gelangt, wenn nicht die Voraussetzungen einer der besonderen Formen der Einbürgerung erfüllt sind. Beachtlich sind sowohl *Bundesrecht* als auch *kantonales Recht*. Das Bundesrecht sieht keinen Anspruch auf Einbürgerung vor; einzelne Kantone kennen jedoch einen solchen, wenn alle bundes- und kantonalrechtlichen Voraussetzungen erfüllt sind. Vorbehalten bleibt immer die Vereinbarkeit des Einbürgerungsentscheids mit Bundes- und Verfassungsrecht. Wer sich ordentlich einbürgern lassen will, muss bestimmte Voraussetzungen erfüllen, die einerseits der Bund und andererseits der jeweilige Kanton und unter Umständen, soweit der Kanton dies erlaubt, auch die betroffene Gemeinde vorsehen. Wenn alle Voraussetzungen vorliegen und es keine verfassungskonformen Gründe für eine Nichteinbürgerung gibt, ist eine solche willkürlich und daher unzulässig, weshalb insoweit auch von einer *anspruchsähnlichen oder -angenäherten Rechtslage* bzw. von einem *Quasi- oder indirekten Anspruch* gesprochen wird. Hauptsächlich in den Gemeinden bereitet dies mitunter Mühe.

Einbürgerungsentscheide müssen insbesondere auch *diskriminierungsfrei* ergehen. Namentlich dürfen Herkunft, Rasse, Religion, Alter, Behinderungen, sexuelle Orientierung und Geschlecht bei der Einbürgerung keine Rolle spielen. Auch dies bereitet Einbürgerungsbehörden mitunter Schwierigkeiten. So ist es beispielsweise diskriminierend, wenn eine Gemeinde Menschen aus dem Balkan systematisch nicht einbürgert, wohl aber praktisch ausnahmslos solche aus anderen Teilen Europas.

bb)   Formelle Voraussetzungen

Bei den *formellen Voraussetzungen* geht es um die für die ordentliche Einbürgerung erforderliche Aufenthaltsdauer in der Schweiz und den verlangten ausländerrechtlichen Status.

Der Bund setzt für die Erteilung der eidgenössischen Einbürgerungsbewilligung voraus, dass die Bewerbenden bei der Gesuchstellung eine *Niederlassungsbewilligung* besitzen und einen *Aufenthalt von insgesamt zehn Jahren* in der Schweiz nachweisen, wovon drei in den letzten fünf Jahren vor Gesuchseinreichung (Art. 9 Abs. 1 BüG). Für die Berechnung der nötigen Aufenthaltsdauer wird die Zeit *doppelt* gerechnet, welche die Gesuchstellenden *zwischen dem vollendeten achten und achtzehnten Lebensjahr* in der Schweiz verbracht haben, wobei der Aufenthalt mindestens sechs Jahre zu betragen hat (Art. 9 Abs. 2 BüG). So erfüllt beispielsweise das in der

Schweiz geborene Kind eines Niedergelassenen nach neun Jahren die formellen Voraussetzungen der ordentlichen Einbürgerung, da es mit der Geburt grundsätzlich die Niederlassungsbewilligung erhält (vgl. Art. 43 Abs. 6 AIG) und das neunte Lebensjahr für die erforderliche Aufenthaltsdauer doppelt gezählt wird.

An die Aufenthaltsdauer angerechnet werden gemäss Art. 33 Abs. 1 BüG Anwesenheiten in der Schweiz mit einer Aufenthalts- oder Niederlassungsbewilligung (vgl. Art. 33 und 34 AIG) oder einer vom EDA ausgestellten Legitimationskarte oder eines vergleichbaren Titels; die Anwesenheitsdauer mit vorläufiger Aufnahme (gemäss Art. 83 ff. AIG) wird nur zur Hälfte angerechnet. *Kurzfristiges Verlassen* der Schweiz mit der Absicht auf Rückkehr unterbricht den Aufenthalt nicht (Art. 33 Abs. 2 BüG). Dazu zählen auch Aufenthalte für höchstens ein Jahr im Auftrag des Arbeitgebers oder zu Aus- oder Weiterbildungszwecken, beispielsweise ein Auslandschul- oder -studienjahr (Art. 16 BüV). Hingegen gilt der Aufenthalt als aufgegeben bei Abmeldung ins Ausland oder bei einem sonstigen tatsächlichen Auslandsaufenthalt von mehr als sechs Monaten (Art. 33 Abs. 3 BüG). Das Bundesgericht hat klargestellt, dass der Aufenthalt selbst bei einem mehrjährigen Studium im Ausland nicht als verloren gilt, wenn das schweizerische Domizil nicht aufgegeben und regelmässig aufgesucht wird.

Das Erfordernis der *Niederlassungsbewilligung* schwächt die Wirkung der gesetzlichen Erleichterung für Kinder und der hälftigen Anrechnung der vorläufigen Aufnahme in den meisten Fällen wieder ab, da für den Erhalt der Niederlassungsbewilligung ohnehin in der Regel zehn Jahre abgewartet werden müssen, wobei darauf im Unterschied zur Einbürgerung immerhin auch Anwesenheiten mit Kurzaufenthaltsbewilligung (nach Art. 32 AIG), solche mit vorläufiger Aufnahme hingegen überhaupt nicht angerechnet werden können (vgl. Art. 34 Abs. 1 AIG). Die Erleichterungen spielen vor allem eine Rolle, wenn schon die Niederlassungsbewilligung frühzeitig erteilt wird, namentlich wegen erfolgreicher Integration (vgl.

Art. 34 Abs. 3 AIG) oder beim Familiennachzug von Schweizerinnen und Schweizern sowie Niedergelassenen (vgl. Art. 42 und 43 AIG). Bei ausländischen Ehegatten und Kindern von Schweizern und Schweizerinnen fällt jedoch vorrangig die erleichterte Einbürgerung in Betracht (vgl. Art. 21 und 24 BüG).

Beispielsweise erhält eine seit sechs Jahren vorläufig aufgenommene ausreichend integrierte Frau mit der Heirat mit einem Niedergelassenen die Aufenthaltsbewilligung (Art. 43 Abs. 1 AIG) und drei Jahre nach dessen beispielhaft zwei Jahre später erfolgten ordentlichen Einbürgerung, also fünf Jahre nach der Heirat, die Niederlassungsbewilligung (vgl. Art. 42 Abs. 3 und Art. 43 Abs. 5 AIG). Da die sechs Jahre der vorläufigen Aufnahme nur für drei Jahre angerechnet werden, erfüllt sie die formellen Voraussetzungen erst nach weiteren zwei Jahren; sie muss mithin 13 Jahre ab der vorläufigen Aufnahme bzw. 7 Jahre ab der Heirat auf die Einbürgerung warten. Die erleichterte Einbürgerung nach Art. 21 BüG ist diesfalls deshalb nicht möglich, weil der Ehegatte bei der Heirat noch nicht Schweizer war (dazu hinten f.bb, S. 394).

Gemäss Art. 18 BüG sieht die kantonale Gesetzgebung eine *Mindestaufenthaltsdauer* im Kanton von zwei bis fünf Jahren vor. Der Kanton muss also *minimal* eine solche von *zwei Jahren* vorschreiben, darf aber *maximal fünf Jahre* Kantonsanwesenheit verlangen. Der Kanton oder, wenn er den Gemeinden die entsprechende Kompetenz überträgt, die Gemeinde können auch eine minimale Aufenthaltsdauer in der Gemeinde vorsehen, die logischerweise die Maximaldauer des Kantonsaufenthalts nicht überschreiten darf. Bei einem Wegzug bleiben der Kanton und die Gemeinde, in denen das Einbürgerungsgesuch gestellt worden ist, zuständig, wenn sie die materiellen Einbürgerungsvoraussetzungen bereits abschliessend geprüft haben.

cc)   Materielle Voraussetzungen

Mit *materiellen Voraussetzungen* werden die gesetzlichen Anforderungen an die Integration (s. dazu auch vorne § 8 und speziell § 8.9., S. 150 ff. und 161), an das Vertrautsein mit den schweizerischen Lebensverhältnissen sowie an das Fehlen einer von den Gesuchstellenden ausgehenden Gefährdung bezeichnet.

Nach Art. 11 Bst. a BüG setzt die ordentliche Einbürgerung eine *erfolgreiche Integration* voraus. Der Begriff der Integration ist umstritten und wird in der Praxis unterschiedlich ausgelegt. Von *Anpassung* bis *Akkulturation* findet sich das ganze Spektrum der Verständnisse. Unzulässig ist allerdings, die Assimilation im Sinne der Aufgabe der eigenen Kultur zu verlangen, schon aus menschenrechtlichen Gründen, aber auch weil die Schweiz die mehrfache Staatsangehörigkeit zulässt. Die Integration zeigt sich gemäss Art. 12 BüG insbesondere, aber nicht ausschliesslich, im Beachten der öffentlichen Sicherheit und Ordnung, in der Respektierung der Werte der Bundesverfassung, in der Fähigkeit, sich im Alltag in Wort und Schrift in einer Landessprache zu verständigen, in der Teilnahme am Wirtschaftsleben oder am Erwerb von Bildung und in der Förderung und Unterstützung der Integration des Ehegatten oder eingetragenen Partners und der minderjährigen Kinder, über welche die elterliche Sorge ausgeübt wird. Es handelt sich dabei um *auslegungsbedürftige unbestimmte Rechtsbegriffe,* die in Art. 4 ff. BüV konkretisiert werden, wobei immer noch Fragen offenbleiben.

Bei der *Sprachanforderung* verlangt Art. 6 BüV insbesondere das Referenzniveau B1 für mündliche und das Niveau A2 für schriftliche Sprachkompetenzen gemäss dem Gemeinsamen europäischen Referenzrahmen für Sprachen (GER); der erforderliche Nachweis gilt allerdings als erbracht, wenn die Bewerbenden eine Landessprache als Muttersprache sprechen und schreiben, während mindestens fünf Jahren die obligatorische Schule in einer Landessprache besucht oder eine Ausbildung auf Sekundarstufe II oder Tertiärstufe in einer Landessprache abgeschlossen haben oder über einen anerkannten Sprachnachweis (Diplom, Kursabschlusszertifikat usw.) verfügen. Die Prüfung der Sprachkenntnisse hat fachkundig zu erfolgen und darf nicht auf laienhafter Einschätzung beruhen. Namentlich dürfen Sprachkenntnisse nicht ohne Spezialwissen auf Seiten der Behörde als ungenügend beurteilt werden, wenn ein aktuelles und gültiges Sprachdiplom einer anerkannten Schule vorliegt. Das SEM bietet Unterstützung bei der Sprachbeurteilung und stellt mit dem sog. fide-Sprachförderungsprogramm ein Anerkennungssystem zur Verfügung. Allerdings reicht auch eine genügende Maturanote aus, die in einer vom Bund anerkannten Maturaprüfung unter gleichwertigen Anforderungen ergangen ist.

Massgeblich sind sodann die erhebliche oder wiederholte *Missachtung gesetzlicher Vorschriften und behördlicher Verfügungen,* die mutwillige *Nichterfüllung* wichtiger öffentlich- oder privatrechtlicher *Verpflichtungen* und die *öffentliche Billigung oder Bewerbung grundlegender Straftaten* wie Kriegsverbrechen oder solchen gegen die Menschlichkeit (vgl. Art. 4 Abs. 1 BüV) sowie *strafrechtliche Verurteilungen einer gewissen Schwere* (vgl. Art. 4 Abs. 2–4 BüV). Bei *hängigen Strafverfahren* wird das Einbürgerungsverfahren bis zum rechtskräftigen Abschluss des Strafverfahrens sistiert (Art. 4 Abs. 5 BüV).

Gemäss Art. 12 Abs. 3 BüG können die *Kantone weitere Integrationskriterien* vorsehen. Die Kantone zeigen dabei einiges an Phantasie. Verbreitet sind besondere Anforderungen an den tadellosen Leumund, vor allem in finanzieller Hinsicht im Sinne des Fehlens von Verlustscheinen und Sozialhilfeabhängigkeit. Solche Anforderungen müssen aber *verhältnismässig* bleiben und dürfen nicht willkürlich sein, d.h. insbesondere eine Einbürgerung nicht praktisch verunmöglichen. Fraglich erscheint, ob es den Kantonen zusteht, die inzwischen detailliert konkretisierten bundesrechtlichen Kriterien, beispielsweise die Sprachanforderungen, zu verschärfen. Nachdem mit dem neuen Bürgerrechtsgesetz unter anderem eine Vereinheitlichung der gesamtschweizerischen Praxis angestrebt wurde, ist dies tendenziell zu verneinen.

Unter *Vertrautsein mit den schweizerischen Lebensverhältnissen* gemäss Art. 11 Bst. b BüG definiert Art. 2 BüV *Grundkenntnisse* der geographischen, historischen, politischen und gesellschaftlichen Verhältnisse der Schweiz, die *Teilnahme* am sozialen und kulturellen Leben der Gesellschaft in der Schweiz sowie den *Kontakt* zu Schweizerinnen und Schweizern. Auch insofern stellen die Kantone und Gemeinden teilweise zusätzliche, mitunter überzogene Anforderungen an die Kenntnisse und die Eingliederung. Spitzfindige Fragestellungen zu Geographie, Geschichte und Kultur sind dabei unzulässig; es sollen Lebenssachverhalte und Grundkenntnisse erfragt werden. Zur Beantwortung solcher Fragen genügt es, wenn erkenntlich ist, dass das entsprechende Grundwissen vorhanden ist, auch wenn nicht exakte Fachbegriffe verwendet werden. Eine Verpflichtung zu Patriotismus, insbesondere zum Absingen der Nationalhymne, besteht nicht. Eine minimale soziale Integration darf zwar verlangt werden; lokale Integration setzt aber nicht die Bevorzugung von Dorfläden oder die Mitgliedschaft in einem Verein der Wohnsitzgemeinde voraus; sie kann auf Kontakten zu Nachbarn oder am Arbeitsplatz oder auch auf Vereinsleben in einer Nachbargemeinde beruhen. Solche Umstände können zudem aufwiegen, dass jemand ansonsten eher zurückgezogen lebt. Für Integration spricht das erfolgreiche Führen eines Handwerkbetriebs während mehreren Jahren vor Ort. Das Tragen eines Kopftuches für sich allein widerlegt Integration nicht, nachweislich diskriminierendes Verhalten hingegen schon.

Schliesslich dürfen die Gesuchstellenden *die innere oder äussere Sicherheit der Schweiz nicht bedrohen,* wozu namentlich Aktivitäten für fremde Nachrichtendienste oder der organisierten Kriminalität zählen (Art. 11 Bst. c BüG, Art. 3 BüV). Allenfalls bedarf es insofern einer Stellungnahme des Nachrichtendienstes des Bundes (NDB) oder des fedpol.

Entscheidend und erforderlich ist eine *Gesamtbeurteilung der Integration.* Die einzelnen Kriterien sind nicht bloss einzeln zu prüfen, sondern integral zu bewerten. Schwächen bei einzelnen Voraussetzungen können durch anderweitige Stärken ausgeglichen werden, ausser ein Kriterium sei für sich allein derart stark zu gewichten, dass den anderen keine Bedeutung mehr zukommt, was etwa bei schwerer Straffälligkeit zutreffen kann. Angemessen zu berücksichtigen ist sodann, wenn die Sprachkenntnisse oder das Erwerbserfordernis aufgrund von Behinderung, Krankheit oder anderen *gewichtigen persönlichen Umständen* nicht oder nur erschwert erreicht werden können (Art. 12 Abs. 2 BüG). Zu beachten sind dabei Umstände wie eine ausgeprägte Lern-, Lese- oder Schreibschwäche, Erwerbsarmut (sog. «working poors»), die Wahrnehmung von Betreuungsaufgaben oder nicht selbst verschuldete, erst in der Schweiz aufgetretene Sozialhilfeabhängigkeit (vgl. Art. 9 BüV). Schliesslich ist es unzulässig, eine Integration der gesuchstellenden Person wegen integrationsfeindlichem Verhalten (wie Beteiligung an organisierter Kriminalität) ihrer Familienangehörigen oder ihres sonstigen Umfeldes zu verneinen, ohne dass die gesuchstellende Person selbst dazu beiträgt oder davon zumindest wissentlich profitiert, würde dies doch auf eine Art Sippenhaft hinauslaufen.

dd)   Gleichgeschlechtliche Partnerschaften

Seit der Einführung der «Ehe für alle» steht dem ausländischen Partner bzw. der ausländischen Partnerin bei gleichgeschlechtlichen Paaren mit einem schweizerischen Teil die Möglichkeit der erleichterten Einbürgerung nach der Heirat offen. Für altrechtliche eingetragene Partnerschaften, die nicht in eine Ehe umgewandelt wurden, erfolgt der Erwerb der Schweizer Staatsangehörigkeit hingegen durch ordentliche Einbürgerung. Als gewissen Ausgleich dazu sieht Art. 10 Abs. 1 BüG vor, dass bei der erforderlichen Anwesenheitsdauer eine solche von fünf Jahren, wovon ein Jahr unmittelbar vor der Gesuchstellung, in der Schweiz genügt, wenn die gesuchstellende Person seit drei Jahren mit einem Schweizer oder einer Schweizerin in eingetragener Partnerschaft lebt. Dies gilt auch, wenn der Schweizer Partner die schweizerische Staatsangehörigkeit nach der Eintragung der Partnerschaft durch Wiedereinbürgerung oder erleichterte Einbürgerung aufgrund der Abstammung von einem Schweizer Elternteil erworben hat (Art. 10 Abs. 2 BüG). Die formellen Voraussetzungen werden dadurch der erleichterten Einbürgerung von Ehegatten von Schweizern angeglichen (vgl. Art. 21 BüG). Es bleibt aber bei einer ordentlichen Einbürgerung und es sind die entsprechenden materiellen Voraussetzungen und das diesbezügliche Verfahren anwendbar. Unter der alten Rechtslage, die vor der Öffnung der Ehe für gleichgeschlechtliche Paare gegolten hatte, hielt das Bundesverwaltungsgericht fest, diese Ungleichbehandlung von eingetragenen gleichgeschlechtlichen Paaren im Vergleich zu verheirateten heterosexuellen Paaren sei diskriminierend, sah aber von einer Korrektur ab. Nach Einführung der Ehe für alle stellte sich die Frage nach Auffassung des Bundesgerichts nicht mehr, weshalb es sich inhaltlich auch nicht mehr mit der Frage der Diskriminierung befasste.

ee)   Verfahren

Zuständig für den Einbürgerungsentscheid ist der *Kanton*. Der Bund fällt mit der eidgenössischen *Einbürgerungsbewilligung* nur einen, immerhin selbständig anfechtbaren, Entscheid zu den von ihm verlangten Voraussetzungen. Nur wenn der Bund deren Vorliegen bejaht, kann der Kanton einbürgern. Der kantonale Einbürgerungsentscheid ist innert einem Jahr nach Erteilung der Einbürgerungsbewilligung zu fällen (Art. 14 Abs. 1 BüG). Der Kanton bezeichnet die Behörde, bei der das Einbürgerungsgesuch einzureichen ist (Art. 13 Abs. 1 BüG). Die Zuständigkeiten und das Verfahren im Kanton und in den Gemeinden regelt das kantonale Recht (vgl. Art. 15 Abs. 1 BüG). Mit Ausnahme des Kantons Genf erteilen die Kantone den Gemeinden die Kompetenz, über das Gemeindebürgerrecht zu entscheiden. Verschiedene Kantone kennen eigene Bürgergemeinden, die dafür zuständig sind. In anderen Kantonen erfüllen die Einwohnergemeinden diese Aufgabe. Die Kantone bestimmen auch, wo das Gesuch einzureichen ist und welche kantonale Behörde und welches kommunale Organ zuständig sind.

Geeignet dafür erscheinen vor allem *Exekutivbehörden,* nicht zuletzt, weil dabei die Beachtung der Grundrechte in der Regel besser gewährleistet ist als bei legislativen Organen. Die Kantone dürfen aber vorsehen, dass ein Einbürgerungsgesuch den Stimmberechtigten an einer *Gemeindeversammlung* zum Entscheid vorgelegt wird (Art. 15 Abs. 2 BüG). Nach bundesgerichtlicher Rechtsprechung ausgeschlossen ist hingegen die Urnenabstimmung über Einbürgerungen.

Soweit ein Kanton mit Zuständigkeit der Einwohnergemeinde die politischen Rechte unter Einschluss des passiven Wahlrechts auf kommunaler Ebene den Ausländerinnen und Ausländern einräumt, wie das etwa für den Kanton Waadt zutrifft, kann es vorkommen, dass ausländische Staatsangehörige über die Erteilung des Gemeindebürgerrechts und damit indirekt der Schweizer Staatsangehörigkeit mitentscheiden.

Die Gesuchstellenden sind vorgängig über das *Verfahren* zu informieren und die Verfahrensschritte sind ihnen anzukündigen, damit sie sich bei Bedarf gehörig vorbereiten können. Insbesondere ist es unzulässig, sie zu einem Vorstellungsgespräch einzuladen, an dem dann unangekündigt bereits die erforderlichen Kenntnisse geprüft werden. Ihre *Privatsphäre* darf nur soweit nötig beeinträchtigt werden. Für allfällige Gemeindeversammlungen dürfen den Stimmberechtigten lediglich die bisherige Staatsangehörigkeit, die Aufenthaltsdauer und die für den Entscheid erforderlichen Angaben bekanntgegeben werden (vgl. Art. 17 BüG). Die Ablehnung eines Einbürgerungsgesuchs muss begründet werden. Geschieht das an einer Gemeindeversammlung, muss ein entsprechender Antrag gestellt und motiviert werden (Art. 16 BüG). Das Nachschieben von Verweigerungsgründen und unsachliche sowie sachfremde Argumente sind unzulässig.

Verfahren zur ordentlichen Einbürgerung dauern erfahrungsgemäss rund zwei bis drei Jahre. Ausnahmsweise können die Behörden bei besonderen Interessenlagen um Verfahrensbeschleuni-

gung ersucht werden, ohne dass darauf grundsätzlich ein Anspruch
besteht.

ff) Rechtsschutz

Entscheide über die *Einbürgerungsbewilligung* durch das SEM können beim *Bundesverwaltungsgericht* und anschliessend beim *Bundesgericht* angefochten werden. Die *kommunalen und kantonalen
Entscheide* im Zusammenhang mit der ordentlichen Einbürgerung
sind zunächst im *Kanton* gemäss der jeweils einschlägigen Behördenorganisation anfechtbar, wobei kantonal letztinstanzlich ein Gericht vorgeschrieben ist (Art. 29a BV, Art. 46 BüG). Beschwerdeberechtigt sind nicht nur die Gesuchstellenden, sondern auch die
betroffenen Gemeinden sowie, allerdings nur gegen Bundesentscheide, die Kantone (Art. 47 Abs. 2 BüG). Gegen letztinstanzliche
kantonale Entscheide kann *subsidiäre Verfassungsbeschwerde beim
Bundesgericht* nach Art. 113 ff. BGG erhoben werden, da die Beschwerde in öffentlich-rechtlichen Angelegenheiten gegen Entscheide
über die ordentliche Einbürgerung ausgeschlossen ist (Art. 83 Abs. 1
Bst. b BGG). Zulässig sind dabei lediglich *Verfassungsrügen*, d.h., es
muss eine Verletzung von Verfassungsrecht geltend gemacht werden. Im Vordergrund stehen auf Seiten der Gesuchstellenden die
konstitutionellen Verfahrensrechte und das Diskriminierungs- und
Willkürverbot sowie bei Gemeindebeschwerden die Gemeinde-
autonomie (Art. 50 Abs. 1 BV).

gg) Wiedererwägung und Mehrfachgesuche

Grundsätzlich gibt es, insbesondere mit Blick auf das behördliche
Ermessen, die Möglichkeit der Einreichung des ausserordentlichen
Rechtsbehelfs eines *Wiedererwägungsgesuchs*. Ein *Anspruch auf
Wiedererwägung* besteht freilich nur, wenn die Umstände sich seit
dem ersten Entscheid wesentlich geändert haben oder wenn der Gesuchsteller erhebliche Tatsachen und Beweismittel namhaft macht,
die ihm im früheren Verfahren nicht bekannt waren oder die schon
damals geltend zu machen für ihn rechtlich oder tatsächlich un-

möglich war oder keine Veranlassung bestand. Andernfalls muss die Behörde ein Wiedererwägungsgesuch nicht an die Hand nehmen. Es ist grundsätzlich auch zulässig, jederzeit ein *neues Gesuch* zu stellen. Die Abgrenzung von Wiedererwägung und Neugesuch hängt davon ab, was geltend gemacht wird, und erscheint nicht immer einfach. Nicht selten empfehlen gerade die Gemeindebehörden, ein Einbürgerungsgesuch zurückzuziehen, weil die entsprechenden Voraussetzungen, beispielsweise die Sprachanforderungen, noch nicht erfüllt sind, um in einem späteren Zeitpunkt, wenn dies dereinst zutrifft, ein neues Gesuch zu stellen. Ein solches Vorgehen kann sich namentlich aus Kostengründen rechtfertigen.

Zu unterscheiden sind Wiedererwägungs- und neues Gesuch vom *Revisionsgesuch,* mit dem im Rahmen der dafür in der Regel sehr engen Zulassungsvoraussetzungen (vgl. etwa Art. 66 ff. VwVG und Art. 121 ff. BGG) ein ursprünglich fehlerhafter Entscheid geltend gemacht wird. Während sich die beiden ersten an die erstverfügende Instanz richten, müssen Revisionsgesuche jeweils bei der Instanz eingereicht werden, die als letzte entschieden hat.

f)   Erleichterte Einbürgerung

aa)   Vorbemerkungen

Auch bei der *erleichterten Einbürgerung* (Art. 20 ff. BüG) gibt es grundsätzlich *keinen Anspruch* auf Einbürgerung. Sind die Voraussetzungen gegeben, wird die Einbürgerung aber gewährt. Immer vorausgesetzt ist, dass die *Integrationsanforderungen* von Art. 12 Abs. 1 und 2 BüG erfüllt sind und die Gesuchstellenden die *innere oder äussere Sicherheit der Schweiz nicht gefährden.* Grundsätzlich nicht verlangt ist das Vertrautsein mit den schweizerischen Lebensverhältnissen. Bei ausländischem Wohnsitz gelten die materiellen Voraussetzungen lediglich sinngemäss bzw. sind situationsangepasst anzuwenden, wobei grundsätzlich nicht die gleichen Anforderungen wie bei in der Schweiz lebenden Personen verlangt werden können.

bb)   Ehegatten von Schweizer Staatsangehörigen

Nach der *Eheschliessung mit einem schweizerischen Ehegatten* kann
eine ausländische Person erleichtert eingebürgert werden, wenn
sie seit drei Jahren in ehelicher Gemeinschaft lebt und sich insgesamt fünf Jahre in der Schweiz aufgehalten hat, wovon ein Jahr
unmittelbar vor Einreichung des Gesuchs (Art. 21 Abs. 1 BüG). Die
Ehegemeinschaft muss im Zeitpunkt des Gesuchs und der Einbürgerung bestehen (Art. 10 Abs. 3 BüV). Plausible Gründe wie geographisch auseinander liegende Arbeitsstellen können aber einen
getrennten Wohnsitz rechtfertigen. Stirbt der Schweizer Ehegatte
während des Einbürgerungsverfahrens, kann das Gesuch weiter
behandelt werden, wenn keine erheblichen Zweifel an der Ehegemeinschaft bestehen und die Nichteinbürgerung eine unzumut-
bare Härte darstellen würde.

Der anzurechnende Aufenthalt bestimmt sich nach Art. 33 BüG.
Wer im Ausland lebt oder gelebt hat, kann das Gesuch bei *enger
Verbundenheit mit der Schweiz* nach sechs Jahren Ehegemeinschaft
stellen (Art. 21 Abs. 2 BüG). Diese Verbundenheit liegt gemäss
Art. 11 BüV, unter Berücksichtigung der persönlichen Verhältnisse,
vor, wenn sich der Bewerber oder die Bewerberin innert der letzten sechs Jahre vor Gesuchstellung mindestens dreimal für je mindestens fünf Tage in der Schweiz aufgehalten hat, sich im Alltag
mündlich in einer Landessprache verständigen kann, über Grundkenntnisse der geographischen, historischen, politischen und gesellschaftlichen Verhältnisse in der Schweiz verfügt und Kontakte
zu Schweizerinnen und Schweizern pflegt. Die nötigen Kurzaufenthalte in der Schweiz und die Kontakte zu Schweizerinnen und
Schweizern müssen von Referenzpersonen mit hiesigem Wohnsitz
bestätigt werden. Die eingebürgerte Person erwirbt das Kantons-
und Gemeindebürgerrecht des Ehegatten; besitzt dieser mehrere,
kann sie sich mit je einem begnügen (Art. 21 Abs. 4 BüG), hat insofern also ein Wahlrecht.

Nicht von der erleichterten Einbürgerung profitieren Ehegatten von Schweizern, welche die schweizerische Staatsangehörigkeit erst nach der Heirat erworben haben, ausser dies sei durch Wiedereinbürgerung oder durch erleichterte Einbürgerung aufgrund der Abstammung von einem schweizerischen Elternteil erfolgt (Art. 21 Abs. 3 BüG). Ausgeschlossen von der erleichterten Einbürgerung sind auch die altrechtlichen eingetragenen Partnerschaften, die nicht in eine Ehe umgewandelt wurden.

cc)   Kind eines eingebürgerten Elternteils

Nach Art. 24 BüG kann das ausländische Kind, das im Zeitpunkt des Einbürgerungsgesuchs eines Elternteils minderjährig war und nicht in die Einbürgerung einbezogen wurde, vor Vollendung des 20. Altersjahres ein Gesuch um erleichterte Einbürgerung stellen, wenn es einen Aufenthalt (gemäss Art. 33 BüG) von insgesamt fünf Jahren in der Schweiz nachweist, wovon drei Jahre unmittelbar vor der Gesuchstellung. Erworben werden die Bürgerrechte des schweizerischen Elternteils.

dd)   Personen der dritten Ausländergeneration

Art. 24c BüG sieht die Möglichkeit der erleichterten Einbürgerung für junge ausländische Personen der *dritten Ausländergeneration* bis zum vollendenten 25. Altersjahr als letzten Zeitpunkt für die Gesuchseinreichung vor unter folgenden kumulativen Voraussetzungen: Mindestens ein Grosselternteil ist in der Schweiz geboren oder es ist glaubhaft, dass er ein Aufenthaltsrecht erworben hatte; wenigstens ein Elternteil hat die Niederlassungsbewilligung erworben, sich mindestens zehn Jahre in der Schweiz aufgehalten und mindestens fünf Jahre die obligatorische Schule in der Schweiz besucht; der Bewerber oder die Bewerberin selbst wurde in der Schweiz geboren und besitzt die Niederlassungsbewilligung und hat mindestens fünf Jahre die obligatorische Schule in der Schweiz besucht. Erworben wird das Bürgerrecht der Wohngemeinde und des Wohnkantons im Zeitpunkt des Bürgerrechtserwerbs. Die Vielzahl der zu erfüllenden Anforderungen und die rein praktischen Schwierigkeiten bei der Beweiserlangung für die teilweise weit zurückliegenden Sachverhalte führen dazu, dass es in der Praxis eher selten zu erleichterten Einbürgerungen von Personen der dritten Ausländergeneration kommt.

ee) Staatenloses Kind

Ein *minderjähriges staatenloses Kind* kann nach Art. 23 BüG ein Gesuch um erleichterte Einbürgerung stellen, wenn es einen Aufenthalt von insgesamt fünf Jahren in der Schweiz nachweist, wovon ein Jahr unmittelbar vor Gesuchseinreichung. Angerechnet wird, in Abweichung von Art. 33 BüG, jeder Aufenthalt in Übereinstimmung mit den ausländerrechtlichen Vorschriften. Es genügt, dass der Erwerb einer anderen Staatsangehörigkeit tatsächlich ausgeschlossen ist, was etwa bei Flüchtlingskindern massgeblich sein kann. Das Gesuch wird durch den gesetzlichen Vertreter gestellt (vgl. Art. 31 Abs. 1 BüG). Erworben wird das Bürgerrecht der Wohngemeinde und des Wohnkantons. Die fünfjährige Wartefrist dürfte nicht mit der Rechtsprechung des Menschenrechtsausschusses zu Art. 24 Abs. 3 UNO-Pakt II i.V.m. Art. 7 KRK vereinbar sein.

ff) Weitere Tatbestände

Eher selten sind die folgenden Tatbestände: Eine erleichterte Einbürgerung ist nach Art. 22 BüG vorgesehen, wenn jemand während fünf Jahren *im guten Glauben* gelebt hat, das Schweizer Bürgerrecht zu besitzen, und während dieser Zeit von kantonalen oder kommunalen Behörden tatsächlich als Schweizerin oder Schweizer behandelt wurde.

Übergangsrechtlich profitieren sodann ausländische Kinder und Jugendliche, die aufgrund früheren Rechts beim Erwerb des Schweizer Bürgerrechts im Vergleich zur heutigen Rechtslage benachteiligt waren, von spezifischen Möglichkeiten der erleichterten Einbürgerung. Die entsprechenden Voraussetzungen finden sich in Art. 51 und 51a BüG.

gg)   Verfahren und Rechtsschutz

Die erleichterte Einbürgerung ergeht in einem reinen *Bundesverfahren* (Art. 25 BüG und 14 f. BüV). Zuständig ist das SEM, wo auch das Gesuch einer in der Schweiz lebenden Person einzureichen ist. Wer im Ausland lebt, stellt sein Gesuch bei der zuständigen schweizerischen Vertretung. Der betroffene Kanton wird angehört und ist wie die Gemeinde beschwerdeberechtigt (vgl. Art. 47 Abs. 2 BüG). Der Entscheid des SEM kann mit Beschwerde beim Bundesverwaltungsgericht, dessen Urteil mit Beschwerde in öffentlich-rechtlichen Angelegenheiten nach Art. 82 ff. BGG beim Bundesgericht angefochten werden.

g)   **Wiedereinbürgerung**

Wer das Schweizer Bürgerrecht durch Verwirkung, Entlassung oder Verlust verloren hat, kann nach Art. 27 BüG innert zehn Jahren in der Schweiz oder vom Ausland aus ein Gesuch um *Wiedereinbürgerung* stellen, nachher nur noch nach einem dreijährigen Aufenthalt (gemäss Art. 33 BüG) in der Schweiz. Bei Nichtigerklärung und Entzug ist nach Auffassung des Bundesrates, obwohl es sich dabei eigentlich auch um Verlustformen handelt, eine Wiedereinbürgerung ausgeschlossen; theoretisch möglich bleiben aber eine ordentliche oder eine erleichterte Einbürgerung. Voraussetzungen der Wiedereinbürgerung sind nach Art. 26 BüG, dass die Gesuchstellenden erfolgreich integriert sind, wenn sie sich in der Schweiz aufhalten, oder eng mit der Schweiz verbunden sind (vgl. Art. 11 BüV), wenn sie im Ausland leben; zudem müssen sie die öffentliche Sicherheit und Ordnung beachten sowie die Werte der Bundesverfassung respektieren und sie dürfen keine Gefährdung der inneren oder äusseren Sicherheit der Schweiz darstellen, was für Bewerbende aus dem Ausland sinngemäss gilt. Je länger jemand im Ausland gelebt hat, desto intensiver sollte die Verbindung zur Schweiz tendenziell sein. Erworben wird das Kantons- und Gemeindebürgerrecht, das die Bewerbenden jeweils zuletzt besessen haben (Art. 28 BüG). Verfahren und Rechtsschutz sind gleich wie bei der erleichterten Einbürgerung (vgl. Art. 29 BüG).

h)   Ehrenbürgerrecht

Das kantonale Recht kann vorsehen, dass der Kanton oder die Gemeinde das *Ehrenbürgerrecht* erteilen darf. Liegt keine Einbürgerungsbewilligung des Bundes vor, wird damit aber nicht das Schweizer Bürgerrecht verlichen (Art. 19 BüG). Die Erteilung der schweizerischen Staatsangehörigkeit ehrenhalber sieht das Bundesrecht nicht vor. Sportler, Mäzene, Wirtschaftsführer oder sonstige Personen, die sich besonders verdient gemacht haben, können also entgegen verbreiteter Auffassung nicht unter Abweichung von den gesetzlichen Voraussetzungen eingebürgert werden. Allerdings können unter Umständen, namentlich aufgrund einer Ehe mit einem schweizerischen Gatten, eine erleichterte Einbürgerung oder bei jungen Menschen die verkürzten Anwesenheitsfristen für in der Schweiz Aufgewachsene zur Anwendung gelangen. Überdies besteht die Möglichkeit, von eventuellen zusätzlichen kantonalen oder kommunalen Einbürgerungsvoraussetzungen abzuweichen. Bei einer entsprechenden Interessenlage können die zuständigen Behörden allenfalls um ein beförderliches Verfahren ersucht werden.

Leitentscheide: MRA Zhao c. Niederlande CCPR/C/130/D/2918/2016 (Wartefrist für staatenloses Kind); BGE 129 I 217 (Diskriminierung wegen Herkunft); 134 I 49 (Diskriminierung wegen Religion); 139 I 169 und 135 I 49 (Diskriminierung wegen Behinderung); 136 I 209 (keine Diskriminierung von Jugendlichen mangels Selbsterhaltungsfähigkeit); BGer 1C_592/2021 und BVGer F-76/2019 (Diskriminierung der eingetragenen Partnerschaft); BGer 1C_117/2022 (massgeblicher Zeitpunkt für Sachverhaltserhebung); 1D_2/2021 (Anwesenheitsvoraussetzungen bei mehrjährigem Studium im Ausland); BGE 146 I 49, 138 I 305 und BGer 1D_5/2022, 1C_261/2022 sowie 1D_7/2019 (Integrationsvoraussetzungen für ordentliche Einbürgerung, insb. Gesamtwürdigung); BGE 148 I 271 und 137 I 235 (Sprachanforderungen bei Einbürgerung); BVGE 2019 VII/5 (Voraussetzung der Nichtgefährdung der inneren und der äusseren Sicherheit der Schweiz); BGE 149 I 91 (keine Sippenhaft bei Einbürgerungsvoraussetzungen); 129 I 232 (Ausschluss der Urnenabstimmung); 141 I 60, 140 I 99 und BGer 1D_5/2021 sowie 1D_7/2017 (prozessuale Anforderungen an das Einbürgerungsverfahren); BGE 149 I 91, 146 I 49, 138 I 305, 136 I 309, 129 I 217 und BGer 1D_4/2018 (Individualbeschwerden); BGE 139 I 169 (Gemeindeautonomiebeschwerde); 146 I 195 (Ausschluss der Kantonsbeschwerde gegen kantonale Entscheide); BGE 149 I 91 und BVGE 2019 VII/5 und BVGer F-4866/2018 (Anfechtung der eidgenössischen Bewilligung beim Bundesgericht und Bundesverwaltungsgericht); BGer 1C_317/2013 (erleichterte Einbürgerung bei ausländischem Wohnsitz); BGE 129 II 401 (erleichterte Einbürgerung wegen Heirat bei Tod des Ehegatten während des Einbürgerungsverfahrens); 121 II 49 (Bedeutung getrennter Wohnsitze bei der erleichterten Einbürgerung wegen Heirat); BGer 1C_574/2021 (übergangsrechtlich massgeblicher Zeitpunkt bei erleichterter Einbürgerung wegen Heirat); 1C_683/2020 und 1C_454/2017 (erleichterte Einbürgerung wegen gutgläubigen Besitzes des Bürgerrechts).

§ 28 Verlust des Bürgerrechts

1. Verlust von Gesetzes wegen

Beim Verlust von Gesetzes wegen *geht das Bürgerrecht ohne rechtsgestaltenden Entscheid einer Behörde automatisch unter,* wenn die entsprechenden Voraussetzungen erfüllt sind. So geht das Schweizer Bürgerrecht verloren, wenn das Kindesverhältnis zu demjenigen Elternteil aufgehoben wird, der die schweizerische Staatsangehörigkeit vermittelt hat, sofern das Kind dadurch nicht staatenlos wird (Art. 5 BüG). Ein solcher Verlust tritt nur ein, wenn bereits das Bürgerrecht von Gesetzes wegen und nicht durch behördlichen Entscheid erworben wurde. Dasselbe gilt für das Findelkind, wenn nachträglich die Abstammung festgestellt wird, das Kind noch minderjährig ist und nicht staatenlos wird (Art. 3 Abs. 3 BüG). Erwirbt ein minderjähriges schweizerisches Kind infolge einer Adoption eine ausländische Staatsangehörigkeit, verliert es ebenfalls das Schweizer Bürgerrecht; eine Ausnahme gilt, wenn damit auch ein Kindesverhältnis zu einem schweizerischen Elternteil begründet wird oder ein solches weiter besteht, was namentlich bei der sog. Stiefkindadoption zutrifft, die auch bei eingetragener Partnerschaft möglich ist. Wird die Adoption wieder aufgehoben, gilt der Verlust als nicht eingetreten und das Kind erhält wieder dasjenige Bürgerrecht, das vor der Adoption bestanden hat (Art. 6 BüG). Bei Geburt im Ausland geht das Schweizer Bürgerrecht mit der Vollendung des 25. Lebensjahres unter, wenn bis dahin keine Meldung an eine schweizerische Behörde im In- oder Ausland erfolgt ist (Art. 7 BüG; s. vorne § 27.1.c, S. 378 f.). Mit dem Verlust des Schweizer Bürgerrechts gehen auch die Kantons- und Gemeindebürgerrechte unter (Art. 8 BüG). Im Streitfall gelangt analog wie beim Erwerb der Staatsangehörigkeit von Gesetzes wegen das Feststellungsverfahren zur Anwendung (s. vorne § 27.1.c, S. 379). Nach einem Verlust fällt allenfalls eine Wiedereinbürgerung gemäss Art. 26 ff. BüG in Betracht.

2. Verlust durch behördlichen Beschluss

a) Vorbemerkung

Die schweizerische Staatsangehörigkeit kann auch durch *rechtsgestaltenden behördlichen Entscheid* verloren gehen.

b) Entlassung aus dem Bürgerrecht

aa) Tatbestand

Wer keinen Aufenthalt in der Schweiz hat und über eine andere Staatsangehörigkeit oder die Zusicherung einer solchen verfügt, wird nach Art. 37 BüG auf Begehren hin *aus dem Bürgerrecht entlassen*. Der Verlust des dreiteiligen Bürgerrechts der Schweiz, des Kantons und der Gemeinde tritt mit der Zustellung der Entlassungsurkunde ein.

Minderjährige Kinder werden in die Entlassung einbezogen, wenn sie unter der elterlichen Sorge des Entlassenen stehen, in der Schweiz keinen Aufenthalt haben und eine andere Staatsangehörigkeit besitzen oder zugesichert bekommen haben (Art. 38 Abs. 1 BüG). Das Gesuch muss vom gesetzlichen Vertreter gestellt werden, wobei die Minderjährigen ab dem Alter von 16 Jahren überdies ihren diesbezüglichen Willen selbst schriftlich erklären müssen (Art. 37 Abs. 1 Satz 2 i.V.m. Art. 31 BüG analog und Art. 38 Abs. 2 BüG). Dem Ehegatten stehen im Entlassungsverfahren seines Partners keine Parteirechte zu.

bb)   Verfahren und Rechtsschutz

Zuständig ist die Behörde des *Heimatkantons,* wobei bei mehrfachem kantonalem Bürgerrecht der Kanton gewählt werden kann (Art. 37 Abs. 2 und Art. 41 BüG). Die *Entlassungsurkunde* wird vom Heimatkanton ausgestellt und vom SEM zugestellt, wobei die Zustellung aufzuschieben ist, solange nicht mit dem Erwerb einer zugesicherten ausländischen Staatsangehörigkeit gerechnet werden kann (Art. 39 BüG). Die Kantone können für das Verfahren kostendeckende Gebühren erheben (Art. 40 BüG).

Gegen den kantonalen Entlassungsentscheid kann im *Streitfall* bei der zuständigen kantonalen Behörde Beschwerde erhoben werden, wobei die letzte kantonale Instanz eine Gerichtsbehörde sein muss. Gegen das kantonal letztinstanzliche Urteil kann beim Bundesgericht nach Art. 82 ff. BGG Beschwerde in öffentlich-rechtlichen Angelegenheiten eingereicht werden. Im Zusammenhang mit der Zustellung der Entlassungsurkunde kann allenfalls beschränkt auf diesen Gegenstand Beschwerde beim Bundesverwaltungsgericht und danach solche in öffentlich-rechtlichen Angelegenheiten nach Art. 82 ff. BGG an das Bundesgericht geführt werden.

c)   Entzug der Bürgerrechte

aa)   Tatbestand

Nach Art. 42 BüG kann einer *Person mit mehrfacher Staatsangehörigkeit das Schweizer, Kantons- und Gemeindebürgerrecht entzogen werden,* wenn ihr Verhalten den Interessen oder dem Ansehen der Schweiz erheblich nachteilig ist, was mitunter auch als «Ausbürgerung» bezeichnet wird. Gemäss Art. 30 BüV trifft dies bei bestimmten Straftaten gegen den Staat wie politischem Nachrichtendienst, bei Kriegsverbrechen wie Völkermord, bei schweren Verbrechen im Rahmen von terroristischen Aktivitäten, von gewalttätigem Extremismus oder der organisierten Kriminalität zu sowie, wenn die guten Beziehungen der Schweiz zu einem anderen Staat dauerhaft durch die strafbare Beleidigung desselben gefährdet werden. Vorausgesetzt ist eine rechtskräftige Verurteilung, ausser wenn eine strafrechtliche Verfolgung mangels eines funktionsfähigen Justizsystems aussichtslos wäre.

Bis zum Ende des zweiten Weltkrieges entzog die Schweiz verschiedentlich missliebigen Personen wie Landesverrätern und Spionen das Bürgerrecht. Danach gab es bis 2019 keinen Fall mehr. Seither werden Entzüge wieder in Betracht gezogen bei Schweizern mit Mehrfachbürgerrecht, die in fremden Diensten auf der Seite von Kriegsführenden kämpfen (sog. «foreign fighters»), die an terroristischen Handlungen beteiligt sind, wie namentlich militanten islamistischen Organisationen (bspw. sog. «Dschihadisten»). Verfassungsrechtlich erscheinen solche Entzüge namentlich im Hinblick auf den Verhältnismässigkeitsgrundsatz problematisch, insbesondere wenn die betroffenen Personen in der Schweiz aufgewachsen sind und hier fanatisiert wurden. Fragwürdig sind sodann die Benachteiligung von Mehrfachbürgern sowie die Ausgrenzung von Personen, die das Schweizer Bürgerrecht offenbar nicht mehr verdienen, da damit eine qualitative Kategorisierung von Schweizerinnen und Schweizern einhergeht. Unwürdig erscheint schliesslich, dass es zu einem Wettlauf zwischen den verschiedenen betroffenen

Staaten kommen kann, wer schneller ausbürgert, um sich damit seiner Verantwortung zu entziehen. Jedenfalls darf ein Entzug mit Blick auf die damit verbundenen weitreichenden Rechtswirkungen *nicht willkürlich* bzw. aufgrund der konkreten Verhältnisse *unverhältnismässig* sein (vgl. Art. 5 Abs. 2 und Art. 9 BV sowie Art. 12 Abs. 4 UNO-Pakt II). Ein Konflikt mit den *Menschenrechten* ist schliesslich vorprogrammiert, wenn es durch den Entzug zu einer Familientrennung kommt, indem beispielweise einer Frau das Schweizer Bürgerrecht entzogen wird, ihre schweizerischen Kinder aber ohne sie in die Schweiz zurückgeführt werden.

bb) Verfahren und Rechtsschutz

Zuständig ist das SEM mit Zustimmung der dafür eingesetzten Behörde des Heimatkantons. Gegen den Entscheid des SEM kann beim Bundesverwaltungsgericht Beschwerde geführt werden. Gegen dessen Urteil steht die Beschwerde in öffentlich-rechtlichen Angelegenheiten an das Bundesgericht nach Art. 82 ff. BGG offen. Allerdings erscheint es mitunter nicht als gewährleistet, dass die Parteirechte und Rechtsmittel auch vom Ausland aus korrekt wahrgenommen werden können, namentlich falls die Betroffenen vom Entzugsverfahren und -entscheid gar nicht konkret Kenntnis erhalten, etwa weil die behördlichen Beschlüsse mangels Zustelladresse einzig im Bundesblatt publiziert werden. Die Partei- und Verfahrensrechte müssten daher institutionell besser abgesichert werden, beispielsweise durch eine zwingende notwendige Rechtsvertretung, wenn keine Kontaktmöglichkeit zur betroffenen Person besteht.

3. Nichtigerklärung der Einbürgerung

a) Grundsätze und Rechtsnatur

Gemäss Art. 36 BüG kann die Einbürgerung nichtig erklärt werden, wenn sie durch falsche Angaben oder Verheimlichung erheblicher Tatsachen erschlichen worden ist. Vorausgesetzt ist eine eigentliche *Täuschung der Behörden;* ein blosses Versehen genügt nicht. Alle

Formen der behördlichen Erteilung des Bürgerrechts können nichtig erklärt werden, also die ordentliche und die erleichterte Einbürgerung sowie die Wiedereinbürgerung. Die Nichtigerklärung stellt eine besondere Widerrufsform mit Rechtswirkung ex nunc, d.h. vom Zeitpunkt der Nichtigerklärung an, dar und bedarf daher eines behördlichen *Gestaltungsentscheids*. Es liegt mithin trotz der allenfalls irreführenden Bezeichnung nicht eine Nichtigkeit von Beginn an vor, die lediglich festzustellen wäre. Genau genommen handelt es sich daher um eine besondere Form des Verlustes des Bürgerrechts durch behördlichen Entscheid, die aber im Gesetz separat behandelt wird. Aufgrund der gesetzlichen Sonderregelung ist die Anwendung eines generellen Widerrufstatbestands nach den Regeln des allgemeinen Verwaltungsrechts bei rechtskräftigen Einbürgerungsentscheiden ausgeschlossen. Die Rücknahme einer unangefochten gebliebenen Einbürgerungsverfügung vor deren Rechtskraft ist aber zulässig, wenn sich ergibt, dass die Einbürgerungsvoraussetzungen entgegen der früheren Einschätzung nicht erfüllt sind.

Beim Entscheid über die Nichtigerklärung bleibt der künftige Status nach Verlust des Schweizer Bürgerrechts grundsätzlich unberücksichtigt, was selbst gilt, wenn Staatenlosigkeit droht. Das ist mit Völkerrecht an sich vereinbar, da dieses den Widerruf bei Täuschung auch bei Eintritt von Staatenlosigkeit anerkennt, widerspricht aber den internationalen Bestrebungen, Staatenlosigkeit zu vermeiden und erscheint auch unter dem Gesichtspunkt der Verhältnismässigkeit problematisch. Eine wesentliche Bedeutung sollte daher im Einzelfall dem Kriterium der Vorwerfbarkeit sowie allgemein den Grundsätzen rechtsstaatlichen Handelns (vgl. Art. 5 BV) zukommen.

Insbesondere muss bei der Nichtigerklärung das Verhältnismässigkeitsprinzip beachtet werden. Dabei sind u.a. die eventuellen Leistungen zu berücksichtigen, welche die betroffene Person aufgrund des Schweizer Bürgerrechts erbracht hat. Dazu zählen etwa die Ausübung demokratisch besetzter Ämter, beispielsweise in einer Gemeindeexekutive, oder die Leistung von Militärdienst. Solche Umstände schliessen die Nichtigerklärung zwar nicht aus, sind aber bei der Beurteilung ihrer Zulässigkeit mit abzuwägen.

Zusammen mit der Nichtigerklärung wird der Entzug der auf dem Bürgerrecht beruhenden Ausweise (Pass und Identitätsausweis) verfügt (Art. 36 Abs. 7 BüG).

b)   Einbezug der Kinder

Die Nichtigerklärung erstreckt sich auch auf alle Kinder, deren Schweizer Bürgerrecht auf der nichtig erklärten Einbürgerung beruht, ausser auf solche, die im Zeitpunkt des Entscheids über die Nichtigerklärung das 16. Altersjahr vollendet haben und die Wohnsitzerfordernisse nach Art. 9 BüG und die Eignungsvoraussetzungen nach Art. 11 BüG erfüllen oder die durch die Nichtigerklärung staatenlos würden (Art. 36 Abs. 4 BüG). Hier bildet die Staatenlosigkeit also einen gesetzlichen Hinderungsgrund.

c)   Fristen

Die Nichtigerklärung hat gemäss Art. 36 Abs. 2 BüG innert zwei Jahren nach Kenntnisnahme der zuständigen Behörde vom massgeblichen Sachverhalt, spätestens aber innert acht Jahren nach dem Erwerb des Schweizer Bürgerrechts zu erfolgen. Nach jeder der betroffenen Person mitgeteilten Untersuchungshandlung beginnt eine neue zweijährige, mithin relative, Verjährungsfrist zu laufen. Die absolute Frist von acht Jahren kann nicht verlängert werden. Die Fristen stehen während eines Beschwerdeverfahrens still, womit eine Verjährung durch Rechtsmittelerhebung oder Verfahrensverzögerung ausgeschlossen ist.

d)   Verfahren und Rechtsschutz

Zuständig für die Nichtigerklärung ist das SEM oder alternativ bei der ordentlichen Einbürgerung auch die dafür eingesetzte kantonale Behörde (Art. 36 Abs. 1 und 3 BüG). Der Kanton führt in seinem Zuständigkeitsbereich oder im Auftrag des SEM Erhebungen zu den massgeblichen Verhältnissen durch (Art. 34 Abs. 2 BüG, Art. 20 BüV). Für das Verfahren können kostendeckende Gebühren erhoben werden (vgl. Art. 35 BüG).

Gegen einen kantonalen Entscheid über die Nichtigerklärung kann im *Streitfall* bei der zuständigen kantonalen Behörde Beschwerde erhoben werden, wobei die letzte kantonale Instanz eine Gerichtsbehörde sein muss. Gegen Entscheide des SEM kann beim Bundesverwaltungsgericht Beschwerde geführt werden. Die betroffene Gemeinde und, gegen Bundesentscheide, der berührte Kanton sind beschwerdeberechtigt (vgl. Art. 47 Abs. 2 BüG). Gegen das kantonal letztinstanzliche Urteil und solche des Bundesverwaltungsgerichts kann beim Bundesgericht nach Art. 82 ff. BGG Beschwerde in öffentlich-rechtlichen Angelegenheiten eingereicht werden.

e)   Fallkonstellationen

aa)   Vorbemerkungen

Jede Täuschung über irgendeine rechtserhebliche Tatsache kann zur Nichtigerklärung führen, bspw. das Verschweigen einer massgeblichen Schuldbetreibung, welche den finanziellen Leumund in Frage stellen kann. In der Praxis herrschen jedoch zwei Fallkonstellationen vor.

bb)   Täuschung über funktionierende Ehe

Einen häufigen Anlass für die Nichtigerklärung einer, in aller Regel erleichterten, Einbürgerung bildet die *Täuschung über den Bestand einer funktionierenden Ehegemeinschaft.* Eine solche muss sowohl im Zeitpunkt der Gesuchseinreichung als auch noch bei der Einbürgerung bestehen. Handelt es sich um eine Scheinehe oder scheitert die Ehegemeinschaft während des Verfahrens, schliesst das die Einbürgerung des ausländischen Gatten eines Schweizers oder einer Schweizerin aus. Nach der Rechtsprechung genügt das blosse Fehlen einer Ehegemeinschaft für sich allein für die Nichtigerklärung nicht. Die Gesuchstellenden unterstehen freilich einer *Wahrheits-*

und Mitwirkungspflicht. Ein täuschendes Verhalten erweist sich oft schon dadurch als erfüllt, dass die Ehegatten vor der Einbürgerung schriftlich bestätigen müssen, in funktionierender Ehe zu leben.

Geben beispielsweise die Partner einer bei Einreichung des Einbürgerungsgesuchs intakten gemischt-schweizerischen Ehe vor, sich weiterhin in einer funktionierenden Ehe zu befinden, um die Einbürgerung nicht zu gefährden, obwohl sie sich während des Einbürgerungsverfahrens auseinandergelebt haben und sich kurze Zeit nach abgeschlossenem Einbürgerungsverfahren definitiv trennen, kann die Einbürgerung nichtig erklärt werden. Ist die Ehekrise jedoch nur vorübergehend und ist die Ehe sowohl bei Stellung des Gesuchs als auch im Zeitpunkt der Einbürgerung intakt, fällt die Nichtigerklärung nicht in Betracht, selbst wenn die Ehe nachträglich doch noch scheitert. Das gilt auch, wenn ein Partner eine Parallelbeziehung (Liebschaft mit Drittperson) während der Ehe verschweigt.

Zur Beurteilung des Zustands der Ehe führte das Bundesgericht eine, im Schrifttum allerdings kritisch beurteilte, *Beweislastumkehr* ein; danach wird von der tatsächlichen Vermutung ausgegangen, die Einbürgerung sei erschlichen worden, wenn dies der Ereignisablauf nahelegt, was insbesondere zutrifft, wenn kurze Zeit nach der Einbürgerung die Ehe tatsächlich oder gerichtlich getrennt wird. Diesfalls ist es Sache der betroffenen Gesuchstellenden, die Vermutung durch Gegenbeweis zu widerlegen. Bei der Anhörung des Schweizer Ehegatten ist darauf zu achten, dass dieser eigene Interessen verfolgen könnte. Analoges dürfte für die Einbürgerung bei eingetragener Partnerschaft gelten, soweit diese für den Einbürgerungsentscheid wesentlich war.

cc)   Täuschung über Straftaten

Ein weiterer verbreiteter Grund für die Nichtigerklärung liegt darin, dass Bewerbende im Einbürgerungsverfahren wahrheitswidrig unter *Verschweigen von noch unentdeckten Straftaten* erklären, die schweizerische Rechtsordnung einzuhalten. Gemäss dem Bundesgericht gilt auch diesfalls eine Mitwirkungspflicht, was nicht gegen das Verbot der Selbstanzeige verstösst, da es sich bei der Einbürgerung um ein freiwillig eingeleitetes Administrativverfahren handelt und das Gesuch jederzeit zurückgezogen werden kann. Dies ist auch vor dem Hintergrund zu sehen, dass ein allgemeiner Widerruf der rechtskräftigen Einbürgerung wegen Fehlens der Voraussetzungen im Zeitpunkt, in dem die Einbürgerung verfügt wurde, ausgeschlossen ist. Die Nichtigerklärung muss aber jedenfalls verhältnismässig sein.

Kommt beispielsweise zwei Jahre nach der Einbürgerung heraus, dass die eingebürgerte Person vorher an schwerem Betäubungsmittelhandel beteiligt war, kann die Einbürgerung nichtig erklärt werden. Erfahren die Behörden erst nach acht Jahren seit der Einbürgerung davon, ist das hingegen nicht mehr zulässig.

f)   Status nach Nichtigerklärung

Mit der Nichtigerklärung wird die betroffene Person wieder zum Ausländer oder zur Ausländerin. Ihr allfälliger *migrationsrechtlicher Status in der Schweiz* bedarf der *Neuregelung*. Nach der bundesgerichtlichen Rechtsprechung wird die betroffene Person migrationsrechtlich, unter Vorbehalt allfälliger Untergangsgründe, in die gleiche Rechtsstellung wie vor der Einbürgerung versetzt. Bei der Beurteilung der Untergangsgründe ist allerdings die «ex nunc»-Wirkung zu berücksichtigen, d.h., dass etwa ein längerer Auslandsaufenthalt als Schweizer nicht als Grund für einen Bewilligungsverlust gewertet werden kann. Zu beachten sind auch die freilich nicht unproblematischen Widerrufsgründe von Art. 62 Abs. 1 Bst. f und Art. 63 Abs. 1 Bst. d AIG (vgl. vorne § 9.4.a.bb, S. 177 ff.). Personen, die vor der Einbürgerung als Flüchtling anerkannt waren, ist die Flüchtlingseigenschaft wieder zuzuerkennen, es sei denn, sie hätten einen entsprechenden Ausschlussgrund gesetzt.

g) Wartefrist für neues Einbürgerungsgesuch

Nach Rechtskraft der Nichtigerklärung kann ein neues Einbürgerungsgesuch erst nach Ablauf von zwei Jahren gestellt werden. Diese *Wartefrist* gilt nicht für die in die Nichtigerklärung einbezogenen Kinder (Art. 36 Abs. 5 und 6 BüG).

Leitentscheide: BGer 1C_270/2011 (Parteirechte des Ehegatten im Entlassungsverfahren); BGE 140 II 65 und 120 Ib 193 (Nichtigerklärung als ausschliesslicher spezialgesetzlicher Widerrufstatbestand); BGer 1C_651/2015 (Rücknahme der Einbürgerungsverfügung vor Rechtskraft der Nichtigerklärung); BGE 135 II 161, 132 II 113, 130 II 169 und 128 II 97, BGer 1C_95/2023 (Nichtigerklärung wegen Täuschung über intakte Ehe); 1C_618/2020 (keine Nichtigerklärung bei Verschweigen einer Parallelbeziehung während Ehe); BGE 140 II 65 und BGer 1C_578/2008 (Nichtigerklärung wegen Verschweigens von Straftaten); 1C_378/2021 (Verschweigen einer massgeblichen Schuldbetreibung); BGE 135 II 1 und BGer 2C_482/2017 (ausländerrechtlicher Status nach Nichtigerklärung der Einbürgerung); BGer 1C_457/2021 und BVGer F-5427/2019 (Entzug des Bürgerrechts wegen terroristischer Aktivitäten).

§ 29 Übergangsrecht

Erwerb und Verlust des Schweizer Bürgerrechts richten sich in Anwendung von Art. 50 BüG gemäss dem *Prinzip der Nichtrückwirkung* nach dem Recht, das bei Eintritt des massgebenden Tatbestandes in Kraft steht; vor dem Inkrafttreten des geltenden Gesetzes eingereichte Gesuche sind nach altem Recht zu beurteilen. Diese intertemporale Regelung dürfte ohne anderslautende Übergangsbestimmungen auch bei allfälligen künftigen Gesetzesanpassungen Anwendung finden.

Im Übrigen enthält Art. 51 BüG eine recht detaillierte Übergangsregelung für den Erwerb des Schweizer Bürgerrechts durch Kinder mit schweizerischem Elternteil. Art. 51a BüG führt eine Übergangsbestimmung zur Einbürgerung von Personen der dritten Ausländergeneration.

Wegen der Langzeitwirkung des bürgerrechtlichen Status können sich übergangsrechtliche Probleme in der Praxis noch recht lange nach einer Gesetzesänderung ergeben.

Leitentscheide: BGE 138 II 217, BGer 1C_317/2013 und 1C_258/2013 (Übergangsrecht gemäss Bürgerrechtsgesetz).

1.   Einleitung

Zur Vermeidung der irregulären Migration sieht das Migrationsrecht für Luftverkehrsunternehmen besondere *Sorgfaltspflichten* (Carrier Duties) verbunden mit *Sanktionsmöglichkeiten* (Carrier Sanctions) vor. Diese finden eine völkerrechtliche Grundlage im Chicagoer Übereinkommen sowie im Schengen-Recht. Trotzdem werfen sie heikle Fragen der Exterritorialität (staatliches Handeln auf fremdem Staatsgebiet) und der Übertragung staatlicher Aufgaben an Private sowie bei den Sanktionen strafprozessualer Natur, insbesondere die Vereinbarkeit mit Art. 7 EMRK, auf, die teilweise noch ungeklärt sind.

2.   Sorgfaltspflichten

Gemäss Art. 92 Abs. 1 AIG müssen die Luftverkehrsunternehmen alle ihnen zumutbaren Vorkehren treffen, damit sie nur Personen befördern, die über die für die Einreise in den Schengen-Raum oder für die Durchreise durch die internationalen Transitzonen der Flughäfen erforderlichen Reisedokumente, Visa und Aufenthaltstitel verfügen. Diese Verpflichtungen gelten für *sämtliche Luftverkehrsunternehmen,* egal ob sie ihren Sitz in der Schweiz oder im Ausland haben.

Als zumutbare Vorkehren im Sinne dieser Bestimmung gelten die zweckmässige Organisation des Check-ins bzw. der Einsteigekontrolle und die Bereitstellung der erforderlichen technischen Ausstattung sowie die sorgfältige Auswahl, Instruktion und Überwachung des Personals (Art. 32 Abs. 1 Bst. a und b VEV). Mit diesen Massnahmen ist insbesondere sicherzustellen, dass vor der Abreise kontrolliert wird, ob die für die Einreise oder den Flughafentransit erforderlichen *Reisedokumente, Visa und Aufenthaltstitel* gültig und anerkannt sind, dass gefälschte oder nicht der zu befördernden Person zustehende Dokumente erkannt werden und geprüft werden kann, ob die zulässige maximale Aufenthaltsdauer und die Anzahl der erlaubten Einreisen erreicht wurden (vgl. Art. 32 Abs. 2 Bst. a–d VEV). Zur Kontrolle allfälliger Einreiseverbote steht eine besondere Datenbank (INAD) zur Verfügung (Art. 103a AIG).

Ein Luftverkehrsunternehmen, das seine Sorgfaltspflicht nach Art. 92 Abs. 1 AIG verletzt, wird mit CHF 4'000 pro beförderte Person, die nicht über die erforderlichen Dokumente verfügt, *belastet*. In schweren Fällen beträgt die Belastung CHF 16'000 pro Person. In leichten Fällen kann von der Eröffnung eines Verfahrens abgesehen werden (Art. 122a Abs. 1 AIG).

Dabei gilt die *gesetzliche Vermutung,* dass eine Verletzung der Sorgfaltspflicht vorliegt, wenn das Luftverkehrsunternehmen Personen befördert, die nicht über die für die Einreise in den Schengen-Raum oder für die Durchreise durch die internationalen Transitzonen der Flughäfen erforderlichen Reisedokumente, Visa oder Aufenthaltstitel verfügen und denen die Einreise verweigert wird (Art. 122a Abs. 2 AIG).

Das Luftverkehrsunternehmen kann diese *Vermutung aber umstossen.* Wenn das Transportunternehmen beweisen kann, dass die Fälschung oder Verfälschung von Dokumenten bzw. die Nichtübereinstimmung zwischen Dokument und zu befördernder Person nicht offensichtlich erkennbar war oder das Ermitteln der zulässigen Aufenthaltstage oder Einreisen aufgrund der Stempelung des Reisedokuments nicht ohne weiteres möglich war, liegt keine Verletzung der Sorgfaltspflicht vor (Art. 122a Abs. 3 Bst. a Ziff. 1–3 AIG). Dies gilt ebenso, wenn das Luftverkehrsunternehmen alle erforderlichen und zumutbaren organisatorischen Vorkehren getroffen hat, um zu verhindern, dass es Personen befördert, die nicht über die für die Einreise oder Durchreise erforderlichen Unterlagen verfügen

(Art. 122a Abs. 3 Bst. a Ziff. 4 AIG). Zu diesen organisatorischen Vorkehren gehören neben der Sorgfalt bei der technischen Ausrüstung auch die nötige Sorgfalt bei der Auswahl der mit dem Check-in und der Einsteigekontrolle betrauten Personen (Ausbildung, Sachverstand, Wissen, Zuverlässigkeit und Erfahrung), bei der Sicherstellung der Instruktion dieser Personen (angemessene Einführung, Schulung und Information zu sachrelevanten Themen) und bei der Überwachung dieser Personen (Controllingsystem und Follow-up). Wenn das Luftverkehrsunternehmen glaubhaft macht, zur Beförderung einer Person genötigt worden zu sein, liegt ebenfalls keine Verletzung der Sorgfaltspflicht vor (Art. 122a Abs. 3 Bst. b AIG).

3. Meldepflichten

Das Ausländer- und Integrationsgesetz sieht ferner *Meldepflichten* für Luftverkehrsunternehmen vor. Insbesondere kann das SEM zur Verbesserung der Grenzkontrollen und zur Bekämpfung der rechtswidrigen Ein- bzw. Durchreise auf Gesuch der Grenzkontrollbehörden Luftverkehrsunternehmen verpflichten, ihm oder der für die Grenzkontrolle zuständigen Behörde zu bestimmten Flügen *Personendaten der beförderten Personen* (Personalien, Nummer des Reisedokuments usw.; vgl. Art. 104 Abs. 3 AIG) sowie Daten zum Flug zu melden (Art. 104 Abs. 1 AIG). Auch hier besteht eine gesetzliche Vermutung der Pflichtverletzung, die im Einzelfall widerlegt werden kann. Die Meldepflicht gilt als verletzt, wenn das Luftverkehrsunternehmen die Daten nicht rechtzeitig, unvollständig oder falsch übermittelt (Art. 122b Abs. 2 AIG). Eine Meldung gilt als «nicht rechtzeitig», wenn sie entweder zu früh, d.h. vor dem Abflug, oder zu spät, d.h. nicht unmittelbar nach dem Abflug, erfolgt. Unvollständig ist eine Meldung, wenn einzelne passagierbezogene Daten fehlen, nicht zu jedem Passagier Daten übermittelt werden oder die Angaben zum Flug nicht komplett sind. Kann das Transportunternehmen indessen beweisen, dass die Übermittlung im Einzelfall aus technischen Gründen, die es nicht zu verantworten hat, nicht möglich war oder dass es alle erforderlichen und zumutbaren Vorkehren getroffen hat, um eine Verletzung der Meldepflicht zu verhindern, liegt keine Meldepflichtverletzung vor (Art. 122b Abs. 3 AIG). Eine Verletzung der Meldepflicht wird mit CHF 4'000 pro Flug und in schweren Fällen mit CHF 12'000 geahndet (Art. 122b Abs. 1 AIG).

Leitentscheide: BVGer A-597/2019, A-597/2020 (Verletzung der Sorgfaltspflicht); A-1679/2016 (Verletzung der Meldepflicht).

§ 31 Rückübernahmeabkommen und Migrationspartnerschaften

1. Rückübernahmeabkommen

Gemäss Art. 100 Abs. 2 Bst. b AIG kann der Bundesrat mit ausländischen Staaten Abkommen abschliessen, welche die *Rückübernahme* und den *Transit* von *Personen mit unbefugtem Aufenthalt* in der Schweiz regeln. Diese Abkommen enthalten im Wesentlichen Bestimmungen zu den Voraussetzungen der Rückübernahme, dem Verfahren und den Vollzugsmodalitäten. Ziel ist es, eine rasche Rückübernahme von nicht in der Schweiz aufenthaltsberechtigten ausländischen Personen zu gewährleisten.

Bei den Rückübernahmeabkommen handelt es sich zum einen um bilaterale Abkommen mit *Herkunftsländern* von Drittstaatsangehörigen. Die Heimatländer verpflichten sich, in Umsetzung des völkerrechtlichen Gewohnheitsrechts, ihre eigenen Staatsangehörigen zurückzunehmen, die sich in der Schweiz unbefugt aufhalten. Zum anderen betreffen die Verträge über die Rückübernahme auch sogenannte *Transitstaaten*, d.h. Länder, in welchen sich die Betroffenen vor der Einreise in die Schweiz aufgehalten haben. Ist nachgewiesen oder glaubhaft gemacht, dass ein in der Schweiz nicht anwesenheitsberechtigter Drittstaatsangehöriger zuvor durch den betreffenden Transitstaat gereist ist oder sich dort aufgehalten hat, muss dieser ihn in sein Hoheitsgebiet zurücknehmen. Dabei ist zu beachten, dass sich die Rückübernahme von Asylbewerbern nach dem Dublin-Übereinkommen richtet, sofern die betroffenen Staaten dem Dublin-Raum angehören. Dies hat zur Folge, dass von den Rückübernahmeabkommen der Schweiz mit europäischen Staaten, die gleichzeitig auch Dublin-Staaten sind, nur solche Drittstaatsangehörige erfasst werden, die kein Asylgesuch gestellt haben oder die in einem anderen Vertragsstaat bereits als Flüchtling anerkannt worden sind oder dort über einen subsidiären Schutzstatus verfügen.

Die Schweiz hat bis anhin über 50 Rückübernahmeabkommen abgeschlossen. Der Abschluss solcher Abkommen, insbesondere mit den Herkunftsländern von Drittstaatsangehörigen, kann sich je nach Verhandlungsverlauf in die Länge ziehen. Daher besteht die Möglichkeit, bis zum Zustandekommen eines Rückübernahmeabkommens *zeitlich begrenzte Vereinbarungen* abzuschliessen, in denen organisatorische Fragen im Zusammenhang mit der Rückkehr ausländischer Personen, der Rückkehrhilfe und der Wiedereingliederung geregelt werden (Art. 100 Abs. 5 AIG).

2. Migrationspartnerschaften

Gemäss Art. 100 Abs. 1 AIG fördert der Bundesrat bilaterale und multilaterale *Migrationspartnerschaften* mit anderen Staaten. Diese sollen die Zusammenarbeit mit anderen Staaten im Migrationsbereich stärken und auf diese Weise insbesondere *irregulärer Migration* vorbeugen. Federführende Akteure bei der Ausarbeitung von Migrationspartnerschaften sind das SEM sowie die Abteilung Menschliche Sicherheit (AMS) und die Direktion für Entwicklung und Zusammenarbeit (DEZA) des Eidgenössischen Departements für auswärtige Angelegenheiten (EDA).

Die Formulierung von Art. 100 Abs. 1 AIG wurde bewusst offen gehalten, um Form und Inhalt von Migrationspartnerschaften je nach Länderkontext möglichst flexibel gestalten zu können. Eine Migrationspartnerschaft kann sowohl in Form eines *völkerrechtlich verbindlichen Staatsvertrags oder als unverbindliches Memorandum of Understanding* abgeschlossen werden. Migrationspartnerschaften sind thematisch weiter gefasst als Rückübernahmeabkommen. Neben traditionellen Themen wie Visapolitik, Rückkehrhilfe und Wiedereingliederung im Herkunftsland umfassen sie auch Fragen in Zusammenhang mit der irregulären Migration wie namentlich die Prävention zwecks Vermeidung irregulärer Vorgänge sowie die Unterstützung bei der Bekämpfung des Schlepperwesens und des Menschenhandels. Hinzu kommen Themen wie die Stärkung staatlicher Strukturen im Herkunftsland, Zusammenhänge zwischen Migration und Entwicklung sowie der menschenrechtliche Schutz von Migranten. Beispielsweise liegt ein Schwerpunkt der Migrationspartnerschaft mit Nigeria auf dem Erfahrungsaustausch zwischen Polizeibehörden bei der Bekämpfung des Schlepperwesens und des Menschen- und Drogenhandels. Im Rahmen der Migrationspartnerschaft mit Tunesien soll unter anderem die Weiterbildung und Rückkehr junger Tunesier gefördert werden. Die Schweiz hat bis anhin Migrationspartnerschaften mit acht Ländern abgeschlossen (Bosnien-Herzegowina, Georgien, Serbien, Kosovo, Nordmazedonien, Nigeria, Tunesien und Sri Lanka).

§ 32 Reisepapiere für ausländische Personen

1. Regelung

Schriftenlose ausländische Personen können ein Gesuch um Ausstellung von Reisedokumenten stellen, die ihnen das *Reisen ausserhalb der Schweiz* ermöglichen. Die zuständige Behörde für die Ausstellung von Reisedokumenten ist das SEM (Art. 13 Abs. 3 OV-EJPD).

Als *schriftenlos* gilt eine ausländische Person, die keine gültigen Reisedokumente ihres Heimat- oder Herkunftsstaates besitzt und von der nicht verlangt werden kann, dass sie sich bei den zuständigen Behörden ihres Heimat- oder Herkunftsstaates um die Ausstellung oder Verlängerung eines Reisedokuments bemüht, oder für welche die Beschaffung von Reisedokumenten unmöglich ist (vgl. Art. 10 Abs. 1 RDV). Nicht verlangt werden kann die Kontaktaufnahme mit den zuständigen Behörden des Heimat- oder Herkunftsstaates beispielsweise von schutzbedürftigen und asylsuchenden Personen (Art. 10 Abs. 3 RDV). Als unmöglich gilt die Beschaffung eines Reisepapiers, wenn sich die ausländische Person bei den Behörden ihres Heimatstaates um dessen Beschaffung bemüht, die Ausstellung aber ohne zureichende Gründe verweigert wird. Reine Verzögerungen bei der Ausstellung von Reisedokumenten durch die zuständigen Behörden des Heimat- oder Herkunftsstaates begründen noch keine Unmöglichkeit (Art. 10 Abs. 2 RDV). Ob Schriftenlosigkeit gegeben ist, wird im Rahmen der Prüfung des Gesuchs durch das SEM festgestellt (Art. 10 Abs. 4 RDV).

Die vom SEM ausgestellten Dokumente umfassen Reiseausweise für Flüchtlinge, Pässe für ausländische Personen, Reiseersatzdokumente für ausländische Personen für den Vollzug der Weg-, Ausweisung oder der Landesverweisung sowie Bewilligungen zur Wiedereinreise in Form von Rückreisevisa (Art. 1 RDV).

2.   Anspruch und Ermessen

a)   Anspruchstatbestände

Verschiedene Gruppen schriftenloser ausländischer Personen haben einen *Rechtsanspruch auf die Ausstellung von Reisedokumenten.* So haben anerkannte Flüchtlinge Anspruch auf einen Reiseausweis für Flüchtlinge (Art. 59 Abs. 2 Bst. a AIG i.V.m. Art. 3 RDV; vgl. auch Art. 28 FK). Es ist ihnen allerdings untersagt, in ihren Heimat- oder Herkunftsstaat zu reisen (Art. 59c AIG). Als staatenlos anerkannte Personen und schriftenlose Personen mit Niederlassungsbewilligung haben einen Anspruch auf Ausstellung eines Passes für ausländische Personen (Art. 59 Abs. 2 Bst. b und c AIG i.V.m. Art. 4 Abs. 1 RDV). Ein Anspruch auf Ausstellung eines Reisedokuments besteht nach Art. 59 Abs. 3 AIG indessen nicht, wenn die ausländische Person erheblich oder wiederholt gegen die öffentliche Sicherheit und Ordnung in der Schweiz oder im Ausland verstossen hat oder diese gefährdet, die innere oder die äussere Sicherheit der Schweiz gefährdet oder rechtskräftig zu einer Landesverweisung verurteilt wurde. Diesfalls fällt immerhin noch die Erteilung eines Reisepapiers nach Ermessen in Betracht, wobei für den Fall der Landesverweisung ungeklärt ist, ob der Anspruch nach Ablauf der Gültigkeit der Landesverweisung wieder aufersteht.

b)   Ermessenstatbestände

In den übrigen, nachfolgend aufgeführten Fällen besteht *kein genereller Anspruch auf Ausstellung eines Reisedokuments* (vgl. Art. 59 Abs. 1 AIG). Das SEM verfügt somit im Rahmen der Prüfung eines Gesuchs über einen Ermessensspielraum. Bei der Ausübung seines Ermessens hat es gemäss Art. 96 Abs. 1 AIG insbesondere das öffentliche Interesse, die persönliche Situation der ausländischen Person und ihren Integrationsgrad zu berücksichtigen.

Asylsuchende, schutzbedürftige und vorläufig aufgenommene Personen können ein Reisedokument oder ein Rückreisevisum erhalten, wenn folgende Reisegründe gegeben sind (Art. 9 Abs. 1 RDV): schwere

Krankheit oder Tod von Familienangehörigen (Bst. a), Erledigung wichtiger und unaufschiebbarer höchstpersönlicher Angelegenheiten (Bst. b), grenzüberschreitende Reisen, die vom Schul- oder Ausbildungsbetrieb, den die gesuchstellende Person bis zu ihrer Mündigkeit oder bis zum ordentlichen Abschluss ihrer Ausbildung besucht, vorgeschrieben sind (Bst. c), oder die aktive Teilnahme an Sport- oder Kulturanlässen im Ausland (Bst. d). Schutzbedürftige Personen gemäss der Allgemeinverfügung des Bundesrats vom 11. März 2022 zur Gewährung des vorübergehenden Schutzes im Zusammenhang mit der Situation in der Ukraine können ohne Reisebewilligung ins Ausland reisen und in die Schweiz zurückkehren (Art. 9 Abs. 8 RDV).

Vorläufig aufgenommene Personen können darüber hinaus *aus humanitären Gründen* ein Reisedokument oder ein Rückreisevisum für eine Reise von höchstens 30 Tagen pro Jahr erhalten (Art. 9 Abs. 4 Bst. a RDV). Dies ist auch aus «anderen Gründen» möglich, sofern drei Jahre nach Anordnung der vorläufigen Aufnahme vergangen sind (Art. 9 Abs. 4 Bst. b RDV). Bei der Ausstellung der Reisedokumente wird der Grad der Integration der betroffenen Person berücksichtigt. Insbesondere kann das SEM bei Reisen, für die keine humanitären Gründe geltend gemacht werden, die Ausstellung eines Reisedokumentes oder eines Rückreisevisums ablehnen, wenn die betroffene Person auf Sozialhilfe angewiesen ist (Art. 9 Abs. 5 RDV). Die Ausstellung von Dokumenten für Reisen in den Heimat- oder Herkunftsstaat ist grundsätzlich ausgeschlossen. Eine Ausnahme ist nur aus humanitären Gründen und in begründeten Fällen möglich (Art. 9 Abs. 6 RDV).

Schliesslich kann verschiedenen schriftenlosen Ausländerinnen und Ausländern auch ein *Pass für eine ausländische Person* ausgestellt werden. Dies gilt für Schriftenlose mit Aufenthaltsbewilligung oder mit einer nach Art. 17 Abs. 1 der Gaststaatverordnung (V-GSG) erteilten Legitimationskarte. Ebenso kann einer schriftenlosen asylsuchenden, schutzbedürftigen oder vorläufig aufgenommenen Person ein Pass ausgestellt werden, wenn das SEM eine

Rückreise in die Schweiz nach Art. 9 RDV bewilligt. Ein solcher Pass kann auch einer asylsuchenden Person oder einem rechtskräftig abgewiesenen Asylbewerber ausgestellt werden, wenn dies zur Vorbereitung der Ausreise aus der Schweiz oder zur definitiven Ausreise in den Heimat- oder Herkunftsstaat oder in einen Drittstaat dient (Art. 4 Abs. 2 Bst. a–c RDV).

> Leitentscheid: BVGE 2018 VII/2 (Pass für eine ausländische Person); BVGer F-2067/2022 (Reisedokumente für schriftenlose afghanische Staatsangehörige).

§ 33 Migrationsrechtliches Nebenstrafrecht

1. Einleitung

Das Migrationsrecht enthält verschiedene *strafrechtliche Normen*. Zuständig für die Verfolgung der betreffenden Straftatbestände sind nicht die Migrationsbehörden, sondern die strafrechtlichen Behörden.

2. Ausländerrechtliche Straftatbestände

a) Vorbemerkung

Die meisten und bedeutsamsten migrationsrechtlichen Straftatbestände finden sich in der Ausländergesetzgebung.

b) Straffälligkeit ausländischer Personen

Mit Freiheitsstrafe bis zu einem Jahr oder Geldstrafe wird die Einreise in *Missachtung der Einreisevoraussetzungen* nach Art. 5 AIG geahndet (Art. 115 Abs. 1 Bst. a AIG). Dies ist beispielsweise der Fall, wenn keine gültigen Ausweispapiere vorliegen oder die Einreise ohne das erforderliche Visum oder in Missachtung einer Fernhaltemassnahme erfolgt. Flüchtlinge können sich in diesem Zusammenhang auf Art. 31 FK berufen. Diese Bestimmung schliesst eine Strafverfolgung aus, wenn sich eine asylsuchende Person nach ihrer Einreise umgehend an die Behörden wendet und Gründe für die rechtswidrige Einreise vorbringen kann. Ebenfalls strafbar ist der *rechtswidrige Aufenthalt* in der Schweiz (Art. 115 Abs. 1 Bst. b AIG). Ein solcher Tatbestand liegt insbesondere vor, wenn die ausländische Person in der Schweiz nach Ablauf des bewilligungsfreien oder bewilligten Aufenthalts nicht ausreist. Gemäss Rechtsprechung ist der rechtswidrige Aufenthalt ein sogenanntes Dauerdelikt, d.h., die ausländische Person kann unter Umständen erneut bestraft werden, wenn sie nach einem bereits ergangenen Urteil weiterhin ohne Bewilligung in der Schweiz verweilt. Strafbar ist zudem die Ausübung einer Erwerbstätigkeit, die nicht bewilligt wurde (Art. 115 Abs. 1 Bst. c AIG), sowie die Ein- oder Ausreise, die nicht über eine vorgeschriebene Grenzübergangsstelle erfolgt (Art. 115 Abs. 1 Bst. d AIG). Das verwaltungsrechtliche Weg- bzw. Ausweisungsverfahren hat indessen Priorität gegenüber den strafrechtlichen Sanktionen. So wird ein Strafverfahren, das einzig aufgrund von Art. 115 Abs. 1 Bst. a, b und d AIG eingeleitet wurde, sistiert, wenn ein Weg- oder Ausweisungsverfahren hängig ist (Art. 115 Abs. 4 AIG). Ebenso sieht die zuständige Behörde von der Strafverfolgung ab, wenn aufgrund einer Straftat nach Art. 115 Abs. 1 Bst. a, b und d AIG eine Strafe in Aussicht steht, deren Verhängung oder Vollzug dem unmittelbar bevorstehenden Vollzug einer rechtskräftigen Weg- oder Ausweisung entgegenstehen würde (Art. 115 Abs. 5 AIG).

Strafrechtlich verfolgt wird ferner die *Täuschung der Behörden* durch falsche Angaben oder das Verschweigen wesentlicher Tatsachen (Art. 118 Abs. 1 AIG). Ein solches Verhalten liegt namentlich vor, wenn eine ausländische Person eine Ehe ausschliesslich zur Umgehung der ausländerrechtlichen Bestimmungen eingeht oder im Rahmen eines Gesuchs um Familiennachzug fremde Kinder als ihre eigenen ausgibt.

Die *Missachtung einer Ein- oder Ausgrenzung* (vgl. Art. 74 AIG) wird ebenfalls mit Freiheitsstrafe bis zu drei Jahren oder Geldstrafe geahndet (Art. 119 AIG), wobei von einer Strafverfolgung abgesehen werden kann, wenn der Betroffene sofort ausgeschafft werden kann oder sich in Vorbereitungs- oder Ausschaffungshaft befindet.

Mit Busse bestraft werden *Verletzungen von An- oder Abmeldepflichten,* ein Stellenwechsel ohne die erforderliche Bewilligung, eine Verlegung des Wohnorts in einen anderen Kanton ohne Bewilligung, die Nichteinhaltung von Bedingungen, die mit einer Bewilligung verbunden sind, und die Verletzung der Mitwirkungspflicht bei der Beschaffung von Ausweispapieren (Art. 120 Abs. 1 Bst. a–e AIG).

c) Straffälligkeit von Drittpersonen

Die strafrechtlichen Sanktionen treffen aber nicht nur den Ausländer bzw. die Ausländerin selbst, sondern auch Drittpersonen. Unter Strafe gestellt ist insbesondere die *Förderung der rechtswidrigen Ein- und Ausreise sowie des rechtswidrigen Aufenthalts* (Art. 116 Abs. 1 AIG). Dies gilt auch dann, wenn die Unterstützung rein altruistisch motiviert ist. Das bedeutet allerdings nicht, dass jede Hilfeleistung gegenüber rechtswidrig anwesenden Personen den Straftatbestand erfüllt. Gemäss bundesgerichtlicher Rechtsprechung liegt eine Förderung des rechtswidrigen Aufenthalts nur dann vor, wenn eine Tat dazu führt, dass den Behörden der Zugriff auf die Person erschwert wird. Dies trifft insbesondere zu, wenn jemand eine rechtswidrig anwesende Person für eine gewisse Dauer bei sich beherbergt. Art. 116 Abs. 3 AIG sieht verschärfte Strafen für Mitglieder von Vereinigungen oder Gruppen vor, die sich zwecks fortgesetzter Förderung der rechtswidrigen Einreise oder des rechtswidrigen Aufenthalts zusammengeschlossen haben oder sich damit bereichern wollen. Ziel dieser Bestimmung ist die Bekämpfung der organisierten Kriminalität rund um das Schlepperwesen. Politisch und rechtlich umstritten bleibt, wieweit es sich rechtfertigt, rein humanitär, d.h. ohne Erzielung eines Eigenvorteils, motiviertes Verhalten strafrechtlich zu sanktionieren.

Strafbar ist ferner das *Eingehen, Vermitteln oder Fördern von Aus-länderrechtsehen* (Art. 118 Abs. 2 AIG). Auch hier sieht das Gesetz unter den gleichen Voraussetzungen wie in Art. 116 Abs. 3 AIG ver-schärfte Strafen vor (Art. 118 Abs. 3 AIG).

Mit Freiheitsstrafe bis zu drei Jahren oder Geldstrafe werden *Arbeitgeber* geahndet, die ausländische Personen ohne Bewilligung anstellen (Art. 117 AIG). Arbeitgeber, welche die in Art. 21a AIG vorgesehenen Pflichten im Rahmen der Stellenmeldung bei der ordentlichen Zulassung vorsätzlich missachten, werden mit Busse bis zu CHF 40'000 bestraft (Art. 117a AIG). Mit Busse geahndet wird ferner die Verletzung von Meldepflichten im Zusammenhang mit der Anstellung von vorläufig Aufgenommenen sowie mit der Verweigerung oder Verunmöglichung der entsprechenden Kontrolle der Lohn- und Arbeitsbedingungen durch das zuständige Kontrollorgan (Art. 120 Abs. 1 Bst. f i.V.m. Art. 85a Abs. 2–4 AIG).

3. Asylrechtliche Straftatbestände

Auch das Asylgesetz enthält Strafbestimmungen. Nach Art. 115 AsylG wird insbesondere mit Geldstrafe bis zu 180 Tagessätzen bestraft, wer durch *unwahre oder unvollständige Angaben* oder sonst wie für sich oder einen anderen einen geldwerten Vorteil erwirkt, der ihm nicht zukommt (Bst. a), oder sich der Pflicht zur Leistung der Sonderabgabe nach Art. 86 AsylG ganz oder teilweise entzieht (Bst. b) oder in Bereicherungsabsicht zu einer Straftat nach Art. 116 Bst. c Hilfe geleistet hat (Bst. d). Gemäss Art. 116 AsylG wird, subsidiär zu Art. 115 AsylG, mit Busse bestraft, wer die Auskunftspflicht durch unwahre Angaben oder Auskunftsverweigerung verletzt (Bst. a) oder sich einer Kontrolle widersetzt oder diese verunmöglicht (Bst. b); dieselbe Strafdrohung gilt für die asylsuchende Person, die einzig mit der Absicht, einen subjektiven Nachfluchtgrund zu setzen, in der Schweiz politisch tätig wird (Bst. c), und für andere Personen, die ihr dabei ohne Bereicherungsabsicht (vgl. Art. 115 Bst. d AsylG e contrario) Hilfe leisten (Bst. d). Mit Busse bestraft wird sodann das zweckwidrige Bearbeiten von Personendaten in der Eurodac-Datenbank (Art. 117a AsylG).

4. Weitere Straftatbestände

Zu verweisen ist sodann auf das Entsendegesetz (EntsG), welches die minimalen *Arbeits- und Lohnbedingungen für Arbeitnehmerinnen und Arbeitnehmer* regelt, die ein Arbeitgeber mit Wohnsitz oder Sitz im Ausland in die Schweiz entsendet, und das für bestimmtes gesetzwidriges Verhalten Strafbestimmungen enthält (vgl. Art. 12 EntsG). Verwaltungs- wie strafrechtliche Sanktionen finden sich schliesslich auch im Bundesgesetz über Massnahmen zur Bekämpfung der Schwarzarbeit (BGSA).

Leitentscheide: BGE 147 IV 232 (Vereinbarkeit der Verhängung einer Freiheitsstrafe mit der RFRL); 143 IV 249 (Vereinbarkeit der Verhängung einer Geldstrafe mit der RFRL); 137 IV 305 (keine strafrechtliche Einziehung von Einkünften ausländischer Arbeitnehmer ohne Arbeitsbewilligung); 145 IV 449 und 135 IV 6 (rechtswidriger Aufenthalt als Dauerdelikt).

§ 34 Datenschutz

1. Datenbearbeitung

Nach den allgemeinen bundesrechtlichen Datenschutzbestimmungen erfordert die Bearbeitung von Personendaten durch Organe des Bundes eine *gesetzliche Grundlage*. Ein Gesetz im formellen Sinn muss grundsätzlich vorliegen, wenn besonders schützenswerte Personendaten (z.B. Informationen zu religiösen Ansichten, Gesundheitszustand oder sexueller Orientierung) bearbeitet werden, es sich um Profilings handelt oder der Bearbeitungszweck oder die Art und Weise der Datenbearbeitung zu einem schwerwiegenden

Eingriff in die Grundrechte der betroffenen Person führen können (Art. 34 Abs. 1 und 2 DSG). Eine solche gesetzliche Grundlage bildet Art. 101 AIG. Demgemäss können das SEM, die zuständigen Ausländerbehörden der Kantone und, in seinem Zuständigkeitsbereich, das Bundesverwaltungsgericht Personendaten, einschliesslich besonders schützenswerter Personendaten, von Ausländerinnen und Ausländern sowie von an Verfahren nach diesem Gesetz beteiligten Dritten bearbeiten oder bearbeiten lassen, soweit sie diese Daten zur Erfüllung ihrer gesetzlichen Aufgaben benötigen. Eine analoge Regelung findet sich in Art. 96 AsylG; darüber hinaus wird die Datenbearbeitung in Art. 97 ff. AsylG ausführlich geregelt. Nur eine rudimentäre Bestimmung enthält hingegen Art. 44 BüG.

Die Erhebung und die Bearbeitung der Daten erfolgen mit Hilfe verschiedener *Informationssysteme*. Die wichtigsten gesetzlichen Grundlagen zu ihrer Nutzung bilden die Art. 68a ff. und 109a ff. AIG, Art. 99a ff. AsylG und das Bundesgesetz über das Informationssystem für den Ausländer- und den Asylbereich (BGIAA). Zu diesen Datenbanken zählen unter anderem das Zentrale Migrationsinformationssystem ZEMIS (s. Art. 1 ff. BGIAA sowie die ZEMIS-Verordnung), das Schengener Informationssystem SIS (s. Art. 68a ff. AIG; dazu vorne § 10.5., S. 219), das C-VIS und das N-VIS im Visumsbereich (s. Art. 109a ff. AIG sowie die VISV), Eurodac (s. Art. 102a[bis] ff. AsylG), das EES (Art. 103c ff. AIG sowie die Verordnung über das Einreise- und Ausreisesystem), das Informationssystem der Zentren des Bundes und der Unterkünfte an den Flughäfen MIDES (s. Art. 99a ff. AsylG) oder das spezifisch die Durchführung der Rückkehr betreffende System eRetour (s. Art. 109f ff. AIG, Art. 12 VVWAL und Art. 8a BGIAA). Neben den bereichsspezifischen Datenschutzbestimmungen gelten auch im Migrationsrecht die allgemeinen datenschutzrechtlichen Bestimmungen des Datenschutzgesetzes, insbesondere das Recht auf Auskunft über die gesammelten Daten (Art. 25 DSG) oder auf Berichtigung unrichtiger Daten (Art. 41 Abs. 2 DSG). Zusätzliche Bedeutung kommt dem Datenschutz mit Blick darauf zu, dass die EU nunmehr im Rahmen des Schengen-Besitzstandes und damit auch für die Schweiz verbindlich sämtliche Datenbanken im Migrationsbereich mit dem Interoperabilitätsprojekt zwecks Bekämpfung von Terrorismus und Kriminalität miteinander verknüpfen wird.

2. Behördlicher Informationsaustausch

Nicht nur die Erhebung und Bearbeitung von Personendaten, sondern auch der *Austausch der Daten zwischen Behörden* erfordert eine gesetzliche Grundlage. Art. 9 BGIAA regelt, welche Behörden auf die vom SEM im Ausländer- und Asylbereich erhobenen Daten via Abrufverfahren Zugriff erhalten.

Daneben existieren weitere gesetzliche Grundlagen, die den Austausch von Personendaten von Ausländerinnen und Ausländern zwischen Behörden ermöglichen. So verpflichtet Art. 97 Abs. 1 AIG die mit dem Vollzug des AIG betrauten Behörden zur gegenseitigen Unterstützung in der Erfüllung ihrer Aufgaben. Sie müssen die benötigten Auskünfte erteilen und auf Verlangen Einsicht in die amtlichen Akten gewähren. Aber auch andere, nicht mit dem Vollzug der Ausländergesetzgebung betraute Behörden müssen die für den Vollzug des Gesetzes notwendigen Informationen auf Verlangen hin den Migrationsbehörden bekanntgeben (Art. 97 Abs. 2 AIG). Die Daten dürfen aber nur *auf Anfrage* und in einem begründeten Einzelfall übermittelt werden. Dabei hat die übermittelnde Behörde nicht nur die Erforderlichkeit der Datenbekanntgabe zu prüfen, sondern auch eine Interessenabwägung zwischen dem Interesse an der Durchsetzung des Ausländerrechts und den entgegenstehenden privaten oder öffentlichen Interessen vorzunehmen. Zudem ist die Amtshilfe nicht zulässig, wenn es der ersuchenden Migrationsbehörde zumutbar ist, die Informationen direkt bei der betroffenen Person einzuholen.

Gewisse Informationen müssen den Migrationsbehörden auch *unaufgefordert,* d.h. ohne entsprechende Anfrage, übermittelt werden (Art. 97 Abs. 3 AIG). Die Polizei- und Gerichtsbehörden sowie die Strafuntersuchungsbehörden haben etwa die Eröffnung von Strafuntersuchungen, Verhaftungen und entsprechende zivil- und strafrechtliche Urteile, von denen Ausländerinnen und Ausländer betroffen sind, zu melden. Ebenso haben die Zivilstands- und Gerichtsbehörden der kantonalen Migrationsbehörde unaufgefordert und in jedem Fall Eheschliessungen, Verweigerungen der Eheschliessung, Ungültigerklärungen sowie Trennungen und Scheidungen von Ausländerinnen und Ausländern bekanntzugeben. Weitere Meldepflichten betreffen den Bezug von Sozialhilfe, von Leistungen der Arbeitslosenversicherung oder Ergänzungsleistungen. Weiter existieren Meldepflichten in Zusammenhang mit Disziplinarmassnahmen von Schulbehörden und Massnahmen von Kindes- und Erwachsenenschutzbehörden (vgl. zu den verschiedenen Meldepflichten Art. 82-82f VZAE). Art. 98a AsylG sieht ebenfalls Melde- und Zusammenarbeitspflichten von Behörden im Asylbereich gegenüber den Strafverfolgungsbehörden bei bestimmten schweren Delikten vor. Art. 45 BüG regelt die Amtspflichten im Anwendungsbereich des Bürgerrechtsgesetzes. Zu erwähnen ist auch Art. 12 Abs. 2 BGSA, welcher die Sozialversicherungsbehörden verpflichtet, die Ergebnisse ihrer Kontrollen den Asyl- und Ausländerbehörden unter den kumulativen Voraussetzungen bekanntzugeben, dass die betroffene Person ein Erwerbseinkommen erzielt, für welches die Sozialversicherungsbeiträge nicht entrichtet wurden, und sich nicht sogleich ergibt, dass sich die betroffene Person rechtmässig in der Schweiz aufhält.

Ziel all dieser Bestimmungen ist es, die Umsetzung der migrationsrechtlichen Gesetzgebung über die Ein- und Ausreise, den Aufenthalt, den Zugang zur Erwerbstätigkeit, den Familiennachzug und die Integrationsförderung, über den Flüchtlings- und spezifisch den Asylbereich sowie über den Erwerb und den Verlust der Schweizer Staatsangehörigkeit zu gewährleisten. Aber auch wenn der Katalog der Meldepflichten in den letzten Jahren kontinuierlich erweitert worden ist, ergibt sich daraus *kein systematischer Austausch sämtlicher Informationen*. Im Einzelfall sind den Vollzugsbehörden nach einer sorgfältigen Prüfung ausschliesslich diejenigen Informationen zur Verfügung zu stellen, die für den Vollzug der migrationsrechtlichen Gesetzgebung aufgrund einer Verhältnismässigkeitsprüfung tatsächlich erforderlich sind. Besonders heikel ist der Informationsaustausch bei den Papierlosen, wo mit Blick auf die auf dem Spiel stehenden Menschen- und Grundrechte die spezifische Interessenlage abzuwägen ist (vgl. dazu etwa Art. 82e Abs. 2 VZAE).

Leitentscheide: BGE 147 II 408 (Auskunft über SIS-Eintrag); BGer 1C_236/2023, 1C_44/2021 und 1C_710/2017 (Berichtigung eines ZEMIS-Eintrags).

§ 35 Eidgenössische Migrationskommission

Das Ausländer- und Integrationsgesetz sieht die Schaffung einer besonderen Kommission vor, die sich mit den Lebensverhältnissen ausländischer Personen in der Schweiz befasst. Nach Art. 100b Abs. 1 AIG setzt der Bundesrat die aus Ausländerinnen und Ausländern sowie Schweizerinnen und Schweizern zusammengesetzte beratende *Eidgenössische Migrationskommission (EKM)* ein. Diese besteht aus 30 Mitgliedern und ist administrativ dem SEM zugeordnet, organisiert sich im Übrigen aber selbst (Art. 28 VIntA). Sie befasst sich mit sozialen, wirtschaftlichen, kulturellen, politischen, demographischen und rechtlichen Fragen, die sich aus der Einreise, dem Aufenthalt und der Rückkehr aller ausländischen Personen unter Einschluss des Asylbereichs ergeben. Sie arbeitet mit den zuständigen Behörden von Bund, Kantonen und Gemeinden sowie mit in der Migration und bei der Integration tätigen Nichtregierungsorganisationen zusammen. Sie kann bei Grundsatzfragen der Integrationsförderung angehört werden und ist berechtigt, beim SEM finanzielle Beiträge zu beantragen. Der Bundesrat kann der Kommission weitere Aufgaben zuweisen (Art. 100b Abs. 2–5 AIG).

Solche umfassen etwa die Erstellung von Stellungnahmen und Empfehlungen zuhanden der Departemente des Bundes, die Vermittlung zwischen den Bundesbehörden und der Zivilgesellschaft sowie die Koordination ihrer Tätigkeiten mit weiteren Kommissionen (vgl. Art. 22 ff. VIntA). Die Kommission kann die in eigener Regie erstellten Unterlagen veröffentlichen. Ihre auch elektronisch veröffentlichte und jedermann kostenlos zugängliche Zeitschrift «terra cognita» erscheint grundsätzlich halbjährlich. Auf ihre Website kann unter ekm.admin.ch zugegriffen werden.

7. Teil Ausblick

Migrationsrecht ist *vielschichtig*. Migrationsrecht ist *komplex*. Und Migrationsrecht ist insbesondere sehr *dynamisch*. Die internationale und nationale Rechtsetzung ist beim Migrationsrecht beinahe pausenlos aktiv. Die Vereinten Nationen werden sich weiter mit dem Thema befassen, die EU sowieso und auch der schweizerische Gesetzgeber handelt beim Migrationsrecht mit einer atemberaubenden Frequenz. Der politische Anreiz, ständig am Migrationsrecht herumzuschrauben, ist offenbar sehr gross. Das hat zur Folge, dass sich neue Regelungen kaum je konsolidieren können und es schwierig ist, den Überblick zu bewahren. Hinzu kommt, fast zwangsläufig, weil auch bedingt durch die häufigen Rechtsänderungen, eine ebenfalls sehr dynamische Rechtsprechung, sowohl auf Seiten internationaler Instanzen wie des EGMR und des EuGH als auch auf jener der schweizerischen Gerichte unter Einschluss des Bundesgerichts. Es ist eine nicht besonders gewagte Vorhersage, dass sich das Migrationsrecht auch künftig erheblich weiterentwickeln wird. Daran dürfte wenig ändern, dass die rechtlichen Steuerungsmöglichkeiten nur beschränkt wirksam erscheinen und oft an faktischen Gegebenheiten auflaufen.

Auf Seiten der UNO wird zu beobachten sein, wie die Umsetzung der als Soft Law ausgestalteten Migrations- und Flüchtlingspakte von 2018 (GCM und GCR) gelingen wird und ob weitere und möglicherweise verpflichtendere *multinationale Lösungsansätze* gefunden werden können. Die Frage ist, ob die Staatengemeinschaft einerseits eine vernünftige internationale Migrationsordnung zustande bringt und andererseits eine für alle Beteiligten faire Regelung für alle geflüchteten Personen zu schaffen vermag. Dabei stehen insbesondere mit Blick auf Gewaltvertriebene und Klima- sowie Katastrophenmigration die rechtlich labilen subsidiären und temporären Schutzformen im Fokus. Auch die Situation von staatenlosen Personen ist unbefriedigend. Besonders schwierig dürfte es sein, die Lage für Binnenvertriebene zu verbessern. Zurzeit scheint der Multilateralismus allerdings in der Defensive zu sein. Bilaterale Lösungen stehen wieder im Vordergrund, nicht zuletzt wohl, weil es diesfalls meist einfacher ist, die eigenen Anliegen durchzusetzen. Trotzdem ist ganz allgemein zu hoffen, dass es zwischen den Staaten nicht zu einem schädigenden Wettbewerb um die Fachkräfte und gleichzeitig um möglichst grosse Abschreckung von Flüchtlingen und sonstigen Vertriebenen durch belastende Verfahren sowie unattraktive Lebensbedingungen (sog. «race to the bottom») kommt.

Die EU reibt sich seit geraumer Zeit an der Aktualisierung des *Schengen-* und insbesondere *Dublin-Regimes* auf. Vor allem der Umgang mit den Schutzsuchenden und deren Verteilung auf die mitwirkenden Staaten hat weiterhin Verbesserungspotenzial und -bedarf. Die Verhältnisse im Mittelmeer und in verschiedenen Vertragsstaaten werfen akute humanitäre Fragen auf. Offen ist sodann, wie es mittelfristig mit dem temporären Schutz für die Kriegsvertriebenen aus der Ukraine weiter geht. Besonderer Klärung bedarf die Frage, inwieweit es zulässig und machbar ist, Schutzverfahren an die Schengen-Aussengrenzen oder sogar an teils weit entfernte Drittstaaten auszugliedern, wie das nunmehr bereits teilweise beschlossen wurde und in der Politik weiterhin gefordert wird. Für die entsprechende Umsetzung der Beschlüsse steht die EU freilich weiterhin vor grossen Herausforderungen. Davon betroffen ist aufgrund ihrer Mitwirkung an der Freizügigkeit sowie am Schengen- und Dublin-Recht auch die Schweiz. Analoges gilt für die von der Schweiz angestrebten Transferabkommen für die Rückschaffung unerwünschter geflüchteter Personen, namentlich nach Eritrea.

In der Schweiz wird die *bilaterale Beziehung zur EU* weiterhin ein politisches Thema bleiben. Namentlich wird zu beobachten sein, welche Anpassungen die migrationsrechtlichen Regelungen künftig erfahren und welche Bedeutung sie erlangen werden. Im Übrigen ist davon auszugehen, dass die Ordnung der Zuwanderung und Integration von Drittstaatsangehörigen sowie das Flüchtlingsrecht auch hierzulande politisch umstritten bleiben. Ein besonderes Augenmerk ist darauf zu legen, wie sich die teils ungenügenden und ungleichen Rechtsstellungen von Gewaltvertriebenen bei der vorläufigen Aufnahme und beim vorübergehenden Schutz verbessern liessen. Dass insgesamt bald Ruhe und Gelassenheit eintreten, ist nicht zu erwarten. Dabei genügt es allerdings nicht, die humanitäre Tradition der Schweiz anzurufen, ohne sich gleichzeitig für humanitäre Aktualität einzusetzen, d.h. für eine Rechtsordnung, die den betroffenen Menschen, ihren Grundbedürfnissen und ihren Grund- und Menschenrechten gerecht wird, und das selbst dann, wenn ihnen kein Anwesenheits- oder Schutzanspruch zusteht. Skepsis ist zurzeit überdies angebracht, ob es gelingen wird, das *restriktive Einbürgerungsrecht* etwas zu lockern und damit einem Viertel der schweizerischen Bevölkerung eine bessere langfristige Perspektive zu verschaffen. Vor allem in der Praxis, aber auch beim Verfassungs- und Gesetzgeber des Bundes und der Kantone dürfte das Staatsangehörigkeitsrecht aktuell bleiben und weiterhin zu Diskussionen Anlass geben.

Mittel- bis langfristig wird mit Interesse zu verfolgen sein, ob Europa und die Schweiz eine *durchlässige Migrationsordnung* beibehalten oder sich zunehmend abschliessen und sich damit auch bis zu einem gewissen Grad vom Grundsatz eines über nationale Privilegien hinausreichenden mobilen und offenen Gesellschaftskonzepts entfernen oder sogar verabschieden werden.

Kurz: Das schweizerische Migrationsrecht bleibt spannend!

Stichwortverzeichnis

Die Essenz des Rechts

— **in a nutshell**

Bereits über 60 Titel

DIKE